AI가 바꾼
산 업 의
투   자
지 형 도

업계
지도

AI가 바꾼 산업의
투 자 지 형 도

업계
지도

| 한국비즈니스정보 지음 |

어바웃어북

Chapter 1 AI, 반도체, 전자, 통신

Chapter 2 인터넷, 콘텐츠, 광고/미디어

Chapter 3 금융, 증권

Chapter 4 자동차, 항공 · 해운 · 조선

Chapter 5 제약, 화학, 에너지

Chapter 6 건설, 철강, 기계

Chapter 7 유통, 생활

업종별 투자포인트와 최선호주

01 AI반도체

- HBM 호재에 올라탄 SK하이닉스 주가 추이
- CXL 상용화로 반도체주 다시 한 번 급상승
- TSMC의 패키징 수요 급증에 따른 국내 소부장 수혜

[최선호주] SK하이닉스, 삼성전자, 파크시스템스, 리노공업, 원익큐앤씨, 피에스케이

02 생성형AI, 온디바이스AI

- 온디바이스AI가 탑재된 IT기기에 익숙한 세대로의 전환
- AI서비스 사업에 특화된 중소형주
- NPU 시장에서 회로 설계 IP 및 라이선스를 보유한 회사

[최선호주] 더존비즈온, 칩스앤미디어, 네이버

03 AI스마트폰

- 온디바이스AI에 따른 스마트폰주 투자가치 상승
- AI서비스 확산으로 스마트폰 내 MLCC 탑재량 급증
- 폴디드 줌 카메라 모듈 고사양화에 따른 ASP 인상

[최선호주] 삼성전자, 삼성전기, LG이노텍

04 AI디스플레이, OLED

- 애플의 모바일기기에 하이브리드 OLED 탑재로 소부장 종목 수혜
- 폴더블폰 시장이 커질수록 플렉서블 OLED 패널 제조사 호재
- 프리미엄급 TV에서 OLED 매출 비중이 LCD 추월

[최선호주] LG디스플레이, PI첨단소재, LX세미콘, 필옵틱스

05 AI통신

- 온디바이스AI 스마트폰 → 트래픽 증가 → 통신사 실적 반등
- AI 시대에 맞춰 5.5/6G 전환 가속화 → 통신주 상승
- 통신 3사의 적극적인 주주환원정책 → 고배당주 매력

[최선호주] SK텔레콤, KT, LG유플러스, 삼성전자

06 인터넷 플랫폼

- 버티컬 플랫폼으로의 진화와 새로운 비즈니스 모델 등장
- 네이버의 밸류에이션, 글로벌 경쟁사 대비 저평가 매력
- 네이버 LLM '하이버클로바X' 및 카카오 'AI컴패니언' 신사업의 성장 가능성

[최선호주] 네이버, 카카오

07 게임

- 장르를 가리지 않는 유연한 퍼블리싱 역량 및 다양한 스튜디오 장악력
- 수집형 RPG게임 같은 서브컬처 및 PC/모바일 플랫폼에서의 글로벌 인지도
- EPS 지표로 나타나는 밸류에이션 리레이팅이 일어나는 게임주

[최선호주] 크래프톤, 시프트업, 펄어비스, 넷마블

08 엔터테인먼트 : K-팝

- 음반 매출 반등 및 영업이익 회복으로 엔터주 상승
- 글로벌향 음원 및 공연 수익 증가에 따른 외형 확장
- 저연차 아티스트 중심의 수익화와 이익기여도

[최선호주] 하이브, 에스엠, 제이와이피, 디어유

09 콘텐츠 : OTT, 드라마, 영화, 웹툰

- 넷플릭스가 K-드라마에 이어 주목한 K-예능의 부가가치
- OTT의 광고요금제 도입에 따른 효과
- 천만 관객 영화의 진정한 수혜주

[최선호주] CJENM, CJCGV, 스튜디오드래곤, 나스미디어

10 광고, 방송미디어

- 높은 배당성향이 돋보이는 광고 대장주
- 넷플릭스 OTT 광고요금제 최대 수혜주
- 새로운 비즈니스 모델 'RMN'의 선두 기업

[최선호주] 제일기획, 나스미디어, 이마트, LG헬로비전

11 은행

- 금리 인하 → 대출성장률 상승 → 상업은행 실적 개선 → 은행주 호재
- CET1비율 및 ROE 유지 → 주주환원율 상승
- 적극적인 주주환원정책 → 은행주 밸류에이션 리레이팅

[최선호주] KB금융, 신한지주, 하나금융지주, JB금융지주

12 증권

- 기준금리 인하 → 유동성 확대 → 증시 자금 유입 → 거래대금 증가
- 채권평가이익 증가에 따른 증권사 수익 개선
- 부동산 PF 및 해외부동산펀드 충당금 및 손상 부담 경감

[최선호주] 한국금융지주, 삼성증권, NH투자증권

13 보험

- 신계약을 통한 CSM(보험계약마진) 증가세가 돋보이는 보험사
- 킥스비율이 여유로운 보험사의 배당성향
- 고수익성 위주의 상품 포트폴리오를 갖춘 생명보험사

[최선호주] 삼성화재, 삼성생명, DB손해보험

14 자동차

- 현대차, 인도법인 인도 증시 상장으로 기업가치 개선
- 기아, 하이브리드차로 전기차 캐즘 공백 상쇄
- 현대차·기아, 적극적인 주주환원정책에 따른 주가 상승 효과

[최선호주] 현대차, 기아

15 배터리

- 삼원계에서 LFP로 넘어간 배터리 시장의 수혜 종목
- 전고체 핵심 원료인 황화리튬 사업에 나선 회사
- 배터리 스왑 서비스 도입에 따른 배터리 시장판도 변화

[최선호주] LG에너지솔루션, 삼성SDI, 에코프로비엠, 이수스페셜티케미컬

16 차부품/자율주행, 타이어

- 현대차·기아 주가와 동행하는 차부품 대장주
- 로보택시 상용화에 따른 자율주행 수혜주
- 고인치 및 전기차용 타이어 수요 증가로 국내 타이어 3사 이익 반등

[최선호주] 현대위아, 현대모비스, 한국타이어앤테크놀로지

17 조선, 해운

- 조선업 3차 슈퍼 사이클에서 조선주 매수 및 매도 타이밍
- 친환경 선박의 듀얼 엔진 탑재에 따른 수혜주
- 조선사의 수주잔고와 신조선가 상승 추이

[최선호주] 현대미포조선, 한화엔진, 현대글로비스

18 항공

- 대한항공-아시아나항공 인수·합병 이후 대한항공 밸류업
- 대한항공에서 유럽 4개 노선 이관받은 티웨이항공
- 티웨이항공 및 에어프레미아 지분 취득으로 LCC 업계에 진출한 대명소노시즌

[최선호주] 대한항공, 티웨이항공, 대명소노시즌, 인화정공

19 제약, 바이오

- 미국 '생물보안법'에 따른 국내 CDMO 수혜
- 2기 트럼프 정부의 약가인하정책 및 국내 바이오시밀러 기업의 반사이익
- 유한양행 → 레이저티닙의 FDA 허가에 따른 글로벌 점유율 상승

[최선호주] 삼성바이오로직스, 셀트리온, 알테오젠, 유한양행

20 석유화학

- 업스트림보다는 다운스트림 계열에 특화된 업체 주목
- 합성고무(라텍스), 화학섬유(스판덱스) 수요 개선
- 중국 석유화학 업계 CTO 한계 직면 → 한국 석유화학 업계 기회 요인

[최선호주] 금호석유, 효성티앤씨

21 정유

- 국제유가 상승에 따른 정제마진 개선
- 중국, 미국 등 글로벌 정유사들의 정제설비 폐쇄
- 액침냉각 등 고부가가치 윤활유 시장

[최선호주] 에쓰오일, 케이엔솔, GST

22 에너지 : 전력/원자력, 가스

- 생성형AI, 암호화폐, 데이터센터로 인한 전력 수요 급증
- AI로 인해 전력난 심화 → 원전에 대한 재평가
- 에너지 '전환'에 따른 원전 및 LNG 시장 급성장

[최선호주] 두산에너빌리티, 우진, SK가스, 한국가스공사

23 건설

- 금리 인하 → 주택담보대출 증가 → 아파트 매매 지수 상승 → 건설주 호재
- 천연가스 수요 급증 → 중동 플랜트 수주 증가 → 건설사 해외 사업 호조
- 수주 실적 호조에도 주가 하락 → 장기적인 투자 전략 → 저가 매수 기회

[최선호주] 삼성E&A, GS건설, HDC현대산업개발

24 철강, 비철금속

- 인도 철강 산업 급성장 → 인도 생산시설 확대에 따른 국내 철강사 기업가치 상승
- 전기차 시장침투율 증가로 리튬 시장 중·장기 성장모드
- 철강 업황 침체기 → 철강 대장주 저가 매수 타이밍

[최선호주] 포스코홀딩스, 현대제철

25 건설기계, 전력기계

- 인도, 철도와 도로 등 인프라 투자 확대 → 건설기계 수요 급증
- 러시아-우크라이나 종전 이후 건설기계 재건 수요 및 유럽 시장 재개
- 글로벌 전력기계 슈퍼 사이클에 따른 수요 부족, 가격 인상

[최선호주] 두산밥캣, HD현대건설기계, HD현대일렉트릭, LS일렉트릭

26 이커머스, 물류

- 쿠팡 vs. 네이버, 쿠팡 vs. CJ대한통운 점유율 경쟁 → 시장가치 상승효과
- 씨커머스 침투율 상승 → 이커머스 택배 물동량 증가 → 물류 업체 수혜
- 라이브커머스, 유튜브쇼핑 GMV 급증 → 대표 종목 밸류업

[최선호주] CJ대한통운, 네이버, 카페24

27 백화점, 대형마트, 편의점

- 백화점 업계의 리뉴얼 전략 및 기준금리 인하 속도가 주가에 미치는 효과
- 편의점 업계의 '본부임차형 출점' 확산으로 점포당 안정적 매출 달성
- GS리테일의 성공적인 인적분할에 따른 밸류업

[최선호주] 현대백화점, BGF리테일, GS리테일

28 식·음료, 주류·담배

- 'K-푸드' 신드롬으로 해외 매출이 급증한 회사들
- 황제주 등극이 예상되는 라면주
- 맥주보다 소주의 글로벌 성장 가능성이 높은 이유

[최선호주] CJ제일제당, 삼양라면, 오리온, 롯데칠성음료, 하이트진로, KT&G

29 뷰티 : 화장품, 패션

- 수출주 반열에 오른 K-화장품 및 해외 매출 비중이 높은 회사
- 중국 사업을 줄이고 미국과 일본, 동남아 시장에 적극 나선 뷰티 회사
- 글로벌 화장품 유통에서 직매입 사업구조에 특화된 회사

[최선호주] 아모레퍼시픽, 코스맥스, 실리콘투, F&F, 휠라홀딩스, 화승엔터프라이즈

Chapter 1

AI, 반도체, 전자, 통신

📈 투자포인트

- HBM 호재에 올라탄 SK하이닉스 주가 추이
- CXL 상용화로 반도체주 다시 한 번 급상승
- TSMC의 패키징 수요 급증에 따른 국내 소부장 수혜

📈 체크포인트

- 삼성전자의 엔비디아 HBM 납품 승인 여부
- 엔비디아의 신형 AI반도체칩 '블랙웰'의 공정상 결함
- '젠슨 황 이펙트' 및 '딥시크 쇼크'로 인한 불확실성

최선호주 SK하이닉스, 삼성전자, 파크시스템스, 리노공업, 원익큐앤씨, 피에스케이

"전 세계 데이터센터에 우리가 개발하는 AI반도체가 계속해서 쓰일 것이다."
골드만삭스가 미국 샌프란시스코에서 개최한 테크 콘퍼런스에서 엔비디아 CEO 젠슨 황(Jensen Huang)이 반도체 업황의 피크아웃 주장에 맞서 던진 말이다. 그의 발언이 외신을 타고 전 세계로 보도되자 글로벌 반도체 주가가 크게 요동쳤다. 라스베이거스에서 열린 세계 최대 IT·가전 박람회 'CES 2025'는 마치 젠슨 황을 위한 행사 같았다. 그는 기조연설에서 로봇 및 자율주행차를 위한 AI시스템 '코스모스'를 발표한 데 이어 여러 부스를 돌면서 피지컬AI에서 양자컴퓨터에 이르기까지 다양한 이슈를 쏟아냈고, 전 세계 관련 주들은 급등락을 연출했다. 이른바 '젠슨 황 이펙트'였다.

전 세계 투자가들은 어디로 튈지 모르는 그의 행보가 궁금하다. 그런데 최근 젠슨 황의 발언요지를 되새겨보면 몇 가지로 정리된다. [1] 엔비디아의 AI

반도체 블랙웰의 투자가치, [2] 고성능 AI에 탑재되는 CXL의 상용화, [3] HBM에서 삼성전자와 SK하이닉스의 경쟁에 얽힌 실익이 핵심이다. 여기에 [4] AI칩 생산을 독식하는 글로벌 파운드리 최강자 TSMC의 수혜주 및 소부장 종목까지 짚어낸다면, 젠슨 황이 쏟아내는 언사는 오히려 반도체 업계의 투자처를 여는 열쇳말이 된다.

| HBM, 반도체 세계대전의 게임체인저

'젠슨 황 이펙트'는 HBM에서 출발한다. 메모리 반도체의 일종인 HBM는 'High Bandwidth Memory'의 약자로 우리말로 하면 '고대역폭 초고속 메모리'가 된다. D램 여러 개를 수직으로 연결해 기존 D램보다 최대한 빠르게 데이터 처리 속도를 끌어올리는 기술이다. D램을 여러 개 적층하면 기반 면적당 훨씬 높은 용량을 확보할 수 있어 대용량 데이터 처리에 유리하다. 중앙처리장치(CPU), 그래픽처리장치(GPU)와 함께 패키징되며 칩과 칩 사이는 TSV(Through-Silicon Via, 실리콘 관통 전극) 기술을 사용해 연결한다.

HBM은 용량과 처리 속도에 따라 '1세대(HBM)-2세대(HBM2)-3세대(HBM2E)-4세대(HBM3)-5세대(HBM3E)' 순으로 구분된다. 5세대 HBM은 용량이 4세대보다 70% 늘었고, 초당 최대 1.15테라바이트(TB) 이상의 데이터를 처리할 수 있다.

HBM은 반도체 산업의 패러다임을 바꿀 만큼 획기적인 기술이다. 하지만 고난도 기술을 요함에 따라 일반 D램보다 제작 및 개발 비용이 비싼 탓에 그동안 시장에서 크게 주목받지 못했다. 이러한 맹점에도 불구하고 HBM이 급

▶ **HBM 기본 구조도**

2.5D(차원) 패키징 HBM과 시스템칩을 수평으로 배치해 연결.

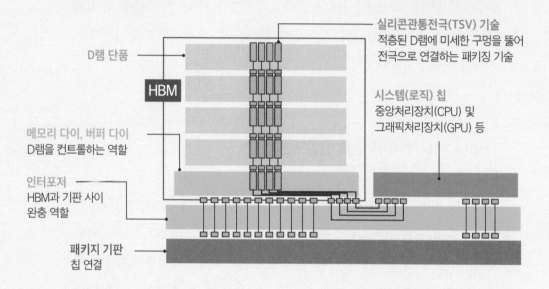

D램 단품

HBM

실리콘관통전극(TSV) 기술
적층된 D램에 미세한 구멍을 뚫어
전극으로 연결하는 패키징 기술

시스템(로직) 칩
중앙처리장치(CPU) 및
그래픽처리장치(GPU) 등

메모리 다이, 버퍼 다이
D램을 컨트롤하는 역할

인터포저
HBM과 기판 사이
완충 역할

패키지 기판
칩 연결

▶ **HBM 글로벌 시장규모** (단위 : 억 달러)

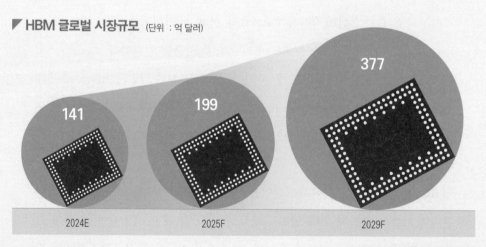

141	199	377
2024E	2025F	2029F

자료 : 욜인텔리전스

부상하게 된 것은 AI 시장이 열리면서다. HBM는 AI에 없어서는 안 될 핵심 부품이다. 자율주행차와 스마트 팩토리 등 다양한 산업에 AI가 침투하면서 엄청난 데이터를 처리하는 데 있어서 HBM는 필수가 됐다. 무엇보다 챗GPT의 등장은 반도체 세계대전의 게임 룰을 완전히 바꿔놓았다. 시장조사기관 욜인텔리전스에 따르면, HBM 글로벌 시장규모는 2024년 141억 달러(약 19조 원)에서 2025년 199억 달러로, 그리고 2029년까지 377억 달러로 광폭 성장을 이어갈 전망이다.

CXL과 메모리 중심 컴퓨팅

미래 반도체 업황의 판도 변화를 직시하려면 HBM에서 한걸음 더 들어가 AI 알고리즘 연산에 특화된 'CXL(Compute eXpress Link)'도 함께 기억해 둘 필요가 있다. HBM은 GPU 성능을 극대화하기 위한 것이고, CXL은 학습용 데이터를 빠른 속도로 가져오는 역할을 한다.

▼ CXL 글로벌 시장규모

약 9,000배 성장

150억 달러
(21조 원)

170만 달러
(24억 원)

2022   2028F

삼성전자가 개발한 SMDK. 차세대 이종 메모리 시스템 환경에서 기존에 탑재된 메인 메모리와 CXL 메모리가 최적으로 동작하도록 도와주는 소프트웨어 개발 도구로 API, 라이브러리 등으로 구성됨.

CXL은 쉽게 말해 고성능 연산이 필요한 애플리케이션에서 서로 다른 기종의 제품을 효율적으로 연결하는 차세대 인터페이스다. 보통 CPU 1개당 사용할 수 있는 D램 모듈이 제한되어 있는데, 데이터 처리량을 늘리려면 CPU를 늘려야 한다. 이때 CXL를 활용하면 이들 인터페이스를 하나로 통합해 장치 간 직접 통신을 가능하게 하고 메모리를 공유할 수 있다.

삼성전자는 2023년 5월에 업계 최초로 CXL 2.0을 지원하는 128기가바이트 'CXL 2.0 D램' 개발에 성공한 뒤 양산을 앞두고 있다. SK하이닉스도 2023년 10월에 CXL 기반 연산기능을 통합한 메모리 솔루션 'CMS 2.0'을 공개했고, 지금은 상용화 단계에 있다.

특히 SK하이닉스가 CXL을 통해 궁극적인 목표로 삼는 플랫폼은 다수의 서버 및 사용자가 공유하는 '메모리 풀(Pool)' 시스템이다. CXL은 시스템 간 공통된 인터페이스를 통해 내가 가진 (메모리) 리소스뿐만 아니라 타인의 리소스까지 내 것처럼 활용할 수 있는 기회를 제공한다. 업계에서는 이를 가리켜 '메

▶ CXL 기술을 통한 메모리 중심 컴퓨팅 구조도

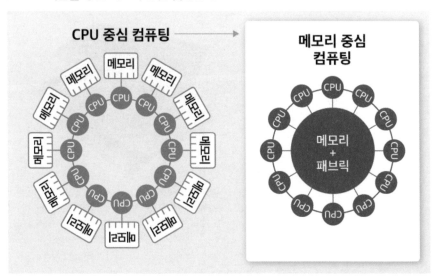

모리 중심 컴퓨팅(Memory-Driven Computing)'이라 부른다. 메모리 중심 컴퓨팅은 CXL과 같은 다수의 메모리 저장장치를 고속의 패브릭(Fabric)으로 수백에서 수천 개까지 연결해 거대한 공유 메모리를 구성하는 컴퓨팅 아키텍처를 형성한다. 이 공유 메모리 풀을 통해 복수의 컴퓨팅 노드가 각자 데이터를 병렬적으로 처리함으로써 컴퓨터의 정보 처리 속도가 크게 향상되는 것이다. 중요한 건 메모리 자원이 공유되는 만큼 기업들은 서버 구축을 위한 비용을 절감할 수 있다. 따라서 CXL은 데이터센터를 주도하는 IT 기업들의 총소유비용을 크게 절감시켜준다.

투자적 관점에서 CXL의 개발 및 상용화는 HBM에 이어 향후 반도체 주가를 다시 한 번 끌어올릴 핵심 모멘텀으로 작용할 만 하다. 욜인텔리전스는 CXL 글로벌 시장규모가 2022년 170만 달러(24억 원)에서 2028년에는 150억 달러(21조 원)로 무려 9,000배 가까이 광폭 성장할 것으로 보고 있다.

젠슨 황 이펙트 그리고 블랙웰

AI반도체는 AI 학습에 필요한 대용량의 데이터를 빠르게 처리하는 능력을 갖춰야 한다. 따라서 기존 CPU와 같은 반도체는 AI반도체로 쓰일 수 없다. CPU는 일을 순서대로 처리하는 직렬방식을 택하기 때문이다. 대신 GPU(Graphic Processing Unit)라는 반도체가 AI반도체로 적합하다. GPU는 원래 컴퓨터 그래픽 처리를 위한 고성능 장치로, 데이터를 동시에 처리하는 병렬방식을 택하기 때문에 AI 연산 처리에 유리하다.

현재 전 세계 서버에 탑재되는 GPU의 90%가 엔비디아 제품이다. 업계에서는 엔비디아가 향후 5년 동안 글로벌 AI반도체 시장의 75~90%를 차지할 것으로 보고 있다. 월스트리트저널은 대부분의 AI 소프트웨어가 엔비디아의 AI

▶ AI반도체 글로벌 시장규모

(억 달러)

데이터센터 제공업체는 엔비디아 AI칩을 사용하면 칩 구매 비용 1달러당 5달러의 수익을 거둔다. 엔비디아 AI칩은 다른 제품에 비해 2배 비싸지만 컴퓨팅 속도가 20배 빨라지기 때문에 데이터센터 제공업체는 비용을 10분의 1로 절감할 수 있다. 결국 엔비디아 AI칩이 많이 팔릴수록 AI반도체 시장도 급성장한다.

2024E	283
2025F	368
2026F	477
2027F	619
2028F	803
2029F	1,042
2030F	1,351
2031F	1,753
2032F	2,274

자료 : 프레지던스리서치

반도체 제품을 기반으로 개발됐기 때문에 당분간 이러한 시장의 판도는 바꾸기 어려울 것으로 전망한다.

엔비디아의 글로벌 반도체 생태계 장악력은 종종 증시에서 입증된다. 실제로 2024년 9월 11일경(현지시간) 골드만삭스가 샌프란시스코에서 주최한 테크 콘퍼런스에서 엔비디아의 CEO 젠슨 황의 발언은 한국의 반도체 주가마저 견인했다. 젠슨 황은 엔비디아 AI칩을 구매한 하이퍼스케일러(대규모 데이터센터 제공업체)가 칩 구매 비용 1달러당 5달러의 수익을 거두고 있다고 말했다. 이어 엔비디아 제품을 이용하면 비용이 2배 올라가지만 컴퓨팅 속도가 20배 빨라져 결국 비용을 10분의 1로 절감할 수 있다고도 했다.

젠슨 황의 발언 직후 같은 날 뉴욕증시에서 엔비디아 주가는 8.15% 오른 116.91달러에 거래를 마쳤다. 바로 다음 날인 9월 12일 국내 주요 반도체주들도 일제히 급등했다. SK하이닉스는 7.38% 상승한 16만8,800원, 삼성전자는 2.16% 오른 6만6,300원에 거래를 마감했다. 한미반도체는 5.30%, 주성엔지니어링은 9.66% 올랐다. 이는 당시 8거래일 만의 상승세였다. 젠슨 황 이펙트가 증시에서 나타난 것이다.

젠슨 황의 발언 및 엔비디아의 행보에서 특히 주목해야 하는 것은 신형 칩 '블랙웰(Blackwell)'이다. 블랙웰은 2개의 칩을 하나의 GPU로 합친 형태다. 집적된 트랜지스터가 모두 2,080억 개에 이르는데, 이는 전작 '하퍼(Hopper)'의 2배가 넘는 수준이다. 엔비디아는 블랙웰로 인해 AI 성능이 기존보다 4배 개선돼 비용과 에너지를 크게 절감할 것으로 기대한다. 가령 약 1조8,000억 개의 매개변수를 가진 AI모델을 훈련하기 위해 기존에는 90일 동안 8,000개의 GPU를 15메가와트의 전력으로 돌려야 했다면, 블랙웰 출시로 같은 기간 2,000개의 GPU와 4메가와트만 있으면 된다는 것이다. 블랙웰은 아마존 웹서비스와 구글 클라우드, 마이크로소프트 애저 등 3대 클라우드에서 사용될 예정이다.

2024년 3월 18일 열린 'GTC(GPU Technology Conference) 2024'에서 젠슨 황이 공개한 블랙웰 모델.

NVIDIA Blackwell Platform

NVLINK Switch

GB200 Superchip
Compute Node

Quantum X800 Switch
ConnectX-8 SuperNIC

Spectrum X800 Switch
BlueField-3 SuperNIC

100

물론 이러한 시나리오는 블랙웰의 생산 공정이 차질 없이 진행된다는 가정에서다. 엔비디아는 블랙웰 공정에서 최대 사이즈 칩을 2개 조합해 1개의 칩으로 만드는 방식을 선택했다. 그런데 칩 결합 기술은 매우 복잡하고 까다롭다. 각각의 칩을 완벽하게 제조해야 하고 한쪽에 결함이 있으면 치명적인 결과를 초래한다. 부품이 많아질수록 공정상 결함 위험도 커진다. 늘어난 부품에서 열이 발생할 가능성이 커져 변형 문제가 생길 수 있기 때문이다. 중대 결함이 있으면 개당 4만 달러(약 5,343만 원)에 달하는 블랙웰 칩을 사용할 수 없게 되고, 이는 곧 수율 저하로 이어져 엔비디아를 곤경에 빠트린다. 엔비디아의 신제품 생산을 거의 독점하는 TSMC가 블랙웰의 수급을 좌지우지하는 이유가 여기에 있다.

"고객사와 경쟁하지 않는다!" ······TSMC의 독주 선언

엔비디아와 함께 글로벌 반도체 업황을 주도하는 '슈퍼 톱 티어'는 대만의 파운드리(foundry, 반도체 위탁 제조) 'TSMC'다. TSMC는 "고객사와 경쟁하지 않는다"는 모토 아래 생산에만 전문적으로 집중한다. 팹리스(Fabless, 반도체 설계)부터 파운드리와 고객 유치까지 총괄하는 IDM(종합 반도체 기업)과 대조된다. 시장조사기관 트렌드포스에 따르면, TSMC의 파운드리 글로벌 시장점유율은 2024년 상반기 기준 62.3%로, 삼성전자(11.5%)와 SMIC(5.7%)에 월등히 앞선다.

글로벌 파운드리 시장에서 당분간 TSMC의 독주가 예상되는 이유는 엔비디아와 애플, 오픈AI 등으로부터 AI반도체칩의 '핵심' 공급업체 지위를 견고히 유지하고 있기 때문이다. 특히 2024년 9월 16일에 미국 IDM 인텔이 고전을 면치 못하는 파운드리 사업부를 자회사로 분사하는 사업구조 조정안을 발표했고, 그 반사효과를 TSMC가 흡수했다. 인텔은 2021년 파운드리 사업 재

▶ TSMC의 3대 패키징 사업 로드맵 : InFO, CoWoS, SoIC

- InFO(Integrated Fan-Out) : Substrate를 사용하지 않고 웨이퍼 위에 RDL을 형성해 패키징 하는 기술.
- CoWoS(Chip on Wafer on Substrate) : 실리콘 인터포저 위에 칩을 연결한 후 Substrate에 연결하는 방식으로, 현재 AI반도체 생산에 가장 보편적으로 이용되는 패키징 기술. 엔비디아의 H100, H200, 블랙웰, AMD의 MI300 등이 채택.
- SoIC(System on Integrated Chips) : 마이크로 범프 없이 칩을 3D 구조로 적층하는 기술로, 기존 패키징 방식 대비 속도와 전력 효율 우수. AI 확산으로 데이터 처리량이 급증함에 따라 칩 성능을 향상시키기 위해 다수의 팹리스 기업들이 SoIC 기술 적용 .

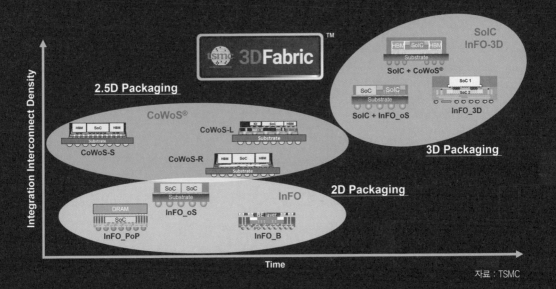

자료 : TSMC

진출을 선언한 지 3년 만에 독일(마그데부르크)과 폴란드(브로츠와프) 등에서의 파운드리 공장 건설을 중단했다. 인텔은 파운드리 사업 부진 탓에 2024년 2분기에 약 16억 달러에 달하는 영업적자를 냈다. 천문학적 투자와 최첨단 기술이 필요한 파운드리 사업은 한번 경쟁에서 밀리면 좀처럼 만회가 쉽지 않다.

반면 TSMC는 애플, 퀄컴, 미디어텍 등으로부터 나노 공정 주문량이 크게 늘면서 2024년 매출액이 전년 대비 30% 이상 급증했다. 2026년 하반기 양산 예정인 1.6나노 공정에는 챗GPT 개발사인 오픈AI와 애플이 일찌감치 예약 주

▶ **TSMC와 인텔의 주가 추이 비교** *TSMC는 뉴욕증시에 ADR(미국주식예탁증서) 형식으로 상장

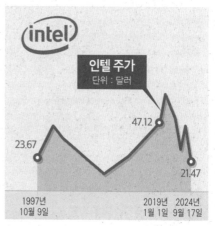

자료 : 인베스팅닷컴, 조선일보

문을 넣은 것으로 알려졌다.

TSMC는 공장 건설도 발 빠르게 추진 중에 있다. 미국 애리조나에 최첨단 3공장을 지어 2029년 말부터 생산에 들어갈 계획이다. 3공장에서는 2나노 이하의 최첨단 공정이 진행된다. TSMC는 특히 첨단 AI반도체 수요에 맞춰 전공정과 후공정 시설에 대한 투자를 공격적으로 진행하고 있다. 글로벌 반도체 패권경쟁에 따른 각국의 보조금 정책 및 여유로운 현금흐름을 기반으로 이러한 투자 기조는 당분간 이어질 전망이다.

SK의 HBM 승자독식 혹은 삼성의 반등

엔비디아와 TSMC가 글로벌 반도체 시장에서 고공행진을 이어가는 동안 삼성전자와 SK하이닉스는 HBM 주도권 다툼을 벌이고 있다. 업계에서는 SK하이닉스가 승산을 잡았다고 보고 있지만, 게임의 주도권을 쥐고 있는 것은 엔비

디아의 젠슨 황이다. 젠슨 황은 "(삼성전자의 HBM은) 새로운 설계(Design)가 필요하다"고 언급하며 삼성전자를 난처하게 했다. 삼성전자가 엔비디아에 공급하는 HBM은 5세대 제품인 HBM3E으로, 여기에 쓰이는 메모리는 4세대 모델인 '1a'이다.

그런데 D램 시장의 주력 모델이 '1a'에서 '1b'로 바뀌며 삼성전자가 궁지에 몰리고 만 것이다. 삼성전자 '1b'의 수율, 즉 불량을 제외한 완제품 비율은 60% 남짓으로 안정적인 양산 수율인 80%대에 미치지 못한다. 수율이 낮으면 제품원가가 높아져 판매하더라도 이윤이 줄 수밖에 없다.

삼성전자가 '1b'를 개발한 건 지난 2022년 12월이었다. 젠슨 황의 요구대로 지금 '1b'를 재설계할 경우 삼성전자의 기술력이 2년 전으로 후퇴할 수도 있게 된다. SK하이닉스는 이미 2024년 8월에 6세대용인 '1c' 개발에까지 성공한 상태다. 삼성전자와 SK하이닉스의 기술격차는 더 벌어질 상황에 놓였다.

삼성전자의 주가는 2024년 7월 11일 연중 최고치(장중 8만7,600원)를 기록한 이후 '1b'로의 변경 소식이 시장에 퍼지며 좀체 하락세에서 벗어나지 못했다. 특히 외국인 투자가들의 삼성전자 매도 공세가 심각했다. 지난 6개월 동안 외국인 투자자들이 22조 원 넘는 삼성전자 주식을 순매도했다.

결국 HBM 1라운드에서 엔비디아는 SK하이닉스의 손을 들어줬다. SK하이닉스는 글로벌 최대 HBM 수요처인 엔비디아에 HBM3E 시리즈를 가장 먼저 납품한 뒤부터 사실상 독점 공급하고 있다. HBM은 다른 반도체 제품과 달리 주문형 반도체(ASIC)로 제작되는 고부가가치 품목으로, 과거 반도체 혹한기에 문제를 일으켰던 재고 잠식 리스크가 없다.

SK하이닉스는 HBM이 전체 D램 매출의 40% 이상을 차지하는 만큼 2024년에 매출과 영업이익, 당기순이익 모두 창사 이래 최대 실적을 달성했다. 영업이익이 23조4,673억 원을 기록했고, 매출액은 전년 대비 102% 늘어난 66조1,930억 원, 당기순이익은 19조7,969억 원으로 집계됐다. 특히 영업이익이 반도체 호황기였던 2018년 실적(20조8,438억 원)을 뛰어넘었다. 매출액도 최대치였던 2022년(44조6,216억 원)보다 21조 원 이상 웃돌았다. 이로 인해 2024년 말 SK하이닉스의 현금성자산은 14조2,000억 원으로 전년 말 대비 5조2,000억 원 증가했고, 차입금은 22조7,000억 원으로 같은 기간 6조8,000억 원 감소했다.

SK하이닉스의 파티타임은 2025년 이후로도 이어질 전망이다. 2025년 1월 23일(현지시간) 도널드 트럼프(Donald Trump) 대통령은 취임 하루 만에 대규모 AI 프로젝트 '스타게이트'를 발표했다. 향후 4년간 5,000억 달러(약 700조 원)를 투자해 미국에 압도적인 AI 산업 인프라를 구축한다는 계획이다. 글로벌 반도체 시장규모가 연간 6,000억 달러 안팎이라는 점을 감안하건대 엄청난 규모가 아닐 수 없다.

스타게이트에는 챗GPT 운영사인 오픈AI, 클라우드 서비스 기업 오라클과 같은 미국 회사뿐 아니라 일본 투자회사 소프트뱅크, 아부다비 국영 AI펀드 MGX가 출자자로 참여한다. 엔비디아는 기술 파트너 기업으로 다량의 AI반도체칩을 공급한다. 이로써 엔비디아의 HBM 주력 납품업체 SK하이닉스는 스타게이트의 최대 수혜를 누릴 전망이다. 삼성전자도 스타게이트의 기회를 잡으려면 늦어지는 HBM 품질평가 마침표를 하루속히 찍어야 한다.

삼성전자의 HBM 사업을 향한 업계의 반응은 엇갈린다. 낙관론보다는 비관론에 무게중심이 쏠리는 듯 하지만, 젠슨 황의 말은 의미심장하다. "(삼성전자는 HBM에) 새로운 설계가 요구된다"는 발언의 말미에 "(삼성전자는) 결국 해낼 것"이라고 덧붙였다. 그의 말에는 삼성전자가 HBM의 일정부분을 공급할 수 있도록 기다리겠다는 의미가 담겼다. 엔비디아 입장에서는 HBM의 공급사가 한쪽(SK하이닉스)으로 쏠리는 독점보다는 양쪽 경쟁사를 견주며 거래하는 것이 가격협상에서 매우 유리하다. '젠슨 황 이펙트'가 삼성전자의 희망이 될지, 아니면 희망고문이 될지는 좀더 두고 볼 일이다.

국내 증권사들은 2024년 12월 31일을 기점으로 지난 6개월간 35% 하락해 역사적 하단(PBR 0.92배)을 기록한 삼성전자의 주가가 2025년 상반기 이후부터 스타게이트 같은 글로벌 호재를 수혜로 흡수할 것으로 전망한다. 이러한 근거를 몇 가지로 정리하면, [1] 2025년 3분기부터 HBM3E 12단을 시작으로 엔비디아향 공급이 증가할 가능성이 높다. 특히 [2] AI 주문형 반도체(ASIC) 수요 급증으로 2025년 하반기부터는 브로드컴, 구글, 아마존 등으로 HBM3E 12단, HBM4 공급 확대가 예상된다. 무엇보다 [3] 엄청난 규모의 스타게이트 프로젝트가 성공하려면 글로벌 메모리 반도체 1위인 삼성전자를 빼고는 현실적으로 불가능하다. 이에 힘입어 삼성전자는 [4] 2025년 1분기 실적 저점을 확인한 후 하반기로 갈수록 반등이 일어날 것으로 예상된다.

D램 공급 부족과 소부장 수혜주

글로벌 메모리 플레이어들이 HBM 생산 비중을 늘릴수록 상대적으로 D램의 캐파(CAPA)는 줄어들게 된다. 이로 인해 D램의 공급 부족이 초래될 경우 메모리 업체들의 생산시설 증설이 불가피해진다. 업계에서는 2023년 D램 가동률 저점이 70~75%였던 것으로 파악하는데, 2025년 이후 메모리 업체들이 D램 캐파의 30%를 HBM으로 전환하면 2023년보다도 훨씬 더 D램 공급 부족 현상이 발생하게 된다. 삼성전자와 SK하이닉스 입장에서는 D램 캐파 증설을 고려하지 않을 수 없다. 업계에서는 공장부지 여건 등을 감안하건대 삼성전자의 증설 규모가 훨씬 클 것으로 보고 있다.

투자적 관점에서는 D램 공급 부족에 따른 글로벌 메모리 플레이어들의 캐파 증설이 일어날 경우 기술경쟁력을 갖춘 국내 반도체 소부장 종목들을 주목할 필요가 있다. 그 중에서도 전공정 장비업체들의 실적 향상이 기대된다. 특히 삼성전자향 D램 비중이 높은 전공정 장비업체의 수혜가 가장 클 전망이다.

▼ 글로벌 메모리 3사 D램/HBM 캐파 및 HBM 침투율

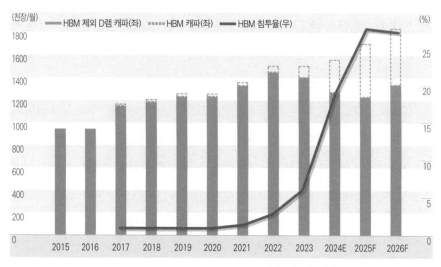

(천장/월) ━━ HBM 제외 D램 캐파(좌) ┅┅ HBM 캐파(좌) ━━ HBM 침투율(우) (%)

* 글로벌 메모리 3사 : 삼성전자, SK하이닉스, 마이크론
자료 : 옴디아, 신영증권

▼ AI반도체 밸류체인

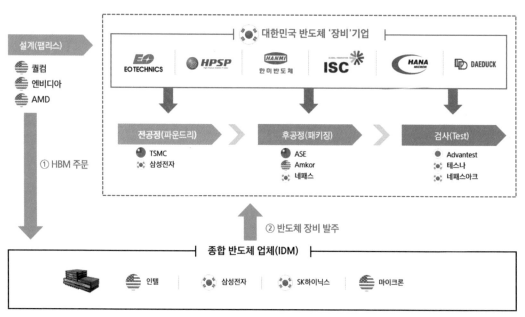

자료 : 삼성자산운용

2025년 말에서 2026년 초까지 삼성전자와 SK하이닉스의 D램 예상 증설 캐파는 각각 170K/M, 90K/M이다. 절대적인 캐파 증설 규모에서 차이가 있는 만큼 삼성전자향 소부장들의 실적 상승세가 예상된다.

파크시스템스는 1997년 설립되어 2015년에 코스닥에 상장한 나노계측장비(원자현미경) 전문업체다. 원자현미경은 반도체 뿐 아니라 화학, 제약, 생명공학, 전자 등 다양한 분야에 걸쳐 활용도가 넓어지는 추세다. 특히 반도체 패키징 공정 고도화로 나노 단위로 계측할 수 있는 원자현미경의 역할이 강조되고 있다. 가령 구리패드 간 접촉을 통해 적층하는 하이브리드 본딩의 경우 5나노이하의 웨이퍼 평탄도를 요구하기 때문에 본딩 표면상태를 정밀하게 계측할 수 있는 원자현미경 도입은 필수다.

반도체 테스트 핀과 소켓 전문업체 리노공업은 소켓에 탑재되는 핀과 스프링의 디자인부터 생산, 도금 및 조립까지 모든 공정을 내재화하고 있어 다양한 스펙의 품목을 단기간 내에 공급할 수 있다. 특히 고객사가 요구하는 전류 흐름 및 길이와 두께를 정확히 구현해 내는 것이 기술력의 핵심이다. 경쟁사인 일본의 Yokowo, Yamaichi에 비해 영업이익률이 월등하게 우위에 있는 만큼 투자가치가 높게 평가된다.

원익큐앤씨는 반도체 제조 및 장비 업체에 쿼츠(Quartz, 석영)와 세라믹 부품을 공급하고, 반도체 공정에서 사용되는 소모성 부품의 세정 사업을 영위한다. 자회사 모멘티브는 쿼츠 도가니, 쿼츠웨어, 세라믹 제품 사업을 담당한다. 국내를 비롯해 중국, 대만, 독일, 미국, 일본에 생산기지를 운영하고 있다. 향후 글로벌 메모리 플레이어의 캐파 회복 및 파운드리 고객사의 아이템 확대로 이익률 개선이 예상된다.

피에스케이는 반도체 전공정에 사용되는 PR스트립, 드라이클리닝, 베벨에칭 장비 등을 제조하는 업체다. PR스트립 장비 및 용역 매출 비중이 약 70%를 차지한다. PR스트립은 노광, 현상, 식각 공정 후 남아있는 PR(감광액)을 제거

해주는 장비다. 피에스케이의 PR스트립 시장점유율은 2023년 기준 40.1%로 경쟁 우위에 있다. 드라이클리닝 및 베벨에처 등 신규 장비 매출 확대도 주목할 필요가 있다. 특히 드라이클리닝은 건식으로 선폭이 낮은 회로를 세척해주는 장비다. 반도체 공정이 미세화 될수록 표면장력으로 인해 액체가 침투하기 힘들어 건식 세정을 도입해야 된다. 반도체 공정 미세화에 따른 수혜가 예상된다.

케이엔솔은 반도체 클린룸 및 2차전지 드라이룸 전문업체다. 반도체 생산라인은 전체가 하나의 클린룸으로 구성되어 있다. 반도체 제조 공정에서 이물

◤ 반도체 8대 핵심 공정 중 소부장 수혜주

세정	증착	이온 주입 어닐링	PR코팅
• 화학물질처리, 가스, 물리적 방법을 통해 웨이퍼 표면의 불순물 제거. • 반도체 미세공정화 추세에 따라 건식 세정 수요 증가.	• 웨이퍼 표면에 얇은 막을 씌워 전기적 특성을 갖도록 만드는 공정. • 원자 단위 증착 기술인 ALD 수요 증가.	• 웨이퍼에 이온을 주입하는 과정에서 발생하는 대미지 복구. • 절연막과 웨이퍼 계면 특성의 개선을 위한 고압 수소 어닐링 수요 증가.	• 정밀하고 안정된 회로 형성을 위해 얇고 고르게 웨이퍼 표면에 감광액 도포. • EUV 도입 본격화로 EUV용 PR코팅 장비 수요 증가.
원익큐앤씨, 케이엔솔, 피에스케이, 제우스, 테스	원익IPS, 주성엔지니어링, 유진테크, 테스	AP시스템, HPSP, 이오테크닉스, 디아이티	동진쎄미켐, 워트, 세메스(비상장), 도쿄일렉트론 (TEL, 일본)

질이 들어가면 불량률이 높아진다. 클린룸의 핵심 기술은 수만 개의 FFU(Fan Filter Unit)를 설치해 단위 공간당 $0.1 \sim 0.5\,\mu m$(마이크로미터) 크기의 먼지를 일정 범위 이하로 관리하는 것이다. 증권사들은 케이엔솔의 12MF PER이 6.0배 안팎으로 역사적 저점에 근접해 있다고 보고 있다. 주요 고객사의 캐파 증설 사이클이 도래했음에도 불구하고 과도하게 저평가 되었다는 분석이다. 한편 케이엔솔은 바이오 및 태양광으로 사업 영역을 확장하고 있는데, 이는 자칫 실적에 마이너스로 작용할 수도 있다.

노광	포토(현상)	식각	PR스트립
• 웨이퍼 위에 빛으로 회로를 새기는 공정으로, 빛으로 새겨지는 회로가 미세할수록 웨이퍼에 들어갈 수 있는 반도체칩 수가 많아져 반도체 성능 향상.	• 웨이퍼 위에 포토레지스트를 바르고 빛을 쪼이면서 회로 패턴을 형성하는 공정으로, 반도체의 품질 향상에 중요.	• 화학용액이나 가스를 이용해 실리콘 웨이퍼에서 필요한 부분만을 남겨놓고 나머지 물질을 제거. • 낸드(NAND) 적층 수 증가에 따라 고농도 플라즈마 식각 수요 증가.	• 노광, 현상, 식각 공정 후 남아있는 PR(감광액) 제거. • 낸드(NAND) 적층 수 증가에 따라 하드마스크 스트립 장비 수요 증가.
ASML(네덜란드), Canon(일본), Nikon(일본) 에스앤에스텍	세메스(비상장), 도쿄일렉트론 (TEL, 일본)	브이엠, 세메스(비상장), 도쿄일렉트론 (TEL, 일본)	피에스케이, 테스, Lam Research (미국)

02 생성형AI, 온디바이스AI

투자포인트

- 온디바이스AI가 탑재된 IT기기에 익숙한 세대로의 전환
- AI서비스 사업에 특화된 중소형주
- NPU 시장에서 회로 설계 IP 및 라이선스를 보유한 회사

체크포인트

- 딥시크 수혜주 착시 효과
- AI를 적용한 비즈니스 모델의 수익화 지연
- AI 관련 실적과 주가 사이 괴리현상

최선호주 더존비즈온, 칩스앤미디어, 네이버

"소프트웨어는 세상을 삼키고 있지만, AI는 소프트웨어를 삼킬 것이다."

엔비디아 CEO 젠슨 황이 지난 2017년에 한 발언이다. 그로부터 수년이 흐른 지금 이 말은 현실이 되고 있다. AI를 빼고는 소프트웨어 산업을 얘기할 수 없기 때문이다. AI가 소프트웨어 뿐 아니라 거의 모든 산업을 집어 삼킬지도 모른다는 글로벌 시장조사기관들의 분석은 과장이 아니라 사실이다. 이미 금융, IT, 의료, 유틸리티 등 다양한 분야에서 AI를 적용한 새로운 비즈니스 모델을 개발해 사업에 활용하고 있다. 기업들은 그 중에서도 특히 LLM을 활용한 생성형AI를 주목하고 있다.

'생성형AI(Generative AI)'란 기존 데이터를 학습해 새로운 텍스트, 이미지, 음악 등의 콘텐츠를 만드는 기술이다. 2023년 오픈AI가 내놓은 챗GPT는 빅테크들 사이에서 생성형AI 경쟁을 촉발시켰다. 글로벌 시장조사기관들이 내놓

은 분석을 취합해보면, 생성형AI는 2030년 2,070억 달러 규모로 성장할 전망(2023~2027년 CAGR 24.4%)이다. 이미 글로벌 생성형AI 관련 VC(Venture Capital) 투자금액이 2022년 기준 약 21억 달러를 기록했는데, 이는 2020년 이후 무려 425%나 증가한 수치다.

삼일PwC경영연구원이 발표한 리포트에 따르면, 생성형AI의 향후 10년 기준 온라인 콘텐츠 침투율은 무려 66%에 이른다. 이는 클라우드(31%)와 스마트폰(55%, 북미 기준)의 침투율을 압도하는 수치다. 생성형AI의 확산은 기술

▶ **생성형AI 소비세대 비중**

침묵세대 3
C세대 9
베이비붐세대 15
X세대 18
밀레니얼세대 22
Z세대 32

단위 : %

자료 : Bofa, 삼일PwC경영연구원

▶ **생성형AI 침투율** *최초 보급 이후 10년차 기준

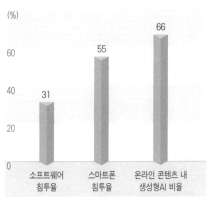

(%)

소프트웨어 침투율 31
스마트폰 침투율 55
온라인 콘텐츠 내 생성형AI 비율 66

자료 : 스태티스타, 삼일PwC경영연구원

▶ **생성형AI 글로벌 시장규모** 단위 : 억 달러

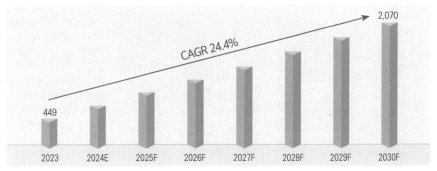

CAGR 24.4%

2023 449
2024E
2025F
2026F
2027F
2028F
2029F
2030F 2,070

자료 : 스태티스타, 삼일PwC경영연구원

▶ 생성형AI 밸류체인

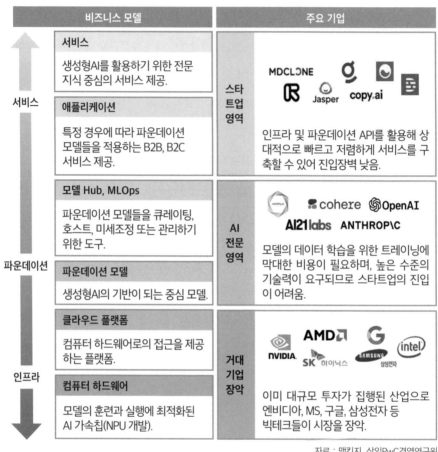

비즈니스 모델		주요 기업	
서비스 생성형AI를 활용하기 위한 전문 지식 중심의 서비스 제공.	서비스	스타트업 영역	인프라 및 파운데이션 API를 활용해 상대적으로 빠르고 저렴하게 서비스를 구축할 수 있어 진입장벽 낮음.
애플리케이션 특정 경우에 따라 파운데이션 모델들을 적용하는 B2B, B2C 서비스 제공.			
모델 Hub, MLOps 파운데이션 모델들을 큐레이팅, 호스트, 미세조정 또는 관리하기 위한 도구.	파운데이션	AI 전문 영역	모델의 데이터 학습을 위한 트레이닝에 막대한 비용이 필요하며, 높은 수준의 기술력이 요구되므로 스타트업의 진입이 어려움.
파운데이션 모델 생성형AI의 기반이 되는 중심 모델.			
클라우드 플랫폼 컴퓨터 하드웨어로의 접근을 제공하는 플랫폼.	인프라	거대 기업 장악	이미 대규모 투자가 집행된 산업으로 엔비디아, MS, 구글, 삼성전자 등 빅테크들이 시장을 장악.
컴퓨터 하드웨어 모델의 훈련과 실행에 최적화된 AI 가속칩(NPU 개발).			

자료 : 맥킨지, 삼일PwC경영연구원

▶ 밸류체인별 AI 투자

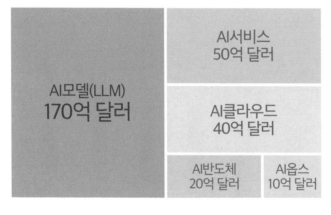

지난 2020년부터 2023년까지 글로벌 AI 투자의 약 60%가 AI모델 개발에 집중되었지만, 가까운 미래에는 투자흐름이 AI서비스 분야로 옮겨갈 것으로 전망된다. AI서비스와 동시에 거대한 투자가 예상되는 분야는 AI반도체다. AI서비스가 확대될수록 AI반도체의 수요가 함께 늘어날 전망이다.

혁신과 변화에 익숙한 MZ세대 및 C세대(Covid Generation)가 IT 시장 소비의 대부분을 차지함에 따라 갈수록 가속화될 전망이다.

생성형AI로 돈이 몰리는 이유

글로벌 투자기업 코투(Coatue)가 발표한 자료에 따르면, 지난 2020년부터 2023년에 걸쳐 전 세계 AI 투자의 약 60%가 AI모델 개발에 집중되었던 것으로 나타났다(170억 달러, 약 24조 원). 대표적인 AI모델은 'LLM(Large Language Model, 거대 언어 모델)'이다(95쪽). LLM은 대용량의 인간 언어를 이해하고 생성할 수 있도록 훈련된 AI모델이다. 오픈AI에서 개발한 '챗GPT'와 메타의 'LLaMa' 등이 대표적인 사례다. LLM은 주어진 언어 범위 내에서 정해진 패턴이나 구조, 관계를 학습하는 기존 언어 모델과 달리 대규모 언어 데이터를 학습해 문장구조와 문법, 의미 등을 파악하고 자연스러운 대화 형태로 상호작용이 가능하다. LLM은 콘텐츠 패턴을 학습해 추론 결과로 새로운 콘텐츠를 만드는 생성형AI의 핵심 기술로 꼽히는 만큼 AI 생태계에서 투자규모가 가장 크다.

　하지만 업계에서는 AI 생태계에서의 투자흐름이 AI모델에서 AI서비스 분야로 옮겨갈 것으로 보고 있다. 이미 AI모델은 빅테크들이 선점하고 있어서 틈새가 보이지 않기 때문이다. 기술력 있는 스타트업이나 소프트웨어 강소기업들은 아직 기회가 있는 AI서비스 시장에서 치열한 기술경쟁을 벌이면서 투자금을 끌어모을 가능성이 높다. 생성형AI 기술이 고도화되고 여러 산업에 보급이 활발해지면 분야별로 특화된 AI서비스 수요가 급증하게 된다.

　AI모델은 방대한 데이터를 운용하기 위한 기본 인프라 구축 부담이 상당히 크기 때문에 시장 후발주자들이 오픈AI나 구글 같은 선두주자와 경쟁하는 건 현실적으로 불가능하다. 현재 글로벌 AI서비스 분야에서는 재스퍼의 광고문구 생성서비스, 스태빌리티AI의 이미지 생성서비스, 깃허브의 코드 완성 도구 등이 두각을 나타내고 있다. 비록 이들도 아직은 수익적인 측면에서 성과를 내진 못하고 있지만, 시장 선점을 위해 투자를 아끼지 않고 있다.

국내 AI 관련 투자 종목을 보더라도 대형주들은 주로 AI모델 사업에 치중하는 반면, 중소형주는 AI서비스 분야에 집중하고 있다. 가령 네이버가 선보인 '하이퍼클로바X'는 한국어에 최적화한 토종 LLM이다. 카카오 자회사 카카오브레인도 한국어에 특화된 초거대 AI모델 '코GPT'를 공개했다.

국내 AI서비스 중소형주로는 ERP 및 그룹웨어 등 기업정보화 소프트웨어 전문업체 더존비즈온이 눈에 띈다. 더존비즈온은 2024년 6월에 기업 핵심 업무 솔루션과 생성형AI 챗GPT를 결합시킨 'ONE AI'를 출시했다. ONE AI 고객 수는 2024년 6월 말 220곳에서 출시 6개월 만인 같은 해 12월 말에 2,000곳으로 급증했다. 고객 대부분이 기업으로, B2B 사업에 특화되어 더존비즈온의 안정적인 수익모델로 자리잡고 있다.

ONE AI는 맞춤형 AI비서로, 기업이 사용하는 ERP 및 문서관리 등을 수행한다. 특히 기업 내부 데이터를 안전하게 활용할 수 있도록 검색증강생성(RAG) 기술이 접목돼 할루시네이션(Hallucination, 거짓 정보를 사실인 것처럼 생성하는 현상)을 최소화했다.

더존비즈온의 2024년 연결 매출액은 3,992억 원(+14.8% yoy), 영업이익은 838억 원(+21.3% yoy)이다. 기존 고객향 유지보수/사용료 매출이 연간 2,000억 원 이상이어서 AI 사업을 통한 신규 고객 확보에 따라 실적 상승 효과가 뚜렷하게 나타나고, 이는 다시 주가에 반영된다.

▶ **더존비즈온 'ONE AI' 매출**

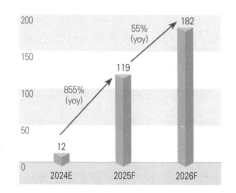

(억 원)

▶ 국내 AI 관련 유망 투자종목

구분	기업명	설명
대형주	네이버	• 2023년 8월, B2B 대상 초거대 AI모델 '하이퍼클로바X' 출시. - 네이버 뉴스(50년치), 블로그(9년치) 데이터 학습 기반, 한국어 특화 언어모델. - '하이퍼클로바X'가 탑재된 '뉴로 클라우드' 납품. - 내부 생성형AI 서비스 구축 가능. • 2024년 4월, AI 개발 도구 '클로바 스튜디오'를 통해 'HCX-DASH-001' 출시. - 기존 '하이퍼클로바X' 모델(HCX-003)에 비해 비용 저렴, 속도 개선. • 2024년 4월, '하이퍼클로바X' 기술 고도화 위해 포티투마루에 전략적 투자.
	카카오	• 2024년 1월, 멀티모달 LLM 오픈소스 '허니비' 공개. • 2021년 11월, GPT3 기술 기반 한국어 특화 'Ko GPT' 공개 및 'Ko GPT 2.0' 공개 준비 중. • 2023년 7월, 초거대 AI이미지 생성 모델 '칼로 2.0' 공개.
	삼성SDS	• 2024년 5월, 국내 버전의 MS Copilot인 'Brity Copilot', 'Fabrix' 공식 론칭.
	SK텔레콤	• 2023년 11월, 아이폰 음성 녹음/요약 B2C 솔루션 '에이닷' 론칭. • 2024년 실시간 번역 기능 추가 및 글로벌 통신사들과 JV 설립을 통해 '텔코 LLM' 개발 중. • 대규모 지분 투자 : 앤트로픽, 람다, Perplexity, 사피온 등
	KT	• 2023년 10월, 자체 개발한 LLM '믿음' 출시. • KT클라우드 기반으로 기업용 생성형AI 솔루션 서비스 제공 확대 중.
소형주	더존비즈온	• 2024년 6월 사무용 AI 'ONE AI' 개발 및 출시. • 2025년 "ONE AI" 매출 855% 증가 예상.
	루닛	• 의료 AI 영상분석(흉부 엑스레이, 유방 촬영술 등) 솔루션 '루닛 인사이트' 출시.
	폴라리스오피스	• 2023년 8월, 생성형AI 모델 기반 오피스 SW '폴라리스오피스 AI' 출시. • 폴라리스오피스 AI의 AI Write 기능에 GPT-4o 적용.
	이스트소프트	• 2024년 5월, AI 휴먼 영상 제작 서비스 'AI 스튜디오 페르소' 및 실시간으로 대화/통역을 지원하는 대화형 AI 휴먼 서비스 '페르소 라이브'를 구독형으로 제공.
	한글과컴퓨터	• 2024년 상반기, AI 기반 질의응답 솔루션 '한컴피디아 QA' 출시. • 2024년 AI 자동문서 작성 기능을 추가한 '한컴독스 AI' 정식 버전 및 AI 활용 지능형 문서 작성 도구 '한컴 어시스턴트' 베타 버전 출시.
	플리토	• AI 기반 실시간 통·번역 솔루션 '챗 트렌슬레이션/라이브 트랜슬레이션' 고객사 대상 산업군, 업종별 특화 데이터를 주기적으로 업데이트 및 서비스 제공.
	샌즈랩	• 2023년 10월, 사이버 위협 인텔리전스 서비스 CTX 공개. • 2024년 1월, CTX for GPT, Open AI GPT스토어에 입점 및 판매.
	코난테크놀로지	• SK텔레콤이 지분 20.7% 보유. • 2023년, 최신 AI 음성 기술 탑재 동시 통역 솔루션 출시.
	솔트룩스	• AI 파운데이션 모델 '루시아GPT' 출시(파라미터 수 : 70억~500억 개).
	셀바스AI	• 딥러닝 기반 음성/필기/영상 지능, 자연어 처리, 음성합성 등의 HCI 기술 개발. • 딥러닝 기반 음성 합성 솔루션 '셀비 딥TTS' 출시.
오픈AI 동영상 생성형AI Sora 관련주	키네마스터	• AI를 활용한 영상 편집 솔루션 보유.
	포바이포	• 화질은 높이면서 용량은 줄이는 기술력 보유. AI 통해 자동화 기술 강화

자료 : 미래에셋증권

'한국의 ARM'을 찾아서······NPU의 IP 최선호주

"AI Everywhere!" 모든 제품과 서비스에 AI기술이 탑재돼 AI가 일상이 되는 '온디바이스AI 시대'의 도래를 알리는 캐치프레이즈다. 지난 2022년 출시된 챗GPT가 전 세계 사람들이 함께 사용하는 '클라우드AI'의 대표적인 모델이라면, 이제는 스마트폰과 태블릿, PC 등을 비롯한 IT 단말기에서 '나만의 AI'를 사용하는 시대를 앞두고 있다.

'온디바이스AI(On Device AI)'란 스마트폰 같은 IT기기(디바이스) 내부에서 AI가 연산하는 방식을 가리킨다(48쪽). 즉 IT기기 자체에 AI가 탑재되어 외부의 거대한 서버나 클라우드에 연결되지 않고도 서비스를 제공할 수 있어 '작은 AI(Tiny AI)'로 이해된다. 온디바이스AI는 개인정보를 외부 클라우드로 전송하지 않아도 된다는 점에서 보안 측면에서 안전하다. 또 기기 내부에서 데이터를 처리해 정보 처리 속도가 빠르고 데이터 처리 비용도 경제적이다. 아울러 AI가 개인이 사용하는 기기에 장착되어 사용자에 대한 정보를 직접 파악할 수 있다는 점에서 맞춤형 서비스를 제공하기에도 유리하다. 글로벌 시장조사기관 마켓츠앤마켓츠는 온디바이스AI 시장규모가 2023년 약 185억 달러에서 2030년에 1,739억 달러로 거의 10배 가까이 커질 것으로 내다봤다. 연평균 성장률이 38%에 이른다.

온디바이스AI 시대의 핵심 투자처로는 무엇보다 'NPU(신경망처리장치)'에 주목해야 한다. 지금까지는 GPU(그래픽처리장치)를 통해 AI를 학습시키는 데 집중했다면 앞으로는 NPU를 통한 AI '추론'의 시대가 열릴 전망이다. AI가 일상화됨에 따라 사람들의 요청에 답변을 생성하는 '추론 연산'의 비중이 '학습 연산'을 압도하기 때문이다. NPU란 반도체 회사와 AI 기업이 협력해 만든 추론 연산을 빠르게 처리할 수 있는 칩을 가리킨다. 대량의 데이터 입력보다 빠른 답변 계산능력이 우선되며, 스마트폰 등에 탑재하기 위해 크기도 작고 전력 효

▶ CPU vs. GPU vs. NPU

CPU	• 컴퓨터의 두뇌 역할을 하는 중앙처리장치로 데이터를 고속으로 연산하고 처리. • 일반적인 계산, 시스템 및 사용자 인터페이스 등 다양한 작업을 순차적으로 처리.
GPU	• 멀티미디어를 화면으로 출력하기 위한 그래픽 카드의 핵심 부품. • 게임, 영상 편집, 데이터 마이닝 등 병렬 처리가 중요한 작업에 특화. • AI 연산을 위해 제작된 칩이 아니므로 AI에 필요한 단순 연산만 수행.
NPU	• GPU처럼 병렬 처리에 최적화된 구조로 되어 있으나, AI를 개발하는데 필요한 제어 및 산술논리 구성 요소를 갖춰 심화 학습 알고리즘을 실행하는데 최적화. • GPU에서 불필요한 기능을 모두 제거하고, AI 연산에 최적화된 기능만 집약. • GPU 대비 전력 소모는 적고 더 많은 결과물 산출.

자료 : 언론 보도 정리

▶ 온디바이스AI 밸류체인

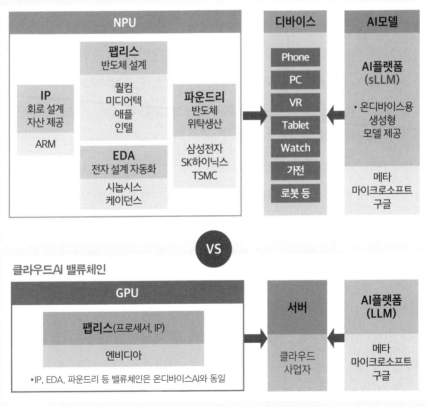

자료 : 미래에셋증권

율성도 좋은 것이 특징이다.

NPU 시장이 성장할수록 반도체 IP(지적재산권) 업체들을 주목할 필요가 있다. '맞춤형 반도체'인 NPU를 빠르게 설계하려면 IP 업체들이 제공하는 검증된 회로 설계 블록들을 활용해야 한다. 가장 대표적인 기업은 영국의 반도체칩 설계회사 'ARM'이다. 현재 퀄컴과 애플 등 전 세계 모

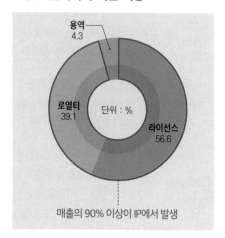

▶ **칩스앤미디어 매출 비중**

용역 4.3

로열티 39.1

단위 : %

라이선스 56.6

매출의 90% 이상이 IP에서 발생

바일 프로세서의 99%는 ARM의 명령어를 바탕으로 만들어지고 있다.

ARM의 '컴퓨팅 서브 시스템(CSS)'은 맞춤형 실리콘 개발기간을 최대 1년 단축시켰는데, 실리콘 출시기간은 AI 가속화에 있어 매우 중요한 역할을 한다. 뉴욕증시에서는 2023년 9월 기업공개(IPO)로 상장한 ARM의 EPS(주당순이익)가 2024년 초 0.3달러에서 NPU 시장이 성장궤도에 오른 2026년에 3달러로 10배 가까이 급등할 것이란 전망이 우세하다. 2016년에 소프트뱅크가 ARM을 약 35조 원에 인수해 최대주주로 있다.

국내 NPU 최선호 중소형주로는 칩스앤미디어가 꼽힌다. 대표적인 반도체 칩 팹리스로, 매출 대부분이 IP 라이선스와 로열티에서 발생한다. 칩스앤미디어는 2023년 10월에 NPU IP인 'CMNP'의 개발을 마쳐 주력 분야인 비디오 IP 이외에 프로세서 IP까지 포트폴리오를 확대했다. CMNP에는 고화질 영상을 제공하는 기능(SR)과 영상 내 노이즈를 제거하는 기능(NR) 및 사물을 탐지하는 센서(OD)에 이르기까지 다양한 영상처리 알고리즘이 적용되었다. 이에 따라 UHD 이상의 고화질 영상 콘텐츠 분석 및 재생 수요가 높은 데이터센터, 가전, 셋톱박스, 카메라 뿐만 아니라 실시간 영상처리 고도화 기술이 필수인 ADAS 및 자율주행차 분야로까지 고객 확대가 예상된다.

▶ 글로벌 빅테크의 NPU 사업 전개 현황

기업명	AI칩	사업 내용
삼성전자	엑시노스2400	• 2023년 10월 NPU 성능 14.7배, CPU 성능 1.7배 향상된 스마트폰용 AI칩 공개. • 향상된 AP를 통해 갤럭시 시리즈에 탑재되는 '갤럭시 AI'는 실시간 통역 기능 제공. • 새로운 AI TV 'Neo QLED 8K'에 스크린 전용 NPU 탑재.
LG전자	LG8111	• 가전제품용 AI칩으로, 2023년 9월 유럽 최대 가전박람회 IFA에서 처음으로 소개된 'LG 디오스 오브제 컬렉션 무드업'에 탑재. • LG전자 시스템반도체 조직인 SIC센터에서 온디바이스AI 2세대 NPU 설계 IP 개발 중 .
애플	M2	• CPU와 GPU, NPU, 메모리(RAM) 등을 하나의 칩으로 통합한 고성능 시스템반도체 'M1' 독자 개발. • 2022년 2세대 5나노미터 기술과 200억 개 트랜지스터를 사용해 제작한 차기 버전 'M2' 공개(전작 'M1' 대비 40% 향상된 성능).
구글	TPU v4	• 2023년 4월 4세대 AI반도체인 'TPU(Tensor Processing Units) v4' 공개. • 기계학습 성능이 종전 3세대보다 10배 이상 뛰어나고 에너지 효율도 2~3배 높음.
메타	MTIA	• 2023년 5월 AI프로그램 구동을 위해 설계된 1세대 맞춤형 실리콘 '메타 트레이닝 및 추론 가속기(MTIA)' 공개. • 메타의 AI프레임워크인 '파이토치'를 사용해 최적화된 소프트웨어 실행.
퀄컴	Snapdragon8 Gen3	• 직전 2세대 제품보다 NPU 성능을 98% 개선한 스마트폰용 AI칩으로, 메타의 생성형 AI인 'Llama-2' 지원. • 2023년 10월 새로운 PC용 AI칩인 'XElite'를 탑재한 코파일럿+ PC 22종 공개.
인텔	Meteor Lake	• 2023년 12월 최초로 NPU 탑재된 14세대 노트북용 코어 울트라 칩 '메테오레이크' 출시. • '메테오레이크'에는 NPU 외에도 '인텔4'(7nm급 공정)와 'FOVEROS' 3D 반도체 적층 기술 등이 사용되어 전력 효율성과 그래픽 성능 대폭 향상.
AMD	Ryzen 8040	• 노트북용 프로세서로, 이전 세대 모델 대비 64% 빠른 비디오 편집과 37% 빠른 3D 렌더링 지원. • 에이수스, 델테크놀로지스, HP, 레노버 등 주요 노트북 제조사들이 'Ryzen 8040' 탑재.
엔비디아	GeForce RTX 40 (고성능 GPU)	• 2022년 10월 'RTX40' 시리즈 3종 공개(RTX 4070 슈퍼, RTX 4070 Ti 슈퍼, RTX 4080), 코어 수 증가 및 메모리 입·출력 속도 강화. • RTX GPU를 내장한 노트북이 레노버, HP, 델, 에이수스, 삼성전자 등 주요 제조사를 통해 출시.
테슬라	D1	• 자율주행 수준을 높이기 위해 최상의 AI학습 성능을 보유한 슈퍼 컴퓨터 'Dojo'에서 대용량 정보처리를 담당할 NPU칩 'D1' 개발.
미디어텍	Dimensity 9300	• 2023년 11월 자체 개발한 NPU 'APU(AI Processing Unit) 790'을 적용한 'Dimensity 9300' 발표. • 최대 330억 개의 매개변수 처리 가능 및 기존 생성형AI 성능을 8배 개선.

자료 : 삼일PwC경영연구원

'딥시크 쇼크'의 이해득실 따져보기

중국의 스타트업 딥시크(Deepseek)가 개발한 오픈소스 AI모델(딥시크-R1)이 구글과 애플 앱스토어에서 오픈AI의 챗GPT를 제치고 다운로드 순위 1위에 오르자 2025년 1월 27일(현지시간) 엔비디아 주가가 16.97% 폭락하면서 시가총액 5,890억 달러(한화 850조 원)가 증발하는 일이 벌어졌다. '딥시크-R1'에는 저가의 저성능 AI칩인 'H800'이 쓰였고 개발비용도 불과 558만 달러(약 78억 원) 밖에 들지 않았다는 뉴스와 함께 엔비디아의 고성능 AI칩 무용론이 제기되면서 주가가 갑자기 폭락한 것이다.

딥시크-R1은 미국 수학경시대회에서 오픈AI의 신형 모델인 'o1'를 누르며 최고 점수를 기록하기도 했다. 고가의 고성능 AI칩을 활용해야만 제대로 된 AI를 만들 수 있다고 강조해온 엔비디아 CEO 젠슨 황의 주장을 뒤엎은 것이다. 실제로 엔비디아의 고성능 AI칩 'H100'이 쓰인 오픈AI의 챗GPT에는 약 1억 달러(1,450억 원)의 개발비용이 소요됐다.

저비용 저성능 AI칩으로 놀라운 성과를 낸 딥시크-R1의 핵심 기술은 '전문가 혼합(MoE)' 방식이다. MoE는 작업마다 특화된 여러 영역을 세분화한 뒤 필요 영역만 활성화하여 효율성을 높였다. 중요한 정보를 빠르게 포착하는 'MLA' 및 추론 속도를 끌어올리는 'MTP' 등도 탁월하다는 평가다.

이른바 'AI 패권'을 거머쥐려는 미국의 입장에서 딥시크의 출현은 '충격'이 아닐 수 없다. 엔비디아의 주가가 폭락한 것은 일시적인 해프닝일 수 있지만, 중국을 배제하고 자국 중심의 거대 AI 인프라 구축에 나선 트럼프 2기 정부로서는 당혹스럽기 그지없다. 딥시크에는 미국 정부의 대중국 반도체 수출 규제 품목인 고성능 칩 대신 수출 규제 대상에서 제외된 저성능 칩이 쓰인 것으로 알려졌다.

딥시크에 대한 한국의 입장은 어떨까? 다양한 분석들이 쏟아지고 있지만, AI

서비스에 강점이 있는 국내 소프트웨어 기업들에게 딥시크는 훌륭한 벤치마 킹 대상이 될 수 있다. 고사양 컴퓨팅 없이도 글로벌 빅테크와 견줄 수 있는 해답을 얻은 것이다. 그동안 네이버의 '하이퍼클로바X', 카카오의 '카나나', KT의 '마음AI' 등 자체 LLM이 개발되었지만, 글로벌 빅테크와의 경쟁에 밀려 좀처럼 성과를 내지 못했다. 네이버와 카카오는 막대한 자본이 들어가는 AI모델에만 집착할 게 아니라 AI서비스 분야로 시선을 확장할 필요가 있다.

네이버의 주가가 2025년 2월 5일 한때 52주 신고가(23만 원)를 경신한 것은 AI서비스 시장에 대한 기대감의 반영으로 보는 것이 타당하다. 당장 네이버가 AI서비스를 통해 뚜렷한 수익을 내고 있는 건 아니기 때문이다. 네이버를 '딥시크 수혜주'로 분류하는 정보는 '셀온뉴스(Sell On News, 뉴스에 주식을 사고파는 행위)'로 경계할 필요가 있다는 얘기다.

딥시크가 반도체 업계에 미칠 영향에 대해서도 곱씹어 봐야 한다. 엔비디아의 주가 폭락으로 HBM 주력 공급사인 SK하이닉스의 주가도 한때 동반 하락하며 우려의 목소리가 제기되었지만, 딥시크의 출현이 반도체 업황에는 오히려 긍정적으로 작용할 가능성이 짙다. AI의 핵심은 좀더 빠르게 많은 양의 데이터를 연산하는 것이다. 딥시크 역시 이러한 AI의 속성을 무시할 수 없다. 결국 딥시크든 오픈AI든 서비스 진화를 위해서는 고성능 AI칩이 필수불가결하다. 고성능 AI칩에 없어서는 안 되는 HBM의 수요가 늘어날 수밖에 없는 까닭이다.

한편 딥시크가 개인정보를 유출할 수 있다는 보안 문제는 앞으로 해결해야 할 숙제다. 우리 정부부처와 금융기관 및 다수 기업들은 개인정보 보호를 위한 안전성이 확인될 때까지 딥시크의 접속을 차단하는 조치를 내렸다. 여타 AI서비스의 경우 데이터 수집을 거부할 수 있는 '옵트아웃' 기능을 제공하지만, 딥시크는 이러한 기능 없이 모든 정보를 수집한다.

03 AI스마트폰

한국에서 스마트폰을 가지고 있지 않은 사람은 거의 없다. 2024년 4월 과학기술정보통신부가 발표한 자료가 이를 뒷받침 한다. 〈무선통신 서비스 통계 현황〉이란 보고서에 따르면, 국내 이농통신 휴대폰 가입회선은 약 5,675만 개, 스마트폰 회선은 약 5,582만 개다(2024년 4월 말 기준). 같은 달 행정안전부 주민등록 총 인구 수는 5,129만 명이다.

스마트폰 보급률이 100%를 넘어선 나라에 걸맞게 삼성전자는 오랫동안 스마트폰 세계 1위를 수성 중이다. 그런데 삼성전자를 포함한 휴대폰 업계 입장에서는 '스마트폰 보급률 100%'라는 통계가 달갑지 않다. 시장 수요가 끝까지 채워져서 성장할 여백이 없기 때문이다. 상황이 이러하니 투자가들은 스마트폰과 관련 있는 업종이나 종목에는 눈길조차 주지 말아야 할까.

업계는 이러한 선입견을 경계한다. 퍼플오션 전략 때문이다. 오랜 기간 성숙기에 있는 스마트폰 시장을 가리켜 업계 전문가들은 '퍼플오션'이라고 진단한다. 과거에 없었던 완전히 새로운 아이템과 분야를 개척하는 시장이 블루오션(Blue Ocean)이라면, 퍼플오션(Purple Ocean)은 기존 시장에서 발상의 전환을 통해 차별화 전략으로 상품과 서비스를 창출하는 시장을 가리킨다. 퍼플오션은 블루오션과 레드오션(Red Ocean)의 중간 지점에 존재하는 데, 색채학에서 블루와 레드를 섞으면 퍼플이 나오는 원리에서 비롯한 개념이다.

2009년경 애플이 '아이폰'을 출시하면서 스마트폰은 잠깐이나마 블루오션을 유영했다. 삼성전자를 비롯한 핸드셋 기업들이 스마트폰 출시 경쟁에 돌입하면서 시장은 순식간에 레드오션으로 물들었다. 시장 원리의 속성상 레드오션에 빠진 기업들은 경쟁에서 이겼더라도 얻는 것보다 잃는 것이 더 많다. 적지 않은 기업들이 레드오션에서 사업을 접거나 파산하는 이유다. 노키아와 LG전자는 퍼플오션으로 옮겨갈 타이밍을 놓쳐 레드오션에서 익사한 게 아닐까. 바로 지금 스마트폰 기업들은 생존하기 위해서 시장 환경을 레드오션에서 퍼플오션으로 바꾸지 않으면 안 되는 상황에 놓였다. 퍼플오션에 일렁이는 새로

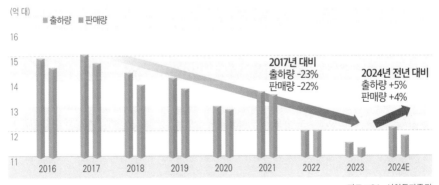

▼ '레드오션'에 빠진 스마트폰 글로벌 시장규모

자료 : SA, 신한투자증권

운 파도(New Wave)는 '온디바이스AI'와 '폴더블폰'이다.

'온디바이스AI'의 시간

스마트폰의 성장동력을 AI에서 찾는 것은 당연한 일이다. 대부분의 사람들이 스마트폰을 통해 AI서비스를 향유하게 될 것이기 때문이다. 특히 애플과 삼성전자 입장에서 AI는 HOVX(중국 4대 스마트폰 메이커 Huawei, Oppo, Vivo, Xiaomi)와 차별화할 수 있는 전략적 선택요인이기도 하다. 애플과 삼성전자가 AI서비스에 특화된 프리미엄급 고사양 스마트폰 사업에 사활을 거는 이유다.

AI서비스에 최적화된 이른바 'AI스마트폰'의 핵심 기술은 '온디바이스AI(On Device AI)'다. 온디바이스AI는 쉽게 말해 외부 서버나 클라우드에 연결되어 데이터와 연산을 지원받는 기존 클라우드AI에서 벗어나, 단말기 자체에서 직접 AI서비스를 제공하는 기술을 말한다(40쪽). 온디바이스AI는 통신 상태의 제약을 받지 않으며 보안성이 높고 정보처리 속도가 빠르다는 점에서 스마트폰 시장의 게임체인저로 불린다.

스마트폰에서 AI가 차지하는 존재감은 지난 2024년 9월 9일(현지시간)에 쿠퍼티노 애플파크 스티브잡스시어터에서 공개된 '아이폰16'에서 드러났다. '아이폰16'은 AI시스템인 '애플 인텔리전스' 구동을 고려해 설계한 첫 제품으로, 애플이 자체 개발한 최신 칩인 A18과 A18프로가 장착됐다. 당시 '아이폰16'을 두고 시장 반응은 엇갈렸다. 이유인즉슨 '아이폰16' 출시에 맞춰 '애플 인텔리전스'가 장착되지 않고 며칠 뒤 iOS18 소프트웨어 업데이트를 통해 베타 버전으로 제공된다는 애플 측의 안내 때문이었다. 결국 '아이폰16'의 초기 판매 스코어는 한국과 대만을 비롯한 여러 지역에서 기대에 미치지 못했다. 실제로 아이폰16 시리즈 출시 이후 3개월 누적 판매량이 3,720만 대로 같은 기간 전작

▶ 프리미엄 스마트폰 글로벌 시장점유율

자료 : SA

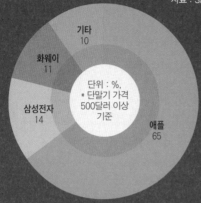

기타
10

화웨이
11

삼성전자
14

단위 : %,
* 단말기 가격
500달러 이상
기준

애플
65

애플과 삼성전자가 AI서비스에 특화된 프리미엄급 고사양 스마트폰 사업에 집중하는 이유는 HOVX와의 차별화 전략 때문이기도 하다. 이미지는 애플의 럭셔리 모델 '아이폰 골드프로'.

▶ 온디바이스AI 스마트폰 시장침투율

43%   2027F

CAGR 65%

11%   2024E

▶ 온디바이스AI 스마트폰 성장률 전망

(%)

200

150

100

50

0

222 애플

72 삼성전자

66 HOVX 평균

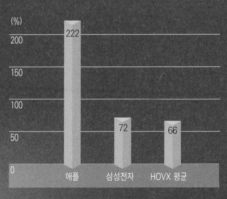

AI스마트폰의 핵심 기술인 온디바이스AI는 외부 서버나 클라우드에 연결되어 데이터와 연산을 지원받는 기존 클라우드AI에서 벗어나 단말기 자체에서 직접 AI서비스를 제공하는 기술로, 스마트폰 시장의 게임체인저로 불린다.

대비 3.2% 역성장했다.

그럼에도 불구하고 월가 애널리스트들은 제품 교체 수요에 따른 '아이폰16'에 대한 기대감을 유지했다. 투자자문사 모닝스타의 애널리스트 윌리엄 커윈(William Kerwin)은 "궁극적으로 소비자들이 애플 인텔리전스를 사용하려면 새로운 기기를 구입해야 한다"는 입장을 강조하며 2025년 9월 마감되는 애플의 2025회계연도에 아이폰 매출이 10% 성장할 것으로 전망했다.

삼성전기의 'MLCC'와 LG이노텍의 '카메라 모듈'

"앞으로 2년 동안 매우 강력한 아이폰 수혜 사이클이 시작됐다."
2024년 9월에 월가의 대형 투자자문사 에버코어ISI의 수석 애널리스트 아미트 다리아나니(Amit Daryanani)가 '아이폰16' 출시 이후 낸 보고서의 헤드카피다. 비록 '아이폰16'의 판매 성적은 기대에 미치지 못했지만, 애플 인텔리전스에 대한 시장의 기대감은 투자에 긍정적인 시그널로 작용했다. 투자적 관점에서는 애플의 핵심 벤더인 삼성전기와 LG이노텍을 주목해야 한다.

삼성전기는 '아이폰16'에 MLCC(적층세라믹콘덴서)와 반도체 패키지 기판 FC-BGA(플립칩 볼그리드어레이)를 공급한다. 특히 이번에 공급된 MLCC는 AI 연산에 특화된 고성능 제품으로 '아이폰16'의 핵심 부품이다. 삼성전기의 투자포인트는 MLCC로 모아진다. MLCC는 전기를 일정하게 공급하는 '댐' 역할을 한다. 회로에 전류가 들쭉날쭉하게 들어오면 기기가 망가지기 때문에 MLCC의 중요성은 아무리 강조해도 지나치지 않다. MLCC는 가로세로 길이가 각각 머리카락 굵기 수준으로 맨눈으로는 작은 점으로 보인다. MLCC를 300ml짜리 와인잔에 절반가량 담으면 가격이 1억 원을 훌쩍 넘을 정도로 고부가가치 부품이다. MLCC 글로벌 시장점유율은 Murata 40%, 삼성전기

23~25%, TDK 10~13%, Taiyo Yuden 10~13%, Yageo 7~10% 순이다.

AI서비스를 수행하는 고성능 프로세서는 대량의 데이터 처리 및 빠른 연산 능력을 요구함에 따라 전류를 제어하는 기능이 중요하다. 이는 곧 MLCC 탑재량과 직결된다. 업계에서는 AI서비스 시장 개화로 MLCC 탑재량이 극대화할 것으로 보고 있다. AI스마트폰은 일반 스마트폰 대비 MLCC 탑재량이 약 10~15% 증가한다.

▶ 글로벌 MLCC 시장규모

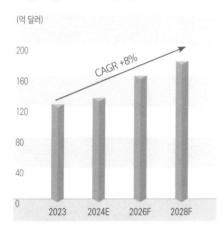

▶ 모바일기기당 MLCC 탑재량

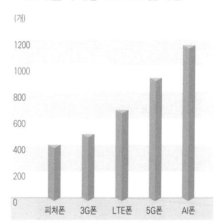

▶ MLCC 주요 수요처

모바일	스마트폰 700~1,100개 탑재. 고사양 스마트폰 10~20% 증가.
TV/PC	1,000~3,000개 탑재. 8K TV 및 데스크톱PC는 2,000개 이상으로 추정.
서버	최소 3,000~8,500개 탑재. AI서버는 20,000개로 탑재량 대폭 증가.
전장	내연차 4,000개 이상, 전기차 10,000~15,000개 이상.

삼성전기는 가로 0.4, 세로 0.2mm 크기에 1.0uF(마이크로패럿) 용량, 6.3볼트 정격전압(전압을 견딜 수 있는 내구성) MLCC 제품을 세계 최초로 개발했다.

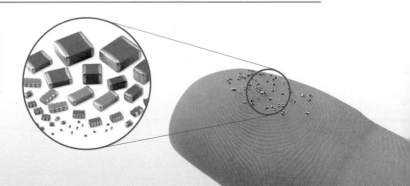

LG이노텍을 빼고 아이폰을 얘기할 순 없다. LG이노텍은 애플향 부품 비중이 무려 80% 안팎에 이른다. LG전자가 스마트폰 사업을 접으면서 애플이 LG이노텍에 미치는 영향력은 훨씬 커졌다. 애플과 한 배를 탔다고 해도 지나치지 않다. '아이폰16' 시리즈에는 LG이노텍의 폴디드 줌 카메라 모듈이 공급됐다. 애플은 '아이폰16'에서 폴디드 줌 적용 기종을 기존 프로맥스에서 프로까지 확대했다. 해당 라인업부터는 폴디드 줌 카메라 모듈 적용 모델이 2개로 늘어났고, 평균 화소 수 증가에 따른 ASP(평균판매단가)도 인상했다.

한편 애플향 소부장 종목 투자에 앞서 체크포인트는 애플의 신제품 언팩(unpack, 제품의 포장지를 벗긴다는 뜻으로 신제품 출시를 의미) 타이밍에서 주가가 크게 조정받았다는 사실이다. 실제로 지난 5년간 애플향 소부장 주가는 언팩

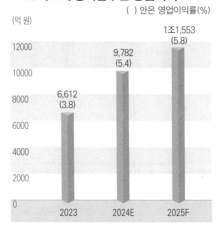

▶ LG이노텍 광학솔루션 영업이익

( ) 안은 영업이익률(%)

(억 원)

- 1조1,553 (5.8) — 2025F
- 9,782 (5.4) — 2024E
- 6,612 (3.8) — 2023

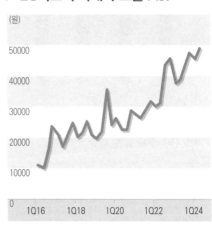

▶ LG이노텍 카메라 모듈 ASP

(원)

1Q16 · 1Q18 · 1Q20 · 1Q22 · 1Q24

애플은 '아이폰16'에서 LG이노텍이 공급하는 폴디드 줌 카메라 모듈 적용 기종을 기존 프로맥스에서 프로까지 확대했다. 해당 라인업부터는 적용 모델이 2개로 늘어났고, 평균 화소 수 증가에 따른 ASP도 인상했다.

행사 전 상승하다가 언팩 이후 한동안 하락한 뒤 다시 반등하는 등 부침을 겪었다. LG이노텍의 주가가 특히 그랬다.

폴더블폰 시장에서 간만 보는 삼성전자와 애플

AI와 함께 스마트폰 시장에 남은 마지막 성장 모멘텀은 '폴더블폰'이다. 폴더블폰의 시장 개척자는 삼성전자다. 삼성전자는 단말기 자체의 크기는 그대로 두면서 화면은 커지길 원하는 소비자들의 니즈에 착안해 접이식 스마트폰인 폴더블폰 시장에 뛰어들었다. 삼성전자는 기술 개발 단계에서 적지않은 시행착오를 감내한 덕분에 드디어 폴더블폰 시장에서 가장 큰 수혜를 입을 수 있을까?

결론부터 말하면 회의적이다. 두 가지 측면에서다. 먼저 폴더블이라는 폼팩터(Form Factor, 외형적 요소)가 미래 스마트폰 시장의 게임체인저가 될 수 있을지는 여전히 미지수다. 무엇보다 깊은 침체기에 접어든 스마트폰 시장이 폴더블이라는 외형상 기능 변화만으로 크게 반등하기에는 무리가 있다. 업계는 최

▶ **폴더블폰 글로벌 출하량**

(만 대)

폴더블폰의 글로벌 출하량만 놓고 보면 2024년 기준 약 3,570만 대에서 2027년에 1억 대 이상으로 늘어날 전망이지만, 이는 12억 대 규모의 전 세계 스마트폰 출하량의 10분의 1에도 미치지 못하는 수치다.

- 2021: 910
- 2022: 1,310
- 2023: 1,860
- 2024E: 3,570
- 2025F: 5,470
- 2026F: 7,860
- 2027F: 1억150

자료 : 카운터포인트리서치

근 스마트폰 시장의 판매 부진이 단말기의 기술완성도 문제가 아닌, 성숙기에 접어든 시장 자체의 정체를 그 원인으로 지목했다. 가령 삼성전자의 폴더블폰 신상품인 '갤럭시Z플립·폴드6'는 제품의 기술완성도는 한층 높아졌지만 오히려 전작과 비교해 판매량이 주춤했다. 폴더블폰의 글로벌 출하량만 놓고 보면 2024년 기준 약 3,570만 대에서 2027년에 1억 대 이상으로 늘어날 전망이지만, 이는 12억 대 규모의 전 세계 스마트폰 출하량의 10분의 1에도 미치지 못하는 수치다.

폴더블폰을 게임체인저로 보기 어려운 두 번째 이유는, 치킨게임 양상으로 치닫는 중국 후발업체들과의 경쟁 탓이다. 삼성전자는 글로벌 시장점유율 50%로 여전히 1위에 올라있지만 뒤를 좇는 화웨이의 추격이 매섭다. 화웨이가 공개한 트리폴드폰(2회 접히는 폴더블폰)인 '메이트XT'는 기기를 펼치면 태블릿 크기가 된다. 반면 (기기를 완전히 펼쳤을 때) 두께는 3.6mm다. 접었을 때는 11~13mm로, 한 번만 접는 일반 폴더블폰(10~12mm)과 비교해도 별 차이가 없다. '메이트XT'는 1만9,999위안(약 377만 원)에 달하는 고가임에도 언팩 직전 사전예약자만 약 563만 명에 달했다. 실제로 중국 폴더블폰 시장에서는

▶ **폴더블폰 글로벌 시장점유율**

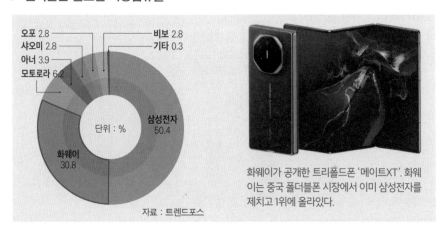

오포 2.8
샤오미 2.8
아너 3.9
모토로라 6.2
비보 2.8
기타 0.3

삼성전자 50.4
화웨이 30.8
단위 : %

자료 : 트렌드포스

화웨이가 공개한 트리폴드폰 '메이트XT'. 화웨이는 중국 폴더블폰 시장에서 이미 삼성전자를 제치고 1위에 올라있다.

삼성디스플레이가 공개한 롤러블 플렉스. 폴더블폰의 불확실한 성장성으로 삼성전자는 해당 기술을 차세대 폴더블폰에 적용하는 데 여전히 주저하고 있다.

삼성전자를 제치고 화웨이가 1위에 올랐다.

그런데 삼성전자는 폴더블폰 시장에서 화웨이 등 중국 스마트폰 메이커들의 거센 추격에 별다른 반응을 보이지 않고 않다. 업계에서는 삼성전자가 디스플레이를 2회 이상 접는 기술을 이미 보유하고 있지만 폴더블폰 시장의 불확실한 미래 탓에 여전히 신제품 적용에 주저하고 있다고 보고 있다. 실제로 삼성디스플레이는 2024년 상반기에 폴딩(접기)과 슬라이딩이 동시에 가능한 '하이브리드 플렉스', 디스플레이를 5배까지 확장할 수 있는 '롤러블 플렉스' 기술을 공개한 바 있다.

폴더블폰 시장에 대한 의구심은 애플의 행보에서도 드러난다. 애플은 폴더블 아이폰 출시와 관련해 아직까지 구체적인 사업 계획을 밝히지 않고 있다. 당초 애플은 2026년까지 폴더블폰 제품을 공개할 계획이었다가 출시기일을 2027년으로 1년 더 미뤘다. 애플의 소극적인 태도 역시 폴더블폰 시장에서 이렇다 할 매력을 느끼지 못했기 때문이다.

그럼에도 애플은 폴더블 기술과 관련해 몇 가지 특허를 취득했다. 해당 특허는, [1] 플렉시블 케이스 벽에 설치된 여러 카메라로 촬영한 이미지 미리보기를 표시한 폴더블 장치, [2] 카메라가 서로 다르게 배치된 전자기기 단면도,

[3] 카메라가 서로 마주 보도록 배치된 전자기기 단면도, [4] 접히는 커버와 탈부착이 가능한 기기의 예시 등이다.

업계에서는 애플의 폴더블폰 관련 특허 취득을 두고, 폴더블 아이폰 출시가 그리 멀지않다고 보고 있다. 결국 애플이 시장에 진입하는 시기가 폴더블폰의 본격적인 성장 모멘텀이 될 전망이다.

누가 누가 잘 접나……폴더블폰 힌지의 승자는?

폴더블폰이 미래 스마트폰 시장의 게임체인저라 단정하긴 어렵지만 니치마켓으로서의 존재감은 의심할 여지가 없다. 투자적 관점에서는 폴더블폰의 '힌지'를 주목할 필요가 있다. 힌지(Hinge)는 폴더블폰에서 접힘 기능을 담당하는 핵심 부품이다. 폴더블폰의 폼팩터 경쟁력은 얼마나 깔끔하게 여러 번 접히느냐에 달렸다. 힌지가 중요할 수밖에 없는 이유다.

폴더블폰 힌지 시장을 주도하는 경쟁사는 삼성전자의 폴더블폰 '갤럭시Z 시리즈'에 힌지를 독점 공급해온 KH바텍과 후발 주자 파인엠텍 그리고 중국 업체 환리(Hanli Intelligent Tech)다. 삼성전자향 힌지 공급 점유율은 KH바텍이 약 60%를 차지하고, 환리가 30% 안팎인 것으로 알려져 있다. KH바텍은 '갤럭시Z폴드6'와 '갤럭시Z플립6' 2종 모두에 힌지를 공급하는 반면, 환리는 '갤럭시Z플립6'에만 공급한다.

선두 기업 KH바텍으로서는 환리의 저가 공세가 부담스럽다. 환리는 삼성전자에 KH바텍보다 10~15% 낮은 가격으로 힌지를 납품하고 있다. 제작단가를 줄여야 하는 삼성전자로서는 환리의 저가공세가 싫지 않다. KH바텍의 힌지 사업 손익분기점 물량은 700만~800만 대 수준이다. KH바텍 입장에서는 손익 물량을 맞추기 위해 환리의 공급가만큼 가격을 낮춰야 할지 고민이 깊다. 그런데 '갤럭시Z플립6'에 힌지 납품을 노리는 회사가 또 있다. 파인엠텍이다. 이 회사는 2023년에 삼성전자로부터 힌지 공급 승인을 받았다.

힌지가 폴더블폰의 핵심 부품인 건 분명하지만, 생산자가 늘어나면 해당 업체들의 이익 실현에 도움이 되지 않는다. 이로 인해 폴더블폰 소부장 종목에 대한 투자매력이 반감되는 것은 아쉬운 대목이다.

▶ 삼성전자 폴더블폰 핵심 부품 밸류체인

힌지
KH바텍,
환리(중국),
파인엠텍

카메라 모듈
삼성전기

기판
FPCB 비에이치
FPCA 디케이티

S펜
인터플렉스

OLED 소재
삼성디스플레이,
덕산네오룩스

필름 소재
특수보호필름 세경하이테크
전자파 차폐 필름 이녹스첨단소재

04 AI디스플레이, OLED

📈 **투자포인트**

- 애플의 모바일기기에 하이브리드 OLED 탑재로 소부장 종목 수혜
- 폴더블폰 시장이 커질수록 플렉시블 OLED 패널 제조사 호재
- 프리미엄급 TV에서 OLED 매출 비중이 LCD 추월

📈 **체크포인트**

- LCD에 비해 여전히 불리한 OLED 패널 가격경쟁력
- LCD 사업을 접은 삼성디스플레이와 LG디스플레이
- LCD 시장을 중국에게 완전히 내준 딜레마

최선호주 LG디스플레이, PI첨단소재, LX세미콘, 필옵틱스

디스플레이 업황에서 핵심 키워드를 단 하나만 꼽으라면 'OLED의 가격'이다. 성능과 기술의 적용 범위에서 OLED가 LCD보다 뛰어난 건 분명하다. 다만 OLED는 성능이 월등한 만큼 비싸다. TV처럼 패널의 사용 범위가 넓은 애플리케이션에서 OLED의 사업성이 떨어지는 이유다. 이런 탓에 글로벌 TV 시장의 90%는 여전히 LCD다. 태블릿이나 PC 등 IT기기의 OLED 침투율도 채 3%가 되지 않는다(2023년 기준). 상대적으로 화면 크기가 작은 스마트폰만 OLED 비중이 80%를 넘는다.

LCD에서 OLED로의 전환에 대비해 삼성디스플레이와 LG디스플레이가 LCD 사업을 축소한 탓에 삼성전자와 LG전자는 TV용 LCD 패널을 중국 업체들로부터 수입해 조달한다. 2023년에 두 회사가 BOE와 CSOT 등 중국 디스플레이 업체들로부터 사들인 LCD 패널 비용이 9조 원을 넘었다. 그런데

중국 디스플레이 업체들은 LCD 생산을 줄이고 있다. LCD 패널 단가를 올리기 위해서다. 이제 와서 삼성디스플레이와 LG디스플레이가 다시 LCD 생산 가동을 재개할 수도 없는 노릇이다. 시장조사기관 옴디아에서 내놓은 리포트를 보면 2028년에도 LCD 비중은 58.3%로 OLED(39.0%)에 앞선다. 혹시 삼성과 LG가 단행한 OLED로의 전환 타이밍이 성급했던 건 아닐까?

▶ 디스플레이 글로벌 시장규모

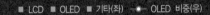
■ LCD ■ OLED ■ 기타(좌) ●○ OLED 비중(우)

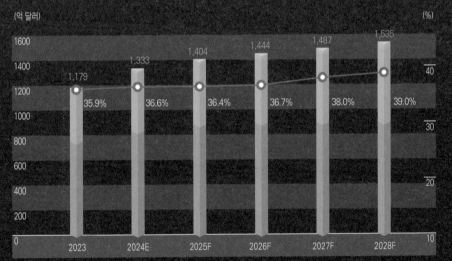

(억 달러)
(%)

	2023	2024E	2025F	2026F	2027F	2028F
	1,179	1,333	1,404	1,444	1,487	1,535
OLED 비중	35.9%	36.6%	36.4%	36.7%	38.0%	39.0%

자료 : 삼성디스플레이

LCD

OLED

OLED······AI서비스를 위한 필수 아이템

결론부터 말하면 OLED는 거부할 수 없는 대세다. 디스플레이 산업의 성장 모멘텀이 OLED에 있음은 움직일 수 없는 사실이다. 다만 삼성과 LG의 OLED로의 전환 타이밍이 적절했는지에 대해서는 견해가 갈린다. 아무튼 당분간 TV용 대형 패널은 LCD, 스마트폰용 소형 패널은 OLED가 시장을 주도할 전망이다.

디스플레이 산업의 미래가 OLED로 모아지는 까닭 역시 'AI' 때문이다. AI는 반도체와 통신, 스마트폰 등 이른바 IT-디바이스 섹터의 미래를 완성하는 공통의 퍼즐조각이다. AI서비스는 보다 많은 연산 횟수가 요구되므로 스마트폰을 비롯한 IT기기의 전력 소비 및 발열 문제를 해결하지 않으면 곤란하다. IT기기마다 차이가 있지만 장착된 디스플레이의 전력 소비 비중이 적게는

▶ 애플리케이션별 OLED 침투 좌표

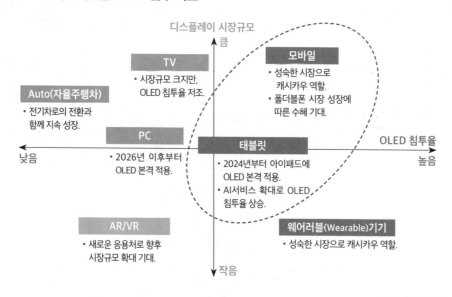

자료 : 현대차증권

30%에서 많게는 70%까지 차지한다. 결국 AI서비스를 수행하려면 IT기기의 전력효율화를 해결해야만 한다.

OLED는 별도의 발광원(BLU) 없이 필요한 부분에 전력을 전달해 빛을 내기 때문에 전력효율이 매우 우수하다. 따라서 장시간 배터리를 사용해야 하는 휴대용 모바일기기에 있어서 전력 소비를 줄이는 OLED의 장착은 필수다. 뿐만 아니라 OLED는 단말기를 접거나 늘이는 등 폼팩터 변경에도 유연하게 적용할 수 있다. OLED가 폴더블폰 같은 단말기에 안성맞춤인 이유다.

전 세계 시장분석기관마다 디스플레이 시장의 성장여력이 충분하다고 판단하는 이유는 AI서비스에 적합한 OLED의 넓은 활용도 때문이다. 그 중에서도 특히 태블릿 등 IT기기와 AI스마트폰 그리고 자율주행차에서 OLED의 침투율이 크게 상승할 것으로 보고 있다. 무엇보다 AI디바이스에 탑재될 OLED 수요에 대응하기 위해 '8세대' 양산이 앞당겨질 경우, OLED 패널 가격을 크게 떨어트려 TV 시장으로의 침투가 본격적으로 이뤄질 수도 있다.

디스플레이 업황의 빅 사이클을 여는 단초

OLED로의 전환에 가장 먼저 가속도를 붙일 애플리케이션은 태블릿과 노트북 등 IT기기다. 2023년 기준 태블릿의 OLED 침투율은 2.7%에 불과하다. 심지어 노트북을 포함한 PC의 경우는 같은 기간 2.1% 정도다. 아직까지는 IT기기에서도 LCD가 대세다. 바꿔 말하면 OLED로의 침투여력, 즉 성장가능성이 매우 높다는 얘기다. OLED가 빅 사이클로 가는 첫 번째 애플리케이션으로 태블릿과 노트북을 지목하는 이유다.

이러한 OLED 빅 사이클의 중심에 애플이 있다. 애플은 2024년부터 아이패드에 OLED를 탑재했다. 아이패드는 OLED를 탑재한 태블릿의 글로벌 시장

글로벌 노트북 시장 4위에 머물러있는 애플은 OLED를 장착한 하이엔드급 맥북을 통해 제품의 차별화 전략으로 점유율 상승을 노리고 있다. 이미지는 '맥북프로'의 프리젠테이션에 나선 애플 CEO 팀 쿡(Tim Cook).

점유율 60%를 차지한다. 아이패드가 OLED 탑재를 주도하고 있다고 봐도 무방하다. OLED를 탑재한 아이패드의 연간 출하량은 800만 대 안팎으로 추산된다(2024년 기준).

애플의 노트북인 맥북의 OLED 채택은 좀더 의미가 있다. 글로벌 노트북 시장규모는 약 2억 대 수준이다(2024년 출하량 기준 추정). 애플은 글로벌 경쟁 구도에서 시장점유율 10% 남짓으로 4위에 머물러 있다. 빅3(Lenovo 23%, HP 21%, Dell 17%)와 제법 격차가 크다. 애플로서는 점유율을 끌어올리기 위해 '하이브리드 OLED'라는 차별화 카드가 중요하다.

노트북에 적용되는 OLED 패널 기술은 '리지드(Rigid)'이지만 애플은 고사양인 '하이브리드(hybrid)'가 적용된 OLED를 선택했다. 리지드에 비해 하이브리

드는 휘도가 높고 수명도 길다. 고사
양인 하이브리드로 업그레이드될 경
우 패널 가격이 약 2배 이상 증가할
수 있다. 하이브리드 OLED를 공급
하는 소부장 업체들로서는 기회요인
이 아닐 수 없다. 반면 애플 입장에서
는 하이브리드 OLED 탑재로 제조비
용 부담이 커질 수 있다. 수익성 측면
을 살펴봐야 할 대목이다. 다만 노트

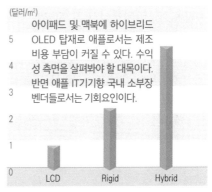

▼ 기술 적용에 따른 패널 가격 차이

(달러/m²)

아이패드 및 맥북에 하이브리드 OLED 탑재로 애플로서는 제조 비용 부담이 커질 수 있다. 수익성 측면을 살펴봐야 할 대목이다. 반면 애플 IT기기향 국내 소부장 벤더들로서는 기회요인이다.

자료 : 산업자료, 신한투자증권 추정

북을 포함한 PC에서도 AI서비스 활용도가 높아질 것을 감안할 경우, AI에 적
합한 고사양 OLED로 전환한 애플의 선택은 불가피하다.

업계에서는 OLED 노트북 글로벌 출하량이 2023년 400만 대에서 2024년
600만 대로 늘어난 것으로 보고 있다. 이 가운데 1,500달러 이상의 고사양 하
이엔드급 노트북 비중이 최대 15% 안팎이다. 시장조사기관 옴디아는 AI서
비스 적용 확산으로 2028년까지 노트북에서의 OLED 침투율이 매출액 기준

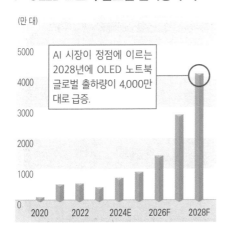

▼ OLED 노트북 글로벌 출하량 추이

(만 대)

AI 시장이 정점에 이르는 2028년에 OLED 노트북 글로벌 출하량이 4,000만 대로 급증.

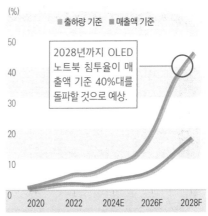

▼ OLED 노트북 침투율 추이

(%)

■ 출하량 기준 ■ 매출액 기준

2028년까지 OLED 노트북 침투율이 매출액 기준 40%대를 돌파할 것으로 예상.

자료 : 옴디아

40%를 돌파할 것으로 전망한다. OLED가 탑재되는 애플의 노트북 모델은 '맥북프로'로, 업계에서는 약 500만 대 출하를 예상하고 있다(2026년 추정치).

스마트폰용 OLED······ 폴더블폰 기회, 차이나 리스크 경계

패널 면적이 작은 스마트폰의 OLED 채택률은 84% 안팎으로 다른 IT기기에 비해 월등히 높다(2024년 추정치). 다만 OLED만으로는 스마트폰 시장의 성장 동력이 떨어진다. 업계에서는 스마트폰용 OLED 시장의 성장 모멘텀을 폼팩터의 변경에서 찾고 있다. OLED는 휘도 즉 플렉시블(Flexible)에 유리한 특성상 폴더블폰에 매우 적합하다.

하지만 폴더블폰 시장의 미래는 여전히 불투명하다. 출하규모만 놓고 보면 2024년 약 3,500만 대에서 2027년 1억 대를 돌파할 것으로 전망되지만, 12억 대 규모의 글로벌 스마트폰 출하량의 10분의 1에도 미치지 못하는 수치다 (53쪽). 이 역시 애플이 2027년 '폴더블 아이폰'을 출시한다는 가정에서다. 애플은 폴더블폰 시장 진출에 신중한 입장이다. 다만 애플은 최근 폴더블 기술과

▶ **스마트폰 OLED 글로벌 시장점유율** 단위 : %

LG디스플레이 **6** — EDO **5**

삼성디스플레이 **41**

BOE **17**

비전옥스 **12**

CSOT **10**

텐마 **9**

관련하여 미국에서 여러 개의 특허를 취득했다(55쪽). 이를 두고 업계에서는 '폴더블 아이폰' 출시 가능성에 좀더 무게를 싣는 행보로 보고 있다.

비록 시장의 미래가 불투명하더라도 폴더블폰으로의 폼팩터 변화는 그 자체만으로 OLED 시장에 긍정적인 시그널이다. 폴더블폰의 단말기 대당 출하면적은 일반 스마트폰보다 2배까지 증가한다. 뿐만 아니라 폴더블폰에 사용되는 OLED 패널은 고도의 기술력이 요구되기 때문에 기존 OLED(LTPO) 패널 가격보다 최대 1.5배 비싸다. 폴더블폰 출하가 늘어날수록 OLED 패널 면적 확대 및 가격 상승효과로 삼성디스플레이 및 LG디스플레이와 그 하방업체들의 실적 개선이 예상된다.

아쉬운 점은 폴더블폰 글로벌 순위에서 1위 삼성전자(시장점유율 50.4%)를 제외하면 모두 중국 제조사들이다. 결국 스마트폰용 OLED 시장에서 중국은 한국을 추월했다. 중국은 OLED 전체 생산능력에서도 2023년부터 2028년까지 연평균 8%의 성장률로, 한국의 연평균 성장률(2%)보다 4배 빠른 성장세를 보이며 한국을 앞설 전망이다. 한국 패널 업계로서는 중국 업체들의 저가 및 물량 공세가 리스크 요인으로 작용할 수 있다.

▶ 일반 스마트폰과 폴더블폰의 패널 면적 비교

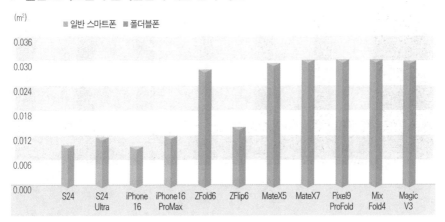

OLED TV는 언제 개화할 수 있을까?

OLED 시장의 마지막 퍼즐은 TV로 모아진다. 패널의 면적만 놓고 보면 스마트폰과 TV는 비교 대상이 되지 않는다. LCD 대비 OLED 패널 가격이 비싼 탓에 OLED TV가 고전을 면치 못하고 있지만, 서서히 침투율을 높이는 중이다. 프리미엄 TV의 경우 글로벌 시장(대당 1,500달러 이상)에서 OLED TV 매출이 LCD TV를 처음으로 앞설 것이란 시장조사기관의 전망은 매우 유의미하다. 옴디아에 따르면 프리미엄 TV 시장 내 OLED TV 매출 비중이 지난 2020년 32.6%에서 5년간 20%포인트 올라 2025년경 52.8%에 이를 것으로 전망된다.

매출을 놓고 비교해 보더라도 OLED TV의 성장세는 뚜렷하다. 프리미엄 TV 시장에서 LCD TV 매출은 2023년 109억4,055만 달러(약 15조1,515억 원)

▶ LCD와 OLED, 프리미엄 TV 글로벌 시장 비중

제품가격 1,500달러 이상 기준

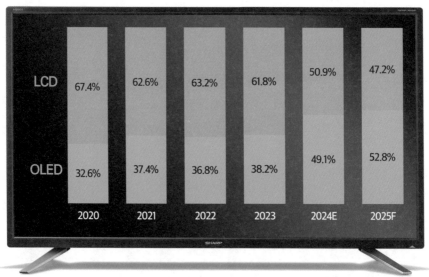

	2020	2021	2022	2023	2024E	2025F
LCD	67.4%	62.6%	63.2%	61.8%	50.9%	47.2%
OLED	32.6%	37.4%	36.8%	38.2%	49.1%	52.8%

자료 : 옴디아

에서 2025년 69억2,399만 달러(약 9조5,876억 원)로 크게 감소할 것으로 예상되는 반면, OLED TV는 같은 기간 67억5,184만 달러(약 9조3,492억 원)에서 77억4,234만 달러(약 10조7,208억 원)로 증가할 것으로 추산된다.

이러한 흐름은 이미 양대 프리미엄 TV 시장인 북미와 유럽에서 관측되고 있다. 북미 프리미엄 TV 시장에서 OLED TV 매출 비중은 2020년 36.1%에서 2024년 65.1%로 30% 가까이 성장했다. 유럽 시장 역시 OLED TV 매출 비중이 2024년 62.6%에서 2025년 66.7%까지 오를 전망이다.

전체 TV 시장에서 프리미엄 TV 매출이 차지하는 비중은 15%가량이다. 프리미엄 TV는 수익성이 높아 저가 TV보다 제조사 실적에 기여하는 부분이 크다. OLED TV는 LG전자와 삼성전자가 글로벌 시장을 이끌고 있다. 두 회사의 글로벌 시장점유율(출하량 기준)은 75.6%에 이른다(2024년 상반기 기준). LG전자가 52.6%로 독보적인 1위에 올라있다. 23%인 2위 삼성전자의 추격도 만만치 않다. 삼성전자는 OLED TV 출시 첫해인 2022년 5.4%에서 점유율을 빠르게 키우며 OLED TV 경쟁에 불을 지폈고 3위 소니(9.7%)를 크게 따돌렸다. 현재 OLED TV 패널은 삼성디스플레이와 LG디스플레이만 양산할 수 있다.

▶ OLED TV 글로벌 시장점유율

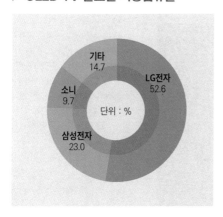

기타 14.7
소니 9.7
LG전자 52.6
단위 : %
삼성전자 23.0

▶ LG디스플레이와 삼성디스플레이, OLED TV 패널 생산 비교

	LG디스플레이	삼성디스플레이
대형 패널	W-OLED	QD-OLED
생산능력	연간 1,000만 장 (월 180k)	연간 150만 장 (월 30k)
생산가능한 패널 면적	42", 48", 55", 65", 77", 83", 97"	55", 65", 77"
생산원가	680달러	1,040달러

스마트폰용 OLED와는 달리 중국 패널 업체들의 공세로부터 자유롭다는 얘기다. 다시 말해 OLED TV 판매가 늘어날수록 국내 디스플레이 업황이 활황하는 구조임을 기억해 둘 필요가 있다.

OLED의 성장성······면취효율에 달렸다

LCD가 OLED로 전환하기 위한 가장 중요한 통과의례는 역시 '가격'이다. OLED의 성능이야 두말할 나위 없지만 성장 길목에서 여전히 가격에 발목이 잡혀 있는 형국이다. 10% 남짓한 OLED TV 비중이 상승하려면 LCD에 비해 가격경쟁력이 해결되어야만 한다.

디스플레이 패널의 가격은 '면적 대비 가격'을 의미한다. 디스플레이 회사로서는 같은 가격에 패널의 면적을 키울 수 있는 기술 확보가 중요하다. 디스플레이 패널의 크기를 표시할 때 '세대(Generation)'라는 개념을 사용하는데, 이는 곧 원장의 크기를 가리킨다. OLED나 LCD는 보통 큰 유리기판을 놓고 그 위에서 제조된다. TV와 스마트폰 등 모든 애플리케이션에 쓰이는 디스플레이

▼ OLED 패널 세대별 크기

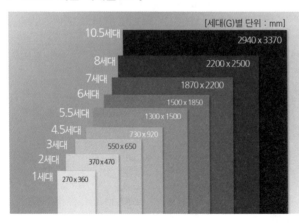

[세대(G)별 단위 : mm]

세대	크기
10.5세대	2940 x 3370
8세대	2200 x 2500
7세대	1870 x 2200
6세대	1500 x 1850
5.5세대	1300 x 1500
4.5세대	730 x 920
3세대	550 x 650
2세대	370 x 470
1세대	270 x 360

디스플레이 패널의 크기를 표시할 때 '세대(Generation)'라는 개념을 사용한다. 디스플레이 패널의 가격은 '면적 대비 가격'을 의미한다. 따라서 디스플레이 회사로서는 같은 가격에 패널의 면적을 키울 수 있는 기술 확보가 중요하다.

자료 : 삼성디스플레이

패널은 이 유리기판에서 쪼개진 한 조각에 불과하다. 이렇게 패널의 모체가 되는 유리기판을 '원장' 또는 '마더글라스(Motherglass)'라고 부른다. 한 장의 마더글라스에서 42인치 TV 크기의 디스플레이를 여러 개 만들 수도 있고, 또 6인치 스마트폰 크기 디스플레이를 수백 개 만들 수도 있다.

"삼성디스플레이가 8.6세대 OLED 투자에 적극 나섰다"는 뉴스의 헤드라인에서 세대 앞에 붙는 숫자는 마더글라스의 사이즈를 뜻한다. 가령 1세대는 270×360mm이다. 보통 이전 세대의 긴 면과 비교해서 새로운 패널의 짧은 면의 길이가 같거나 길어지면 한 세대가 넘어갔다고 본다.

삼성디스플레이는 2023년에 IT기기향 8세대 OLED 투자를 발표했다. 여기에 BOE와 비전옥스 등 중국 업체들까지 가세하여 8세대 OLED 양산규모가 크게 늘어날 전망이다. 그런데 LG디스플레이는 중소형 OLED 기술경쟁력을 보유하고 있지만 8세대 OLED 투자에는 미온적이다. 경쟁사의 투자 상황 및

▶ **OLED 패널 면취효율**

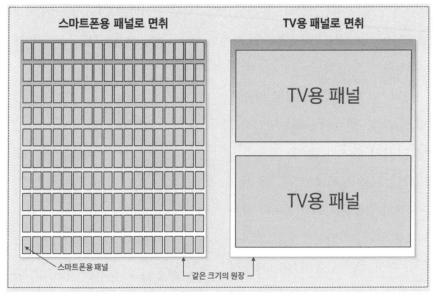

자료 : 삼성디스플레이

증설 기간을 고려하면 2025년에 투자를 발표할 가능성이 있다. 하지만 기업의 재무건전성(높은 부채비율, 낮은 현금 및 현금성자산 등)이 회복되지 않으면 8세대 투자 계획을 접을 가능성도 배제할 수 없다.

디스플레이 업체들이 8세대 투자에 나서는 이유는 생산성 향상 및 비용 절감 때문이다. 앞서 밝혔듯이 OLED TV 시장이 성장하려면 OLED 패널 가격이 내려가야 한다. 8세대는 6세대에 비해 유리 원판의 크기가 넓기 때문에 이른바 '면취효율'을 개선할 수 있다. 이로써 1개의 원장에서 생산 가능한 패널 개수가 증가한다. 수율이 정상화됐다고 가정했을 때 8세대 OLED 기준 생산 비용은 6세대 대비 10~20% 줄어들 것으로 추산된다.

대장주 LG디스플레이의 실적 회복은 언제?

디스플레이 밸류체인은 크게 패널과 소재, 부품, 장비로 구분된다. 패널 시장은 LG디스플레이와 삼성디스플레이가 양분하고 있지만, 삼성디스플레이가 비상장(대주주 삼성전자 지분 84.5%)인 관계로 투자자들의 시선은 LG디스플레이로 모아진다.

LG디스플레이는 2023년에 매출액 21조3,308억 원(-19.1% yoy), 영업적자 2조5,102억 원(적자지속)을 기록했다. 2022년 2분기부터 2023년 3분기까지 6분기 연속 적자를 기록하다 같은 해 4분기에 흑자전환했지만, 2024년 들어 다시 적자로 돌아섰다. 다행히 2024년 4분기부터 비용구조 개선 효

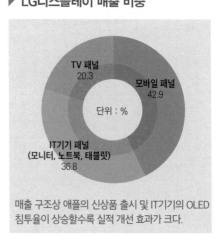

▼ LG디스플레이 매출 비중

TV 패널
20.3

모바일 패널
42.9

단위 : %

IT기기 패널
(모니터, 노트북, 태블릿)
36.8

매출 구조상 애플의 신상품 출시 및 IT기기의 OLED 침투율이 상승할수록 실적 개선 효과가 크다.

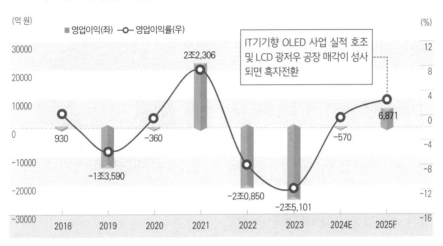

과가 나타나고 있다. 수익성 개선의 걸림돌이었던 플라스틱 OLED(P-OLED)와 화이트 OLED(W-OLED)의 감가상각이 종료된 덕분이다. OLED는 LCD에 비해 투자비용이 커서 생산원가에서 감가상각비가 차지하는 비중이 높다. 따라서 감가상각이 종료되면 생산원가가 낮아져 수익성이 호전된다. 여기에 중국 TCL의 디스플레이 자회사 CSOT를 우선협상대상자로 선정하여 추진 중인 광저우 LCD 공장 매각이 성사된다면 2조3,000억 원 가량의 현금을 확보할 수 있다. 대장주 LG디스플레이의 실적 개선은 국내 디스플레이 업황의 분위기 반전을 위해서도 중요하다.

유리기판……AI디스플레이 산업의 새로운 먹거리

디스플레이 소재업체 중에서는 PI첨단소재를 주목할 필요가 있다. PI첨단소재가 주력 생산하는 PI필름은 내열성이 뛰어나고 금속과 비슷한 강도를 지니고 있다. PI필름을 생산하는 업체는 국내에서는 PI첨단소재가 독보적이고, 해외에는 Kaneka, Taimide, Dupont 등이 과점을 형성하고 있다. PI첨단소재의 글로벌 시장점유율은 30% 이상으로 선두권에 속해 있다.

디스플레이 부품업체 중에서는 LX세미콘을 주목해야 한다. 2021년 5월 ㈜LG로부터 인적분할한 LX홀딩스가 최대주주로 있다(33.08%, 2024년 2분기 기준). LX세미콘이 주력 사업으

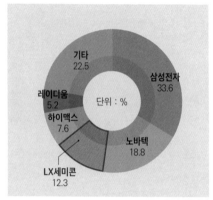

▶ DDI 글로벌 시장점유율

단위 : %

기타 22.5
삼성전자 33.6
레이디움 5.2
하이맥스 7.6
노바텍 18.8
LX세미콘 12.3

자료 : 옴디아

로 영위하는 DDI는 Display Driver IC(Integrated Circuit)의 약자로, 디스플레이 패널을 구성하는 수많은 픽셀을 구동하는 데 쓰이는 작은 반도체칩이다. 디스플레이가 화면에 정보를 표현하기 위해서는 가장 먼저 사용자가 터치나 리모컨을 통해 기기를 컨트롤해야 한다. 이때 명령을 받은 기기의 두뇌 즉, 중앙처리장치(AP 또는 CPU)는 사용자가 명령한 내용을 신호로 처리해서 내보낸다. 이 신호는 PCB라는 회로기판을 거쳐서 DDI를 통해 패널에 전달된다. 이때 DDI는 각각의 픽셀에게 어떻게 행동하라는 명령을 내린다.

LX세미콘의 주요 고객은 LG디스플레이(비중 56%)와 중국 BOE(비중 27.6%)다. LX세미콘은 반도체를 설계하는 팹리스(Fabless)이지만, 디스플레이 시황에 따라 회사의 실적이 연동된다. LG디스플레이의 TV 패널이나 애플에 공급하는 중소형 패널의 출하가 확대되면 LX세미콘도 수혜를 입는다. 다만 주요 고객사 내 공급망 경쟁 강도가 갈수록 심해지는 건 체크포인트다. LG디스플레이는 '아이폰16' 시리즈에 탑재할 OLED의 DDI 공급사에 글로벌 시장점유율 2위인 대만의 노바텍을 추가했다.

디스플레이 장비분야는 삼성디스플레이의 IT용 8.6세대 OLED 라인 설비투자에 적지 않은 영향을 받는다. 삼성디스플레이의 수주가 장비업체들의 매

출에 반영되는 시점은 2025년 이후가 될 전망이다. 2019년까지 패널사들의 대형 발주가 이뤄졌지만 최근 3~4년 동안은 패널사들의 대규모 투자가 중단되면서 장비업체들의 실적 부진이 이어졌다. 삼성디스플레이의 4조 원이 넘는 8.6세대 투자 소식은 디스플레이 장비업체들에게 오랜만에 찾아온 기회요인이다.

국내 디스플레이 장비업체 가운데 필옵틱스, 아이씨디, 힙스, 에프엔에스테크, 케이씨텍이 삼성디스플레이와 공급 계약을 체결했다. 특히 필옵틱스는 향후 추가 수주가 예상된다. 필옵틱스는 OLED 및 전기차용 2차전지 제조에 사용되는 첨단 자동화장비 제조를 주력 사업으로 영위한다. 세계 최초로 OLED 디스플레이 레이저 가공 표준설비를 양산한 바 있다. 필옵틱스가 보유한 TGV(유리관통전극)는 유리기판에 전극을 만들기 위해 레이저로 미세한 구멍(홀)을 뚫는 장비다. 가공 과정에서 유리기판에 균열이 나지 않게 정밀도를 유지하면서도 빠른 속도로 작업을 하는 게 관건인데, 필옵틱스는 이 공정에 탁월한 기술을 보유하고 있다.

유리기판은 플라스틱 대신 유리를 원재료로 만든 반도체 기판이다. 필옵틱스는 유리기판 분야에서 독보적인 SKC의 자회사 앱솔릭스를 거래처로 두고 있다. 반도체 기판에서 유리를 사용하면 패키지 두께가 얇아지고 전력 사용량이 절반으로 줄며, 데이터 처리량도 획기적으로 개선할 수 있다. 고성능 컴퓨팅과 데이터센터용 AI반도체는 전력 소모가 많고 발열 등의 문제가 발생하는데, 유리기판은 전력 소비량을 줄이면서 열 방출에서도 기존 플라스틱 소재보다 성능이 뛰어나다.

통신은 주식시장에서 대표적인 경기방어주로 꼽힌다. 경기방어주는 대체로 경기가 좋을 때는 다른 종목에 비해 약세를 보이지만, 경기침체기에는 상대적으로 안정적인 주가흐름을 나타낸다. 경제가 전반적으로 불경기일 때는 주식시장도 침체를 겪지만, 통신을 비롯해 에너지와 제약 등 경기와 무관하게 소비가 이뤄지는 업종의 주가는 경기에 둔감하게 반응한다. 말 그대로 불황에도 주가 하락을 '방어'하는 것이다. 반대로 경기가 호황일 때는 경기민감 종목들이 큰 폭으로 상승하는 것과는 달리 거의 미동 없이 제 자리에 머물러 상대적으로 약세를 보인다.

경기회복을 위한 조처로 미국 연준이 기준금리 0.5%를 인하하는 '빅컷(Big Cut)'을 단행했을 때 일반적으로 경기방어주에서 경기민감주로 갈아타는 투자가가 많을 것 같지만 반드시 그런 건 아니다. 지금처럼 불황이 일상인 뉴노멀

시대에는 금리 인하에도 경기침체를 벗어나지 못할 것이란 생각이 보편적이기 때문이다.

경기방어주 중에서도 통신주는 유독 금리에 영향을 덜 받는다. 과거 시중금리가 하락했을 때도 통신주가 올랐던 경우가 적지 않다. 통신주를 움직이는 핵심 요인은 따로 있다. 트래픽 증가, 네트워크 장비 투자, 요금제 인상, 5.5G 혹은 6G 같은 패러다임 전환, 주파수 경매 등이 여기에 해당한다. 업계에서는 2025년을 기점으로 이러한 핵심 요인들이 거의 모두 실현될 것으로 보고 있다. 이러한 핵심 요인들을 이끄는 트리거는 'AI'다.

엔비디아가 통신 업계의 문을 두드린 이유

2024년 9월 엔비디아는 AI 기능을 강화한 무선 네트워크 플랫폼 솔루션 'AI 에리얼(Aerial)'을 공개했다. 이를 두고 글로벌 통신 업계는 반도체 플레이어 엔비디아가 AI를 접목한 통신장비 시장에 침투했다고 보고 있다. AI에리얼은 AI-RAN을 '설계 → 시뮬레이션 → 훈련 → 배포'하기 위한 가속 컴퓨팅 소프트웨어와 하드웨어 제품군이다. 스마트폰, 자율주행차, 스마트 팩토리 등 다양한 기기들이 한꺼번에 데이터를 주고받아도 기지국에 연결된 AI가 네트워크가 느려지지 않도록 최적의 상태를 유지한다.

현재 대부분의 네트워크는 기지국마다 전파의 영역을 조정하는 방식인데, 기지국마다 주파수 및 전력 이용에 차이가 있어 트래픽에 따른 자원 할당이 어렵다. 이때 AI-RAN을 활용하면 AI에 의한 실시간 제어가 가능해지기 때문

(만 달러)

67억
9,200

600000

31억
3,400

300000

0

2024E   2028F

자료 : 가트너

AI-RAN은 무선접속망(RAN) 구동 소프트웨어에 AI를 접목해 전력 소비를 줄이는 등 최적 효율을 위해 네트워크 인프라를 지능적으로 운영하는 기술이다. AI-RAN이 도입되면 이용자가 적은 새벽시간에는 최소한의 자원을 투입하고, 이용자가 많은 시간에는 가상화 기술까지 활용해 가용자원을 극대화할 수 있다. 이로써 기지국은 무선 주파수 신호를 지능적으로 분석·배치해 적은 주파수로 최적의 용량과 속도를 구현하게 된다. 엔비디아는 T모바일, 에릭슨, 노키아 등과 협력해 'AI-RAN ALLIANCE'를 맺어 AI-RAN 혁신센터를 설립하는 등 상용화를 추진 중에 있다.

■ AI에 의한 통신 산업의 선순환 구조

AI서비스
활성화 → 트래픽
증가 → 주파수
공급 → 네트워크
투자 → 요금제
인상 → 통신사
매출
증가 → 통신주
상승
견인

에 통신사업자로서는 네트워크를 효율적으로 운영할 수 있게 되어 TCO(총소유비용)를 크게 절감할 수 있다. 이처럼 AI의 확산은 새로운 통신 환경으로의 진화를 추동한다. AI서비스에 요구되는 엄청난 양의 데이터 처리 속도는 기존의 5G 환경으로는 역부족이다. 5.5G 상용화 및 6G로의 준비는 필수다. 이러한 세대 전환만으로도 통신주의 상승을 기대해 볼 수 있다.

엔비디아의 통신장비 시장 침투를 유발한 것은 'AI'다. 엔비디아의 CEO 젠슨 황은 "AI는 음성, 데이터, 비디오를 넘어 생성형AI 및 로봇 등 다양한 분야에서 새로운 애플리케이션에 접목함으로써 미래 통신 산업을 재창조할 것"이라 했다. 지난 2018년 5G로의 전환 이후 6년 가까이 성장 모멘텀의 부재를 겪어온 통신 업계에게 AI는 커다란 기회 요인이다. 엔비디아의 행보가 이를 입증하고 있다. 통신사들이 AI를 통한 시너지를 누리려면 무엇보다 차세대 네트워크 투자가 이뤄져야 한다. 네트워크가 AI 기술을 받쳐주지 못하면 트래픽(Traffic) 증가세로 이어지기 어렵다. 트래픽 증가는 통신사들의 매출을 견인한다. 트래픽 증가에 대비한 차세대 네트워크 투자 및 통신요금 인상이라는 선순환 구조가 중요한 이유다.

| AI = 데이터 먹는 하마……트래픽 폭증

트래픽은 스마트폰이나 인터넷 연결선으로 전송되는 데이터의 양을 의미한다. 쉽게 말해 트래픽이 증가한다는 것은 전송되는 데이터의 양이 많다는 얘기다. 통신사 입장에서는 AI를 접목한 직접적인 수익 창출을 기대하지만, 실제로는 트래픽 증가를 통한 통신요금 상승에 따른 실적 개선이 훨씬 현실적이라 할 수 있다.

통신사들은 과거 2014년부터 트래픽에 연동하는 요금제로 전환했다. 이미 트래픽이 증가하면 매출이 오르는 사업구조가 마련된 것이다. 심지어 단위당 요금이 낮아져도 트래픽 상승 폭이 단위당 요금 하락 폭을 충분히 상쇄했다. 따라서 통신 사업에서는 트래픽 양을 늘리는 서비스가 바로 킬러 아이템이라 해도 지나치지 않다. 통신 업계에서는 AI를 두고 '데이터를 잡아먹는 하마'라고 부른다. AI서비스가 활성화될수록 데이터 이용 폭이 급증하고, 이는 곧 통신사에게 트래픽 증가로 인한 통신요금 매출 시현으로 이어진다.

하지만 지금의 5G로는 AI서비스의 진화를 담아낼 수가 없다. AI가 5.5G 및 6G로의 패러다임 전환을 재촉하는 이유가 여기에 있다. 그런데 통신의 패러다임 전환 역시 트래픽 증가와 맞물려 있다. 이는 과거의 경험에서 입증되었다. 2018년 5G 도입 이후 트래픽이 급증하는 양상을 가져왔기 때문이다. 당시 6GB였던 1인당 트래픽은 5G를 도입한지 5년만인 2023년 12월 기준 18GB로 무려 3배나 상승했다. 트래픽 증가 폭은 2021년 이후 잠시 소강상태에 들어갔

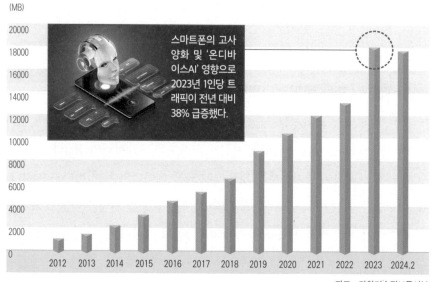

▶ **가입자당 트래픽 증가 추이** * 매년 12월 말 기준, 2024년은 2월 기준

(MB)

스마트폰의 고사양화 및 '온디바이스AI' 영향으로 2023년 1인당 트래픽이 전년 대비 38% 급증했다.

자료 : 과학기술정보통신부

다가 2023년에 1인당 트래픽이 전년 대비 무려 38%나 급증했다. 2023년은 AI 서비스가 스마트폰에 본격 침투하기 시작한 시기였다.

AI는 스마트폰의 고사양화를 촉진시키는 요인으로 작용한다. 이른바 '온디바이스AI(On Device AI)' 때문이다(48쪽). '온디바이스AI'는 외부 시스템의 도움 없이 휴대폰기기 자체적으로 AI서비스를 이용하는 개념이다. 온디바이스AI는 휴대폰기기를 매개로 데이터를 외부 데이터센터와 주고받는 '클라우드AI' 개념에서 진화한 기술이다. 휴대폰기기 자체가 AI서비스를 위한 보조 기능에서 핵심 수단으로 변한 것이다. 업계에서는 온디바이스AI가 보편화되면 트래픽이 증가할 것으로 보고 있다. 과거에도 스마트폰과 태블릿이 고사양화될수록 데이터 소비를 촉진시켜 트래픽을 증가시켰기 때문이다.

| 네트워크 장비 투자 …… 비용 없이는 기회도 없다!

통신사에게 트래픽은 양날의 검이다. 매출 상승으로 이어지는 동시에 비용 부담을 동반한다. 트래픽 증가는 통신사로 하여금 네트워크 장비 업그레이드를 위한 투자 부담을 가중시킨다.

글로벌 통신장비 회사 노키아는 전 세계적으로 트래픽이 2030년까지 연평균 25% 이상 꾸준히 상승할 것으로 전망하는데, 역시 그 원인을 AI에 두고 있다. 당장 2025년 이후부터 글로벌 연평균 트래픽 성장률이 30%를 넘을 것으로 예상한다. 글로벌 통신장비 회사들 역시 AI를 중요한 기회요인으로 보는 이유다.

대세가 그러하다면 통신사 입장에서는 투자를 주저할수록 불리해진다는 결론에 이른다. 네트워크가 제대로 받쳐주지 못하면 속도 저하는 물론 데이터 운용에 과부하 현상을 초래할 수밖에 없다. 통신사의 네트워크 장비 투자가 필수

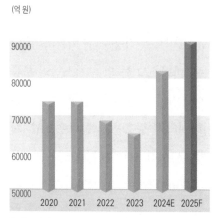

▼ 통신 3사 CAPEX 합계 추이

(억 원)

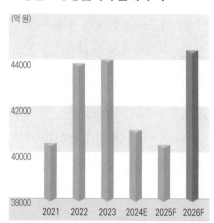

▼ 통신 3사 영업이익 합계 추이

(억 원)

통신 3사의 CAPEX 추정치가 피크를 찍는 2025년을 변곡점으로 영업이익이 크게 상승할 전망이다. 2026년은 통신 3사의 네트워크 장비 투자가 어느 정도 일단락되는 시점이다. 투자비용 부담이 줄어들수록 이익의 폭은 커지기 마련이다.

적이라는 얘기다. 이때 통신사로서는 투자 부담을 덜어낼 수 있는 카드가 있다. 바로 요금제 인상이다. 오히려 통신사 입장에서는 네트워크 장비 투자가 요금제 인상 카드를 적극적으로 추진하는데 있어서 중요한 명분이 될 수 있다. 통신사들은 늘 요금제 인상 카드를 만지작거릴 때마다 정부의 눈치를 봐야 했기 때문이다.

요금제 인상은 통신사에게 가장 직접적인 실적 개선 요인으로 꼽힌다. 실제로 통신 3사의 합산 영업이익 추정치는 2026년 급증할 것으로 예상된다. 통신 3사의 CAPEX 추정치가 2025년 피크를 찍는 만큼 이를 변곡점으로 영업이익도 크게 오를 것이란 분석을 눈여겨 볼 필요가 있다. 통신 3사의 네트워크 장비 투자가 어느 정도 일단락되는 2025년 이후 시점부터는 이익 증가폭이 훨씬 커질 수 있다는 얘기다.

통신장비 시장을 넘보는 삼성전자

AI 시장 개화로 인한 네트워크 장비 투자는 글로벌 통신장비 업계의 합종연횡을 부추긴다. 2024년 8월 29일(현지시간) 블룸버그는 "삼성전자가 무선 네트워크 사업을 강화하기 위해 노키아의 일부 자산 인수를 검토 중이다"라고 보도했다. 노키아의 통신장비 사업부문 가치는 100억 달러(약 13조 원)에 이른다.

업계에서는 노키아가 글로벌 통신장비 사업에서 화웨이와 ZTE 등 중국 기업들과의 경쟁에서 밀리자 사업부 매각을 고려 중인 것으로 알려져 있다. 한때 세계 1위 휴대폰 제조사였던 노키아는 삼성전자와 애플에 크게 뒤처지면서 2013년 휴대폰 사업을 마이크로소프트에 매각했다. 대신 지멘스와 모토로라, 파나소닉의 무선 네트워크 사업부문을 인수해 무선 통신장비 기업으로 변모했다.

하지만 중국 통신장비 기업들이 치고 올라온 데다 유럽 통신사들이 설비 업그레이드를 미루면서 적지 않은 어려움을 겪어왔다. 2023년 기준 노키아의 영업이익은 16억880만 유로(약 2조5,000억 원)로 전년 대비 27% 줄었다. 심지어

▶ **글로벌 무선 통신장비 시장점유율**

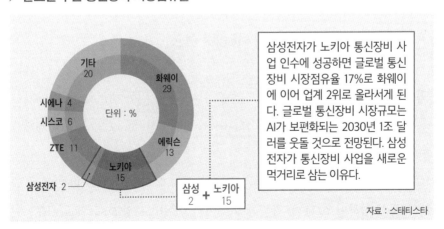

삼성전자가 노키아 통신장비 사업 인수에 성공하면 글로벌 통신장비 시장점유율 17%로 화웨이에 이어 업계 2위로 올라서게 된다. 글로벌 통신장비 시장규모는 AI가 보편화되는 2030년 1조 달러를 웃돌 것으로 전망된다. 삼성전자가 통신장비 사업을 새로운 먹거리로 삼는 이유다.

자료 : 스태티스타

미국 대형 통신사인 AT&T가 2023년 발주한 18조7,000억 원 규모의 수주마저 따내지 못하면서 미래 성장성도 불투명해졌다.

삼성전자가 노키아 통신장비 사업 인수에 군침을 흘리는 건 당연히 AI 때문이다. 이미 삼성전자는 2019년 차세대 통신 연구센터를 설립했고, 2030년 상용화를 목표로 6세대 이동통신 기술 개발에 적지 않은 투자를 이어가고 있다. 신년 초에 이재용 삼성전자 회장이 첫 경영 행보를 보였던 곳이 바로 차세대 통신 연구센터였음을 주목할 필요가 있다. 노키아는 공시를 통해 매각 계획이 없다고 밝혔지만, 업계에서는 노키아의 경영 상황을 감안하건대 매각 가능성이 높은 것으로 보고 있다.

삼성전자가 노키아를 손에 넣으면 글로벌 통신장비 시장점유율 17%로 화웨이에 이어 업계 2위로 올라서게 된다. 2023년 기준 삼성전자의 네트워크 사업 부문 매출은 3조7,800억 원으로, 전체 매출(258조 원)의 1.5%에 불과하다. 글로벌 통신장비 시장점유율도 2% 남짓으로 삼성전자답지 못하다는 평가를 받아왔다. 업계에서는 글로벌 통신장비 시장이 2023년 기준 7,624억 달러에서 AI가 보편화되는 2030년경에는 1조1,000억 달러 규모로 40% 이상 성장할 것으로 전망한다.

│ AI서비스 → 5.5G/6G 전환 → 통신주 상승

"화웨이는 새로운 비즈니스 가치 창출을 위해 'AI를 위한 네트워크(Networks for AI)'와 '네트워크를 위한 AI(AI for Networks)' 관점에서 '5G-A(advanced)' 개발을 좀더 가속화할 것이다."

2024년 6월 27일(현지시각) 중국 상하이 신국제엑스포센터(SNIEC)에서 열린 'MWC 상하이 2024'에 참석한 화웨이의 데이비드 왕(David Wang) ICT 인

▶ 6G 관련 글로벌 시장규모 및 이동통신 주파수 용도 시나리오

(억 달러)

주파수	용도
3.5GHz/3.7GHz →	5G 커버리지 확대용
5~10GHz →	6G 커버리지 확대용
5GHz →	자율주행차
7GHz →	도심항공교통

자료 : 하나증권

2031~2040년 연평균증가율 58.1%

3,400

2,150

1,360

860

544

344

217

138

87

55

2031 2032 2033 2034 2035 2036 2037 2038 2039 2040

* 2031~2039년 규모는 2040년 전망치와 연평균 증가율로 역산함

머지않아 진행될 주파수 경매는 5.5G 및 6G로의 전환이 머지 않았음을 뒷받침한다. AI의 확장이 자율주행차와 UAM(Urban Air Mobility, 도심항공교통) 및 스마트시티로 이어질 경우 정부의 중·장기 주파수 공급은 필수적이다.

프라 운영 이사회 의장이 한 발언이다. 5G-A는 '5G 어드밴스드(5G-Advanced, 진화한 5G)'의 줄임말로 '5.5G'라고도 불린다. 쉽게 말해 5G의 업그레이드 버전으로 5G에서 6G로 넘어가는 중간 단계에 해당한다. 5.5G는 하나의 기지국으로 km²당 최대 100만 개의 단말기를 연결할 수 있는 데다 데이터 전송 속도와 신뢰성 측면에서 기존 5G에 비해 10배 이상의 성능 향상이 기대된다. 5.5G는 이론상 최대 속도 10Gbps, 지연시간 1ms를 구현할 수 있는데, 현재 5G 속도가 1.2Gbps 정도인 것을 감안하면 약 9~10배 빠를 것으로 추정된다.

화웨이는 AI서비스를 원활하게 돕는 5.5G의 상용화를 앞두고 있다. 현재 전 세계적으로 30개 이상의 이동통신사가 5.5G 기술 검증을 완료한 것으로 알려져 있다. 중국은 물론 독일, 핀란드, 사우디아라비아 등 20여개 도시에서 5.5G 네트워크 검증 및 테스트가 진행되고 있다.

중국이 6G 시대의 마중물로 5.5G 네트워크 구축에 본격 돌입한 것과 달리 국내 통신 3사는 여전히 6G 시대 청사진만 막연하게 제시할 뿐이다. 국내 통신 업계에서는 5G보다 50배 빠른 초고속 6G 시대가 빠르면 2028년 상용화될 것으로 보고 있지만, 이러한 전망이 무색하게 현재 5G의 품질과 속도마저 미흡하다는 평가다. 6G에 앞서 5.5G의 상용화부터 단계별로 수행해 나가는 것이 중요한 이유다.

5.5G가 마케팅 측면에서 요금제 인상 및 신규 업그레이드 고객 창출로 통신사들의 매출 향상에 크게 기여할 것이라는 시나리오도 꽤 설득력 있다. 이에 따라 5.5G로의 세대전환은 통신주 상승을 견인할 것이 확실하다는 게 업계의 분석이다. 과거 3G와 LTE 및 5G 도입 당시 통신주가 상승했던 기억을 회고해 볼 필요가 있다.

국내 통신 3사 저평가 매력 …… 통신주 투자가치 충분

통신사의 주가는 단기적인 실적보다는 장기적인 시장 성장성에 좀더 영향을 받는다. 통신주가 차세대 네트워크 투자가 임박한 시기에 올랐던 레코드가 이를 방증한다. 앞서 밝혔듯이 이동통신의 세대별 진화도 통신주에 적지 않은 영향을 미친다. 다만 지난 2018년 5G 도입 기대감으로 본격 상승세를 탔던 국내 통신 3사의 주가는 2019년 5G 도입 이후 잠시 주춤했는데, 그 이유는 5G 무제한 데이터 요금제에 따른 매출 감소 우려 때문이었다. 이후 요금제 인상이 본격화되면서 통신 3사의 주가는 다시 상승모드를 회복했다.

2021년까지 상승을 이어가던 통신 3사의 주가는 2022년 하반기부터 다시 박스권 등락에 머물며 2024년까지 지지부진한 흐름을 이어갔다. 시쳇말로 5G의 약발이 다했기 때문이다. 다행히 2025년 이후 통신주의 상승을 이끌 굵직한 모멘텀들이 이어질 전망이다.

통신주를 주목해야 할 또 다른 이유는 금융주와 함께 전통적인 고배당주라는 점이다. 배당주는 주가의 상승뿐만 아니라 정기적인 배당금 수익을 통해 투자자에게 안정적인 수익을 제공하는 장점이 있다. 최근 경제적 자유를 이루고 싶어 하는 '파이어족'에게 배당주 투자는 중요한 연금 전략 중 하나로 자리 잡았다.

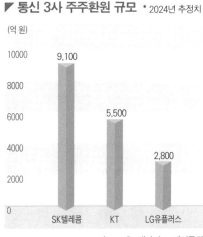

▶ **통신 3사 주주환원 규모** * 2024년 추정치

자료 : 에프앤가이드, 대신증권

이와 함께 통신 3사의 주주환원정책 의지를 눈여겨 볼 필요가 있다. 통신 3사는 주주환원정책을 적극적으로 표명해 왔다. KT는 2024년부터 '분기 배당'으로 변경했다. 이로써 투자자들은 KT의 배당규모를 먼저 확인하고 투자 여부를 결정할 수 있다. SK텔레콤은 주주환원 재원을 자회사 실적을 포함하는 연결기준으로 변경하고, 실적 개선에 비례한 주주환원을 진행하겠다고 밝혔다. SK텔레콤이 1,500억 원의 자사주 소각을 결정하면 주주환원 규모는 9,000억 원대에 달할 전망이다. 이처럼 통신 3사의 주주환원 규모가 늘어날 수 있는 이유는 자회사 배당 증가 때문이다. SK텔레콤은 SK브로드밴드에서, KT는 부동산 개발 자회사 KT에스테이트에서 배당금이 안정적으로 유입되고 있다.

국내 통신 3사는 굵직한 실적 상승 모멘텀들과 고배당주로서의 매력, 적극적인 주주환원정책에도 불구하고 글로벌 통신사들에 비해 크게 저평가되어 있다. 실제로 국내 통신 3사의 PBR(주가순자산비율)은 1.0배 미만이다. PBR이 1.0배라고 하면 현재 주가가 회사가 보유한 자산을 모두 매각하고 사업을 청산할 때 가치와 동일하다는 의미다. PBR이 1.0배 미만이면 시가총액이 장부상 순자산가치에도 미치지 못할 정도로 주가가 저평가된 상태를 가리킨다.

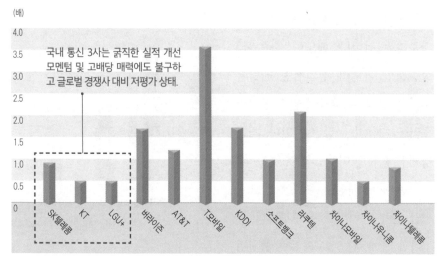

▼ **글로벌 통신사 PBR 비교** * 2024년 추정실적 기준

(배)

국내 통신 3사는 굵직한 실적 개선
모멘텀 및 고배당 매력에도 불구하
고 글로벌 경쟁사 대비 저평가 상태.

자료 : 블룸버그, 하나증권

주파수 경매 계획이 좀더 가시화될 때 통신장비주 투자 늘려야

국내 통신 3사가 다양한 성장 모멘텀으로 장밋빛 빅 피처를 그리는 것과 달리 통신장비 업체들은 어두운 터널을 지나는 중이다. 전 세계적으로 5G 관련 산업이 성숙기에 접어듦에 따라 거래처 수요가 감소하면서 수익성 악화가 이어졌기 때문이다. 2024년 상반기 연결기준 에치에프알, 이노와이어리스, 인텔리안테크놀로지, 다산네트웍스, 오이솔루션, 에이스테크, 케이엠더블유 등의 통신장비 기업들이 각각 영업손실을 기록했다.

업계에서는 통신장비 업체들이 침체국면을 탈피하기 위한 열쇠로 주파수 경매를 꼽고 있다. 과거를 돌이켜보면 우리나라를 비롯해 미국에서도 주파수 경매가 통신장비 투자와 수혜로 연결되었기 때문이다. 업계에서는 2025년 하반기에 4세대 이동통신(LTE) 주파수 재할당과 함께 5G 추가 주파수 경매가 실시될 것으로 예상하고 있지만, 영세한 통신장비 업체들이 견뎌내기에는 짧지 않은 혹한기다. 아무튼 과학기술정보통신부는 2024년 9월 1일에 이동통신 서비스를 중심으로 이뤄지던 주파수 공급을 모든 산업으로 확대하는 것을 골자로 하는 스펙트럼 플랜을 발표했다.

업계에서는 3.7GHz 사업자당 최소 40MHz, 통신 3사 합산 120MHz, 최대 300MHz 할당을 목표로 하는 것으로 예상하고 있다. 지난 2019년 3.5GHz 주파수 할당 폭이 280MHz였다는 점에서 120MHz 할당만 이뤄진다고 해도 통신장비 업체들로서는 실적 개선을 위한 기회요인이 될 만하다.

일각에서는 혹여 통신사가 경매에 참여하지 않을 가능성을 우려하기도 하지만, 그럴 가능성은 희박하다. 주파수 경매에 참여하지 않을 경우 통신사가 원하는 시기에 다시 주파수를 할당받을 수 있을지 장담하기 어렵기 때문이다. 무엇보다 2019년 이후 6년 만에 주파수 경매가 이뤄지는 것이고, 주파수 사용기간이 10년임을 감안하건대, 통신사로서는 주파수 입찰에 참여하지 않을 수 없는 상황이다. 투자적 관점에서는 주파수 경매 계획이 좀더 가시화될 경우 통신장비주에 대한 비중을 확대할 필요가 있다.

Chapter 2

인터넷, 콘텐츠, 광고/미디어

06 인터넷 플랫폼

구글, 메타, 아마존 등이 글로벌 빅테크가 될 수 있었던 건 플랫폼으로의 성공적인 전환 덕분이다. 검색과 링크 중심의 포털(Portal)이 인터넷 산업을 열었다면, 플랫폼(Platform)은 사용자가 원하는 다양한 콘텐츠를 거래하고 향유하는 환경을 제공함으로써 거대한 자본을 흡수했다.

플랫폼 비즈니스의 눈부신 성취는 한국에서도 일어났다. 네이버와 카카오는 국내 검색 및 메신저 시장에서 글로벌 빅테크들의 거센 공격에도 불구하고 1위 자리를 내주지 않고 있다. 네이버는 시가총액 35조 원대의 매머드 플랫폼으로 부상했고, 시가총액 19조 원대의 카카오는 인터넷 금융과 게임 등 다양한 섹터에 걸쳐 10개의 상장사를 거느린 지배구조를 형성했다(2025년 2월 7일 종가기준). 또한 '플랫폼은 성장주!'라는 인식으로 상장 초기에 네이버와 카카오 모두 실적보다 훨씬 높은 밸류에이션 프리미엄을 누릴 수 있었다.

하지만 급변하는 시장에 태평성대란 없는 법이다. 팬데믹 호재까지 누리며 고공행진을 이어가던 거대 플랫폼들이 변화의 속도를 따라가지 못하고 주춤거리고 있다. 그 사이 새로운 플랫폼들이 틈새시장으로 들어와 빅테크들이 장악해온 견고한 카테고리를 허물고 있다. 인터넷 공간의 거의 모든 비즈니스를 장악할 것 같았던 거대 플랫폼들은 사업 영역을 분화하면서 업계 판도를 새롭게 재편하고 있다.

AI가 촉발한 검색엔진 생태계의 변화는 인터넷 플랫폼의 미래를 읽는 중요한 열쇠다. 검색엔진은 여전히 구글과 네이버 광고 매출의 중요한 떡밥이지만, 생성형AI(34쪽)의 출현으로 갈수록 수익성이 떨어지고 있다. 구글과 네이버 모두 생존을 건 변화의 시험대에 올라서게 된 것이다.

▶ **인터넷 산업의 판도를 재편한 플랫폼들**

검색엔진	SNS	이커머스

영상/OTT	콘텐츠(음악, 웹툰)	전자결제

투자적 관점에서는 국내 인터넷 플랫폼 대장주인 네이버와 카카오의 주력 사업을 중심으로 살펴봐야 한다. 두 회사의 사업현황이 곧 국내 인터넷 플랫폼 전체 업황이라 해도 지나치지 않다. 두 회사의 밸류에이션을 좀더 객관적으로 파악하려면 국내 시장에서 경쟁관계에 있는 구글, 메타, 쿠팡 등 글로벌 플랫폼들도 함께 들여다봐야 한다.

네이버는 탄탄한 검색엔진 시장점유율을 기반으로 쇼핑 및 페이와의 시너지 효과 그리고 네이버파이낸셜을 통한 핀테크 사업 확대가 주가 상승을 견인하고 있지만, 나스닥에 상장한 자회사 웹툰엔터테인먼트가 안정적인 실적을 이어갈지는 미지수다. 키카오는 톡비즈보드의 본격적인 도입으로 인한 광고 매출 상승, '웹툰 → IP → 콘텐츠 → 미디어 → 연예매니지먼트'로 이어지는 밸류체인 확보를 통한 선순환 구조는 돋보이지만, 글로벌 경쟁사 대비 고평가된 밸류에이션은 부담스럽다.

검색창을 닫아버린 AI

오픈AI가 로그인 없이 서비스를 이용할 수 있도록 바꾼 의도는 분명하다. 글로벌 검색엔진 시장점유율 90%를 차지하는 구글의 자리에 침투하려는 것이다. 검색엔진은 단순한 무료 서비스가 아니다. 기저에는 '광고'가 있다. 광고에서 수익을 얻기 위해 무료 검색으로 다수의 유저를 확보하는 것은 인터넷 서비스 업계의 전형적인 비즈니스 모델이다. 구글에게 있어서 오픈AI의 존재는 위기이자 기회 요인이 된다.

네이버도 다르지 않다. 네이버는 국내 검색엔진 시장점유율 58.1%로 구글(36%)에 앞선다. 검색엔진 분야에서 구글이 1위를 하지 못하는 국가는 전 세계를 통틀어 한국과 중국(바이두 검색엔진 시장점유율 74.3%) 뿐이다. 네이버는

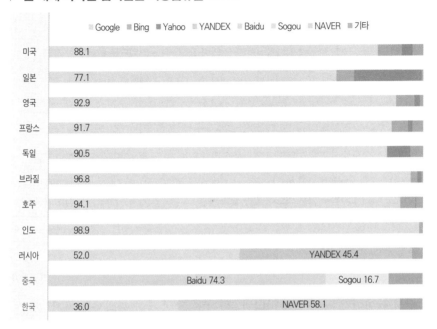

▶ **전 세계 국가별 검색엔진 시장점유율** 단위 : %

	Google	Bing	Yahoo	YANDEX	Baidu	Sogou	NAVER	기타
미국	88.1							
일본	77.1							
영국	92.9							
프랑스	91.7							
독일	90.5							
브라질	96.8							
호주	94.1							
인도	98.9							
러시아	52.0			YANDEX 45.4				
중국					Baidu 74.3	Sogou 16.7		
한국	36.0						NAVER 58.1	

자료 : 인터넷트렌드

전체 매출에서 여전히 서치플랫폼(검색광고) 사업 비중이 가장 높다(36.7%, 2024년 상반기 기준).

AI 기반 검색엔진은 구글과 네이버 등 기존 플랫폼들이 서비스해온 키워드 검색과 차원을 달리한다. 가령 키워드검색이 '성형외과'라고 문자를 입력한다면, AI검색은 '압구정동 부근 눈가 주름 제거 전문 성형외과'라는 훨씬 구체적인 지시어를 문자 혹은 음성 등을 통해 질문한다. 키워드검색이 '성형외과 → 압구정동 → 눈가 주금 제거'로 이어지는 여러 번의 링크서치를 통해 원하는 정보를 얻는다면, AI검색은 기존 유사한 질문들을 유형화해서 다단계 추론 방식으로 그에 맞는 답변을 원스톱으로 생성해낸다. AI검색은 고도화된 연산과 학습 기능을 활용해 '맞춤형 정보'를 제공하는 데 탁월하다. 키워드검색으로는 해결할 수 없는 서비스 영역이다.

▶ **AI검색 vs. 키워드검색**

구분	AI검색	키워드검색
검색	• 언어 모델링 기술을 바탕으로 답변 생성	• 키워드를 통한 정보 제공
생성	• 사용자 질문에 새로운 정보 생성	• 새로운 정보 생성 불가
상호작용	• 사용자 친화적 상호작용 • 질문을 이해하고 대답하는 방식	• 사용자와 상호작용 없음 • 키워드검색을 통한 정보 제공
연관성	• 이전 질문 기억하고 연관성 고려해 답변	• 검색마다 독립적 정보 제공
질문/문맥 이해도	• 자연어 처리 기술로 사용자 질문 이해 • 사용자 질문 의도에 맞는 결과 제공	• 사용자 질문 이해하고 답변 X • 키워드검색 통한 정보 제공 O

자료 : 언론 보도 정리

AI의 맞춤형 정보는 '버티컬(Vertical) 플랫폼'이라는 새로운 사업 모델과 만나 성장을 이어갈 전망이다. 버티컬 플랫폼이란 특정한 관심사를 가진 고객층을 타깃으로 공략하는 서비스를 말한다. 재테크/여행/쇼핑/패션/교육 등을 세부 분야로 나눠 한 분야에 대해 서비스를 제공하거나, 검색/커머스/커뮤니티 등의 기능 중에서 하나를 선택해 집중적인 서비스를 제공하는 방식이다.

버티컬 플랫폼은 수평적(Horizontal) 서비스를 포괄적으로 제공하는 포털이 지배하지 못한 틈새시장을 찾아내 새로운 비즈니스 모델로 접근한다. 중고품 거래에 특화된 '당근마켓'이나 패션몰 '무신사'는 대표적인 버티컬 플랫폼이다. 또한 버티컬 플랫폼은 트위터와 페이스북 등 기존 SNS가 수평적 관계를 중시하는 것과 달리 '수직적' 관계를 형성하며, 보다 깊이 있는 정보를 교류하면서 사업의 범위를 확장해 나간다.

이처럼 AI가 몰고 온 바람은 검색엔진 시장재편을 재촉하고 있다. 구글, 바이두, 마이크로소프트, 네이버 등도 저마다 검색엔진에 AI를 장착하지 않으면 안 되는 상황에 처한 것이다. 다만 거대 플랫폼들로서는 AI의 도입에 타이밍 조절이 필요하다. AI서비스에 적극적으로 대응하자니 기존 키워드검색을 통한

구글 검색 기능에
'Gemini' 장착

검색엔진 Bing에 GPT 기반
AI 챗봇 'Copilot' 접목

NAVER
+ N cue:

생성형AI 검색 서비스
'큐;(Cue;)' 출시

포털 검색 기능에 AI 챗봇
'어니봇(Ernie Bot)' 적용

수익에 카니발라이제이션(Carnivalization, 시장잠식)을 초래할 우려가 있기 때문이다. 거대 플랫폼들이 아직은 AI를 실적 개선을 위한 사업보다는 주가 부양을 위한 미래 성장 모멘텀에 무게중심을 두는 이유가 여기에 있다.

웹사이트 중심의 검색 생태계는 AI검색으로 다시 한 번 변화의 바람에 휘청거릴 수밖에 없다. 가령 키워드검색에 의존해오던 인터넷 신문사들은 트래픽 급감을 각오해야 한다. 아웃링크에 친숙한 파워블로그 및 콘텐츠 창작자들에게도 적지 않은 타격이 예상된다.

네이버와 카카오가 LMM을 주목하는 이유

AI가 검색엔진 시장을 장악하는 핵심 기술은 LLM(Large Language Models, 거대 언어 모델)이다. LLM은 대용량 인간 언어를 이해하고 생성할 수 있도록 훈련된 AI모델이다. LLM은 주로 딥러닝 알고리즘과 통계 모델링을 바탕으로 자

▼ LLM vs. LMM

구분	LLM	LMM
정의	텍스트 데이터를 처리하고 생성하기 위해 훈련된 AI모델	텍스트, 이미지, 오디오 등 다양한 형태의 데이터를 처리하고 생성하기 위해 훈련된 AI모델
핵심 기능	자연어 처리 작업 수행 (언어 번역, 요약, 질의응답 등)	다양한 모달리티 간의 상호작용을 처리하는 작업 수행(이미지 설명 생성, 멀티모달 검색 등)
데이터 유형	텍스트 데이터 처리와 생성에 특화	텍스트, 이미지, 오디오, 비디오, 감각 데이터 등 다양한 유형의 데이터 처리
응용 분야	자연어 생성, 언어 번역, 질의응답, 챗봇, 코드 생성 등 텍스트 기반 응용	자연어 처리, 컴퓨터 비전, 이미지-텍스트 결합, 검색, 음성 인식 등 여러 유형의 데이터 기반 응용
훈련 데이터	대규모 텍스트 Corpus(말뭉치)	다양한 모달리티의 대규모 데이터셋
단점	편향성, 할루시네이션 발생 가능성	텍스트 기반 응용 분야에서 LLM 대비 상대적으로 떨어지는 성능
예시	GPT4, BERT, T5 등	SORA, Gemini Pro, Emu 등

자료 : 언론 보도 정리

연어 처리 작업에 활용된다. 오픈AI에서 개발한 '챗GPT'와 메타의 'LLaMa' 등이 여기에 해당된다. 네이버가 선보인 '하이퍼클로바X'는 한국어에 최적화한 LLM이다. 카카오 자회사 카카오브레인도 한국어 특화 초거대 AI모델 '코GPT'를 공개했다.

업계에서는 검색엔진이 텍스트 중심에서 이미지와 영상으로 옮겨갈 것으로 보고 있다. 이른바 '멀티모달모델(LMM : Large Multi-Modal Model)'의 등장이다. LLM이 텍스트에 기반한다면 LMM은 이미지, 영상, 오디오 등 다양한 데이터 유형을 아우른다. 정보 검색에는 언어보다 이미지나 영상이 유용한 경우가 적지 않다. 음식 조리법 관련 정보가 대표적이다.

오픈AI는 2024년에 공개한 LMM 'GPT-4V'를 통해 텍스트와 이미지 사이의 경계를 허물었다. 업계에서는 오픈AI가 LLM 챗GPT에 이어 LMM 분야에서도 가장 앞서 있다고 보고 있다. 메타는 이미지를 인식하고 생성하는 LMM 버전 '메타 AI'를 통해 오픈AI를 추격하고 있다.

구글은 2024년 9월에 AI 스타트업 '캐릭터AI'와 27억 달러(약 3조6,000억 원) 규모의 라이선스 계약을 맺었다. 명목은 기술 라이선스 비용이지만 2021년 구글을 퇴사해 '캐릭터AI'를 창업한 노엄 샤지르(Noam Shazeer)를 구글로 재영입하기 위해서다.

LMM이 인터넷 플랫폼 업계에서 중요한 또 다른 이유는 콘텐츠 사업 때문이다. 업계는 LMM의 등장이 콘텐츠 생산의 효율성을 대폭 높일 것으로 보고 있다. 2D 이미지를 생성하는 AI는 이미 99% 완성되었고, 3D 이미지 생성 서비스 상용화도 눈앞에 다가왔다. 2D 이미지는 웹툰 작가를 비롯한 크리에이터의 작품 생산 속도를 크게 높일 수 있다. 나스닥에 상장한 웹툰엔터테인먼트를 자회사로 둔 네이버가 LMM를 주목하는 이유다. 아울러 3D 이미지 생성 서비스는 향후 3D 게임 에셋 개발로 이어져 게임 제작 속도를 비약적으로 향상시킬 수도 있다. 카카오게임즈를 자회사로 둔 카카오 역시 LMM을 주목할 수밖에 없다.

AI는 콘텐츠를 소비하는 형태도 변화시킨다. 챗GPT에 이어 많이 쓰이는 AI 서비스는 'AI컴패니언(Companion)'이다. 사용자들은 자신이 좋아하는 게임 캐릭터의 챗봇을 만들어 친구처럼 교류한다. 대표적인 서비스인 '캐릭터AI'는 사용자의 60%대가 MZ세대로, 일평균 사용 횟수가 무려 35회 이상이다.

체류시간 증가 → 클릭율과 전환율 상승 → 네이버 실적 개선

네이버는 서치플랫폼(검색, 디스플레이 광고), 커머스(쇼핑몰), 핀테크(페이), 콘텐츠(웹툰, SNOW 등), 클라우드(NCP, 웍스, 클로바 등)의 5개 사업을 영위하는 국내 인터넷 플랫폼 대장주다.

서치플랫폼 부문의 경우 네이버앱에서의 체류시간 확대가 중요한데,

▼ 네이버 사업부문별 매출 비중

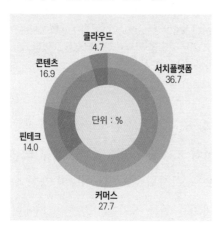

▼ 네이버 사업부문별 매출

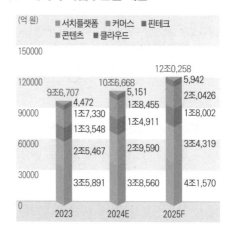

▼ 글로벌 경쟁사 대비 PER

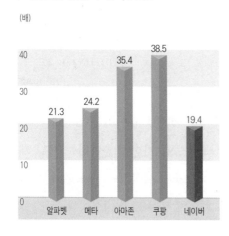

▼ 글로벌 경쟁사 대비 PBR

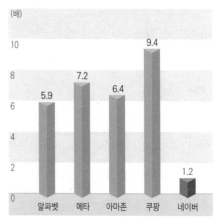

2024년 상반기 기준 일평균 체류시간이 13% 성장한 것으로 나타났다. 특히 MZ세대를 중심으로 홈피드 일평균 방문자 수가 급증하면서 트래픽이 크게 늘었다. 피드형 광고는 타깃팅 강화로 일반 광고 대비 높은 클릭율과 전환율을 기록 중이다. 이용자의 쇼핑 데이터를 바탕으로 AI를 활용한 다이내믹 광고는 과금 광고주 증가 및 매출 신장으로 이어질 전망이다.

핀테크 사업부문도 돋보인다. 2024년 상반기 기준 결제액 규모가 17.5조 원으로 전년 동기 대비 20% 증가했다. 특히 외부 결제액은 전체 결제액에서 50%를 넘어서며 8.8조 원을 기록했고, 오프라인 결제액은 전년 동기 대비 82% 성장한 2.6조 원을 시현했다.

클라우드 사업부문에서는 한국어에 특화된 LLM '하이퍼클로바X'가 탑재된 뉴로클라우드 서비스의 대기업 및 기관 납품 사업이 순조롭게 진행 중이다. 한국은행, 한국수력원자력, HD현대 등 MOU를 체결한 기업들과 '하이퍼클로바X' 도입 논의가 구체적으로 진행 중이다.

업계에서는 네이버의 실적 개선은 크게 문제될 게 없다는 분석이다. 커머스와 콘텐츠의 성장세 둔화 우려는 이미 주가에 충분히 반영됐고, 업황 회복 없이도 서치플랫폼 성장률은 7%가 전망된다(2024년 기준). 관건은 밸류에이션을 어디까지 낮춰야 하는가에 있다. 서치와 커머스가 해외로의 확장 가능성이 낮은 로컬에 한정된 사업이라는 점을 고려해도 확실히 저평가된 수준이다.

카카오⋯⋯오너의 사법 리스크 및 밸류에이션 고평가 부담

카카오는 메신저 플랫폼 '카카오톡'의 압도적인 MAU(4,846만 명)를 기반으로 광고, 커머스, 게임, 엔터테인먼트, 핀테크 등 다양한 사업을 영위한다. 매출 비중은 톡비즈 26.2%, 게임 13.4%, 스토리 12.2%, 미디어 4.6% 순이다(2024년 상반기 기준).

톡비즈의 성장 전략은 광고, 커머스 및 신규 비즈니스로 구분된다. 광고에서는 브랜딩 광고에 적합한 전면형 광고(기존 비즈보드 광고는 퍼포먼스형 광고)를 도입할 예정이다. 오픈채팅방 리스트 광고 확대 및 세무사·법무사·포장이사·요식업 등의 소상공인들을 대상으로 비즈 프로필을 일반인이 검색할 수 있도록 하는 검색광고 상품 출시도 주목할 만 하다.

▼ 카카오 사업부문 및 매출 비중

구분	사업부문	주요 제품 및 서비스	매출 비중
플랫폼	톡비즈	카카오톡, 선물하기	47.8%
	포털비즈	다음(Daum) 등	
	플랫폼 기타	카카오T(모빌리티), 카카오페이	
콘텐츠	게임	카카오게임	52.2%
	뮤직	멜론, SM엔터테인먼트 등	
	스토리	픽코마, 카카오웹툰, 카카오페이지	
	미디어	영상 제작 등	

▼ 카카오 사업부문별 매출

커머스는 자기구매가 활발한 럭스탭(현재 GMV 약 10%)의 비중을 브랜드(현재 약 200개) 및 상품(뷰티/쥬얼리/패션잡화 등) 라인업 확대를 통해 늘리고 있고, 톡스토어(톡딜 70~80% 비중)의 경우 개인화된 톡 채널 메시지 송출에 따른 외형 확장이 예상된다.

신규 수익원으로는 600만 명의 타깃 소상공인들을 대상으로 하는 오픈채팅 탭 내 구독형 서비스 도입이 돋보인다. 기존 구독형 매출(이모티콘 등 400만 명 유료 구독자 보유)에 더해 볼륨감을 갖춘 사업으로 기대를 모은다. 자체 출시 예정인 AI서비스는 성장 모멘텀으로 작용할 전망이다. 강력한 카카오톡 기반의 대규모 보유 데이터를 고려했을 때, 구글의 '캐릭터AI'와 같은 AI컴패니언 서비스가 예상된다.

카카오의 자산 유동화는 대규모 딜보다는 소규모 유동화 위주가 될 전망이다. 직전 FI(재무적 투자) 밸류에이션을 지키면서 매각 또는 기업공개(IPO)를 진행할 확률은 높지 않다. 카카오의 SOTP(사업별 가치합산평가) 밸류에이션에서 비중이 큰 자회사는 카카오엔터테인먼트이며, 이어 픽코마와 카카오모빌리티 순이다. 해당 기업들의 EV/EBITDA를 기준으로 경쟁사와 비교해보면 대체로 고평가되어 있다.

카카오는 사업부마다 높은 매출 성장률 및 자회사의 기업가치 상승으로 한동안 높은 밸류에이션으로 평가받았지만, 오너의 사법 리스크 및 신사업의 혁신성과 구체성 부족으로 다시 한 번 시험대에 오를 전망이다.

▶ 경쟁사 대비 카카오 PER

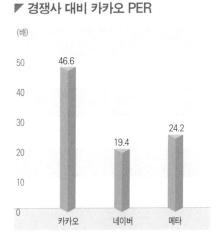

07 게임

📈 투자포인트

- 장르를 가리지 않는 유연한 퍼블리싱 역량 및 다양한 스튜디오 장악력
- 수집형 RPG게임 같은 서브컬처 및 PC/모바일 플랫폼에서의 글로벌 인지도
- EPS 지표로 나타나는 밸류에이션 리레이팅이 일어나는 게임주

📈 체크포인트

- 상습적인 신작 출시 지연에 따른 실적 공백 및 투자가 신뢰 하락
- One IP에 편중된 매출 구조 및 대작 출시 이후 후폭풍
- 글로벌 게임박람회로 인한 주가의 착시 현상

최선호주 크래프톤, 시프트업, 펄어비스, 넷마블

글로벌 게임 업계 대장주 유비소프트와 텐센트의 상반된 행보는 게임사들의 경영 전략에 중요한 방향을 제시했다. 프랑스에 적을 두고 출발한 유럽 최대 개발사 유비소프트는 〈어쌔신 크리드〉, 〈파크라이〉, 〈디비전〉, 〈레인보우 식스〉 등 대작들을 쉼 없이 출시해왔다. 유비소프트는 2024~25 회계연도 1분기 (2024년 4월부터 6월까지)까지만 해도 실적 발표에서 무난한 호조를 보였다. 순 예약(Net Bookings) 규모가 2억9,000만 유로로 전년 동기 대비 8.3% 증가했다. 그런데 기대신작 〈스타워즈 : 아웃로〉가 예상치 못한 부진에 빠졌다. 여기에 〈어쌔신크리드 : 섀도우즈〉의 발매마저 연기되며 2분기 실적이 곤두박질쳤다. 두 작품 모두 대작인 탓에 대미지가 적지 않았다.

2023~24 회계연도 실적 자료에 따르면, 유비소프트의 임·직원 수는 1만 9,000명에 이른다. MS게이밍에 이어 세계에서 두 번째로 큰 규모다. 유비소프

▶ 유비소프트 주가 추이

€10.64 ↓83.04% -52.09 5년

10월 3일, 오후 6시 0분 0초 UTC+2 · EUR · EPA · 면책조항

1일 5일 1개월 6개월 YTD 1년 <u>5년</u> 최대

대작 〈스타워즈 : 아웃로〉의 실패는 유비소프트의 실적 악화와 주가 폭락으로 이어졌다.

트는 해마다 대작을 출시하니 엄청난 인력이 필요하지만, 〈스타워즈 : 아웃로〉처럼 한 번 '쫘당'하면 실적이 곤두박질친다. 유비소프트는 2024~25 회계연도에 4억 유로의 매출을 예상했지만, 지금으로선 손익분기점을 넘기는 것도 벅차 보인다. 매출 급락은 그대로 주가에 반영됐다. 2024년 9월 30일 기준 유비소프트의 주가는 10유로대까지 떨어졌다. 2018년 최고를 찍은 110유로 대비 90% 이상 폭락한 것이다. 영국 HSBC는 유비소프트의 목표주가를 당초 30유로에서 10유로까지 낮췄다.

중국의 텐센트는 유비소프트와 달랐다. 유비소프트가 '대작(大作)'에 올인했다면 텐센트는 '다작(多作)' 전략을 수립했다. 텐센트는 성장가능성이 있다고 판단되면 게임의 규모와 상관없이 공격적으로 투자했다. 글로벌 퍼블리싱을 전문으로 담당하는 자회사 '레벨 인피니트'는 개발사의 경력과 국적을 따지지 않고 숨겨진 보석들을 발굴했다. 스타트업 수준이라도 흥행성이 있다고 판단되면 투자를 아끼지 않았다. 시프트업의 〈승리의 여신 : 니케〉도 그 중 하나다.

▼ 텐센트 주가 추이

$471.40 ↑53.70% +164.70 5년

10월 2일, 오후 12시 42분 24초 UTC+8 · HKD · HKG · 면책조항

1일　5일　1개월　6개월　YTD　1년　**5년**

텐센트의 다작 중심 글로벌 퍼블리싱 전략은 주가 및 실적 상승의 새로운 해법이 됐다. 이미지는 시프트업의 <승리의 여신 : 니케>.

레벨 인피니트의 퍼블리싱 선구안이 진가를 발휘한 것이다.

텐센트도 과거에는 〈리그 오브 레전드〉 같은 초대형 IP 위주로 퍼블리싱을 전개해 실적을 키우는 데만 집중했다. 그러다 어느 순간 성장 모멘텀을 찾지 못하고 오랫동안 정체기를 겪어야 했다. 텐센트가 새롭게 찾은 해법은 장르를 가리지 않는 '다작' 중심의 퍼블리싱이었다.

텐센트가 선택한 전략은 게임 산업 전체에 시사하는 바가 크다. 기업의 규모가 커질수록 한두 개의 대작 투자에 치중하는 것은 위험하다. 자체 개발만으로는 회사의 성장에 한계를 느낀 텐센트는 선택과 집중을 위해 전 세계 곳곳으로 눈을 돌렸다. 사업적 가치만 보장된다면 아무리 소규모 개발사의 작품이라도 선입견과 편견을 두지 않고 공격적인 투자를 단행했다. 자연스럽게 다작의 퍼블리싱이 이뤄졌고, 설사 신작 일부가 실패하더라도 충격을 분산시킬 수 있었다. 반면 흥행작이 나오면 오히려 투자 대비 큰 폭의 수익을 올릴 수 있었다.

소니와 넷이즈 등 다른 글로벌 대형사들도 텐센트의 전략을 벤치마킹하고 있다. 개성 있는 개발 스튜디오들을 여럿 보유해 다양한 시도를 할 수 있는 게임사가 글로벌 유저들의 니즈를 빠르게 흡수할 수 있기 때문이다. 투자적 관점에서 다수의 스튜디오를 운영하는 게임사들을 주목할 필요가 있다. 국내에서는 넷마블과 넥슨의 자회사 넥슨게임즈가 돋보인다.

외국인 투자가들이 크래프톤 주식을 사들인 이유

유비소프트의 주가 폭락에서 봤듯이 게임주에서 가장 중요한 투자포인트는 결국 수익을 얼마나 냈느냐에 달렸다. 게임사가 주가를 끌어올리기 위해서는 EPS(주당순이익) 및 이익률을 높일 수 있는 흥행작을 여럿 보유하고 있어야 한다. EPS는 어떤 기업의 주식 1주가 순이익을 얼마만큼 올렸는가를 보여주는 핵심 지표다. 기업이 올린 당기순이익을 발행한 주식 수로 나눠 산출한다. 순이익 규모가 클수록, 발행주식 수가 적을수록 EPS 값이 올라간다. EPS가 높다는 것은 그만큼 경영실적이 양호하고 배당여력도 충분하다는 의미다. 게임사의 EPS가 들쑥날쑥하면, 신작 출시가 자주 지연되거나 꾸준한 이익을 거둬들이는 스테디셀러가 없는 것은 아닌지 의심해 봐야 한다.

국내 게임주 중에는 게임 섹터 시가총액(16조 원대, 2025년 1월 10일 종가기준) 1위인 크래프톤이 돋보인다. 크래프톤은 국내 증권사들은 물론 해외 투자사들에게도 좋은 평가를 받는다. 노무라증권은 크래프톤의 2024년 EPS 전망치를 48%나 상향조정하면서 목표주가도 기존보다 25% 높은 40만 원으로 올렸다. 크래프톤의 2025년 EPS 추정치는 2만5,000원대다. 크래프톤이 주식 1주당 2만5,000원대의 순이익을 거둬들인다는 얘기다. 반면 엔씨소프트의 2025년 EPS 추정치는 9,000원대로 크래프톤의 절반에도 못 미친다. 엔씨소프트는 국내 게임당 매출 톱 10(2023년 기준)에 1위 〈리니지M〉을 비롯해 무려 3개의 게임을 올려놓았지만, 순이익률(12.02%)에서 크래프톤(39.12%)과의 격차가 큰

탓에 EPS도 차이가 나는 것이다.

크래프톤을 향한 해외 투자전문가들의 호평은 외국인 투자가들의 매수로 이어졌다. 외국인 투자가들은 2024년 8월 한때 크래프톤 주식을 1,400억 원 이상 순매수했다. 국내 상장사 가운데 외국인 순매수 규모 2위에 해당한다. 1위 삼성바이오로직스(약 1,500억 원)와도 큰 차이가 없고, 3위 KT&G(약 800억 원)와는 격차를 더 벌렸다.

크래프톤 주가 부양의 주인공은 대표작 〈배틀그라운드〉다. 〈배틀그라운드〉는 국내는 물론 중동, 인도, 중국 등지에서 안정적인 실적을 내고 있다. 크래프톤은 배당을 실시하지 않는 점에서 볼 때 수익의 대부분을 게임 개발에 투자하는 것으로 판단된다. 미래 성장 모멘텀을 탄탄히 마련하고 있다고 봐야 한다. 다만 〈배틀그라운드〉에 편중된 매출 비중은 크래프톤이 풀어야 할 숙제이기도 하다.

게임주의 밸류에이션 리레이팅에 주목하라

한국콘텐츠진흥원에 따르면 국내 게임 시장규모는 미국(시장점유율. 22.8%),

중국(22.4%), 일본(9.6%)에 이어 전 세계에서 네 번째로 크다(7.8%, 2022년 기준). 국내 게임 시장은 모바일게임 비중이 유난히 높다. 글로벌 시장에서 모바일게임의 비중은 44%인데, 국내에서는 64%나 된다(2022년 기준). 다만 코로나19 종식으로 야외활동이 늘어나면서 게임 수요가 위축되어 2023년에 국내 모바일게임 비중은 53%까지 하락했다.

업계에서는 더이상 모바일 같은 특정 플랫폼이 고성장을 이뤄서 전체 게임 산업이 그 방향으로 따라가는 시기는 끝났다고 보고 있다. 즉 플랫폼별 성장률보다는 흥행요소를 갖춘 신작 출시에 따른 게임사의 전략 및 실적이 중요하다는 것이다. 아울러 무조건 매출규모를 늘리기보다는 누가 더 알토란 이익을 내는가에 따라 주가의 향방이 갈린다.

이러한 점을 감안하건대 게임주의 밸류에이션 리레이팅을 점검할 필요가 있다. 증시에서 리레이팅(Rerating)은 비슷한 수익을 내더라도 주가는 더 높은 수준에서 형성되는 것을 말한다. 이를테면 PER(주가수익비율)이 상향조정되는 것이다. PER은 주가가 게임주 1주당 수익의 몇 배가 되는가를 나타내는 지표로, 주가를 1주당 순이익으로 나눈 지표다. 예를 들어 어떤 게임사(기업)의 연간 당기순이익이 1,000억 원일 때 주가가 10만 원이었는데, 다음 해에도 당기순이익이 1,000억 원인데 주가가 20만 원으로 올랐다면 해당 게임주는 PER이 2배 리레이팅한 것이다.

최근 게임 업황을 살펴보면, 국내 유저들을 대상으로 모바일게임 일변도였던 국내 게임사들이 글로벌 유저 대상 PC/콘솔로 플랫폼을 확장해가고 있다. 또 아시아권 유저 대상의 MMORPG 중심에서 서브컬처 등으로 장르를 다양화하면서 해외 매출 비중이 증가하고 있다. 해외 매출 비중이 늘어날수록 게임주의 밸류에이션 리레이팅이 일어날 가능성이 높아진다.

다만 아무리 해외 매출 비중이 중요하더라도 글로벌 게임박람회에 게임주가 들썩거리는 현상은 경계해야 한다. 특히 국내 게임주는 글로벌 게임박람회를

독일 쾰른에서 열린 2024년 게임스컴에는 전 세계 64개국에서 1,400여개 게임사가 참가했다. 전체 전시면적이 약 23만㎡로 코엑스의 6배를 넘는다. 국내 게임주는 글로벌 게임박람회를 전후로 변동성이 크게 나타난다. 국내 증시에서 게임박람회의 화려한 이벤트는 셀온뉴스로 작용한다.

전후로 변동성이 크다. 가령 기대신작이 글로벌 게임박람회에 출품되면서 흥행 예감에 잠시 주가가 상승한다. 하지만 막상 박람회에 출품하여 인게임 영상이 공개되거나 유저 시연회가 진행되고 나면, 해당 이벤트는 셀온뉴스(Sell On News)로 평가절하되기 일쑤다. '소문에 사고 뉴스에 팔아라'라는 증시의 불편한 속성을 믿는 개인투자가들이 게임박람회라는 호재뉴스가 나왔을 때는 이미 주가에 선반영되었다고 여겨 매도하는 현상이다.

박람회에서 공개한 신작 출시(론칭)가 지연되는 것도 게임주 하락의 주된 원인 중 하나다. 박람회에서 신작에 대한 기대감이 고조되어도 실제 출시일까지는 적지않은 시간이 소요된다. 특히 국내 게임사들은 대표작 한두 개에 대한 의존도가 커서 신작 출시가 지연될 경우 실적 정체로까지 이어져 주가에 부정적인 영향을 미친다.

높은 성장이 예상되는 서브컬처게임

게임처럼 성숙한 산업에서는 미래 투자가치가 높게 평가되는 니치마켓을 찾는 것이 중요하다. '서브컬처게임'은 게임 산업에서 가장 성장성이 높은 장르 가운데 하나다. '서브컬처(Subculture)'란 보편적인 주류문화에 포함되지 못하는 하위문화를 의미한다. 게임 관련 커뮤니티에서 서브컬처는 일부 마니아들을 대상으로 서비스하는 게임을 가리킨다. 마니아층을 메인 타깃으로 하기 때문에 화제성이나 시장성이 메이저 게임에 비해 부족하다.

팬데믹을 전후로 전 세계적으로 다양한 게임에 대한 관심이 높아졌다. 이와 더불어 기술의 발전으로 스마트폰과 PC에서 동시 플레이가 가능한 크로스 플랫폼 게임이 여럿 출시됐다. 그 결과 상대적으로 가볍게 즐길 수 있는 '수집형 RPG게임'이 새롭게 조명 받고 있다. 수집형 RPG게임은 대표적인 서브컬처에 속한다. 2023년 국내 매출 기준 게임 톱 20에 〈원신〉(8위, 연매출 1,121억 원), 〈붕괴 : 스타레일〉(11위, 연매출 920억 원), 〈승리의 여신 : 니케〉(14위, 813억 원) 등 수집형 RPG게임이 3개나 올랐다.

모바일게임 시장에서 서브컬처게임의 비중은 2015년 6%에서 2023년 12%까지 2배 가까이 상승했다. 2018~23년 전체 게임 시장 성장률(CAGR)은 5.2%, 모바일게임 성장률은 7.8%에 불과했으나, 서브컬처게임 성장률은 16.7%를 기록했다. 마니아 유저의 두터운 충성도 덕분에 서브컬처게임은 안정적이면서도 장기적인 사이클 뿐 아니라 후속작에 대한 흥행률도 매우 높다.

무엇보다 서브컬처게임은 플레이 시간이 짧아진 현대인이 선호하는 '방치형 게임'과 잘 어울린다. 주요 서브컬처게임 IP가 PC와 콘솔로 확장되는 추세도 긍정적이다. 2022년 이후부터는 〈블루 아카이브〉와 〈승리의 여신 : 니케〉가 일본에서 최상위 서브컬처 IP로 올라섰다. 이 기세를 살려 중국 시장 침투까지 기대된다. K-콘텐츠를 이끄는 국내 웹툰/웹소설 IP를 활용한다는 점도 중요한 흥행 요인이다.

국내 여러 게임사들이 서브컬처게임 시장에 나서고 있지만, 가시적인 성과를 내기까지는 좀더 시간이 필요해 보인다. 중국 게임사들을 중심으로 공급 과잉이 초래될 리스크도 염두에 둬야 한다. 이러한 점을 고려하건대 투자적 관점에서는, [1] 이미 글로벌 시장에서 어느 정도 자리를 잡아가고 있고, [2] 일본 시장에서 메인 IP 대열에 합류하고 있으며, [3] 향후 종적 확장을 할 수 있는 서브컬처게임에 주목해야 한다. 최선호주로는 〈승리의 여신 : 니케〉의 개발사인 시프트업과 〈블루아카이브〉의 넥슨게임즈가 꼽힌다.

니치마켓에서 빛나는 게임주들

게임 업종 시총 1위 크래프톤 못지않게 주목해야 할 게임주는 서브컬처 장르에서 독보적인 시프트업이다. 퍼블리셔를 통해 글로벌 지역에 서비스하고 있어 주요 수익원은 퍼블리셔로부터 수령하는 라이선싱 수수료다. 2022년 11월 출시된 〈승리의 여신 : 니케〉가 글로벌 흥행에 성공하며 빠른 성장을 이끌었다. 텐센트의 연결 실체이자 게임 전문 퍼블리셔인 '프록시마 베타'가 〈승리의 여신 : 니케〉의 글로벌 퍼블리싱을 담당한다. 〈승리의 여신 : 니케〉는 국내는 물론 일본, 대만 등 주요 국가에서 매출 1위를 차지했다.

시프트업의 매출 비중은 〈승리의 여신 : 니케〉가 59.0%, 〈스텔라 블레이드〉가 39.7%를 차지한다. 최대주주는 김형태 대표이사로 지분 39.05%를 보유하고 있으며, 이어 중국 텐센트의 자회사 Aceville Pte. Ltd.가 35.03%를 가지고 있다.

시프트업은 국내 대부분의 상장 게임사와 달리 이른바 'One IP 리스크'에서 자유롭다. 〈스텔라 블레이드〉의 흥행으로 멀티 플랫폼 개발력을 입증하기도 했다. 특히 IP 수익의 영속성을 무기로 최근 글로벌 게임 업계에서 가장 큰 성공을 거둔 '호요버스'와 견줘 회자되는 것도 눈여겨볼 대목이다.

　시프트업에 이어 주목해야 할 게임주는 펄어비스다. 국내 여타 게임사와 달리 PC 매출 비중이 70%를 넘는다. 2025년에는 콘솔 매출 비중도 큰 폭으로 증가할 전망이다. 대표작 〈검은 신화 : 오공〉이 흥행하면서 PS5 판매량이 급증

▼ 국내 모바일게임 매출 톱 50 이내 서브컬처게임 연간 매출 및 비중

▼ 시프트업 매출

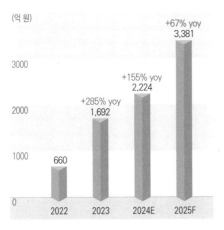

▼ 시프트업 영업이익(률)

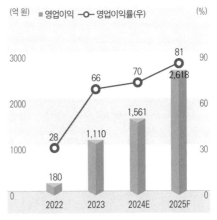

했다. 한국에서 개발된 콘솔게임 중 가장 큰 성과를 낼 전망이다. 글로벌 게이머들의 관심이 커지면서 자체 엔진 및 개발력에 대한 프리미엄 모멘텀은 주가 상승에 플러스 요인이다. 무엇보다 콘솔 기대작인 〈붉은 사막〉이 2025년 이후 주가 상승을 견인할 것으로 예상된다. 2024년 11월 PS5 Pro 출시와 함께 콘솔 시장 성장에 따른 수혜도 기대된다.

펄어비스에게 한 가지 더 호재는 2024년 6월 5일에 PC용 〈검은 사막〉이 중국 외자 판호(게임 사업 허가권)를 발급 받고 퍼블리셔인 텐센트와 출시를 준비 중이라는 사실이다. 이를 계기로 2025년에 영업이익이 흑자전환할 전망이다.

다만 〈검은 사막〉의 IP가 쇠퇴 조짐을 보이는 점은 체크포인트다. 〈붉은 사막〉 이후 차기작인 〈도깨비〉에 투입되는 신규 비용과 출시 일정에 대한 불확실성으로 일부 증권사들이 목표주가를 10% 안팎으로 하향조정한 사실도 기억해둬야 한다. 기존 게임들에서 발생하는 이익이 충분하지 않고, 〈붉은 사막〉 출시 전까지 실적 부진의 정체 구간이 이어지면서 2024년까지는 적자를 피할 수 없었다.

'한국의 텐센트'로 불리는 넷마블을 게임 업계의 마지막 최선호주로 꼽는 이

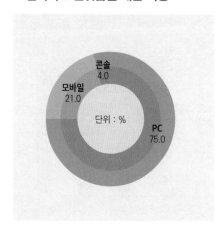

▼ 펄어비스 플랫폼별 매출 비중

콘솔
4.0

모바일
21.0

단위 : %

PC
75.0

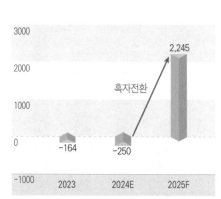

▼ 펄어비스 영업이익

(억 원)

흑자전환

2,245

-164

-250

2023　2024E　2025F

유는 다양한 '다작' 포트폴리오 라인업 때문이다. 신작의 흥행률이 크게 개선되었고, 최대한 출시 일정을 맞추는 모습으로 투자가들의 신뢰를 잃지 않는 점도 돋보인다. 특히 인건비/마케팅비 통제 및 이자비용 축소가 EPS에 크게 기여하고 있으며, 2025년에 〈일곱 개의 대죄 오리진〉을 포함한 신작들이 쏟아지면서 역대 최대 영업이익을 실현할 것으로 예상된다.

넷마블이 〈제2의 나라〉(일본 애니메이션), 〈일곱 개의 대죄 오리진〉(일본 애니메이션), 〈나 혼자만 레벨업〉(국내 웹소설/웹툰), 〈아스달 연대기〉(국내 드라마) 등 다양한 콘텐츠들을 게임으로 만들어 흥행시킨 이력은 글로벌 시장에서 K-콘텐츠 프리미엄으로 작용할 만하다.

출시 첫 분기 기준 평균 일매출 2~3억 원 수준의 신작들이 누적되는 추세도 강점이다. 텐센트처럼 다양한 장르의 작품들을 꾸준히 공급할 수 있는 여러 스튜디오를 보유하고 있어서 향후 수년 동안 파이프라인 부족 우려가 없다는 것도 중·장기 투자매력을 높인다. 보유 중인 탄탄한 금융자산과 최근 큰 폭의 실적 턴어라운드에도 불구하고 밸류에이션이 저평가 국면에 있는 것도 투자가들의 군침이 돌게 할 만하다.

▶ 넷마블 라인업별 매출 비중

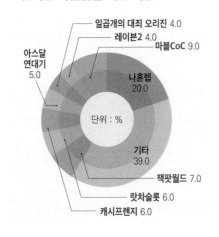

▶ 넷마블 영업이익

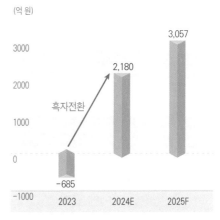

투자포인트

- 음반 매출 반등 및 영업이익 회복으로 엔터주 상승
- 글로벌향 음원 및 공연 수익 증가에 따른 외형 확장
- 저연차 아티스트 중심의 수익화와 이익기여도

체크포인트

- 신인 아티스트 및 신사업 론칭으로 인한 비용 상승 부담(에스엠)
- 반복되는 회계이연에 따른 실적 하락 리스크(제이와이피)
- 산하 레이블 임원진과의 경영권 갈등(하이브)

최선호주 하이브, 에스엠, 제이와이피, 디어유

반도체나 AI처럼 제품과 기술 자체를 이해하는 것조차 부담스런 산업군과 달리 엔터테인먼트는 대중적으로 친숙한 업종이다. K-팝은 TV나 유튜브 등을 통해 언제나 쉽게 접할 수 있고, 아티스트 혹은 음악마다 호불호의 가치판단이 이뤄진다. 다만 대중적인 인기와 투자가치가 반드시 일치하진 않는다. 공중파 방송의 가요순위 프로그램에서 1위를 차지했다고 해서 해당 엔터테인먼트사 주가가 상승하는 일은 좀처럼 일어나지 않는다.

엔터테인먼트주의 투자포인트는 생각보다 훨씬 복잡한 구조로 얽혀있다. 소속 아티스트들의 인기는 팬덤(Fandom) 조직과 연계한 사업으로 수익을 낼 정도가 되어야 하고, '빌보드 핫 100'이나 스포티파이 음원 차트를 통해 전 세계적으로 입증되어야 한다. 거대한 팬덤 형성과 글로벌 음원 차트를 석권함으로써 음반(앨범) 판매에 불이 붙는 동시에 월드 투어를 통한 공연 및 광고 수익

등이 꾸준히 일어나야 한다.

이처럼 엔터테인먼트사들의 밸류에이션은 음반과 음원 그리고 공연 실적에 따라 심한 변동성을 일으킨다. 그 가운데 핵심은 음반 수익이다. 회사마다 차이가 있지만 전체 매출 비중의 30%에서 많게는 50%까지 음반이 차지한다.

지난 몇 년 동안 엔터테인먼트사들의 실적은 팬데믹으로 공연 수익이 거의 사라지면서 상대적으로 음반과 음원 수익이 기형적으로 폭증했다. 팬데믹의 반사이익으로 실적 반등이 일어난 셈이다. 코로나19 종식으로 공연 수익까지 더해지자 엔터테인먼트 업황은 2023년까지만 해도 활황했다.

▶ 하이브 주가 및 산하 레이블 구조

최고 238,500 (04/22)

최저 157,700 (09/23)

하이브의 주가는 뉴진스 레이블 어도어와의 경영권 다툼이 확산되면서 투자자들에게 적지 않은 피로감을 안기며 급락했다. 엔터테인먼트주는 여러 이해관계에 따라 민감하게 반응한다.

HYBE
WE BELIEVE IN MUSIC

| BIGHIT MUSIC | SOURCE MUSIC | ador | ITHACA | ИAECO | HYBE × GEFFEN 하이브 유니버설 |
| 방탄소년단 투모로우바이투게더 | 르세라핌 | 뉴진스 | Justin Bieber Ariana Grande Thomas Rhett Florida Georgia Line | 히라테 유리나 | KATSEYE |

| PLEDIS ENTERTAINMENT | 지코 KOZ ENTERTAINMENT 보이넥스트도어 | BE:LIFT | HYBE LABELS JAPAN | QC Media Holdings |
| 세븐틴 프로미스나인 투어스 | | 엔하이픈 아일릿 | &TEAM | Lil Baby Lil Yachty Migos |

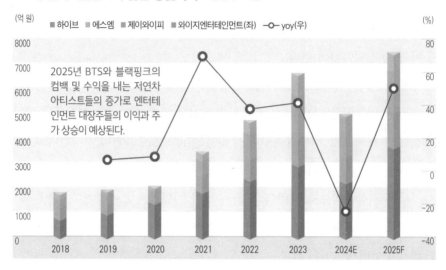

▼ **4대 엔터테인먼트사 합산 영업이익** *컨센서스 기준

(억 원) ■하이브 ■에스엠 ■제이와이피 ■와이지엔터테인먼트(좌) —○—yoy(우) (%)

2025년 BTS와 블랙핑크의 컴백 및 수익을 내는 저연차 아티스트들의 증가로 엔터테인먼트 대장주들의 이익과 주가 상승이 예상된다.

2018 2019 2020 2021 2022 2023 2024E 2025F

    엔터테인먼트 산업은 2024년 들어 불황의 터널에 들어갔다. 원인은 복합적이다. 무엇보다 BTS와 블랙핑크의 공백이 컸고, 둘의 빈자리를 어느 정도 상쇄할 것으로 기대를 모았던 뉴진스의 활동도 아쉬움이 남는다. 하이브와 어도어의 시끄러웠던 경영권 다툼이 장기화되면서 엔터테인먼트 투자가들에게 우려와 피로감을 안겨줬다.

    투자적 관점에서는 잠시 쉬어가는 국면에서 엔터주 매수를 노려볼만 하다. 침체가 한창이던 2024년 2분기와 3분기 사이 엔터테인먼트 업종 평균 PER(주가수익비율)은 16배 안팎까지 떨어졌다. 이는 본격적으로 세계 시장에 진출하던 2017년보다도 낮은 수준이다.

    머지않아 4대 엔터테인먼트사 소속 저연차 아티스트들의 해외 진출이 이어지고, 글로벌 현지 그룹들의 데뷔도 계획되어 있다. 디어유와 위버스 등 팬 플랫폼 사업의 성장성도 투자 매력을 높인다. 업계에서는 4대 엔터테인먼트사들의 합산 영업이익이 2024년의 짧은 숨고르기를 마치고 반등할 것으로 전망한다. 중요한 포인트는 실적 개선이 주가 상승으로 이어질지 여부다.

음반 매출이 떨어질 때가 하이브 주식 줍줍 타이밍

"요즘 누가 음반 사서 음악을 들어?" 맞는 말이다. 스포티파이, 애플뮤직, 멜론 같은 유료 앱들이 아니어도 유튜브는 공연영상이나 뮤직비디오까지 음악을 무료로(!) 감상할 수 있는 환경을 제공한다. 엔터테인먼트사의 매출 비중 중 음반 수익이 30~50%를 차지한다는 말을 믿을 수가 없다. 하지만 사실이다. 음악을 유튜브나 음원으로 듣는다면, 음반은 팬이라는 자격을 입증하는 소장용 증거물이다. K-팝 음반은 더 이상 청취 수단이 아니라 그들의 충성도 높은 팬덤 구성원이라면 반드시 구입해야 할 '굿즈(Goods)'인 것이다.

K-팝 음반 케이스 안에는 CD만 있는 게 아니다. 가령 걸그룹 스테이씨의 첫 번째 정규앨범 〈메타모르픽〉은 '일반형'과 '플랫폼형' 두 가지로 발매되었다. 일반형은 CD와 함께 북클릿(소책자), 포토카드(개인/유닛), 엽서, 룸카드, 시향지, 스티커 등으로 구성되어 있으며, 플랫폼형은 CD, 미니카드, 포토카드, 스티커 등이 포함되어 있다. 판매처도 다양하다. 스테이씨의 음반은 이마트24 같은 편의점에서도 구입할 수 있다.

음악 산업의 세계적인 추세가 디지털 음원으로 돌아섰지만, 유독 한국에서는 실물(Physical) 음반 판매가 늘고 있다. 지난 10년

다양한 굿즈로 구성된 걸그룹 스테이씨의 정규앨범 〈메타모르픽〉.

▼ 국내 **실물음반 판매량** 단위 : 장

지난 10년 동안 '실물 음반 톱 400'의 합계 판매량을 살펴보니
2014년 737만7,150장에서 2023년 1억1,577만8,266장으로 15배
이상 증가한 것으로 나타났다.

737만 838만 1,080만 1,693만 2,282만 2,509만 4,170만 5,708만 7,711만 1억1,577만

2014 2015 2016 2017 2018 2019 2020 2021 2022 2023

자료 : 써클차트

동안 실물 음반 톱 400의 합계 판매량을 살펴보니 2014년 737만7,150장에서 2023년 1억1,577만8,266장으로 무려 15배 이상 증가했다. 음반의 수출규모도 커졌다. 관세청 자료에 따르면 음반 수출액이 2017년 4,418만 달러에서 2023년 2억9,023만 달러로 7배 가까이 증가한 것으로 나타났다. 2024년에는 상승세가 다소 주춤했지만, 지난 10년간 이어진 장기적인 추세를 감안하면 2025년을 기점으로 다시 반등할 전망이다.

K-팝 음반 시장규모는 아티스트의 연차에서도 드러난다. 지난 2015년에 BTS의 데뷔 3년차 누적판매량은 137만 장인데 비해, 뉴진스는 같은 3년차인 2024년 8월 기준 누적판매량이 무려 1,240만 장에 이른다. 물론 BTS의 12년차 누적판매량은 2023년 기준 5,471만 장으로 단연 1위다. 10년차 세븐틴이 4,498만 장으로 그 뒤를 좇는다. K-팝 음반 누적판매 성적은 보이그룹이 걸그룹을 압도한다. 걸그룹은 10위 안에 트와이스(7위), 뉴진스(9위), 블랙핑크(10위) 세 팀뿐인데, 그나마 모두 하위권에 머물러 있다.

음반 매출 비중이 가장 큰 곳은 역시 하이브다. 하이브는 음반 매출 비중이 전체의 39%를 차지한다. 에스엠은 음반 매출 비중이 27.9%이고, 제이와이피와 와이지는 각각 14.2%, 12.0%로 비교적 작은 편이다. K-팝 스타들의 음반 시장규모가 커질수록 하이브의 실적 호조가 예상되는 이유다.

반대로 음반 시장이 위축되면 하이브의 실적에 불리하게 작용한다. 하이브의 음반 매출은 2023년 6,727억 원에서 2024년 4,926억 원으로 감소했는데, 이로 인해 전체 영업이익이 2023년 2,956억 원에서 2024년 2,298억 원으로 22%가량 역성장했다. 그러자 하이브의 주가도 주춤거렸다. 2024년 1월 11일 연중 최고가 26만1,000원에서 9월 23일에 연중 최저가 15만7,000원까지 떨어졌다.

▼ **K-팝 역대 음반 누적판매량 톱 10**

단위 : 만 장, 2023년 기준

순위	아티스트(소속사)	누적판매량(연차)
1위	BTS(하이브)	5,471(12년차)
2위	세븐틴(하이브)	4,498(10년차)
3위	스트레이키즈(제이와이피)	2,689(8년차)
4위	투모로우바이투게더(하이브)	2,499(7년차)
5위	NCT드림(에스엠)	2,339(9년차)
6위	NCT127(에스엠)	1,780(9년차)
7위	트와이스(제이와이피)	1,462(9년차)
8위	엔하이픈(하이브)	1,271(4년차)
9위	뉴진스(하이브)	1,240(3년차)
10위	블랙핑크(와이지)	952(8년차)

자료 : 써클차트

다만 하이브가 보유한 저연차 아티스트들의 성장성과 BTS의 복귀 등을 고려한다면, 주가가 저점을 찍었을 때 투자 비중을 높일 필요가 있다. 증권사마다 하이브를 최선호주로 놓고 적정주가 25만 원에서 목표주가 30만 원까지 높이는 이유가 이를 뒷받침 한다.

스포티파이의 음원 스트리밍 지표가 중요한 이유

K-팝 산업이 현재에 만족하지 않고 한 번 더 도약을 하려면 해외 매출을 늘려야 한다. 2023년까지는 국내 시장에서 음반 수익을 중심으로 성장해왔다면, 2025년 이후에는 스포티파이를 통한 글로벌 음원 및 공연(월드 투어) 시장에서 외연 확장을 위한 모멘텀을 찾아야 한다. 투자적 관점에서 4대 엔터테인먼트사 소속 아티스트들의 글로벌 인지도 및 해외 사업 전략이 매우 중요한 까닭이다.

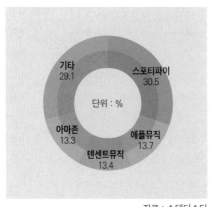

▼ 음원 스트리밍 글로벌 시장점유율

기타
29.1

스포티파이
30.5

단위 : %

아마존
13.3

애플뮤직
13.7

텐센트뮤직
13.4

자료 : 스태티스타

▼ 스포티파이 유료 구독 지역별 비중

기타
13.0

유럽
38.0

남미
22.0

단위 : %

북미
27.0

자료 : 스포티파이

 최근 엔터테인먼트 산업에서의 비즈니스 모델 프로세스는 크게 4가지로 정리된다. '숏폼 조회 수 → 음원 스트리밍 → 월드 투어 → 음반/MD/광고/로열티'로 이어지는 경로다. 이 중에서 숏폼과 음원 스트리밍은 매우 밀접하다. 유튜브와 틱톡 등 SNS에서 바이럴이 많이 일어나는 아티스트들의 공통점은 스포티파이 스트리밍 추이가 지속해서 우상향으로 나타난다.

 스포티파이는 글로벌 음원 스트리밍 시장점유율 1위 플랫폼이다. 유료 구독자의 지역별 분포를 살펴보면, 유럽 38%, 북미 27%, 남미 22%로 서구권 비중이 압도적이다. 스포티파이에서 K-팝 음원 스트리밍이 증가했다면, 팬덤이 전 세계로 확산되었음을 의미한다.

 스포티파이의 스트리밍은 음원 매출에 직결될 뿐 아니라 공연 모객규모 및 음반 판매로까지 이어주는 촉매제 역할을 한다. 업계에서는 음원 스트리밍 수요를 라이트 팬덤(Light Fandom)으로, 공연 및 음반 수요를 슈퍼 팬덤(Super Fandom)으로 부른다. 슈퍼 팬덤은 대체로 스포티파이의 유료 정기구독자이기도 하다.

 엔터테인먼트사 입장에서는 당연히 슈퍼 팬덤이 고부가가치 소비군이다. 엔터테인먼트사의 글로벌 비즈니스 성패는 라이트 팬덤을 슈퍼 팬덤으로 얼마

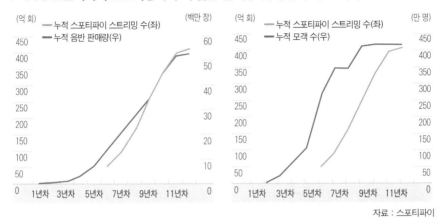

▶ BTS 스포티파이 스트리밍과 누적 음반 판매량 및 공연 누적 모객 수

자료 : 스포티파이

나 전환시킬 수 있느냐에 달렸다고 해도 지나치지 않다. 위 그래프는 BTS가 글로벌 비즈니스에서 성공을 거뒀음을 보여주는 지표다. 스포티파이의 스트리밍이 음반 판매 및 공연 모객 수와 같은 방향으로 우상향하고 있다. 음반 판매와 공연 모객은 팬덤의 충성도에 비례한다. 평균적으로 아티스트의 연차가 높을수록 팬덤의 충성도가 높게 나타난다.

무한 성장 중인 팬플랫폼의 기업가치

하이브를 국내 엔터테인먼트 1위로 올려놓은 일등공신은 단연 BTS다. 그럼 BTS의 위상을 만든 일등공신은 뭘까? 아티스트의 열정, 회사의 매니지먼트 능력 등 여러 요인이 있겠지만 단 한 가지를 꼽으라면 '아미' 즉 슈퍼 팬덤이다. 국내 엔터테인먼트 산업을 돌이켜보면, 슈퍼 팬덤의 확장이 아티스트와 엔터테인먼트와의 동반 성장을 이끌었다. 팬덤은 더 이상 엔터테인먼트사의 바깥에 있는 별똥대가 아니다. 팬덤 그 자체는 엔터테인먼트사의 중요한 비즈니스 모델의 출발점이다. 하이브와 에스엠이 각각 팬플랫폼인 '위버스'와 '버블'

(디어유)을 론칭한 이유가 여기에 있다.

팬플랫폼은 K-팝 아티스트와 관련된 상품과 서비스를 소비하고 그 안에서 다양한 소통·커뮤니티 활동을 펼칠 수 있게 하는 모바일 기반 공간이다. 팬플 랫폼은 여러 채널로 분산된 팬덤의 활동을 한데 모은다. 가령 팬 모집에서 자체 콘텐츠 유통, 음반과 굿즈 판매, 공연 예매, 팬과 스타 간 소통 및 팬들 간 커뮤 니티에 이르기까지 대부분의 팬덤 활동이 팬플랫폼에서 이뤄진다. 팬플랫폼에 서 팬들은 자신이 좋아하는 아티스트 플랫폼을 구독하고, 관련 소식이나 콘텐 츠에 반응(구매)하며, 아이돌과 음성 또는 문자 메시지를 주고받는다.

아미의 덕을 톡톡히 본 하이브의 방시혁 의장이 팬플랫폼 위버스를 만든 건 너무나 당연하다. 2018년 출범 당시만 해도 위버스의 기업가치는 50억 원에 불과했다. 하지만 지금은 1조 원에 육박한다(2023년 기준 9,249억 원). 위버스의 기업가치가 급등한 건 엄청난 규모의 글로벌 유저를 확보한 덕분이다. 위버스 는 2019년 6월 이후 글로벌 팬커머스 애플리케이션인 '위버스숍' 및 커뮤니티 를 성공적으로 론칭했다. 위버스는 출시 1년 만인 2020년 7월에 구글과 애플 양대 플랫폼을 합쳐 다운로드 수 1,000만 건을 돌파했다. 월간 활성 이용자 수 (MAU)는 412만 명을 기록했다.

2021년 1월 네이버는 40%가 넘는 위버스의 지분을 약 4,000억 원에 인수했 다. 위버스의 미래 성장가치에 투자한 것이다. 네이버는 하이브(55.42%)에 이

▶ **K-팝 비즈니스 구조에서 팬덤 파워**

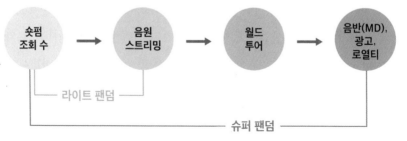

어 위버스의 2대 주주가 됐다(44.59%). 하이브에게도 네이버의 투자가 매우 중요했다. 네이버의 V-LIVE 기술을 위버스에 활용할 수 있기 때문이다. 하이브는 네이버에게 2,000억 원을 주고 V-LIVE를 양수했다. 결국 하이브가 위버스의 지분 대가로 네이버에게 받은 돈은 2,000억 원인 셈이다.

위버스와 함께 국내 팬플랫폼 섹터를 양분하는 '버블'은 에스엠스튜디오스(31.16%)와 제이와이피(18.05%)가 대주주로 있는 디어유가 운영한다. 공교롭게도 에스엠스튜디오스을 거느린 에스엠의 최대주주는 카카오(20.97%)다. 위버스와 버블의 경쟁구도를 네이버와 카카오 혹은 하이브와 에스엠의 관계로 이해해도 무방하다.

위버스의 경쟁력이 BTS의 아미를 바탕으로 한 글로벌 유저에 있다면, 버블은 국내 광범위한 아티스트들의 팬덤에서 비롯한다. 버블은 에스엠 뿐 아니라 대주주인 제이와이피 소속 아티스트들도 아우른다. 그뿐만이 아니다. 에스엠의 최대주주 카카오 산하에 있는 카카오엔터테인먼트 소속 아티스트들까지 포섭한다. 디어유는 엔씨소프트 유니버스 사업의 IP 계약권 일체를 인수했다. 이에 따라 스타쉽, 큐브, 빅플래닛메이드 등에 속한 20팀 이상의 아티스트로까지 사업 범위를 확장했다. 아이돌 가수는 물론 트로트 가수, 배우, 스포츠 선수까지 분야도 다양하다.

버블의 운영사 디어유는 국내 팬플랫폼 기업 최초로 코스닥에 상장했다. 투자적 관점에서 위버스에 앞서 디어유의 실적 및 주가를 살펴야 하는 이유다. 디어유는 2022년에 매출 757억 원을 냈는데, 전년 동기 대비 53.9% 증가한 수치다. 수익성도 나쁘지 않다. 버블 서비스를 출시한 이듬해인 2021년과 2022년 각각 영업이익과 순이익이 흑자전환했다. 2021년부터 2023년까지 평균 영업이익률이 34.7%에 이른다. 2023년 영업이익이 286억 원을 기록했는데 전년 동기 대비 75.5% 증가한 수치다.

디어유의 주가는 2025년 이후가 더 기대된다. 'Bubble For Japan' 오픈 및 미국 법인 설립 등 글로벌 사업을 본격화하기 때문이다. 증권사들은 디어유 주가의 밸류에이션 리레이팅이 가능할 것으로 평가한다. 상장 당시 9만9,000원(2021년 11월 19일 종가기준)이던 주가는 2024년 9월 13일 1만7,640원까지 빠졌다. 2024년과 2025년에 매출과 영업이익이 꾸준히 오를 것을 감안하건대 지금의 주가는 과도하게 저평가국면에 있다는 게 증권사들의 공통된 입장이다.

신인 및 저연차 아티스트가 곧 주가 상승 모멘텀

엔터테인먼트주를 고를 때는 소속 아티스트의 팬덤규모 특히 팬덤이 국내를 넘어 전 세계에 얼마나 포진해 있는지를 살펴야 한다. 이때 팬층을 라이트와 슈퍼 팬덤으로 구분해 체크해야 한다. 라이트 팬덤이 많으면 성장여력이 충분해서 주가 상승에 유리하고, 슈퍼 팬덤이 많으면 당장 회사의 이익기여도가 높음을 나타낸다.

　엔터테인먼트 업계 1위답게 하이브는 라이트와 슈퍼 팬덤을 모두 갖췄다.

▶ 디어유 매출 및 영업이익

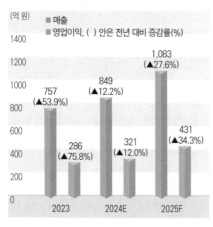

▶ 버블 구독자 수

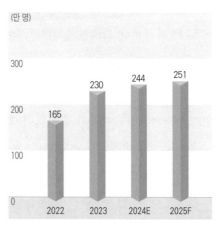

경쟁사(3,000만 명 내외) 대비 압도적인 글로벌 라이트 팬덤(1억 명 추정)을 확보하고 있다. 이미 3년차 이하 아티스트인 뉴진스, 르세라핌, 보이넥스트도어, 투어스, 아일릿 등은 단독 공연이 가능한 수준의 글로벌 팬덤을 보유하고 있다. 단독 공연이 가능하다는 건 그만큼 충성도가 높은 슈퍼 팬덤층이 두텁다는 의미다.

엔터테인먼트사 입장에서는 연차가 낮은 그룹일수록 이익배분율이 높아진다. 단독 공연이 가능한 3년차 이하 아티스트를 5팀이나 보유하고 있다는 사실이 하이브의 수익구조를 풍요롭게 한다. 아울러 2025년 활동 가능한 아티스트를 10팀 이상 확보하고 있어 외형 성장 요건도 충분하다.

에스엠은 2023년 설립자(이수만)와의 계약 종료 및 '카카오(20.97%)-카카오엔터테인먼트(19.31%)-하이브(9.38%)'로의 지배구조 개편으로 이른바 '에스엠 3.0' 체제에 돌입했다. 에스엠3.0의 핵심은 아티스트 컴백 주기를 단축하고, 신인 데뷔 빈도를 높이는 것이다.

에스엠의 투자포인트는 데뷔 5년차에 진입한 에스파와 데뷔 2년차 라이즈다. 에스파는 정규 1집 〈아마겟돈〉 이후 스포티파이 월간 청취자 수가 직전 컴

▼ 하이브 매출 및 영업이익

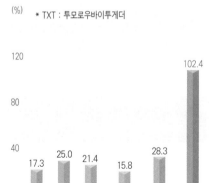

▼ 하이브 팬덤 연평균 성장률

▶ 에스엠 매출 및 영업이익

(억 원)
- 매출
- 영업이익, ( ) 안은 전년 대비 증감률(%)

9,611 (▲13.0)
1조0,033 (▲4.4)
1조0,755 (▲7.2)
1,135 (▲24.7)
894 (▽21.2)
1,162 (▲30.0)

2023   2024E   2025F

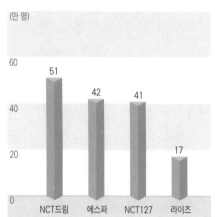

▶ 에스엠 주요 아티스트 공연 모객 수

(만 명)

51   42   41   17

NCT드림   에스파   NCT127   라이즈

백시기 대비 90% 폭증하며 가파른 글로벌 성장세를 시현했다. 월드 투어는 40만 명 규모로 이미 지난 투어 전체 모객 수를 초과했다. 라이즈도 월드 투어가 돋보인다. 북미, 유럽, 아시아 지역에서 17만 명 규모의 팬 콘서트 투어를 성료했다.

영국 보이그룹 디어앨리스, AI 버추얼 아티스트 나이비스 등은 투자적 관점에서 주가 상승을 위한 모멘텀이다. 에스파 이후 4년 만에 데뷔하는 국내 걸그룹의 출격도 임박했다. 신인을 포함한 저연차 아티스트들은 규모의 경제에 따른 이익 레버리지 효과가 크다는 점을 기억해둬야 한다.

에스엠은 자회사로 에스엠C&C(광고), 키이스트(콘텐츠 제작), 드림메이커(공연) 등을 두고 있으며, 매출 비중은 음반 27.9%, MD/라이선싱 21.7%, 음원 21.3%, 방송/활동 13.8%, 콘서트 12.4% 순이다.

국내 4대 엔터테인먼트사를 대상으로 의자 뺏기 놀이를 한다면, 하이브와 에스엠에 이어 나머지 한자리는 와이지가 아닌 제이와이피에게 돌아갈 가능성이 높다. 제이와이피의 가장 중요한 투자포인트는 스트레이키즈다. 2024년 8월부터 시작된 스트레이키즈의 월드 투어가 2025년까지 북미와 라틴 지역까지 확

▶ 제이와이피 매출 및 영업이익

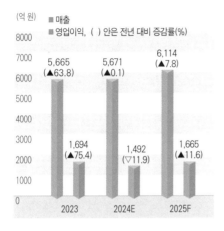

▶ 제이와이피 주요 아티스트 공연 모객 수

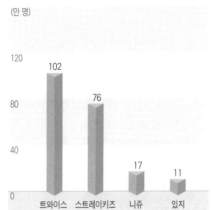

장되면서 향후 제이와이피의 실적 공백을 어느 정도 해소시켜줄 전망이다.

일본 현지화 그룹인 NEXZ도 눈여겨봐야 할 아티스트다. NEXZ는 지난 2024년 5월 한국 데뷔 이후 글로벌 노출도가 무려 80% 이상 급증했다. 일본 활동 성과에 따라 제이와이피의 새로운 수익 옵션이 될 가능성이 높다. 신인 그룹 2팀(LOUD, Project C)의 데뷔도 임박했다. 엔믹스 같은 저연차 아티스트는 제이와이피 주가 상승 모멘텀으로 작용하는 만큼 글로벌 인지도가 중요하다.

다만 고연차 아티스트에 대한 높은 매출 의존도 및 플랫폼 내재화로 인한 비용 증가는 제이와이피의 당면과제다. 경쟁사에 비해 유독 잦은 회계이연이 발생하는 것도 문제로 지적된다. 이연이 반복적으로 발생하면서 실적 가시성이 위축되고 있기 때문이다. 이연이 잦은 항목은 일본 투어인데, 투어 마무리 시점에 따라 짧게는 1개 분기에서 길게는 3개 분기가 소요되고 있다.

09 콘텐츠 : OTT, 드라마, 영화, 웹툰

📊 투자포인트

- 넷플릭스가 K-드라마에 이어 주목한 K-예능의 부가가치
- OTT의 광고요금제 도입에 따른 효과
- 천만 관객 영화의 진정한 수혜주

📊 체크포인트

- 넷플릭스의 콘텐츠 투자규모 축소 등 수익화 전략 변화
- 티빙과 웨이브의 영업손실 지속 및 합병 성사 여부
- 네이버 및 카카오의 웹툰 플랫폼 사업 부진

최선호주 CJENM, CJCGV, 스튜디오드래곤, 나스미디어

넷플릭스가 2017년 4월 JTBC 주말드라마 〈맨투맨〉을 시작으로 국내 TV 채널에서 방영되던 드라마를 전 세계로 송출할 때만 해도 투자가들은 OTT에 별 감흥이 없었다. 넷플릭스가 2019년 1월 K-드라마 첫 오리지널 콘텐츠 〈킹덤〉을 송출하자 증권가에는 OTT 관련 종목들이 회자되기 시작했다. 그리고 〈오징어게임〉이 세계 드라마 시장을 석권하면서 넷플릭스는 더 이상 시장 침투자가 아닌 정복자가 됐다.

정복자 넷플릭스는 돌연 태세를 전환했다. 그동안 시장을 정복하는 데 쓴 지참금(투자) 회수에 나선 것이다. 전조는 2023년부터 나타났다. 넷플릭스를 비롯한 글로벌 OTT들은 콘텐츠 투자에 따른 과다 출혈을 줄이는 대신 수익성 확보 단계에 진입했다. 넷플릭스는 2023년에 콘텐츠 투자규모를 전년 대비 4분의 1로 줄이는 대신 광고요금제 도입 등 수익 모델을 본격적으로 도입했다.

광고요금제는 영상 콘텐츠 재생 중간에 광고를 노출하는 대신 저렴한 금액으로 콘텐츠를 이용하는 방식을 말한다. 가령 1시간 영상에 광고 4~5분을 노출시킬 경우 광고 1편당 길이가 15초 또는 30초임을 감안할 때 1시간 영상에 10~15개의 광고가 나오는 셈이다. 업계에서는 광고요금제가 넷플릭스를 비롯한 OTT 플랫폼들의 실적에 크게 기여할 것으로 보고 있다. 미국 시장분석기관 암페어 애널리시스는 넷플릭스가 광고요금제를 도입하면서 2027년까지 연간 85억 달러(약 12조 원)의 추가 이익을 얻을 것으로 분석했다.

넷플릭스가 일찌감치 투자보다는 수익에 방점을 찍은 까닭은 OTT 시장의 성장성이 다했다고 판단했기 때문이다. 구독자 증가세가 확연히 줄어든 국내 OTT 시장만 봐도 성숙기에 진입했음을 알 수 있다. 국내 유료방송 가입자는 3,634만 명(2023년 상반기 기준)이고 국내 OTT MAU(월간 접속자 수)는 약 3,400만 명(2024년 2월 기준)임을 고려하면, OTT 구독자 침투율은 이미 정점을 찍었다고 봐도 무방하다.

▶ **넷플릭스 연간 콘텐츠 투자규모** 자료 : 암페어 애널리시스

2024년 콘텐츠 투자규모 회복

(조 원)
- 2021: 17.7
- 2022: 16.8
- 2023: 12.6
- 2024E: 7.8

넷플릭스의 2024년 콘텐츠 투자규모는 소폭 상승한 것으로 추산된다. 한편 K-콘텐츠에 투자된 규모는 약 5% 수준(약 4,000억 원)으로 넷플릭스 내에서 K-콘텐츠의 평균 시청점유율(13%대)에 비하면 적은 수치다. 최근 넷플릭스가 투자 회수를 통한 수익화 전략으로 돌아섰다고 해도 K-콘텐츠향 투자여력은 아직은 충분해 보인다.

OTT가 수익 모델로 광고를 선택한 이유

티빙 등 국내 OTT 플랫폼들 역시 장기 수익 모델 찾기에 분주하다. 대체로 넷플릭스처럼 광고를 주목한다. 전체 광고 시장(16조 원)에서 방송(3.3조 원)과 인터넷(9.0조 원)이 차지하는 비중을 감안하건대 OTT 광고요금제 구독자가 늘어날수록 광고 침투 가능성은 올라간다. 하지만 현재 OTT 광고 매출은 미미하다. 티빙의 2024년 예상 광고 매출액(약 400억 원)은 방송 시장(3.3조 원)의 1% 안팎 수준으로 향후 광고를 통한 먹거리 여력이 충분하다.

국내 OTT 시장점유율은 총 체류시간을 기준으로 했을 때 넷플릭스 44%, 티빙 23%, 웨이브 19% 순이다. MAU 지표가 높은 쿠팡플레이의 경우 총 체류시간을 기준으로 하면 시장점유율이 11%에 불과하다(MAU 기준은 22.1%로 36.4%인 넷플릭스에 이어 2위). 가입은 했지만 실제 시청하는 시간은 짧다는 얘기다. 다양한 콘텐츠를 보유한 OTT는 체류시간이 높고, 콘텐츠 양이 적은 OTT는 체류시간이 상대적으로 낮다.

국내 증시에서 OTT주라고 할 만한 종목은 티빙을 보유한 CJENM 정도다. SK텔레콤과 지상파 3사로 이뤄진 웨이브는 비상장사이고, 쿠팡을 OTT주라

▶ 국내 OTT 시장점유율

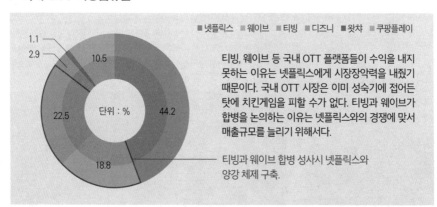

티빙, 웨이브 등 국내 OTT 플랫폼들이 수익을 내지 못하는 이유는 넷플릭스에게 시장장악력을 내줬기 때문이다. 국내 OTT 시장은 이미 성숙기에 접어든 탓에 치킨게임을 피할 수가 없다. 티빙과 웨이브가 합병을 논의하는 이유는 넷플릭스와의 경쟁에 맞서 매출규모를 늘리기 위해서다.

티빙과 웨이브 합병 성사시 넷플릭스와 양강 체제 구축.

고 하기에는 쿠팡플레이가 쿠팡 전체 매출에서 차지하는 비중이 미미하다. OTT를 주력 사업으로 하는 넷플릭스가 나스닥에 상장된 것과는 차원이 다르다. 그나마 CJENM의 경우 미디어플랫폼이 전체 매출에서 차지하는 비중이 28.7%로 커머스 다음을 차지하지만, 티빙 단일 사업 매출은 아니다. CJENM은 tvN 등 방송사업은 물론 드라마(스튜디오드래곤 최대주주) 및 영화 제작·유통까지 영위하기 때문에 종합 미디어 콘텐츠/플랫폼 회

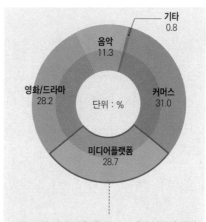

▶ CJENM 매출 비중

기타 0.8
음악 11.3
영화/드라마 28.2
커머스 31.0
미디어플랫폼 28.7
단위 : %

CJENM의 전체 매출에서 OTT 채널 티빙이 차지하는 비중은 작지만, CJENM의 주가는 OTT 업황에 적지 않은 영향을 받는다. 따라서 증권가에서는 CJENM을 OTT주로 분류하기도 한다.

사라 할 수 있다. 다만 OTT 업황에 따라 CJENM의 주가가 반응하기 때문에 증권가에서 OTT주로도 분류하는 것이다.

티빙은 2023년에 영업손실을 1,420억 원이나 내며 CJENM의 아픈 손가락이 됐다. 티빙과 웨이브의 합병 소문이 끊이지 않는 이유는, 성숙기에 접어든 국내 OTT 시장에서 이익을 내려면 넷플릭스의 시장점유율을 뺏어와야 하기 때문이다. 웨이브도 2023년에 (비록 전년 대비 줄긴 했지만) 700억 원이 넘는 영업손실을 기록했다.

투자적 관점에서는 넷플릭스 광고 판매대행을 독점하는 미디어렙 나스미디어를 눈여겨 볼 필요가 있다(147쪽). OTT 광고 시장이 커지고 넷플릭스의 시장점유율이 올라갈수록 나스미디어의 매출도 덩달아 상승한다. 나스미디어는 2024년 5월에 구글의 MCM(복수고객관리) 공식 파트너사로 선정되기도 했다.

방송사마저 외면한 K-드라마의 구원자는 넷플릭스

넷플릭스가 그동안 가장 주목해온 한국의 콘텐츠는 단연 드라마다. 〈킹덤〉과 〈스위트홈〉에서 〈오징어게임〉과 〈더 글로리〉를 거쳐 〈경성크리처〉에 이르기까지 이른바 'K-드라마'는 글로벌 OTT들의 지갑을 활짝 열어젖혔다. 스튜디오드래곤, 에이스토리 등 드라마 제작사들이 증시에서 콘텐츠주로 자리매김할 수 있었던 근저에 넷플릭스가 있었던 것이다.

드라마 섹터에서 가장 중요한 키워드 중 하나가 '슬롯(Slot)'이다. 사전적 의미로 '구멍'을 뜻하는 슬롯은, 방송국의 편성 프로그램 시간대를 가리킨다. 최근 들어 방송 채널마다 드라마가 들어가는 '구멍'이 좁아지고 있다. 드라마 편성 시간대가 줄어든다는 얘기다. 슬롯이 줄어든 이유는 광고 때문이다. 방송사마다 드라마에 붙는 광고가 줄면서 드라마 편성 시간대를 축소시킨 것이다. 방송사 및 OTT에 방영된 드라마 수는 2022년 141편에서 2024년 100~110편으로 줄었다. 슬롯이 줄다보니 드라마 제작 건수도 감소한 것이다.

▶ **방송사 및 OTT에 편성된 드라마 수**

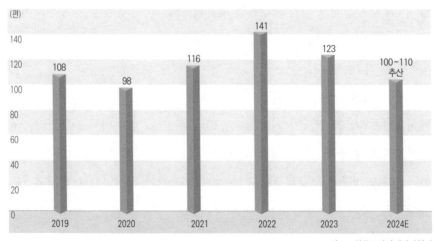

자료 : 한국드라마제작사협회

줄어든 슬롯과 광고에 반해 드라마 제작에 투입되는 제작비는 오히려 크게 늘었다. 한국드라마제작사협회에 따르면 드라마 1편에 들어가는 회당 제작비는 최근 2~3년 사이에 1.5배에서 2배까지 상승했다. OTT를 통해 전 세계로 송출된 몇몇 K-드라마가 크게 히트하면서 배우들의 출연료 및 시나리오 IP가 급등한 것이다. 여기에 CG 비중이 커지면서 특수효과에 소요되는 비용도 제작비 부담을 키웠다. 특수효과 비중이 큰 〈경성크리처〉의 경우 시즌1과 시즌2를 연이어 촬영했는데, 두 시즌을 합쳐 약 700억 원의 제작비가 들어갔다. 시즌1이 10부작으로 구성됐으니, 회당 35억 원 가량의 제작비가 쓰인 셈이다.

〈경성크리처〉를 제작한 스튜디오드래곤의 평균 제작원가율을 살펴보면, 지난 2017년부터 2021년 47~50%에서 2023년에 53% 안팎까지 상승한 것으로 나타났다. 이로 인해 스튜디오드래곤의 영업이익률은 11%대에서 7%대까지 하락했다. 배우들의 출연료 및 특수효과 비용 상승이 영업이익률을 떨어트린 것이다.

결국 TV 광고 시장 위축은 드라마 제작 편수 축소로 이어졌고, 설상가상으

▼ 국내 주요 드라마 회당 평균 제작비

자료 : 언론 보도 정리

로 글로벌 OTT향 K-드라마들의 제작원가 상승으로 국내 드라마 제작사들의 수익성 마저 훼손된 것이다.

그나마 다행스러운 건 넷플릭스 등 글로벌 OTT들이 K-콘텐츠를 향한 라이선스 확보를 줄이지 않았다는 사실이다. 2024년 상반기 기준 넷플릭스의 총 콘텐츠 투자규모는 약 7.8조 원인데, 이 중 K-콘텐츠에 투자된 규모는 약 5% 수준(약 4,000억 원)이다. 넷플릭스 내에서 K-콘텐츠의 평균 시청점유율(13%대)에 비하면 4,000억 원대의 투자규모는 약소하다. 따라서 최근 넷플릭스가 투자 회수를 통한 수익화 전략으로 돌아섰다고 하더라도 K-콘텐츠향 투자여력은 아직은 충분하다.

한편 글로벌 OTT들은 K-드라마에 비해 제작비 부담이 적은 대신 시청률이 호조세를 보이는 K-예능을 주목하고 있다. 2022년 기준 4편에 그쳤던 넷플릭스의 오리지널 K-예능은 2024년에 10편으로 2배 이상 증가했다. 디즈니플러스도 글로벌 팬덤을 보유한 K-팝 아티스트들이 출연하는 예능에 대한 투자에 적극적이다. K-콘텐츠향 라이선스 확보를 이른바 가성비 좋은 예능으로 변경하고 있는 것이다.

실제로 넷플릭스의 오리지널 K-예능 〈흑백요리사 : 요리 계급 전쟁〉은 2024년 10월 2주차 통합 콘텐트 랭킹에서 2주 연속

글로벌 OTT들은 K-드라마에 비해 제작비 부담은 적은 대신 시청률이 호조세를 보이는 K-예능을 주목하고 있다. 이미지는 넷플릭스의 오리지널 K-예능 〈흑백요리사 : 요리 계급 전쟁〉 포스터.

1위를 차지했다(OTT 콘텐트 통합 검색 플랫폼 키노라이츠 집계). 예능이 2주 연속 1위에 오른 것은 〈흑백요리사 : 요리 계급 전쟁〉이 처음이다. 같은 기간 5위에 오른 드라마 〈경성크리처2〉와 대조를 이룬다.

투자적 관점에서는 드라마 섹터의 최선호주로 최대주주인 CJENM이라는 뒷배가 탄탄한 스튜디오드래곤이 꼽힌다. 전반적인 드라마 업황 부진으로 2024년 제작 작품 수가 기존 예정되었던 24작품에서 20작품으로 축소되었지만, 충분한 라인업과 레퍼런스를 고려하면 실적 하락을 오히려 매수 기회로 삼을 필요가 있다. 특히 주목할 점은 마진율 개선이다. 2024년 4분기부터 작품 회차당 매출액은 증가하면서 판권 상각비용 부담이 줄고 있다.

무엇보다 2024년 넷플릭스와의 재계약에서 리쿱률(Recoup Rate, 제작비 회수율) 상향 조정 및 수익 배분 방식 등이 우호적으로 조정될 경우 그동안 발목을 잡았던 이익률 감소세 부담을 덜 수 있다. 스튜디오드래곤은 넷플릭스 내 콘텐츠 점유율이 3%인 반면, 넷플릭스의 연간 투자금액에서 차지하는 비중은 1%에 불과하다.

▼ **스튜디오드래곤 2025년 드라마 라인업** * To Be Decided : 추후 결정

플랫폼	작품명	작가	PD	주연배우
tvN	별들에게 물어봐	서숙향	박신우	이민호, 공효진
	그놈은 흑염룡	김수연	이수현	문가영, 최현욱
넷플릭스	다 이루어 질지니	김은숙	TBD*	이병헌, 김우빈, 수지
	탄금	김진아	김홍선	이재욱, 조보아
	사랑의 불시착 (미국판 리메이크)	TBD	TBD	TBD
	자백의 대가	권종관	이정효	전도연, 김고은
TBD	쇼비즈니스	노희경	TBD	송혜교, 공유, 김설현

자료 : 스튜디오드래곤

투자/배급보단 영화관 수익이 알토란이다

OTT 플랫폼들이 홈씨어터를 표방하면서 영화관 관객 수를 크게 떨어트리더니 코로나19는 아예 관객의 씨까지 말려버렸다. 팬데믹이 끝난 이후에도 영화 섹터는 주식 시장에서 좀처럼 살아나지 못했다. 역시 OTT의 영향이 컸다. 비록 영화관을 찾는 관객 수는 어느 정도 회복했지만, 영화 자체가 OTT의 드라마 시리즈물에 잠식당했음은 분명한 사실이다.

그러던 국내 영화 시장에 다시 불을 붙인 건 2023년 11월 22일에 개봉해 해를 넘기며 1,000만312명의 박스오피스를 기록한 〈서울의 봄〉이다. 이어 〈파묘〉와 〈범죄도시4〉까지 2024년에만 천만 관객 영화가 3편이나 개봉했다.

국내 증시에서 대표적인 영화주는 CJENM, CJCGV, 콘텐트리중앙, 쇼박스 정도를 들 수 있다. 이 가운데 국내 영화관 시장점유율 1위 CJCGV는 상영관 매출 비중이 대부분을 차지한다. 2위인 메가박스를 보유한 콘텐트리중앙도 전체 매출에서 영화관 사업이 30% 안팎을 차지한다. CJENM과 쇼박스 등 제작 및 투자/배급을 영위하는 회사는 해당 영화에 따라 희비가 엇갈린다. 가령 2024년 한국 영화 흥행작 중에서 상장된 영화사업자의 실적 개선에 직접적인 영향을 미친 작품은, 〈서울의 봄〉(배급 : 플러스엠 → 콘텐트리중앙 계열사), 〈파묘〉(제작/투자/배급 : 쇼박스), 〈범죄도시4〉(배급 : 플러스엠), 〈베테랑2〉(투자/배급 : CJENM) 정도다.

국내 영화 시장에서는 보통 투자사가 배급을 겸하기 때문에 투자/배급사들이 SI(전략적 투자자)로 나서 투자 유치를 전담한다. 우선 배급사가 감독과 배우 섭외, 비용관리 등 제작 전반에 걸쳐 기본적인 판을 짜고 제작비의 20~30%를 투자한다. 나머지는 VC들이 각각 펀드를 결성해 부분투자에 나선다. 박스오피스 수입 정산의 경우 10%는 부가가치세, 3%는 영화발전기금으로 빠진다. 남은 금액을 영화관사업자와 배급사가 부금율(영화상영 수익분배비율)에 따라 분배 받는다. 통상 영화관사업자가 45~50%, 배급사가 50~55%를 가져간다. 배급사는 받은 몫 중에서 다시 10% 정도를 배급수수료로 지출한다. 그리고 잔여 금액에서 제작비를 제외한 순이익이 투자사와 제작사에 6:4의 비율로 분배된다. 결국 손익분기점을 넘기지 못하면 투자사가 손실을 떠안는 구조다.

〈파묘〉는 쇼박스가 제작은 물론 투자/배급까지 관여했다. 쇼박스의 특징은 높은 투자비율에 있다. 일반적으로 제작사는 제작비의 30% 정도를 투자하는 데 반해 쇼박스는 제작비의 절반 이상을 부담한다. 그만큼 가져가는 수익도 커지기 마련이다. 천만 관객을 기준으로 추산되는 〈파묘〉의 박스오피스 누적매출액은 970억 원 수준이다. 쇼박스가 제작비의 50%를 투자했고 부금율 역시 50%라고 가정할 경우, 쇼박스에 돌아가는 순이익은 배급수수료와 투자지분, 제작지분을 포함해 146억 원이다. 다른 투자VC에게 돌아가는 몫은 대략 72억 원 안팎이다.

▶ **한국 영화 산업 수익구조**

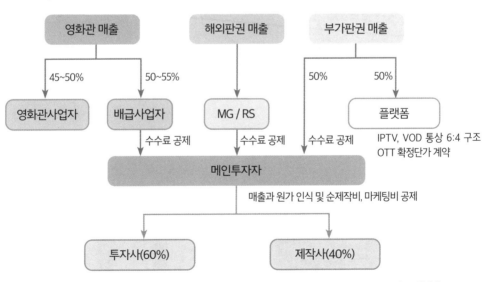

자료 : 한국IR협의회

137

투자적 관점에서는 쇼박스보다 CJCGV를 좀더 주목할 필요가 있다. 아무리 쇼박스가 천만 관객 영화에서 주도적으로 제작/투자/배급에 관여했다고 해도, 이러한 퍼포먼스는 투자가들에게 그리 오래 기억되지 않는다. 실제로 쇼박스의 주가는 〈파묘〉가 개봉된 지 일주일이 지나 4,545원(2024년 2월 28일 종가기준)으로 최고점을 찍은 뒤 3,000원대 중반에서 횡보했다.

반면 국내 영화관 1위 CJCGV는 실적 및 주가 상승 모멘텀이 훨씬 탄탄하다. 무엇보다 〈파묘〉를 비롯한 모든 흥행작에서 나오는 수익을 흡수한다. 특히 CJCGV의 해외 사업을 주시해야 한다. 해외 영화관의 박스오피스 및 관객 수 회복 속도는 국내보다 훨씬 빠르다. CJCGV는 해외(중국/베트남/튀르키예/인도네시아 등) 영화관 매출 비중이 절반을 차지한다. 〈파묘〉가 흥행했던 베트남에서만 100억 원을 넘게 벌어들였다.

CJCGV의 실적 개선은 단순한 시장 성장보다 레버리지가 크다. 관객 수를 회복하는 동시에 '평균 티켓 가격(ATP)' 상승에 따른 매출 및 이익기여도가 눈에 띄게 호전됐다. 평균 매점 매출 및 상영 전 광고 단가 상승에 따른 선순환구조가 자리를 잡으면서 당분간 안정적인 실적 시현이 예상된다.

▶ CJCGV 실적 개선 선순환구조

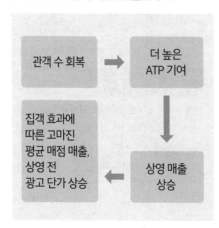

▶ CJCGV 매출

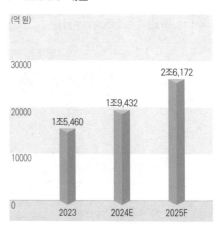

웹툰은 소외주일까, 성장주일까?

스토리 없이는 드라마도 영화도 없다. 〈선재 업고 튀어〉도 〈서울의 봄〉도 그것이 허구든 실화든 스토리가 있어야 한다. K-콘텐츠의 젖줄이 웹툰(이하 '웹소설' 포함)인 것도 같은 맥락이다. 이러한 웹툰에 대한 재평가는 대박 IP를 보유한 웹툰 회사들을 주식 시장으로 이끌었다. '웹툰주의 탄생'이다.

오랫동안 승승장구할 것 같았던 웹툰 시장이 얼마 전부터 온탕과 냉탕을 오가고 있다. 2023년 1월경 카카오엔터테인먼트(웹툰 플랫폼 카카오페이지 최대주주)가 사우디아라비아 국부펀드 PIF로부터 1조 원 투자를 유치했을 때 국내 웹툰주들의 주가는 (실적과 상관없이) 크게 올랐다. 그로부터 1년 뒤인 2024년 1월에 웹툰엔터테인먼트(네이버웹툰)가 나스닥 상장 소식을 알렸을 때도 다시 한 번 주가 상승을 견인했다. 하지만 그것으로 끝이었다. 카카오엔터테인먼트는 확보한 자금으로 에스엠을 인수했고, 웹툰엔터테인먼트는 미국 증

▶ **웹툰주 시가총액 및 주요 플랫폼 합산 매출액**

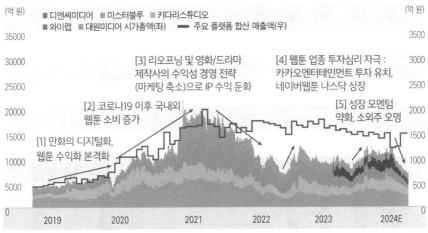

* 주요 플랫폼 매출액 합산은 모바일 결제금액 추정치
** 주요 플랫폼 : 네이버웹툰, 카카오페이지, 왓패드, 라인망가, 픽코마, 타파스, 래디쉬, 태피툰

자료 : 신한투자증권

시에는 입성했지만 투자가들을 만족시킬 만한 실적을 내지 못하고 있다.

2024년 들어 국내 대부분의 웹툰주들은 10월 기준 연초 대비 30% 이상 하락했다. 원인은 단지 웹툰엔터테인먼트의 실적 악화 때문만은 아니다. 웹툰사들의 매출성장률이 긴 정체 터널에서 벗어나지 못하고 있기 때문이다. 웹툰 업계 자체의 내실을 보여줄 때가 왔지만 그렇지 못했다.

업계에서는 웹툰주를 가리켜 '소외주' 위기에 봉착했다고 우려한다. 웹툰에 대한 성장 모멘텀이 더 이상 보이지 않는다면 밸류에이션 리레이팅을 기대할 수 없고 결국 시장에서 소외될 수밖에 없다는 것이다. 국내 웹툰 시장은 이미

▼ 네이버웹툰 국내 연간 거래액

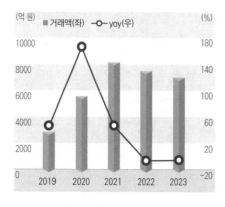

▼ 카카오페이지 플랫폼 국내 연간 거래액

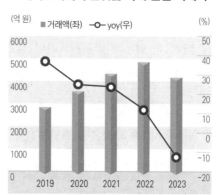

▼ 라인망가 연간 거래액

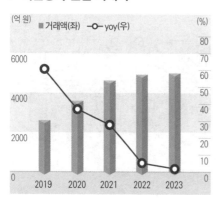

▼ 픽코마 연간 거래액

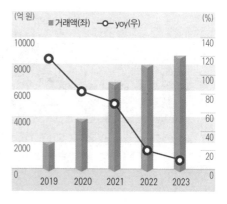

성숙기에 접어들었다. 네이버웹툰 국내 거래액은 2021년을 고점으로, 카카오웹툰 국내 거래액은 2022년을 고점으로 하락하고 있다.

웹툰의 성장 모멘텀을 해외에서 찾아야 한다는 주장도 힘을 잃고 있다. 네이버와 카카오의 웹툰 플랫폼은 글로벌 만화 시장 1위 일본에서의 거래액이 전체의 50%를 차지한다. 그런데 네이버의 '라인망가'와 카카오의 '픽코마'는 2021년까지 폭발적인 성장을 이어가다 2022년 이후로 시장 성장률을 밑돌고 있다. 네이버웹툰(웹툰엔터테인먼트)이 상장한 미국 시장도 상황은 녹록치 않다. 미국은 콘텐츠 유료 소비에 대한 심리적 장벽이 비교적 낮지만, 유독 웹툰 이용층의 경우에는 확산 속도가 떨어진다.

그럼에도 불구하고 네이버와 카카오 웹툰 플랫폼에 대한 기대를 내려놓을 수 없는 이유 또한 분명하다. 글로벌 선두권 플랫폼인 두 회사 모두 한번 확보한 작품은 고정자산처럼 쌓여 추가 투자 없이 광고 매출 및 IP 수익으로 이어지기 때문이다.

국내 웹툰주 중에서는 수익성 높은 IP를 보유한 회사 위주로 관심을 가져볼 만 하다. 디앤씨미디어는 〈나 혼자만 레벨업〉 애니메이션 2기 방영에 따른 상승효과가 실적 개선으로 이어질지가 관건이다. 〈나 혼자만 레벨업 : 라그나로크〉는 목요 인기 웹툰 최상위권에 안착해 일본을 포함한 해외 진출을 앞두고 있다. 대원미디어는 닌텐도 유통에서 매출액 절반 이상을 거두는 회사다. 짱구/먼작귀/담곰이/무직타이거 등 보유 캐릭터 인기가 높아지면서 라이선스 매출이 72%나 늘었다. 〈스위치2〉가 발매되는 2025년 상반기 이후 실적 반등을 노려볼 만 하다. 키다리스튜디오는 MD(굿즈) 매출에서 두드러진 성과를 보였다(2023년 62억 원 → 2024년 상반기 누적 매출 120억 원). 2024년 흑자전환에 이어 2025년 안정적인 이익 실현이 예상되는 만큼 주가 회복도 기대해볼 만하다.

10 광고, 방송미디어

⌇⌇⌇ 투자포인트

- 높은 배당성향이 돋보이는 광고 대장주
- 넷플릭스 OTT 광고요금제 최대 수혜주
- 새로운 비즈니스 모델 'RMN'의 선두 기업

⌇⌇⌇ 체크포인트

- 경기민감주 광고 업종에 대한 보수적 투자 성향
- 방송 대장주 SBS의 드라마 시청률 및 태영건설 리스크
- 케이블TV 대장주 KT스카이라이프의 영업비용 상승 요인

최선호주 제일기획, 나스미디어, 이마트, LG헬로비전

경기민감주란 경기 변동에 따라 실적과 주가가 크게 영향을 받는 종목을 가리킨다. 광고는 대표적인 경기민감주 가운데 하나다. 거의 모든 기업은 소비심리가 얼어붙은 경기침체기에는 광고 예산부터 줄인다. 광고 업황이 불황에서 좀체 벗어나지 못하는 까닭이다.

광고 업황을 예측하는 수단으로 GDP 같은 경제성장률 지표를 참고하는 이유도 다르지 않다. 경제성장률과 광고성장률은 늘 비슷한 궤적을 형성한다. OECD는 2025년 한국의 경제성장률 전망치를 2.1% 오를 것으로 비교적 낮게 예상했는데, 업계는 국내 광고 시장성장률도 그 정도 수준에서 수렴할 것으로 보고 있다.

이렇듯 거시지표만 놓고 보면 증시에서 광고 섹터는 투자매력이 떨어진다. 하지만 과거를 돌아보면 어두운 업황 속에서도 투자 틈새는 존재해 왔다. 광고

142

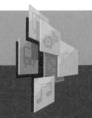

도 마찬가지다. 경기침체로 광고 업황이 어두워질수록 오히려 비즈니스 모델
이나 광고 채널은 다양해지고 있다. 유튜브와 인스타그램에서 폭발한 숏폼 신
드롬에서의 최고 수익 모델도 결국 광고다. 유튜브 광고 매출은 2024년 2분기
기준 86억6,000만 달러(약 12조 원)를 기록했다. 전년 동기(76억6,000만 달러) 대
비 13% 증가한 수치다. 거대한 규모의 틈새(!)가 아닐 수 없다.

� 국내 경제성장률과 광고 시장 성장률 관계

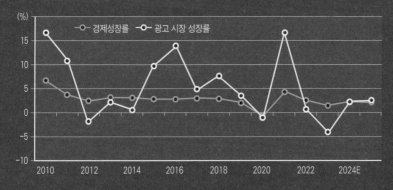

경기침체가 일상화된 뉴노멀 시대에 광고 업황은 늘 어둡기 마련이다. 그럼에도 불구하고 유튜브의 숏폼 신드롬에서 최고 수익 모델은 결국 광고다.

▫ 유튜브 광고 매출

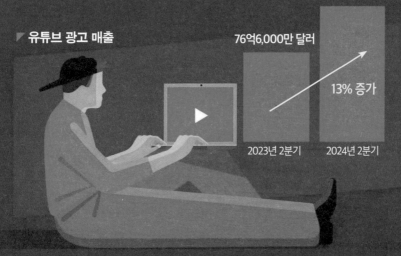

86억6,000만 달러

76억6,000만 달러

13% 증가

2023년 2분기

2024년 2분기

제일기획의 주주환원정책과 높은 배당성향

투자적 관점에서 광고 섹터는 시장규모 전체를 향한 거시적 접근보다는 개별 광고사마다 미시적으로 들여다봐야 한다. 업황은 그리 썩 밝지 못해도 제법 괜찮은 종목들이 여럿 포진해 있다.

광고 업계는 크게 세 갈래로 나뉜다. 삼성과 현대 그룹 내 계열사를 캡티브 (Captive) 고객사(광고주)로 둔 종합대행사와 인터넷 환경에서 다양한 비즈니스 모델을 기획해 고객사에 대응하는 디지털 전문 광고대행사, 그리고 방송사 등 광고매체를 대신해 광고시간이나 지면 등을 전문적으로 위탁판매하고 판매대행 수수료를 받는 미디어렙(Media Rep.)이다.

광고 업계의 밸류체인을 들여다보면 적지 않은 광고대행사 및 미디어렙이 있지만, 증시에 상장된 종목들은 20개 안팎이다. 그 중에서도 투자적 관점에서 의미 있는 곳들은 아래 밸류체인 속 광고대행사와 미디어렙 정도다.

▶ **광고 업계 밸류체인 속 주요 상장사**

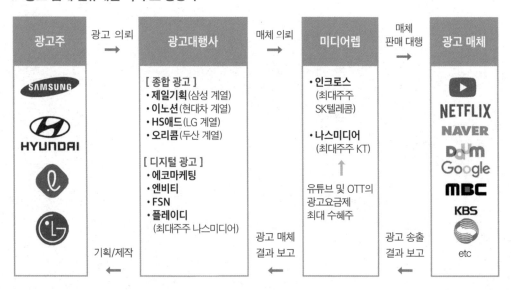

광고주	광고 의뢰 →	광고대행사	매체 의뢰 →	미디어렙	매체 판매 대행 →	광고 매체
SAMSUNG HYUNDAI (롯데) LG		[종합 광고] • 제일기획(삼성 계열) • 이노션(현대차 계열) • HS애드(LG 계열) • 오리콤(두산 계열) [디지털 광고] • 에코마케팅 • 엔비티 • FSN • 플레이디 (최대주주 나스미디어)		• 인크로스 (최대주주 SK텔레콤) • 나스미디어 (최대주주 KT) ↑ 유튜브 및 OTT의 광고요금제 최대 수혜주		NETFLIX NAVER Daum Google MBC KBS etc
	기획/제작 ←		광고 매체 결과 보고 ←		광고 송출 결과 보고 ←	

광고 섹터에서 가장 먼저 살펴봐야 할 종목은 업계 1위 제일기획이다. 제일기획의 뒷배에 삼성그룹이 있고, 계열사들로부터 나오는 매출이 전체의 3분의 2를 차지한다. 가령 삼성전자의 스마트폰 신제품 출시가 지연되면 제일기획의 실적이 주춤거린다.

업계 1위 종목이라고 해서 무조건 최선호주가 되는 건 아니다. 투자적 관점에서 주목해야 할 사항은 제일기획의 배당성향 즉 주주환원정책이다. 배당성향이란 기업의 당기순이익 중 주주들에게 나눠주는 현금의 비율이다. 가령 당기순이익 1,000억 원 중 배당금으로 300억 원이 지급됐다면 배당성향은 30%가 된다.

제일기획은 국내 상장사 전체를 통틀어 대표적인 배당주라 할 수 있다. 지난 수년간 평균 배당성향이 무려 60% 안팎을 유지해 왔다. 2023년 4분기에 해외 자회사 영업권 손상 등 큰 규모의 일회성 영업외비용을 반영하더라도 2024년 주당배당금(DPS)은 증액될 것으로 예상된다. 2024년 예상 배당수익률은 6.9%다.

◤ 제일기획 배당금 및 배당성향

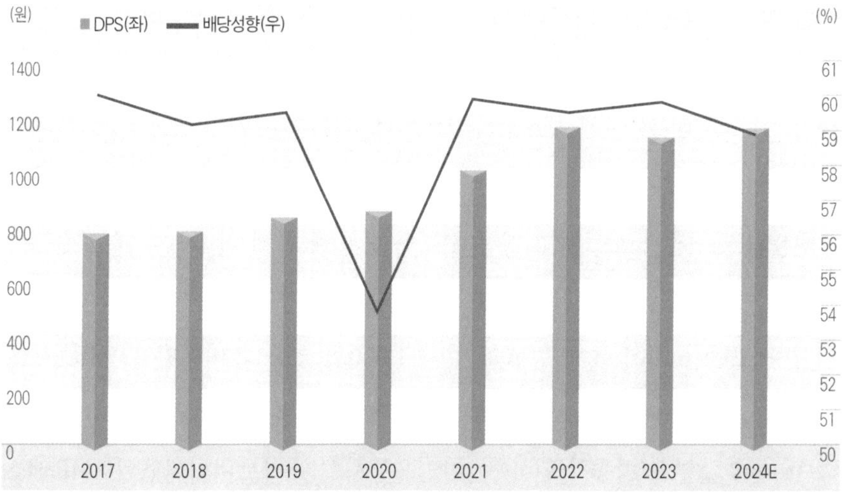

물가인상기가 이어질수록 배당주 투자에 주목할 필요가 있다. 꾸준히 배당을 늘리는 기업은 원가상승기에도 제품가격 인상을 통해 인플레이션과 관계없이 양호한 실적을 거둘 수 있기 때문이다.

넷플릭스 광고요금제의 최대 수혜주

성장이 제한적인 광고 시장에서 눈여겨봐야 할 사업은 OTT의 광고요금제다. 넷플릭스를 비롯한 국내외 OTT 플랫폼들은 콘텐츠 제작비 부담을 상쇄하기 위한 수익화 전략으로 광고요금제를 선택했다. 광고요금제는 영상 콘텐츠 재생 중간에 광고를 노출하는 대신 저렴한 금액으로 콘텐츠를 이용하는 방식을 말한다. 기존 요금제에서 가격을 인상하는 대신 구독자 이탈을 막기 위한 방편으로 저렴한 광고요금제를 출시해 신규 수입원으로 광고 수익까지 누리는 것이다.

넷플릭스는 광고요금제 출시 1년 2개월 만에 글로벌 MAU 2,300만 명을 달성했다고 밝혔다(2023년 말 기준). 이는 넷플릭스 전체 유료 가입자 수의 10%에 해당한다. 넷플릭스의 2023년 4분기 실적은 매출액 88.3억 달러(+13% yoy), 영업이익 15억 달러(+172% yoy, 영업이익률 16.9%), 가입자 순증 1,312만 명으로 예상치(870만 명)를 크게 상회했다. 무엇보다 광고요금제 가입자 수가 전분기 대비 70%나 급증했다.

넷플릭스는 앞으로도 광고 상품 고도화를 통해 전체 실적에서 광고 수익이 차지하는 비중을 늘려나갈 것으로 보인다. OTT 광고단가는 기존 온라인 동영상 광고단가 대비 높게 형성돼 있다. 1,000회 노출당 비용인 CPM(Cost Per Mille) 15초 기준 넷플릭스의 광고단가는 5만 2,000원으로 유튜브 셀렉트 라인업(14,000원), 주요 방송사 VOD 온라인유통사인 스마트미디어렙의 SMR베스트(18,000원)보다 월등히 높다. 여기에 타깃팅을 적용할 경우 최소 10%에서 최대 200%까지 비용 할증이 붙기도 한다.

넷플릭스에 이어 국내 OTT 티빙도 광고요금제를 출시했다. 이를 위해 2023년 12월에 신규 가입자를 대상으로 구독료를 20% 인상했는데도 가입자 이탈율은 거의 없었다(2023년 말 기준 구독자 수 약 400만 명). 티빙은 2024년 말까지 MAU 1,000만 달성 및 유료가입자 500만 명 이상을 목표로 하며, 이중 광고요금제 가입자 수를 20~30%까지 올릴 계획이다.

OTT 광고 시장의 성장은 디지털 광고, 특히 동영상 광고 상품을 판매하는 미디어렙의 실적 향상으로 이어진다. 국내에서 넷플릭스의 광고 판매를 독점 계약한 나스미디어가 최대 수혜주로 꼽힌다. 나스미디어의 넷플릭스향 총 취급고는 600억 원 안팎이다(2024년 기준).

누적취급고가 2조 원에 달하는 나스미디어는 국내 미디어렙 1위 회사다. 최대 주주로 KT(43.06%)를 두고 있으며, 자회사 플레이디(46.92% 지분 보유)를 통해 디지털 환경에서 퍼포먼스 마케팅 사업으로도 역량을 넓히고 있다. '퍼포먼스 마케팅(Performance Marketing)'이란 구매력이 높은 고객(Right Target)을 선별하

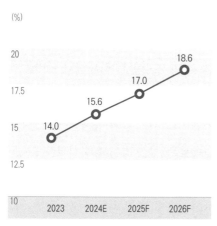

▶ 나스미디어 영업이익률

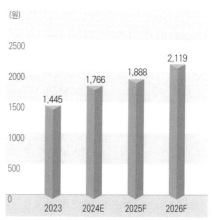

▶ 나스미디어 EPS

여, 그들이 필요한 시점(Right Time)에 필요한 정보(Right Content)를 보여주는 기법을 통해 최소 비용으로 광고주가 매출을 올리도록 하는 전략이다. 퍼포먼스 마케팅은 클릭률(CTR), 클릭당과금(CPC), 투자수익률(ROI) 같은 핵심 성과지표를 통해 광고 효과를 측정한다. 데이터 기반 마케팅에서 이른바 타깃형 광고에 강점이 있는 광고대행사들이 전 세계적으로 주목받는 이유가 여기에 있다.

아마존과 월마트가 광고 업계에 뛰어든 까닭

소비자들의 구매욕망을 제대로 저격할수록 광고 효과는 올라간다. 퍼포먼스 마케팅의 일환으로 프로그래매틱(Programmatic) 및 어드레서블(Adressable) 등 타깃형 광고 기법들이 끊임없이 개발되는 이유다. 프로그래매틱은 프로그램이 자동으로 소비자의 검색어 및 검색경로 등의 빅데이터를 분석해 소비자가 원하는 광고를 띄워주는 시스템이다. 어드레서블은 TV에서의 시청률 데이터를 통해 소비층을 분석한다. 결국 핵심은 검색율이나 시청률을 구매률로 전환하는 데 있다.

　아마존처럼 인터넷 환경의 판매 최전선에서 소비자들과 접촉하는 이커머스 리테일러(유통사업자)에게는 제법 오랜 세월에 걸쳐 축적해온 방대한 양의 구매 데이터가 있다. 이를 기반으로 새롭게 열린 광고 모델이 'RMN'이다. RMN은 Retail Media Network의 이니셜로, 미국 최대 이커머스 리테일러 아마존이 고안한 개념이다. 즉 아마존이 보유하고 있는 광고 구좌를 다양한 광고주에게 판매하는 방식이다. 전자상거래에서 비롯한 비즈니스 모델이라 주로 온라인 광고를 중심으로 성장하다가 최근 들어 월마트 등 오프라인 유통사들도 RMN 사업에 뛰어들고 있다. 온라인 쇼핑몰의 검색 창과 배너뿐 아니라 오프라인 매장의 다양한 채널에 광고 서비스를 제공한다.

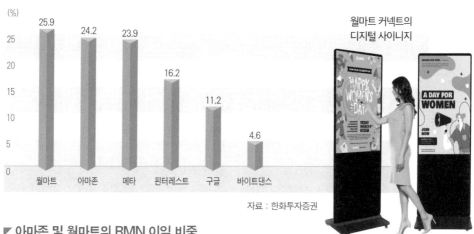

▶ 글로벌 리테일러 및 빅테크의 최근 1년간 광고 매출 성장률

자료 : 한화투자증권

월마트 커넥트의
디지털 사이니지

▶ 아마존 및 월마트의 RMN 이익 비중

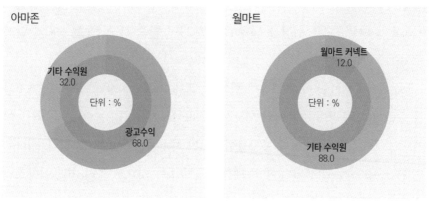

자료 : 한화투자증권

RMN은 유통사의 여러 채널을 활용하기 때문에 광고 집행과 동시에 수익 창출이 가능하다. 아마존과 월마트의 RMN을 통한 이른바 '실구매전환율'은 각각 9.47%, 6.58%로, 구글(3.75%)과 마이크로소프트(2.94%)에 크게 앞선다. 유통업체가 보유한 고객 데이터를 기반으로 타깃형 광고가 가능한 덕분이다.

RMN은 미국을 중심으로 빠르게 성장하고 있다. 아마존의 최근 1년간 광고 매출 성장률은 24%, 월마트의 성장률은 26%에 이른다. 2023년에 아마존은 470억 달러(약 62조 원)의 광고 매출을 올렸다. 이는 아마존 프라임 매출액

(402억 달러) 및 글로벌 전체 인쇄 광고 매출액(272억 달러)을 상회한다.

월마트는 2021년 '월마트 커넥트'라는 명칭으로 광고 사업에 진출했다. 아마존과 다른 점은 오프라인 매장의 디지털 사이니지, 키오스크, 디지털 월 등에 광고를 노출한다. 월마트는 더 많은 광고 채널을 확보하기 위해 틱톡, 스냅챗 등 SNS 및 스트리밍 플랫폼과도 파트너십을 맺었다. 최근에는 스마트TV 업체 비지오(VIZIO)를 23억 달러(약 3조 원)에 인수하기도 했다. 비지오의 TV 운영 체제인 스마트캐스트를 통해 광고 사업을 강화하기 위해서다.

시장조사기관 이마케터에 따르면, 2025년 글로벌 RMN 광고 집행규모는 1,659억 달러(CAGR 21.9%)에 이를 것으로 예상된다. 전체 디지털 광고 집행규모의 약 22%에 해당된다. RMN은 미국 시장에서만 2027년까지 1,094억 달러(CAGR 23.9%) 규모로 성장할 전망이다. 2024년 기준 시장규모는 596억 달러(+28.4% yoy) 수준이다.

국내에서 RMN은 아직 걸음마 단계다. 국내 RMN 시장규모는 2조7,000억 원 수준이다. 쿠팡이 매출액의 5% 정도를 RMN에서 거두는 정도다. 최근 이마트와 롯데쇼핑 등 대형 유통사들이 RMN 사업에 적극 나서고 있다. 이마트는 연간 5,000억 원 상당의 광고 매출을 창출하는 것으로 알려졌다. 이마트의 온라인 쇼핑몰 SSG닷컴은 2023년 기준 RMN 매출액이 전년 대비 20~30% 증가한 600억 원을 기록했다. 오프라인 점포 역시 광고 플랫폼으로 활용된다. 이마트는 재단장한 매장마다 디지털 사이니지를 대폭 늘렸다. 디지털 미디어(사이니지 포함) 운영 점포는 122개점으로 전체 매장의 94%에 이른다.

이마트의 동선마다 설치된 디지털 사이니지. 전체 94%의 매장에 설치·운영 중이다.

롯데쇼핑도 RMN을 신성장 모멘

▶ 제일기획 BTL 매출

(억 원) ■ 리테일 포함 BTL

연도	매출
2018	4,760
2019	4,780
2020	3,870
2021	3,970
2022	4,620
2023	4,690
2024E	5,110
2025F	5,590

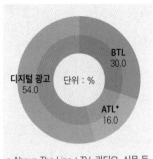

▶ 제일기획 사업 비중

디지털 광고 54.0
BTL 30.0
ATL* 16.0
단위 : %

* Above The Line : TV, 라디오, 신문 등 전통 매체 광고

텀으로 낙점했다. 롯데쇼핑은 2023년에 온·오프라인 데이터와 애드-테크(Ad-Tech, 디지털 기술을 이용한 광고)를 융합한 RMN 플랫폼을 구축하고 데이터 분석 및 컨설팅을 통한 B2B 사업을 추진한다는 계획을 밝혔다. 롯데멤버스 4,100만 명의 퍼스트-파티 데이터(First-Party Data, 기업이 자사 플랫폼에서 직접 수집하는 데이터)가 RMN 사업의 성공가능성을 높인다. 백화점, 대형마트, 하이마트, 세븐일레븐 등 오프라인 리테일에서 롯데온에 이르기까지 사업부별로 흩어져 있는 방대한 양의 데이터를 통합할 경우, RMN 사업에서 엄청난 시너지가 기대된다.

유통사들이 RMN에 진출한 이유는, 갈수록 최저가 경쟁이 치열해지면서 더 이상 유통 마진으로만 수익을 창출하는데 한계를 절감했기 때문이다. RMN의 수익성은 기존 유통마진율에 비해 2~3배 높은 것으로 알려져 있다.

한편 RMN은 광고사들 입장에서는 시장을 침투당할 위협 요인이 될 수도 있다. 거대 유통사들이 광고주 고객에서 빠져나갈 수도 있기 때문이다. 그런 의미에서 광고 대장주 제일기획이 리테일을 포함한 BTL(Below The Line, 특정 타깃을 대상으로 하는 광고 마케팅 전략) 사업 비중을 30%로 유지하는 이유는 대형 유통사들의 RMN 사업에 대응하려는 포석으로 읽힌다.

성장동력을 상실한 방송 업계

방송 섹터를 광고와 묶어 다루는 이유는 방송사들의 전체 매출에서 광고가 차지하는 비중이 매우 크기 때문이다. SBS만 놓고 봐도 광고 매출이 33.8%로 전체의 3분의 1을 차지한다. 방송사마다 시청률 경쟁에 사활을 거는 이유도 프로그램에 광고 협찬을 붙이지 않고는 제작비를 감당할 수 없기 때문이다. 광고사 입장에서도 방송사라는 거대한 매체가 없으면 존립 자체가 불가능하다. 지금이야 그나마 인터넷 등 광고매체가 다양하지만, 인터넷이 없던 시대에는 방송사의 광고 효과가 대부분을 차지했다.

방송 업계는 크게 지상파방송(이하 '지상파') 및 케이블TV로 나뉜다. 지상파방송은 지상의 송신소에서 보내는 전파로 방송하는 채널로, 우리에게 익숙한 KBS, MBC, SBS가 있다. 복잡한 건 케이블TV다. 프로그램 공급사(이하 'PP', Program Provider), 종합유선방송사(이하 'SO', System Operator) 그리고 전송망사업자(이하 'NO', Network Operator)가 있다. 케이블TV의 방송구조는 PP가 프로그램을 제작해 SO에게 공급하면, SO는 이를 받아 방송으로 송출한다. 이어 NO가 각 가정마다 케이블을 설치·관리한다.

투자적 관점에서는 방송 산업 각각의 섹터에 있는 회사 중에서 어디가 상장되었는지부터 살펴봐야 한다. 방송 업계의 대장주는 지상파 3사 중 유일한 상장사인 SBS다. 여타 방송사가 그러하듯 SBS의 사업 비중도 콘텐츠(65.5%)와 광고(33.8%)로 나뉜다. 방송사에서 콘텐츠와 광고는 실과 바늘 같은 관계다. 드라마 시청률이 올라갈수록 광고가 많이 붙기 때문이다. 또 광고 수익이 향상되어야만 프로그램 제작 투자가 원활해진다.

지난 3년간 SBS 주말 드라마 시청률은 2011년 이후 평균(10.3%)을 하회해왔다. 심지어 2024년 상반기에는 6.8%까지 떨어졌다. SBS의 매출도 2022년 1조 원을 넘긴 뒤 계속해서 하락 추세. 다행히 SBS의 콘텐츠 관련 모멘텀은

2025년 이후 회복될 전망이다. 당장 2025년부터 드라마 제작 자회사인 스튜디오S의 콘텐츠 제작 편수가 증가한다. 이어 스튜디오S와 SBS콘텐츠허브의 합병으로 제작과 유통의 본격적인 시너지 효과가 나타날 전망이다.

SBS의 주가는 계열사의 경영 상황에도 적지 않은 영향을 받는다. SBS는 태영건설과 함께 티와이홀딩스를 지주사로 두고 있다. 지난 2023년 12월 28일

▶ SBS 주말 드라마 평균 시청률

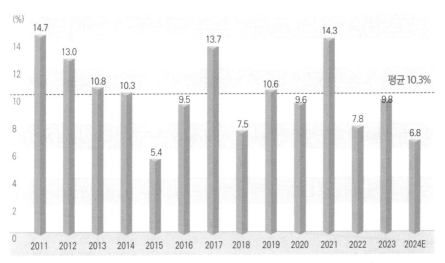

자료 : AGB Nelson

▶ SBS 콘텐츠 지배구조 변경

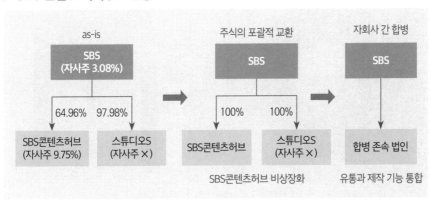

자료 : 유안타증권

에 태영건설이 PF 대출금을 갚지 못해 워크아웃에 들어가자 한국거래소는 같은 날 오전 10시 8분부터 오전 10시 38분까지 30분간 태영건설의 주식 매매거래를 정지했다. 그러자 태영건설의 주가와 함께 SBS의 주가도 요동쳤다. 당시 SBS 주가는 하루 동안 전날 종가 대비 8.16% 급락한 2만8,150원에서 17.29% 뛴 3만5,950원 사이를 오갔다. 그 후로 지금까지도 태영건설은 SBS 주가의 아킬레스건이다.

케이블TV 섹터 중에서는 LG헬로비전과 KT스카이라이프가 대장주로 꼽힌다. LG헬로비전의 주가는 유선방송 가입자 및 홈쇼핑 업황에 많은 영향을 받는다. 2024년에는 두 사업부문이 모두 주춤하면서 주가가 크게 빠졌다. 앞으로 주목해야 할 LG헬로비전의 투자포인트는 신규 사업인 렌털(환경·생활 가전) 및 커뮤니티(지역 컨텐츠 제작)다. LG헬로비전은 렌털 및 커뮤니티 부문 매출액을 '기타 이익'으로 분류하다가 두 사업규모가 커지면서 2024년 1분기부터 별도로 다루고 있다. 렌털과 커뮤니티 사업 호조 및 최대주주인 LG유플러스(58.61%, 2024년 2분기 기준)를 통한 영업망 확대 등이 LG헬로비전의 주가 상

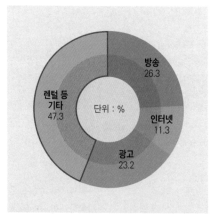

▶ LG헬로비전 사업 비중 2024년 2분기 기준

방송 26.3
렌털 등 기타 47.3
단위 : %
인터넷 11.3
광고 23.2

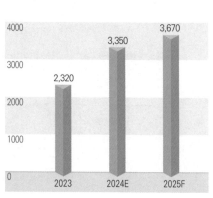

▶ LG헬로비전 렌털＋커뮤니티 매출

(억 원)

2023: 2,320
2024E: 3,350
2025F: 3,670

LG헬로비전의 사업부문 중 기타 항목으로 분류된 렌털+커뮤니티 매출 상승세 주목 → LG헬로비전의 주가 상승 모멘텀으로 작용.

승 모멘텀이다.

KT스카이라이프는 연결회사인 KT
스포츠(위성방송), HCN(유선방송), 스
카이라이프TV(콘텐츠)를 통해 방송
및 통신 사업을 영위한다. 사업부문
별 매출 비중은 방송서비스 39%, 플
랫폼 34%, 통신서비스 17% 순이다.
KT스카이라이프의 주가는 늘어나는
제작비용이 관건이다. 〈나는 SOLO〉,

▶ KT스카이라이프 영업이익

( ) 안은 영업이익률(%)

(억 원)

연결자회사 스카이라이프TV의
오리지널 콘텐츠 제작비용이 증
가할수록 KT스카이라이프 영업
이익이 하락하면서 주가에 부담
으로 작용한다.

800

632
(6.2)

600

400

211
(2.0)

200

141
(1.4)

45
(0.4)

0

2022   2023   2024E   2025F

〈지구마불 세계여행2〉 등 자회사인 스카이라이프TV가 오리지널 콘텐츠 라인
업을 확장하면서 당분간 수익성 개선이 쉽지 않아 보인다. 위성방송 및 케이블
TV의 구조적 한계로 인한 전체 가입자 감소세를 상쇄할 정도의 신사업 개발
이 절실한 이유다.

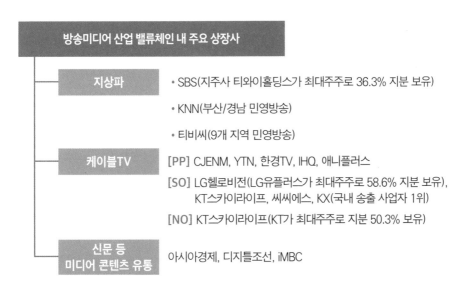

방송미디어 산업 밸류체인 내 주요 상장사

지상파	• SBS(지주사 티와이홀딩스가 최대주주로 36.3% 지분 보유)
	• KNN(부산/경남 민영방송)
	• 티비씨(9개 지역 민영방송)
케이블TV	[PP] CJENM, YTN, 한경TV, IHQ, 애니플러스
	[SO] LG헬로비전(LG유플러스가 최대주주로 58.6% 지분 보유), KT스카이라이프, 씨씨에스, KX(국내 송출 사업자 1위)
	[NO] KT스카이라이프(KT가 최대주주로 지분 50.3% 보유)
신문 등 미디어 콘텐츠 유통	아시아경제, 디지틀조선, iMBC

Chapter 3

금융, 증권

📈 **투자포인트**

- 금리 인하 → 대출성장률 상승 → 상업은행 실적 개선 → 은행주 호재
- CET1비율 및 ROE 유지 → 주주환원율 상승
- 적극적인 주주환원정책 → 은행주 밸류에이션 리레이팅

📈 **체크포인트**

- 금융지주가 제시한 기업가치 제고 가이드라인 실현가능성
- 금리 인하에 따른 이자수익 하락으로 상업은행 실적 부담
- 부동산 프로젝트 파이낸싱(PF) 대출 상환 리스크

최선호주 KB금융, 신한지주, 하나금융지주, JB금융지주

은행 업계는 4대 금융지주인 KB금융(KB국민은행), 신한지주(신한은행), 하나금융지주(하나은행), 우리금융지주(우리은행) 및 특수은행인 IBK기업은행이 선두권을 형성한다. 이어 지방 금융지주인 BNK금융지주(부산은행, 경남은행), DGB금융지주(대구은행), JB금융지주(광주은행, 전북은행) 및 제주은행이 포진해 있다. 이처럼 은행들은 기업은행과 제주은행을 제외하면 금융지주 형태로 상장돼 있다.

은행주에 투자할 때 유심히 살펴봐야 할 것은 '금리'와 '대출금'이다. 대부분의 기업이 금리가 올라가면 현금흐름에 어려움을 겪는 것과 달리 은행은 금리가 오를수록 수익성이 좋아진다. 은행 수익의 90%는 이자수익이기 때문이다. 이자수익은 주로 여·수신 영업으로 발생한다. 여·수신 영업은 쉽게 말해 고객이 은행에 맡기는 예금으로 자금을 조달하여(수신), 다른 고객에게 빌려주는

것이다(여신). 은행은 고객이 예치한 자금에 대한 예금금리와 고객에게 빌려준 돈에 대한 대출금리의 차이에서 수익을 얻는다. 통상 대출금리가 예금금리보다 높은데, 둘의 차익을 '예대마진'이라 한다.

은행을 포함한 금융회사는 예대마진을 포함한 순이자마진(이하 'NIM', Net Interest Margin)을 수익지표로 삼는다. NIM에는 예대금리는 물론 채권 등 유가증권에서 발생하는 이자도 포함된다. NIM은 자산운용으로 얻은 수익에서 조달비용을 뺀 나머지를 운용자산 총액으로 나눠 구한다.

NIM이 높을수록 은행 수익도 올라간다. 은행의 경우 예대마진이 NIM을 좌우하는 탓에 저금리로 예금을 유치해 고금리로 대출해 준다는 비판에서 자유롭지 못하다. 은행 입장에서는 시장금리가 떨어질수록 NIM이 줄어드는 반면,

한미 기준금리 차이

9월 18일 5.0
0.5 인하

1.75%p 차

10월 11일 3.25
0.25 인하

한국

미국

자료 : 한국은행, 미연방준비제도

한국은행은 연준과 비슷한 수준으로 기준금리를 끌어내릴 가능성이 높다. 한미 금리 차이를 고려하건대 2025년에 기준금리가 2%선까지 내려갈 수도 있다. 이로 인해 시중은행권의 NIM 하락 추세 또한 불가피해 보인다. 다만 NIM 하락이 반드시 시중은행의 당기순이익 감소로 이어지는 것은 아니다. 시중은행의 실적에 영향을 미치는 요인들이 NIM말고도 복잡하게 작용하기 때문이다.

빅 컷을 단행한
제롬 파월 미 연준 의장

저금리 기조로 대출규모가 증가해 이자수익이 늘기도 하는 아이러니한 상황에 놓이기도 한다.

아무튼 금리 인하는 은행의 NIM을 떨어트린다. 금융투자 업계는 2024년 커버리지 은행들의 합산 평균 NIM 추정치를 전년 대비 약 6bp 하락할 것으로 보고 있다. 2023년 말까지 NIM의 상승 추세가 이어졌던 만큼 2024년의 하락폭은 상대적으로 크지 않았다. 다만 2025년은 NIM이 좀더 하락할 가능성이 높다. 미국 중앙은행인 연방준비제도(이하 '연준')의 금리 인하 시그널 탓이다.

금융투자 업계는 고금리 시대의 종말을 알린 연준이 2025년까지 기준금리를 꾸준히 끌어내릴 것으로 보고 있다. 연준은 2024년 9월에 열린 연방공개시장위원회에서 기준금리를 종전 5.25~5.50%에서 4.75~5.00%로 한 번에 0.50%포인트 인하하는 '빅 컷'을 단행했다. 그럼에도 불구하고 연준은 여전히 금리가 높다고 판단한다. 18명의 연방준비위원회(FOMC) 위원들 각자 생각하는 금리 인상 시기와 폭을 적시한 점도표(Dot Plot)를 살펴보면, 기준금리 중간값이 2024년

◤ 커버리지 은행 평균 NIM

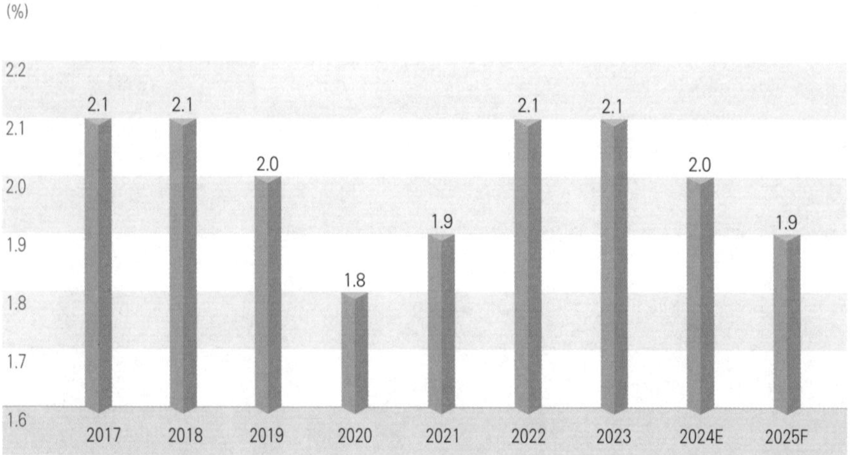

* 커버리지 은행 : KB국민은행, 신한은행, 우리은행, 하나은행, IBK기업은행, 부산은행, 경남은행, 대구은행, 광주은행, 전북은행, 제주은행

자료 : 업계 추산

4.4%에서 2025년 3.4%, 2026년 2.9%로 계속해서 내려가는 것으로 나타났다.

이처럼 연준이 기준금리를 내릴 것이 예측되는 상황에서 한국은행은 미국과 속도를 맞춰 한미 간 금리 차이로 발생하는 부작용을 줄여야 하는 부담에 직면했다. 결국 한국은행 역시 (비록 속도의 차이는 있겠지만) 연준과 비슷한 수준으로 기준금리를 끌어내릴 것으로 보인다. 한미 금리 차이를 고려하건대 기준금리가 2%선까지 내려갈 수도 있는 셈이다.

따라서 시중은행들의 NIM 하락 추세 또한 불가피해 보인다. 금융투자 업계에서는 NIM이 2025년에 단순 평균 기준 2024년 대비 약 9bp 하락까지도 예상한다. 다만 NIM 하락이 반드시 시중은행들의 당기순이익 감소로 이어지는 것은 아니다. 은행의 실적에 영향을 미치는 여러 요인들이 NIM말고도 복잡하게 작용하기 때문이다. 그 중 하나가 '대손비용'이다.

금리 인하가 시중은행들의 실적에 꼭 나쁜 것만은 아니다

금리가 하락하면 은행으로부터 대출을 받은 차주의 대출금 상환 부담이 줄어드는 만큼 은행 입장에서는 대손비용이 감소한다. 이를테면 은행은 부득이하게 상환이 어려울 것으로 예상되는 대출금 채권에 대비해 미리 마련해놓는 '대손충당금' 비용 부담을 줄일 수 있다. 대손충당금은 은행이 회수 불가능한 손실을 예상해서 재무제표에 미리 반영함으로써 재정적 위험을 관리하는 데 사용된다. 대손충당금은 손익계산서에 '비용'으로 인식되며, 실제로 손실이 발생할 경우 대손충당금과 해당 채권을 상계 처리한다. 따라서 대손충당금은 자본으로 인정되지 않으며, 당기순이익을 감소시킨다.

한국채택국제회계기준(K-IFRS)에서 대손충당금은 [1] 거시경제 전망 등이 악화해 전반적인 대출채권의 기대신용 손실이 커지는 경우, [2] 이자 연체 등

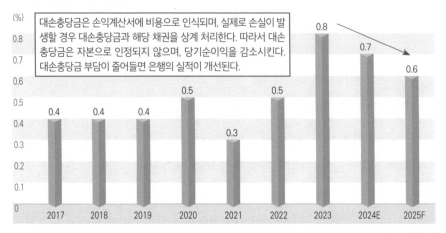

▼ 대손충당금전입비율(Credit Cost)

(%)

> 대손충당금은 손익계산서에 비용으로 인식되며, 실제로 손실이 발생할 경우 대손충당금과 해당 채권을 상계 처리한다. 따라서 대손충당금은 자본으로 인정되지 않으며, 당기순이익을 감소시킨다. 대손충당금 부담이 줄어들면 은행의 실적이 개선된다.

2017	2018	2019	2020	2021	2022	2023	2024E	2025F
0.4	0.4	0.4	0.5	0.3	0.5	0.8	0.7	0.6

자료 : 업계 추산

으로 중대한 신용위험이 인식되는 경우, [3] 손상된 대출채권 비중이 커지는 경우에 늘어난다.

은행은 대손충당금 증감에 따라 실적에 큰 영향을 받기도 한다. 가령 지난 2020년 신한지주가 KB금융에 3년 만에 금융지주 1위 자리를 내줬는데, 당시 잘나가던 신한지주의 발목을 잡은 게 대손충당금이었다. 신한지주는 라임 사태로 인한 손실에 대응하기 위해 4,725억 원의 대손충당금을 설정했다. 반면 KB금융은 라임 사태에 연루되지 않아 관련 손실이 거의 발생하지 않았다. 은행이 고신용자 및 담보 중심으로 여신사업을 영위할 경우 (라임 사태 같은 대형 악재가 터지지 않는 한) 대손충당금 부담으로 이익이 줄어들 여지는 크지 않다.

금리 인하는 대출 이자를 떨어트려 은행의 대출 영업에 호재로 작용하기도 한다. 금리 인하로 은행의 NIM이 줄어들어 은행권을 바라보는 실적 눈높이가 낮아지는 현상과 반대의 결과가 나타날 수도 있는 것이다. 금융투자 업계에서 2025년 커버리지 시중은행들의 실적 '개선(!)'을 전망하는 근거는 대출성장률이 금리 인하에 따른 NIM 하락을 상쇄할 것이라는 데 있다.

2025년에 비록 커버리지 시중은행 평균 대출성장률이 2024년의 5.7%을 상회하기는 어렵겠지만, 적어도 5.0% 이하로는 떨어지지 않을 것으로 보고 있다. 지난 10년간 은행의 대출성장률은 4.0%를 밑돈 적이 없었다. 오히려 대출 금리 인하에 따른 차주의 이자 부담 완화는 은행의 대손비용 부담을 줄여 자산건전성에 호재로 작용할 수 있다. 당장 대손충당금이 줄어들면 당기순이익이 늘어나기 때문이다.

금융투자 업계는 금융지주들이 은행의 실적 개선을 바탕으로 두 자릿수 성장을 기록할 것으로 보고 있다. 이 가운데 가장 돋보이는 곳은 하나금융지주다. 하나금융지주는 본격적인 금리인하기인 2025년에도 당기순이익을 큰 폭으로 끌어올릴 것으로 관측된다. 2025년 예상되는 하나금융지주의 당기순이익은 전년 대비 10.5% 증가한 4조3,000억 원대 수준이다. 4대 금융지주(KB·신한·하나·우리) 가운데 당기순이익 증가 예상치가 두 자릿수인 곳은 하나금융지주가 유일하다.

CET1비율을 '뱅크 오브 아메리카' 수준으로 낮춘다면

시중은행들이 실적 향상을 위해 고위험·고수익 위주의 자산운용 전략에 치중하다보면 자산건전성에 경고등이 켜지기 마련이다. 이에 대해 국제결제은행(BIS, Bank for International Settlement) 산하 바젤위원회에서는 세계 각국 시중은행들의 '자기자본비율' 기준을 제시해 놓고 있는데, 이를 가리켜 'BIS비율'이라 한다. 지난 2008년 리먼브라더스 파산사태가 터지자 바젤위원회는 2년가량의 논의 과정을 거쳐 '보통주자본을 위험자산의 7% 이상'으로 정한 '바젤Ⅲ'를 가동한 바 있다.

여기서 등장하는 중요한 개념이 '보통주자본비율(Common Equity Tier1, 이하 'CET1비율')'이다. CET1비율은 은행의 자산건전성 지표로 손실흡수능력을 가늠한다. CET1비율 계산은 간단하다. 보통주자본을 위험가중자산으로 나눠 구한다. 은행이 CET1비율을 개선하려면 당기순이익을 높이거나 위험가중자산을 줄여야 한다. 그런데 당기순이익을 높이기 위한 영업 과정에서 위험가중자산 역시 늘어나게 된다. 은행으로선 CET1비율이 딜레마인 셈이다.

국내 금융지주들은 일반적으로 CET1비율 13% 유지를 목표로 관리하고 있으며, 일정비율(통상 13~13.5%)을 초과하는 경우에는 배당을 늘리는 등 주주환원정책에 활용한다. 국내 4대 금융지주 가운데 CET1비율이 가장 높은 곳은 KB금융(13.58%)이고, 하나금융지주(13.22%)와 신한지주(13.13%)가 그 뒤를 따른다(2023년 말 기준).

그런데 13%는 해외 주요 은행들이 목표로 관리하는 CET1비율에 비해 다소 높은 편이다. 미국의 '뱅크 오브 아메리카'(12%)와 '웰스 파고'(11%대), 일본의 미즈호은행(10%대) 등의 CET1비율이 특히 그렇다. CET1비율 기준목표치가 낮아질 경우, 초과하는 비율만큼 주주에게 환원할 배당금을 늘릴 수 있게 된다. 금융투자 업계에서는 CET1비율 기준목표치가 13%대에서 12%대로 낮아질 경

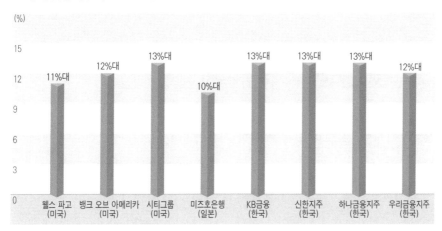

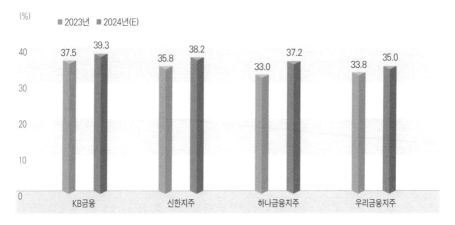

우, 주주환원율이 지금의 30%대에서 40%대까지 대략 10% 안팎으로 상승할 수 있다고 본다. 최근 국내 금융당국이 주주환원정책을 강조함에 따라 시중은행들의 CET1비율 기준목표치가 낮아질 가능성을 충분히 기대해 볼 만하다.

　금융투자 업계는 2024년 기준 4대 금융지주의 주주환원율이 전년 대비 약 2%포인트 오른 평균 37%대로 보고 있다. 조금씩 오르고 있지만 여전히 40%대에는 미치지 못한다. 주주환원율은 당기순이익에서 자사주 매입과 배당에 쓰인 돈의 비중을 말한다.

워런 버핏이 선택한 투자지표 톺아보기

은행주에게는 CET1비율 등을 통한 자본건전성 체크가 중요한 투자 덕목인만큼 '자기자본이익률(Return On Equity, 이하 'ROE')'이 강조된다. ROE는 기업이 자기자본을 활용해 1년간 얼마를 벌어들였는가를 나타내는 지표로, 당기순이익을 자기자본으로 나누어 구한다. 가령 1,000억 원의 자본을 투입해 90억 원의 이익을 냈다면 ROE는 9%(90억 원/1,000억 원×100%), 50억 원의 이익을 냈다면 ROE는 5%(50억 원/1,000억 원×100%)다. ROE가 높을수록 자기자본 대비 이익이 많은 셈이다.

기업이 당기순이익을 모두 배당에 사용하는 게 아니라면 자기자본은 매년 커지기 마련이다. 따라서 ROE를 개선하는 것은 쉽지 않다. ROE가 개선된 기업의 주가가 크게 오르고, 그렇지 않은 경우 떨어지는 이유가 여기에 있다. ROE는 워런 버핏(Warren Buffett)이 주식투자에 핵심 지표로 삼는 것으로도 유명하다. 실제로 버핏은 '장기간 ROE가 15% 이상'인 기업을 선호한다. 버핏이 보유한 대표적인 종목 가운데 하나인 코카콜라는 ROE가 1978~1982년까지 20% 이상, 1983~1987년까지 30% 이상이었다.

다만 ROE가 주식투자의 만능 지표는 아니다. 기업의 총자산은 자기자본(내돈)과 타인자본(남의 돈)을 합한 것이다. 자기자본은 회사를 설립할 때 납입된 자본과 영업활동을 하면서 벌어들인 이익 등으로 구성된다. 타인자본은 차입금이나 사채와 같이 외부에서 조달한 자금, 즉 부채다. 기업의 총자본에서 부채가 차지하는 비중이 큰 기업일수록 똑같은 당기순이익에도 ROE가 높아진다. 따라서 ROE를 분석할 때는 총자본이 어떻게 구성되어 있는지 함께 파악

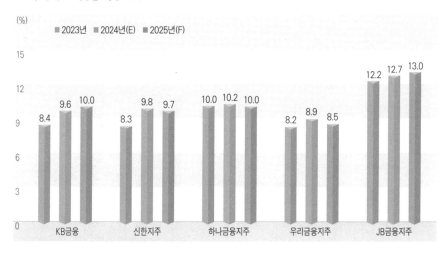

▶ 국내 주요 금융지주 ROE

(%)

■2023년 ■2024년(E) ■2025년(F)

KB금융: 8.4, 9.6, 10.0
신한지주: 8.3, 9.8, 9.7
하나금융지주: 10.0, 10.2, 10.0
우리금융지주: 8.2, 8.9, 8.5
JB금융지주: 12.2, 12.7, 13.0

해야 한다. 일반적으로 부채비율이 업종 평균보다 낮고, 10% 이상의 ROE를 유지하고 있다면 양호한 기업이다. 은행도 다르지 않다. 자본건전성 유지를 위한 ROE를 10% 안팎으로 보고 있다.

4대 금융지주의 경우 ROE를 10% 이상으로 올리는 건 쉽지 않은 일이지만, 어느 정도 일정 수준을 유지해오고 있다. 이는 은행들이 자본건전성을 크게 해치지 않는 범위에서 자산운용을 해나가고 있기 때문이다. 금융투자 업계에서는 향후 금리 등 환경 변화에도 불구하고 은행들은 안정적인 ROE 관리가 가능할 것으로 보고 있다.

한편 국내 금융지주 가운데 10% 이상 ROE를 유지하는 곳은 JB금융지주가 유일하다. 호남권을 기반으로 하는 전북은행과 광주은행 등을 자회사로 두고 있다. JB금융지주는 지난 5년 연속 10% 이상의 ROE를 기록하는 등 은행주 내에서 차별화된 ROE 수치를 보여 왔다. 지난 3년간 ROE 평균이 12%대 후반인 점을 감안하면 최근 지주사가 중·장기 기업가치 향상 목표 가운데 하나로 발표한 ROE 15%가 아예 무모해 보이지만도 않는다.

은행주는 주주환원정책에 달렸다

2024년 말 기준 4대 금융지주는 연초 대비 평균 32% 상승했다. 특히 KB금융, 신한지주, 하나금융지주의 주가 상승률은 무려 19.7~54.7% 수준이다. 금융투자 업계는 은행주의 주가 급등 핵심 요인이 실적보다는 적극적인 주주환원정책에 있다고 평가한다.

신한지주와 우리금융지주가 지난 2024년 2분기 실적 시즌에 발표한 주

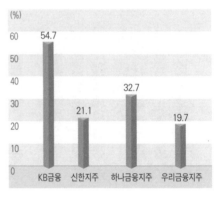

▼ 은행주 2024년 말 연초 대비 주가상승률

2024년 12월 31일 종가기준

주환원율에 대한 가이드라인에 따르면, 13%대의 CET1비율을 유지하는 가정 하에서 2027년에 50%에 이르는 높은 주주환원율을 제시했다. 은행주의 추가적인 밸류에이션 리레이팅을 위한 최대 관건이 주주환원정책임을 다시 한 번 깨닫게 하는 대목이다.

신한지주의 2024년과 2025년 예상되는 당기순이익으로 주주환원율과 주주환원규모 및 자사주 매입규모를 환산해 보면 다음과 같다. 그야말로 국내 증시에서 예상할 수 없던 수준의 주주환원정책이 아닐 수 없다. 만일 신한지주가

▼ 신한지주 가이드라인에 따른 주주환원정책 시나리오

	2024년(E)	2025년(F)
당기순이익	4조7,000억 원	5조 원
주주환원율	38%	42%
주주환원규모	1조8,000억 원	2조1,000억 원
연간 배당규모	1조1,000억 원	1조2,000억 원
자사주 매입규모	7,000만 원	9,000만 원

* 삼성증권 예측치 참고

밝힌 가이드라인에 근접하게 주주환원정책이 현실화될 경우, 은행주 전반에 걸쳐 획기적인 밸류에이션 리레이팅이 일어날 것으로 보인다.

은행주 최선호주는 업계 1위 KB국민은행의 지주사인 KB금융이다. 2020년 푸르덴셜생명을 인수하면서 사업다각화에 집중하고 있다. 캄보디아 프라삭, 인도네시아 부코핀 등 해외 리테일 금융사들을 연이어 자회사로 편입하는 등 글로벌 사업 전략은 당장의 실적보다는 주가 상승 모멘텀으로 읽힌다.

무엇보다도 KB금융의 강점은 경쟁사 대비 상대적으로 긴 자산 듀레이션 (Duration, 투자자금 평균회수기간)이다. 가령 금리가 하락할 경우에도 리프라이 싱(Repricing, 자산가치 재조정)으로 인한 NIM 하락 속도가 느린 만큼 안정적으로 NIM을 방어할 수 있는 펀더멘털을 갖추고 있다.

KB금융은 증권, 보험, 카드, 캐피털 등 다양한 비은행 사업에서도 안정적인 포트폴리오를 보유한 만큼 경쟁사에 비해 금리 변동에 영향을 덜 받으며 일정 수준으로 ROE를 유지할 수 있다. CET1비율도 13.18%로 업계 최고치인 만큼 자본건전성에서도 경쟁사 대비 가장 앞서 있다.

▶ KB금융 은행/비은행 이익

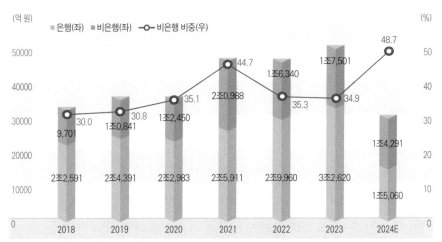

12 증권

📈 **투자포인트**

- 기준금리 인하 → 유동성 확대 → 증시 자금 유입 → 거래대금 증가
- 채권평가이익 증가에 따른 증권사 수익 개선
- 부동산 PF 및 해외부동산펀드 충당금 및 손상 부담 경감

📈 **체크포인트**

- 경기회복 지연에 따른 투자심리 위축
- 지정학 및 정치적 대외 변수로 인한 불확실성
- IMA(종합투자계좌) 사업 승인 인가 불투명성

최선호주 한국금융지주, 삼성증권, NH투자증권

주식 시장에서는 '이게 맞나?' 싶은 일들이 적지 않게 일어난다. 주가와 증권주의 관계도 그 중 하나다. 주가가 오를수록 증권 업황이 좋아지면서 증권주가 상승하는 건 자연스런 현상이다. 그런데 증시가 부진한 가운데도 증권주가 상승하는 경우가 종종 있다. 2024년이 그랬다. 3분기를 기준으로 주식시장의 변동성이 커지면서 코스피가 연초 대비 7.3% 하락한데 반해, 같은 기간 증권주는 평균 5.3% 상승하며 강세를 이어갔다.

주가가 오르고 내리는 데에는 그만한 이유가 있다. 가라앉은 증시에서도 증권주가 상승세를 타는 이유는 뭘까? 증시 전문가들은 저마다 다양한 주장을 펴지만 대체로 공통된 요인은 미 연준이 단행한 '기준금리 인하'다.

금리는 돈의 흐름 즉 유동성과 직결되기 때문에 금융투자 업계에 미치는 영향이 매우 크다. 쉽게 말해 금리가 떨어져 시중에 돈이 풀리면 아무래도 주식

시장에 유입되는 자금규모도 늘어난다. 주식 거래대금이 증가하면 당장 증권사의 브로커리지 수익이 올라간다. 특히 시장금리는 기준금리에 선행해서 움직이는 경향이 있기 때문에 증권사는 기준금리 인하 이전부터 채권평가손익 개선 효과를 누릴 수도 있다. 채권평가손익이란 증권사가 펀드에 편입된 채권의 가격을 시장에서 받을 수 있는 현재 가격으로 평가하면서 발생하는 손익을 말한다. 금리가 내려 채권값이 오르거나 운용에 성공해 매매차익을 거두면 고객 수익률이 올라가지만, 금리가 올라 채권값이 떨어지거나 부실채권에 잘못 투자하면 고객 수익률이 낮아진다.

이처럼 금리 인하 기조가 지속될수록 증권 업황이 전반적으로 호조세를 이어가겠지만, 이익의 크기는 증권사마다 영위하는 주력 사업에 따라 천양지차를 보인다. 증권 섹터 안에서 최선호주와 수혜를 누리지 못하는 종목들 사이에

▶ **주식 거래대금 및 기준금리 관계**

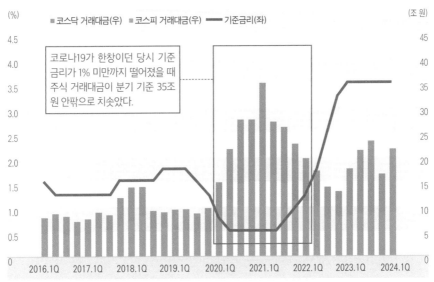

자료 : 한국은행, 금융투자협회

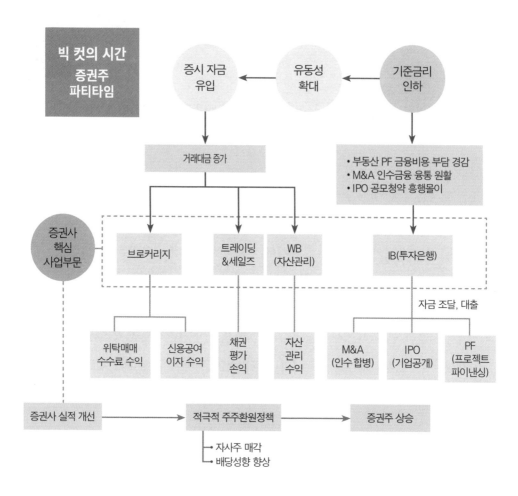

실적 차이가 적지 않다는 얘기다. 저금리 효과를 증권사의 핵심 사업별로 주의 깊게 살펴봐야 하는 이유다.

해외 주식 브로커리지 수익 비중이 높은 증권사 실적 호재

증권사의 사업부문에는 크게 브로커리지(Brokerage, 위탁매매)와 세일즈&트레이딩(Sales&Trading, 자기매매), IB(Investment Bank, 투자은행) 및 WB(Wealth Management,

자산관리) 등이 있다. 금리 인하는 증권사의 4가지 사업 모두에 긍정적으로 작용한다. 앞서 언급했듯이 금리가 떨어지면서 유동성이 확대되어 시중에 풀린 자금은 대체로 증시로 흘러들어간다. 이로써 주식 거래대금이 증가하면서 증권사의 브로커리지 수익이 개선된다.

증권사의 브로커리지 수익은 위탁매매 수수료와 신용공여 이자로 나뉜다. 위탁매매 수수료는 투자가가 증권사를 통해 주식 거래를 할 때 발생한다. 위탁매매 수수료는 증권사의 대표적인 수익원이다. 흥미로운 것은 2024년 3분기 초 2,800대였던 코스피가 2,600대로 주저앉고 거래대금이 2분기 대비 13% 줄어든 상황에서도 증권주는 견조하게 유지됐다. 같은 기간 국내 주식 일평균 거래대금은 줄었지만, 해외 주식 일평균 거래대금이 전분기 대비 36% 늘어난 덕분이었다. 해외 주식 브로커리지 수수료가 높기 때문에 국내 주식 브로커리지 수익 감소를 상쇄한 것이다. 해외 주식 브로커리지 수익 비중이 높은 곳으로 미래에셋증권과 삼성증권이 꼽힌다.

▶ 주요 증권사별 브로커리지 수수료 비중

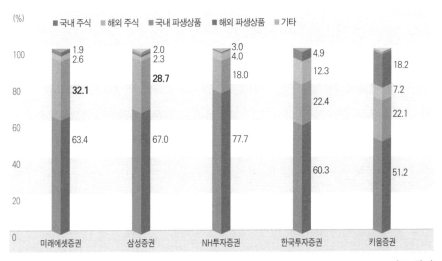

자료 : 각 사

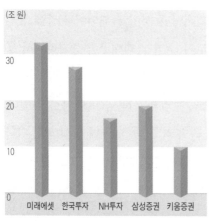

▼ 주요 증권사별 보유 채권규모

(조 원)

- 30
- 20
- 10
- 0

미래에셋 한국투자 NH투자 삼성증권 키움증권

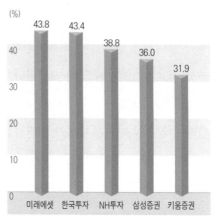

▼ 주요 증권사별 트레이딩 사업 수익기여도

(%)

- 43.8
- 43.4
- 38.8
- 36.0
- 31.9

- 40
- 30
- 20
- 10
- 0

미래에셋 한국투자 NH투자 삼성증권 키움증권

저금리 기조가 이어질수록 증권사는 채권평가이익을 통해 트레이딩 및 세일즈 사업부문 수익이 호조세를 이어간다.

　한편 신용공여 이자는 주식을 사기 위해 받는 신용융자와 보유한 주식을 담보로 대출을 받는 예탁증권 담보융자 및 공매도 희망 투자가에게 주식 자체를 빌려주는 신용거래 대주에서 발생한다. 혹여 저금리로 인해 증권사의 신용공여 이자수익이 줄어들지 않을까 생각되지만, 신용공여는 변동금리 대출이 아니므로 금리 인하에 따른 손실이 크지 않다. 오히려 신용융자는 주식 매매 수요와 비례하기 때문에 거래대금이 커질수록 융자규모도 늘어난다. 예탁증권 담보융자 역시 담보가 되는 주식의 가치가 오를수록 함께 커진다.

　금리 인하로 인한 거래대금 증가는 증권사의 세일즈 및 트레이딩 사업 즉 자기매매 부문에 긍정적인 시그널로 작용하기도 한다. 증권사는 고객에게서 유치한 자금 및 증권사 고유계정을 통해 확보한 자금을 기반으로 운용 수익을 창출한다. 이때 채권이나 파생상품의 평가손익이 반영된다. 채권은 금리가 하락할 때, 파생상품은 증시 변동성이 적을 때 수익이 올라간다. 따라서 저금리 기조가 이어질수록 증권사는 채권평가이익을 통해 트레이딩 및 세일즈 사업 부문 수익이 호조세를 이어간다.

IB 사업부문에서 수익성 높은 증권사

금리 인하 사이클은 증권사의 IB(투자은행) 사업에서의 수익성 지표마저 이롭게 한다. 증권사는 주식(유가증권)을 발행해 자금을 조달하려는 기업과 자금을 공급하는 투자가를 중개하는 과정에서 수수료 수익을 거둔다. 증권사의 IB 사업부문은 기업의 인수합병(M&A)과 기업공개(IPO)를 맡는 '전통적 IB' 및 프로젝트 파이낸싱(PF)의 '부동산 IB'로 나뉜다.

증권사는 기업의 M&A 및 IPO 과정에서 자금 조달 및 대출 등을 통해 수익을 창출한다. 가령 증권사는 M&A 과정에서 해당 기업의 재무상태, 경영실적 등에 대한 기업 실사를 의뢰받아 수행한 뒤 적정한 인수가격을 책정한다. 이를 토대로 M&A가 성공적으로 이뤄지면 증권사는 인수대금에 비례해 수수료를 받는다. 금리가 떨어지면 낮은 이자율로 기업들이 인수 자금을 마련하는 부담을 줄여 M&A 시장에 호재로 작용한다. 지난 2~3년간 이어진 고금리 기조에서는 인수금융 금리가 두 자릿수까지 치솟아 M&A 시장에 찬물을 끼얹었었다. 하지만 미 연준이 단행한 빅 컷으로 기준금리가 크게 떨어지면서 인수에 나서는 기업들의 자금 부담이 크게 줄어들 전망이다.

IPO 시장 역시 저금리 기조에 따른 거래대금 증가의 수혜를 톡톡히 누리게 된다. 실제로 빅 컷이 발표된 2024년 3분기 기준 국내 IPO 시장규모가 전년 동기 대비 53.9% 증가한 1조2,4880억 원을 기록했다. 증권사는 IPO 주관사가 되어 기업의 밸류에이션을 산정하고 책정된 공모주를 투자가들에게 중개한다. 이때 상장하려는 기업의 성장성 못지않게 투자심리를 좌우하는 시장 분위기가 중요하다. 가령 저금리 기조에서 증시에 돈이 몰릴수록 공모청약 경쟁률이 높아져 이른바 '따상(더블 상한가)'이 나타날 확률도 올라간다.

한편 부동산 PF 리스크는 여전히 증권사 IB 사업부문의 딜레마다. 증권사는 주로 시행사와 대주단(은행 및 보험사 등 금융권) 사이에서 부동산 PF를 주선하는

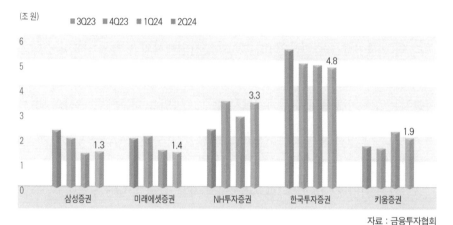

▼ 주요 증권사별 (부동산 PF 포함) 채무보증 잔고

(조 원)   ■3Q23 ■4Q23 ■1Q24 ■2Q24

자료 : 금융투자협회

역할을 맡는다. 이 과정에서 채무보증을 하거나 직접 대출을 해주기도 하는데, 주로 시행사의 신용을 보강해주는 채무보증을 담당한다. 증권사는 사업에 문제가 생기면 채권자들에게 돈을 갚아주고, 그 대가로 부동산 PF 사업장에 대한 대출채권을 가져온다. 증권사 입장에서는 부실 우려가 커질수록 대손비용 부담이 증가해 실적에 경고등이 켜질 수 있다.

다행히 금리 인하로 인해 부동산 IB 사업에서 PF 관련 금융비용 부담이 줄어들 것으로 보인다. 이러한 기대감은 증시에 선행해 나타난다. 한국은행이 2024년 10월에 기준금리를 0.25% 내리는 발표를 하자 한국금융지주(한국투자증권의 지배회사이자 상장사)의 주가가 52주 신고가를 기록했다. 한국투자증권은 국내 증권사 가운데 IB 사업부문에서 부동산 PF 비중이 가장 높다.

주가를 부양하는 주주환원정책에 적극적인 증권사

증권주는 고배당주다. 적극적인 주주환원정책을 내놓은 증권사일수록 높은 주

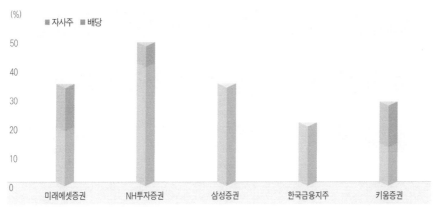

▼ 주요 증권사별 주주환원율

(%) ■ 자사주 ■ 배당

자료 : 각 사

가 상승세를 보이는 이유가 여기에 있다. 반대로 별다른 주주환원정책 없이 배당에 인색한 증권사들의 주가는 지지부진하다.

한국거래소 정보데이터 시스템에 따르면, 지난 2024년 4월 22일(종가)부터 5월 21일(종가)까지 한 달 간 증권주 가운데 가장 높은 주가상승률을 기록한 곳은 13.62% 오른 NH투자증권이었다. NH투자증권은 2024년 들어 전향적인 주주환원정책을 발표하면서 투자가들로부터 높은 호응을 끌어냈다. 같은 기간 NH투자증권은 보통주 417만 주를 소각했는데, 당시 주가를 적용했을 때 약 515억 원에 달하는 규모다. 기업이 자사주를 사들인 뒤 소각하면 발행 주식 수가 감소해 주당 가치가 올라간다. 투자가 입장에서는 보유 종목의 주가가 상승해 직접적인 이익을 얻을 수 있어 확실한 주가부양책으로 평가된다. NH투자증권의 주주환원율은 50% 안팎에 이른다(2024년 추정치). 주주환원율은 기업의 당기순이익에서 배당(보통주 기준)과 자사주 매입에 들어간 비용의 비중을 의미한다.

주주환원정책에 있어서 NH투자증권에 이어 주목해야 할 종목은 삼성증권이다. 삼성증권의 경우 배당수익률이 돋보인다. 배당수익률은 1주당 배당금을

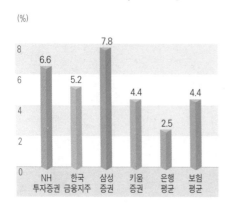

▼ 주요 증권사 및 은행, 보험 배당수익률

(%)

- NH투자증권: 6.6
- 한국금융지주: 5.2
- 삼성증권: 7.8
- 키움증권: 4.4
- 은행평균: 2.5
- 보험평균: 4.4

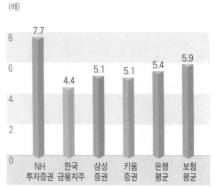

▼ 주요 증권사 및 은행, 보험 PER

(배)

- NH투자증권: 7.7
- 한국금융지주: 4.4
- 삼성증권: 5.1
- 키움증권: 5.1
- 은행평균: 5.4
- 보험평균: 5.9

자료 : 에프앤가이드

현재 주가로 나눈 값으로, 배당금이 현재 주가의 몇 퍼센트인지를 나타낸다. 가령 주가가 1만 원이고 주당 배당금이 1천 원이면 배당수익률은 10%가 된다. 삼성증권의 배당수익률은 7.8%로 주요 경쟁사 대비 가장 높다. 배당수익률이 높을수록 배당투자로 이익을 얻을 가능성이 올라간다.

배당수익률이 높다는 것은 그만큼 주주환원 대비 주가가 저평가되었음을 의미하기도 한다. 삼성증권의 경우 주주환원율이 대략 35% 안팎으로(2024년 추정치) 금융 업종으로 확대해 은행이나 보험사에 비해서도 뒤지지 않는다. 바꿔 말하면 높은 배당수익률에 비해 PER(주가수익비율)이 증권 업계 경쟁사는 물론 은행 및 보험사에 비해서도 높지 않은 수준인 만큼 저평가 매력이 충분하다는 얘기다. PER은 주가가 주당순이익 대비 몇 배인지를 나타내는 지표다. PER이 동종 업계 평균보다 낮다면 저평가된 것이다.

지배주주순이익이 우상향하는 증권사

주주환원정책은 증권주를 고르는 요건으로 매우 중요하지만, 결국 이익이 뒷

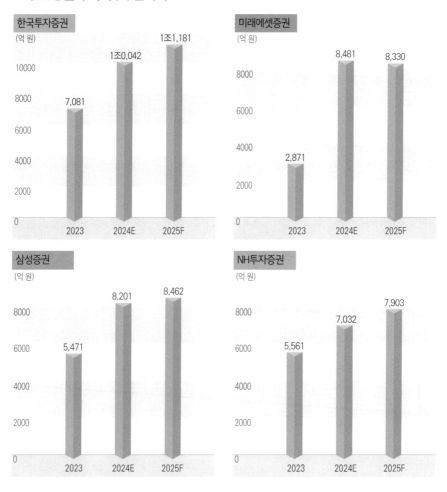

▶ 주요 증권사 지배주주순이익

한국투자증권

(억 원)

1조1,181
1조0,042
7,081

2023　2024E　2025F

미래에셋증권

(억 원)

8,481　8,330
2,871

2023　2024E　2025F

삼성증권

(억 원)

8,201　8,462
5,471

2023　2024E　2025F

NH투자증권

(억 원)

7,903
7,032
5,561

2023　2024E　2025F

받침되지 않으면 주주에게 돌아갈 배당금을 올리기가 쉽지 않다. 2024년과 2025년에 걸쳐 주요 5개 증권사(한국투자증권, 미래에셋증권, 삼성증권, 키움증권, NH투자증권)의 지배주주순이익의 추정치를 살펴보면 대체로 실적이 우상향할 것으로 예상된다. 국내 증시가 글로벌 주요 시장 대비 부진한 흐름을 시현하는 와중에도 금융투자 업계에서 증권주에 대한 긍정적인 투자의견을 내는 이유는 결국 증권사들의 이익이 향상되고 있기 때문이다.

국내 커버리지 증권사들의 이익 개선 요인은 다음 몇 가지로 모아진다. 첫째, 해외 주식 수수료 증가가 국내 거래대금 감소 영향을 어느 정도 상쇄하고 있다. 둘째, 기준금리 인하가 단계적으로 진행되는 구간에서 증권사들의 채권 평가이익 증가에 따른 실적 개선 효과가 두드러진다. 셋째, 부동산 PF 및 해외 부동산펀드 충당금 및 손상 부담이 점진적으로 줄어들고 있다. 넷째, M&A 및 IPO 시장에서 자금 숨통이 트이면서 증권사들의 IB 사업에 탄력이 붙고 있다. 무엇보다 대형 증권사 중심의 성장흐름이 가속화될 전망이다. 발행어음은 자본규모에 따라 신청 자격이 주어지며, 부동산 PF 사업을 위한 자본요건 기준도 강화될 가능성이 높다. 뿐만 아니라 해외 주식 서비스에 대한 투자가들의 선택 역시 갈수록 대형 증권사로 몰리고 있기 때문이다.

한편 증권 업종이 한 단계 더 성장하기 위한 통과의례로 평가되는 종합투자계좌(Investment Management Account, 이하 'IMA') 인가 여부는 좀더 지켜봐야 할 대목이다. IMA란 증권사가 고객이 예탁한 돈을 운용해 그 수익을 지급하는 계좌로, 현재 규정에 따르면 자기자본이 8조 원 이상인 증권사만 해당 업무를 수행할 수 있다. 아직 IMA 업무 인가를 받은 증권사는 없다. 2024년 상반기 말 기준 한국투자증권과 미래에셋증권이 IMA 자기자본 요건을 갖췄으나 금융당국이 자기자본 기준을 높이는 것을 골자로 하는 제도 개선을 예고하면서 인가가 뒤로 미뤄졌다.

IMA의 경우 증권사는 고객에게 원금 지급 의무가 있지만, 예금보험공사에 의해 5,000만 원까지 원금이 보장되는 예금자 보호 대상은 아니다. 증권사들이 IMA 사업을 탐내는 것은, 다른 자금 조달 수단인 기업 신용공여(자기자본 100% 이내)나 발행어음(자기자본 200% 이내)과 달리 IMA는 한도 규제가 없기 때문이다. IMA는 자금 조달 규모에 한계가 없어서 증권사들의 숙원 사업으로 꼽힌다.

투자적 관점에서 증권 업종 최선호주는 한국투자증권의 최대주주인 한국금

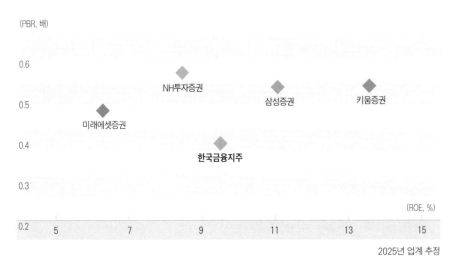

▼ 주요 증권사 PBR-ROE

(PBR, 배)

2025년 업계 추정

융지주를 꼽는다. 저축은행/캐피탈 자회사의 충당금 부담이 잔존하지만 IB 사업부문의 이익기여도가 경쟁사 대비 가장 높은 만큼 저금리 기조에 따른 수혜를 가장 많이 볼 것으로 판단된다. 아울러 발행어음 운용 스프레드 회복 과정에서 이자 및 평가이익 증가에 따른 실적 개선 효과도 기대해 볼 수 있다. 지금으로선 낙관할 수 없지만, 목표한 대로 2025년에 IMA 인가가 승인된다면 시장 선점 효과에 따른 주가 상승이 일어날 수 있다. 1조 원이 넘는 지배주주순이익 시현에도 불구하고 경쟁사 대비 낮은 PBR(주가순자산비율)도 눈여겨봐야 한다. PBR은 기업의 순자산에 비해 주가가 얼마나 높은지 혹은 낮은지를 나타내는 지표로, 1보다 작으면 주가가 주당순자산가치보다 낮아 저평가되어 있음을 의미한다. 한국금융지주는 PBR이 0.4 안팎으로 경쟁사에 비해 낮은 만큼 투자가들 사이에서 저평가 매력이 충분히 돋보인다.

13 보험

"큰돈을 벌게 해주면서도 위험성이 낮은 기업을 찾기 전에는 섣불리 투자하지 않겠다."

2024년 5월경 워런 버핏이 버크셔헤서웨이의 연례회의에서 한 말이다. 투자계의 상식인 "high return, high risk"를 정면으로 거스르는 말이다. 그런 투자처가 있을까 싶지만, 버핏이 한 말이니만큼 전 세계 언론이 받아 적었다. 그보다 중요한 건 그 즈음 버핏의 투자행보에 관한 뉴스였다. 같은 달 15일 AP통신은 버크셔헤서웨이가 약 2개월 전에 스위스 취리히에 본사를 둔 보험사 '처브(Chubb)'의 주식 약 2,600만 주를 사들였다고 보도했다. 해당 지분을 시가로 환산하면 67억 달러(약 9조 원)로 버크셔헤서웨이 포트폴리오 중 톱 10에 드는 규모다. 버크셔헤서웨이는 처브 투자 사실을 2개 분기 넘게 공개하지 않았다. 1개 이상 보유 종목을 기밀로 유지할 수 있도록 금융당국으로부터 허가를 받

순위	기업	섹터	비중(%)
1	애플	IT	40.81
2	뱅크 오브 아메리카	금융	11.81
3	아메리칸 익스프레스	금융	10.41
4	코카콜라	소비재	7.38
5	쉐브론	에너지	5.85
6	옥시덴탈 페트롤리움	에너지	4.86
7	크래프트 하인즈	소비재	3.62
8	무디스	금융	2.92
9	**처브**	**보험**	**2.03**
10	다비타	헬스케어	1.50

버크셔헤서웨이 포트폴리오 톱 10 2024년 1분기 기준

2024년 3월에 버크셔해서웨이는 스위스 보험사 처브의 주식 약 2,600만 주(매입 당시 시가 67억 달러)를 사들였다. 버핏이 유독 보험주 투자에 적극적인 건 보험업의 핵심 가치인 '플로트'의 매력 때문이다.

았기 때문이다.

　뉴스가 나오자마자 처브 주식이 8% 넘게 급등했다. 국내 증시도 반응했다. 같은 달 17일 기준 KRX 보험지수는 그해 들어 24.58% 올라 관련 KRX 업종 지수 중 상승률 1위를 기록했다. 이를 두고 메릴랜드대 경영대학원 교수 데이비드 카스(David Kass)는 블룸버그와의 인터뷰에서 "전 세계 수백만 투자가들이 버핏을 따라 투자한다"라고 논평했다.

　사실 보험주는 만년 저평가주다. 저평가주가 무조건 안 좋은 건 아니지만, '만년'이란 수식어 탓에 투자가들이 매수를 꺼릴 수밖에 없다. 그럼에도 불구하고 버핏의 보험주 사랑(!)은 어제오늘의 일이 아니다. 1952년경 버핏이 자신의 첫 번째 아내인 수전(Susan)과 결혼한 직후에 그의 계좌에는 고작 2만 달러가 전부였다. 버핏은 그 중 절반을 가이코(GEICO)라는 보험주에 투자했다. 이를 계기로 버핏은 늘 보험 업황을 주시했다. 1967년경 버핏은 버크셔해서웨이를 통해 '내셔널 인뎀니티(National Indemnity)'라는 보험사를 인수하면서 보험업 투자에 본격 나섰다.

그런데 '세기의 투자 대가' 버핏은 만년 저평가 종목인 보험에서 어떤 투자 가치를 읽은 걸까? 버핏이 밝힌 보험업의 핵심 가치는 보험계약이 만들어내는 '플로트(Float)'에 있다. 플로트는 수입과 지출의 시차에서 생기는 자금흐름을 가리킨다. 보험사마다 장기보험 계약을 통해 들어온 플로트를 얼마나 잘 활용 하느냐에 따라 실적에 차이가 난다. 실제로 버크셔해서웨이가 보험사를 인수 한 이후 회사 유동자금이 20% 넘게 증가한 것은 그만큼 자금 운용을 잘 했기 때문이다.

버핏의 처브 주식 매수 뉴스에 급등했던 KRX 보험지수는 얼마 가지 못하고 다시 떨어지고 말았다. 투자가들 스스로가 만든 '버핏의 덫'이다. 그들은 정말 로 "큰돈을 벌게 해주면서도 위험성이 낮은 종목"이 있다는 버핏의 말을 믿었 던 걸까? 버핏이 제아무리 투자계의 현인이라 하더라도 그의 포트폴리오만 믿 고 보험주 투자에 나서는 것은 곤란하다. 투자에 앞서 해당 섹터만의 고유한 투 자포인트 정도는 파악해야 한다. 투자포인트는 '버핏의 덫'을 '버핏의 팁'으로 바꾸는 열쇠가 된다. 증시에서 보험주의 투자 열쇳말은 'CSM'과 '킥스비율'이 다. 생소한 단어 같지만 찬찬히 풀어보면 '버핏의 팁'이 읽힌다.

보험상품 계약만큼 중요한 CSM 함수관계

보험사의 사업구조는 '보험영업'과 '투자영업'으로 나뉘고, 보험사의 주 수입 원은 '보험료'와 '운용수익'에서 나온다. 이때 보험료는 보험영업에서, 운용수 익은 투자영업에서 비롯한다. 버핏이 보험주 매입을 통해 보험사 인수에 나서 는 건 플로트를 활용한 투자영업 때문이다. 버핏은 보험계약으로 쌓인 보험료 수입과 질병·사고 및 계약만기에 따른 보험금 지출 사이에 발생하는 자금을 지렛대 삼아 운용수익을 창출한다.

하지만 모든 보험사들이 투자영업에서 늘 수익을 내는 건 아니다. 버핏도 마찬가지다. 투자영업은 다양한 변수에 영향을 받기 때문에 보험영업에 비하면 훨씬 유동적이다. 보험사들의 사업 비중이 대체로 보험영업으로 쏠리는 이유다.

보험영업의 핵심은 '계약'이다. 가령 자동차보험 만기시점에 여러 보험사의 판매원들이 적극적으로 전화나 문자를 보내는 건 계약을 따내기 위해서다. 일단 보험사는 최대한 계약 건수를 늘려 보험료 수익을 끌어올려야 한다. 여기서 등장하는 개념이 CSM(Contractual Service Margin) 즉 보험계약마진이다.

CSM은 보험계약으로 미래에 발생할 것으로 예상되는 이익의 현재가치다. 쉽게 말해 보험사가 보험계약으로 올린 보험료 매출은 계약기간 동안 발생할지도 모르는 가입자의 사고나 질병에 따라 상각될 수 있기 때문에 이를 감안하여 현재가치를 계상한 것이다.

CSM은 보험사의 미래 수익성을 가늠하는 핵심 지표다. '마진'이면서도 일단 보험부채로 계상한다는 점이 흥미롭다. 즉 보험기간 동안 일정 비율로 (부채를) 상각하면서 보험영업이익으로 인식하는 것이다. 따라서 보험사로선 현

▶ **국내 보험사들의 사업 비중**

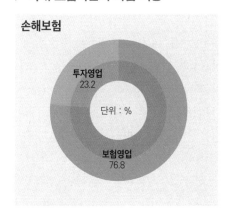

손해보험

투자영업
23.2

단위 : %

보험영업
76.8

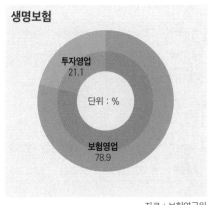

생명보험

투자영업
21.1

단위 : %

보험영업
78.9

자료 : 보험연구원

▼ CSM 무브먼트

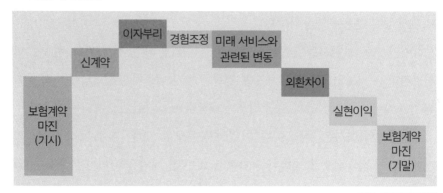

자료 : 한국회계기준원

▼ CSM에 미치는 항목별 기여도

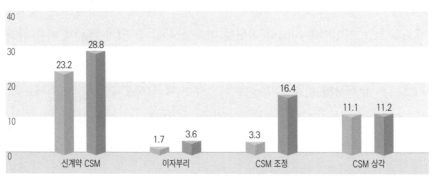

자료 : 각사

▼ 주요 보험사의 CSM 무브먼트에 따른 CSM 잔액 2023년 4분기 기준, 단위 : 억 원

손해보험	삼성화재	DB손해보험	현대해상	생명보험	삼성생명	한화생명	동양생명
기시 CSM	13조2,051	12조4,530	8조8,671	기시 CSM	11조7,091	9조7,990	2조5,751
신계약 CSM	8,930	7,202	3,571	신계약 CSM	8,560	6,851	1,990
이자부리	1,112	-3,260	701	이자부리	1,050	910	260
CSM 조정	-5,190	990	211	CSM 조정	-410	-1조1,180	-630
CSM 상각	-3,881	-7,940	-2,371	CSM 상각	-3,810	2,190	-1,961
기말 CSM	13조3,030	12조1,521	9조0,790	기말 CSM	12조2,470	9조2,381	2조5,421

자료 : 각사

재 보유한 보험계약 중에서 마진을 남길 수 있는 계약을 얼마나 가지고 있는 지가 중요하다. 보험사들이 신계약 체결 뿐 아니라 CSM 관리에 공을 들이는 이유가 여기에 있다. 가령 보험사들이 신계약 체결 실적을 아무리 많이 올린다 해도 CSM의 계상에 따른 미실현손익(미래에 실현될 잠재적인 손익)에 의해 당기순이익이 증감되는 것이다. 이때 CSM상의 손익 변동, 즉 'CSM 무브먼트'에 영향을 미치는 항목은 신계약(+), 이자부리(+), 조정(-), 상각분(-)이다.

보험부채가 관건이다

보험 업계는 2023년 1월 1일부터 큰 변화를 겪고 있다. 역시 CSM 탓이다. 국제회계기준위원회(IASB)가 전 세계 보험사들의 재무 상황을 동일한 기준에 따라 평가·비교하기 위해 만든 FRS17(International Financial Reporting Standards 17)을 도입하면서 CSM의 계상 방식이 바뀌었기 때문이다.

FRS17 도입에 따른 변화의 핵심은, 보험사가 가입자에게 지급해야 하는 보험금을 계약시점의 '원가'가 아니라 매 결산기 시장금리 등을 반영한 '시가'로 평가하는 것이다. 원가평가가 보험계약을 맺은 시점을 기준으로 보험부채를 계산하는 방식이라면, 시가평가는 결산기마다 실제 위험률과 시장금리를 반영해 보험부채를 계산한다. 원가평가 방식은 보험부채가 한번 확정되면 그에 맞춰 책임준비금을 쌓으면 되지만, 시가평가는 매년 보험부채가 달라져 책임준비금 규모도 바뀐다. 결국 보험사들의 실적이 FRS17 시행으로 금리 변동에 따라 민감하게 반응하게 된 것이다.

보험사는 금리가 하락하면 축적된 보험료를 투자해 얻을 수 있는 투자수익률이 줄어들어 적립금을 추가로 쌓아야 한다. 이때 적정기준의 재무건전성을 유지하기 위해 자기자본도 늘려야 한다. 이 과정에서 보험사들이 보험부채를

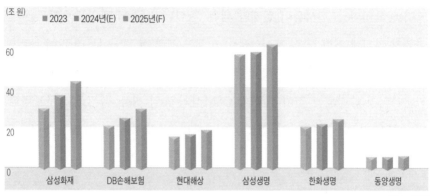

▼ CSM을 반영한 주요 보험사의 회계상 자본규모

(조 원) ■ 2023 ■ 2024년(E) ■ 2025년(F)

삼성화재   DB손해보험   현대해상   삼성생명   한화생명   동양생명

자료 : 각사

시가로 평가할 경우, 보험기간 전체로 안분한 미래보험 손익을 계상한 CSM을 이익항목으로 반영한다.

여기서 보험사의 재무건전성과 함께 기억해야 하는 개념으로 '지급여력비율(Risk-Based Capital Ratio, 이하 'RBC')'이 있다. RBC란 가입자가 보험금 지급 요청을 했을 때 보험사가 제때 지급할 수 있는지 보여주는 지표로, 보험사의 재무건전성을 측정하는 바로미터다. RBC가 100%이면 모든 계약자에게 보험금을 일시에 지급할 수 있음을 뜻한다.

FRS17 시행으로 RBC 적용을 보험부채 평가가 원가에서 시가로 바뀌도록 마련한 것이 '킥스'라 불리는 K-ICS(Korean-Insurance Capital Standard)다. 킥스의 적용을 받게 되면 확정고금리 계약 비중이 높은 보험사일수록 재무건전성 측면에서 불리할 수 있다. 확정고금리 계약은 가입자에게 사전에 약속한 고액 이자를 얹어 보험금을 지급해야 하기 때문에 저금리 기조가 이어질 경우 보험부채 부담이 늘어나기 때문이다.

결국 보험사의 실적은 바뀐 지급여력비율(킥스) 하에서 어떻게 보험부채 부담을 줄여서(상각해서) 이익을 늘리고, 아울러 재무건전성을 확보하는지가 관건이다.

결국 배당성향이 높은 보험주가 오른다

보험사의 재무건전성 확보에 있어서 중요한 게 '해약환급금준비금'이다. 먼저 '해약환급금'은 보험 가입자가 계약을 중도에 해지할 경우 보험사로부터 돌려받는 돈이다. 이를 위해 보험사는 해약환급금준비금(이하 '준비금')을 마련해 둬야 한다. 말 그대로 보험사가 언제든지 계약자에게 지급할 수 있도록 해약환급금을 미리 준비해 두는 자금이다. 이때 준비금을 두는 궁극적인 이유는 시가 평가된 보험부채가 해약환급금보다 작을 경우 그 차액을 준비금으로 쌓아 보험부채를 보수적으로 유지하기 위함이다. 준비금은 배당이 제한되고 법인세법상 손금으로 인정돼 세금 납부가 일정 기간 이연된다. 이로써 금융당국은 당기순이익 안에서 준비금만큼 주주에게 환원되는 배당이 감소하고 법인세까지 줄어드는 딜레마에 봉착했다.

실제로 보험사들의 합산 당기순이익이 2022년 9조2,000억 원대에서 2023년 13조4,000억 원대로 4조 원 넘게 늘었지만, 같은 기간 법인세가 2조6,000억 원 가까이 줄었다. 반면 FRS17 시행 이후 보험사들은 신계약 유치 경쟁으로 준비금 누적액이 2022년 말 기준 23조7,000억 원대에서 2023년 말 기준 32조

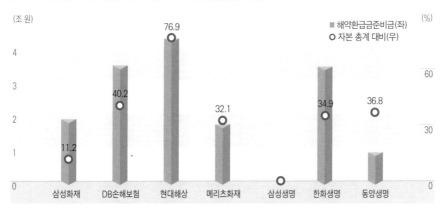

▼ 주요 보험사의 자본 총계 대비 해약환급금준비금

2,000억 원대로 늘었다. 2024년에는 6월까지 누적액이 이미 38조 원을 넘어섰다. 결국 금융당국으로서는 준비금을 낮춰 세수를 늘려야 하는 숙제를 떠안게 된 것이다.

금융당국이 마련한 자구책은, 보험사의 킥스비율이 200% 이상일 경우 준비금 적립비율을 기존 대비 80%만 적립하도록 조정했다. 반면 킥스비율이 200% 미만일 경우에는 준비금을 기존대로 100% 적립해야 한다. 킥스비율을 충실히 확보할수록 재무건전성이 양호한 보험사에게 준비금 부담을 줄여주는 만큼 세수 확보와 배당여력을 늘리게 한 것이다.

투자적 관점에서 킥스비율이 중요한 이유는 배당으로 모아진다. 준비금은 배당이 제외된다. 기업의 배당성향은 당기순이익에 비례하지만, 보험사의 경우 준비금만큼 배당이 줄어들어 당기순이익이 증가해도 배당규모가 늘지 않는다. 따라서 킥스비율이 높은 보험사일수록 준비금 부담이 줄어드는 만큼 배당성향이 상승하게 된다.

궁극적으로 보험사 입장에서는 킥스비율이 주주환원정책을 적극적으로 펼

▼ **주요 보험사의 킥스비율**

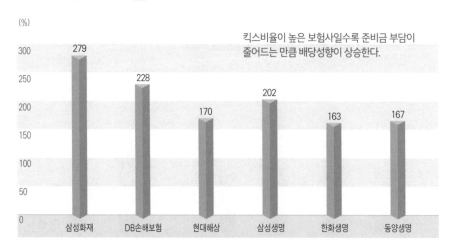

킥스비율이 높은 보험사일수록 준비금 부담이 줄어드는 만큼 배당성향이 상승한다.

(%)

삼성화재	DB손해보험	현대해상	삼성생명	한화생명	동양생명
279	228	170	202	163	167

치는 선결 요건이 된다. 이때 보험사의 배당성향은 보험주의 상승 모멘텀으로 작용한다. 킥스비율을 상향조정해 준비금 부담을 줄인 만큼 배당규모를 늘릴 여력을 갖춘 보험주를 주목해야 하는 이유다. 국내 보험사 중에서 킥스비율이 200%를 상회하는 보험사는 삼성화재(279%), DB손해보험(228%), 삼성생명(202%)이다(2024년 2분기 기준).

저금리 악재에도 성장이 예상되는 보험주들

보험연구원은 녹록치 않은 대외 경제 여건으로 2025년 보험 업황이 어두울 것으로 예상했다. 무엇보다 저금리 기조는 보험사들에게 가장 치명적인 악재라 할 수 있다. 금리가 하락하면 장기금리의 영향이 큰 현금유출액의 현재가치가 현금유입액의 현재가치보다 증가해 CSM이 줄어든다. 보험연구원은 CSM 증가율이 생명보험사는 3.3%에서 0.5%로, 손해보험사는 5.3%에서 3.3%로 각각

▶ **보험사 합산 CSM 규모 및 증가율**

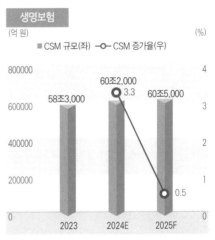

자료 : 보험연구원

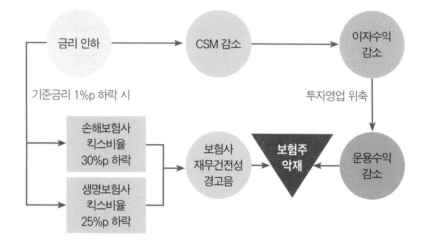

보험주 혹한기 예보

금리 인하 → CSM 감소 → 이자수익 감소

기준금리 1%p 하락 시

투자영업 위축

손해보험사 킥스비율 30%p 하락

생명보험사 킥스비율 25%p 하락

보험사 재무건전성 경고음 → 보험주 악재 ← 운용수익 감소

떨어질 것으로 전망했다(2024년 대비 2025년 추정치).

보험 산업의 대표 수익지표인 CSM의 감소는 도미노 현상처럼 연쇄작용을 일으킨다. 마진이 줄면 이자수익이 감소하고, 이로 인해 투자영업을 위축시켜 운용수익마저 떨어트린다. 아울러 FRS17 시행으로 보험부채를 시가평가하게 되면, 금리 인하로 자산보다 부채가 커진 보험사의 경우 킥스비율(지급여력비율)이 떨어져 재무건전성에 경고음이 들어오게 된다. 보험연구원에 따르면, 기준금리가 1%p 하락하면 킥스비율이 각각 생명보험사는 25%p, 손해보험사는 30%p 급락한다고 분석했다. 금융투자 업계에서 보험주에 대한 투자 비중을 보수적으로 제시하는 이유다.

중립적인 관점에서 주목해야 할 종목으로는 대장주인 삼성화재와 삼성생명이다. 삼성화재는 안정적인 시장점유율(22.4%, 손해보험 업계 1위, 2023년 원수보험료 기준)과 결속력 강한 전속설계사 조직을 기반으로 장기보험 중심의 CSM 성장이 예상된다. 킥스비율(279%)을 업계 최고 수준으로 유지하고 있는데, 200%를 크게 웃돌수록 배당규모를 확대하는 데 여유가 있다.

국내 생명보험 업계 1위 삼성생명은 건강보험 중심의 중·장기 CSM 성장세가 돋보인다. 분기별 판매실적 등락폭이 큰 사망보험과 달리, 건강보험은 일관된 증가 추세를 보이고 있다. 수익성이 높은 건강보험 비중이 꾸준히 확대되고 있는 점도 호재다. 고수익성 위주의 상품 포트폴리오를 갖추고 있어 향후 신계약 CSM 확대가 더해지면, 안정적인 자본비율을 이어갈 것으로 예상된다.

▶ 삼성화재 당기순이익

(억 원)

- 2023: 1조8,216
- 2024E: 2조1,945
- 2025F: 2조1,751

▶ 삼성화재 CSM (기말 기준)

(억 원)

- 2023: 13조3,028
- 2024E: 14조3,840
- 2025F: 15조5,261

▶ 삼성생명 당기순이익

(억 원)

- 2023: 1조8,950
- 2024E: 2조2,361
- 2025F: 2조3,131

▶ 삼성생명 CSM (기말 기준)

(억 원)

- 2023: 12조2,474
- 2024E: 13조2,834
- 2025F: 14조1,078

Chapter 4

자동차, 항공 · 해운 · 조선

14 자동차

📈 투자포인트

- 현대차, 인도법인 인도 증시 상장에 따른 기업가치 개선
- 기아, 하이브리드차로 전기차 캐즘 공백 상쇄
- 현대차·기아, 적극적인 주주환원정책에 따른 주가 상승 효과

📈 체크포인트

- 판매량 증가에 따른 P, Q 착시 리스크
- 전기차 캐즘 리스크의 반복 가능성
- 달러 대비 원화가치 하락에 따른 외화 인식 충당부채 증가

최선호주 현대차, 기아

"숲은 보이지 않고 나무만 보이는 업종!"

투자계에서 자동차 산업을 두고 하는 말이다. 자동차 업황을 이해하다보면 매우 복잡하게 얽힌 '관계의 숲'에서 허우적거리게 된다. 완성차 한 대에는 기계, 반도체, 소재, 화학·에너지 등 다양한 산업이 맞물려 있다. 차 내부로 들어가면 2만 개가 넘는 부품들이 오밀조밀 조립돼 있다. 이 모든 팩터들은 자동차에 들어가는 비용(C)과 가격(P)에 밀접한 영향을 미치고, C와 P는 다시 공급(Q)을 결정하는 팩터로 순환한다.

자동차 업황은 여기서 그치지 않는다. 주택 다음으로 비싼 필수재인 만큼 계좌에 모아둔 현금만으로 자동차를 구입하는 경우는 드물다. 구입 단계에서 할부 혹은 리스 등 '금융'이 관여한다. 정치/환경/기술과 얽힌 대외여건과도 밀접하다. 화석연료차가 배출하는 이산화탄소가 기후위기 주범으로 지목되자

완성차 회사들은 전기차 시장에 올라타야 했다. 전기차는 분명 새로운 기회이지만 딜레마를 동반한다. 미국 정부가 서명한 '인플레이션 감축법(Inflation Reduction Act, 이하 'IRA')'에는 북미에서 생산한 전기차에만 보조금(대당 7,500달러)을 지급하는 내용이 담겼다. 미국 전기차 시장에서 현대차·기아의 입지를 저격한 것이다. 4차산업혁명에서 비롯한 자율주행 기술은 구글과 애플 같은 빅테크들이 시장에 침투하는 단초를 제공했다. 그동안 견고한 진입장벽 안에서 (비교적) 안온한 사업을 영위해온 글로벌 완성차 회사들로선 한 번도 경험해 보지 못한 위기에 봉착했다.

투자적 관점에서 자동차 업계를 둘러싼 복잡한 속내를 모두 이해하는 건 쉽지 않다. 그럴수록 '관계의 숲'에 빠져 투자포인트가 흐려진다. 핵심 키워드를 중심으로 시장을 직시해야 하는 이유다. 정리하면 다음과 같다.

[1] **수요/공급** 판매량 증가는 완성차 회사들에게 생산량을 늘리라는 시그널로 읽힌다. 이로 인해 공급경쟁이 일어나 재고물량이 쌓이면 업황은 '생산자(Q) 우위'에서 '소비자(P) 우위'로 돌아선다. 결국 ASP(평균판매가격)가 떨어지고 완성차 회사들의 실적에 경고등이 켜진다.

[2] **환율** 국내 자동차 업계 대장주 현대차·기아의 사업구조는 내수보다 수출 비중이 월등하다. 환율은 언제나 현대차·기아의 실적을 좌우한다. 자동차 종목 투자에서 환율 변동을 세심하게 지켜봐야 하는 까닭이다.

[3] **캐즘** 전기차 시장이 배터리 화재사고 및 보조금 축소로 별안간 캐즘 리스크에 직면했다. 침체가 일시적일지, 아니면 반복될지 투자가 입장에서는 불안하다.

[4] **주주환원정책** 현대차는 인도법인의 인도 증시 상장으로 25조 원 안팎의

거액을 움켜졌다. 이로써 기업가치와 함께 배당성향도 크게 개선될 전망이다. 현대차의 밸류업과 적극적인 주주환원정책은 주가 상승 모멘텀으로 작용한다.

판매량 증가로 인한 P, Q의 착시 현상

글로벌 완성차 판매는 2011년 7,000만 대에서 2018년 9,000만 대로 꾸준히 상승해오다 2019년 팬데믹을 계기로 2020년 7,708만 대로 전년 대비 13.4%나 떨어졌다. 이후 엔데믹 효과에 힘입어 서서히 판매가 진작되면서 2024년 8,895만 대(+2.6%, yoy)에 이어 2025년부터는 코로나19 이전 수준인 9,000만 대 규모를 회복할 것으로 전망된다.

코로나19 당시에는 셧다운으로 생산라인이 제대로 가동되지 못하면서 물량 공급 차질이 불가피했다. 코로나19 이후 지난 3년 여간 누적된 판매 차질 물량은 글로벌 기준 약 4,000만 대 규모로 추산된다. 2024년 신차 판매 대비 40%를 웃도는 수준이다. 따라서 당분간 글로벌 자동차 판매는 지난 3년 여간 누적된 이연수요 덕분에 꾸준히 상승할 것으로 예상된다.

하지만 판매량이 늘어나는 것이 완성차 회사들에게 반드시 좋은 것만은 아니다. 전 세계적으로 자동차 판매량이 증가하는 지표는 글로벌 완성차 회사들에게 공급량을 늘리라는 시그널로 작용한다. 증가하는 판매량에 맞춰 글로벌 완성차 회사들은 생산량을 늘리기 위한 물량 경쟁에 돌입한다. 이때 생산량이 판매량을 훌쩍 뛰어넘게 되면 생산자 우위에서 소비자 우위 시장으로 돌아서게 된다. 경우에 따라 완성차 회사들은 가격할인 인센티브정책을 동원해 늘어난 재고물량을 줄여야만 한다. 완성차 회사들은 해마다 신차 라인업을 출시하기 때문에 신차가 나오기 전에 가격할인을 해서라도 기존 재고 모델을 소진해야 한다. 이 과정에서 ASP가 떨어져 매출 달성에 경고등이 켜질 수 있다.

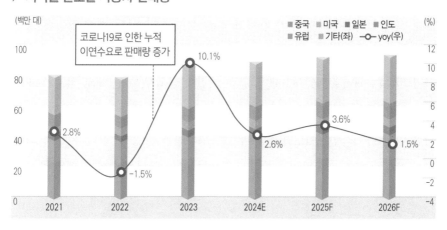

	2021	2022	2023	2024E	2025F	2026F
전 세계	79,986.5	78,789.7	86,737.8	88,951.7	92,132.4	93,535.4
중국	23,652.7	23,874.5	25,235.8	25,684.1	26,179.5	25,812.9
미국	14,972.8	13,776.0	15,552.3	16,139.7	16,637.4	16,792.7
유럽	8,619.5	8,115.9	9,256.1	9,452.4	10,027.8	10,337.0
인도	3,536.8	4,391.4	4,714.0	4,880.5	5,022.9	5,202.9
일본	4,395.6	4,166.4	4,744.3	4,703.9	5,061.8	4,987.6
기타	24,809.0	24,465.5	27,235.2	28,091.1	29,203.0	30,402.2

단위 : 천 대

인도와 일본의 판매량 경쟁에서 인도 우위 ◀

▼ 현대차 · 기아 주요 완성차 지역별 판매

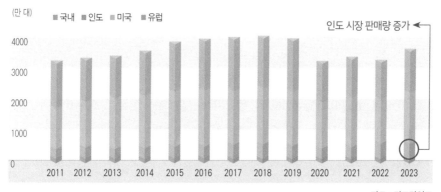

자료 : 마크라인즈

199

자동차는 소비재라는 특성상 경기흐름에 민감하게 반응한다. 판매가 순조롭게 이어지다가도 어느 순간 갑자기 소비 시장이 얼어붙으면서 영업에 직격탄을 맞기도 한다. 실제로 현대차는 2024년 3분기에 판매량이 101만 대에 그치며 전분기 대비 4.5% 감소했다. 같은 기간 기아차도 76만 대로 전분기 대비 4.0% 줄었다. 하지만 현대차·기아는 이미 글로벌 경쟁사들과 물량 경쟁에 돌입한 이상 단기적인 수요 변동에 대응해 생산량을 줄일 수 없다. 완성차 회사들이 감내해야 하는 돌발적인 수요/공급 사이클의 딜레마가 아닐 수 없다.

고환율이 싫지 않은 현대차·기아

달러-원 환율이 오른다는 건 국내 증시에는 악재다. 환차익을 노리는 외국인 투자가들의 매도심리를 자극하기 때문이다. 그런데 현대차·기아는 고환율이 싫지만은 않다. 수출 기업이 누릴 수 있는 환차익 효과 덕분이다. 현대차·기아는 내수 대비 수출 비중이 월등히 높다. 판매대금을 달러로 받기 때문에 환율이 오르면 (심지어 아무 것도 하지 않아도) 실적이 오른다.

금융투자 업계에서는 현대차·기아가 달러-원 환율이 10원 상승하면 환차익을 2,000억 원 가량 얻는 것으로 보고 있다. 달러-원 환율이 전년 동기 대비 100원 변동할 때 현대차·기아의 연간 영업이익이 1조5,000억 원 안팎으로 증감할 수 있다는 분석도 있다.

실제로 현대차의 경우 환율이 영업이익에 미친 영향을 살펴보면, 2022년 3조7,050억 원, 2023년 6,480억 원, 2024년(은 2분기 기준) 6,510억 원으로 2021년 이후 누적 5조 원의 환차익 효과를 누렸다. 기아 역시 2022년 2조4,490억 원, 2023년 5,470억 원, 2024년(은 2분기 기준) 7,270억 원으로 2021년 이후 누적 3조7,230억 원의 환차익 효과를 얻었다.

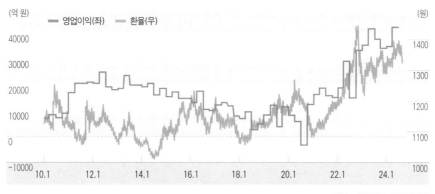

▼ 달러-원 환율과 현대차 분기별 영업이익

(억 원)
— 영업이익(좌) — 환율(우)

40000
30000
20000
10000
0
-10000

10.1   12.1   14.1   16.1   18.1   20.1   22.1   24.1

(원)
1400
1300
1200
1100
1000

자료 : 블룸버그, 퀀티와이즈

다만 현대차·기아 같은 수출 위주 기업들은 '외화 인식 충당부채'가 어느 정도 증가할 수 있음은 감안해야 한다. 보통 '충당부채'라 함은 미래에 지출될 것이 예상되지만 그 금액이나 지출시기 혹은 지출명목이 확정되지 않은 부채를 가리킨다. 여기서 '외화 인식' 충당부채는 환차손으로 발생할 손실을 명목으로 마련한 충당부채가 된다. 2024년 현대차·기아의 충당부채는 각각 9.6조 원, 7.6조 원으로 추산되는데, 이 중 외화 인식 충당부채가 대략 60~70%다. 가령 달러당 원화값이 1,350원에서 1,450원으로 급락할 경우 환율 변동에 따른 충당부채 비용 전입액은 현대차가 5,700억 원, 기아는 4,900억 원 정도가 된다.

전기차 캐즘, 일시적일까, 반복될까?

환율이 현대차·기아의 현재 실적에 적지 않은 영향을 미친다면, 전기차 사업은 현재는 물론 미래의 기업가치까지 좌우한다. 글로벌 시장조사기관 EV-볼륨스닷컴에 따르면, 현대차·기아는 2024년 1분기(1~3월) 기준 글로벌 전기차 시장에서 10만9,524대(점유율3.4%)를 팔아 4위를 기록했다. 1위(BYD,

58만4,714대) 및 2위(테슬라, 38만6,825대)와의 격차는 크지만, 3위(BMW, 11만 7,204대)와는 큰 차이가 없다. 자국 브랜드(BYD)를 향한 충성도가 절대적인 중국 시장과 전기차 전문 메이커 테슬라를 제외하면 (완성차 회사 중에서) 1, 2위권을 놓고 경쟁이 뜨겁다.

그런 상황에서 불거진 전기차 캐즘(Chasm, 일시적 침체) 논란은 시장에 찬물을 끼얹었다. 캐즘의 원인으로는 잦은 배터리 화재사고로 인한 '전기차 포비아' 및 화석연료차(ICE)와 전기차 사이의 '가격차이' 문제가 꼽힌다. 실제로 국내 전기차 시장은 2021년 10만355대가 팔려 처음으로 10만 대를 돌파했고, 2022년 15만7,906대가 팔리면서 탄탄대로를 걷는 듯했지만, 2023년에 15만 7,823대를 기록해 전년 대비 오히려 83대가 감소했다. 국내에서 전기차가 본격적으로 판매되기 시작한 이후 판매량이 전년보다 줄어든 것은 2023년이 처음이었다. 내수 위축은 글로벌 전기차 시장에서 치열하게 선두권 다툼을 벌이는 현대차·기아로선 뼈아프다.

그런데 바깥으로 눈을 돌리면 전기차 시장에 캐즘의 흔적은 없다. 2024년 7월에 에너지경제연구원이 발표한 보고서에 따르면, 2023년 전 세계 전기차 판매량은 1,400만 대로 전년 대비 35% 증가했다. 전체 자동차 판매량의 18%를 차지하는 수치다. 전기차 시장 성장세는 전 세계 자동차 수요의 60%를 차지하는 중국과 미국, 유럽에서 가장 뜨겁다. 2023년 기준 전년 대비 전기차 신규 등록이 중국은 35%(810만 대), 미국은 40%(140만 대), 유럽은 20%(320만 대) 증가했다.

업계에서는 전기차 캐즘이 말 그대로 '일시적'일 것으로 보고 있다. 캐즘의 주된 원인 중 하나인 가격은 결국 배터리 단가에 달렸는데, 글로벌 시장조사기관 블룸버그NEF에 따르면 리튬이온 배터리 생산단가는 지난 10년 사이 5분의1 수준으로 떨어졌다(kWh당 2014년 692달러에서 2023년 139달러).

실제로 2024년 파리 모터쇼에서는 한화로 2,000만 원대인 다수의 저가 전기

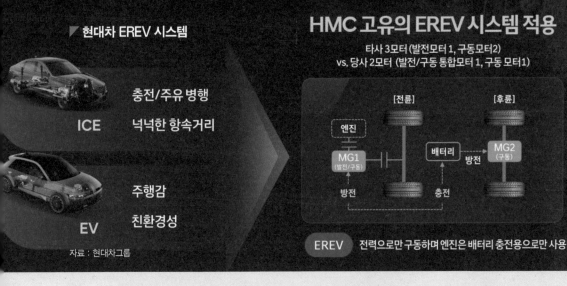

현대차가 개발한 EREV는 주행거리 900km 이상을 주유와 충전으로 병행할 수 있다. 무엇보다 전기차 대비 가격경쟁력을 갖추고 있어, 캐즘 시기에 화석연료차와 전기차 사이의 니치마켓에 안성맞춤이다.

차 신형 모델들이 등장했다. 이러한 세계적 추세에 맞춰 현대차·기아도 '캐스퍼 일렉트릭', 'EV3' 같은 보급형 전기차를 출시했다.

현대차가 전기차 포비아의 대안 모델로 내놓은 'EREV'는 캐즘 리스크 종식을 앞당기는 촉매제로 평가된다. EREV(Extended Range Electrified Vehicle)란 전력으로만 구동하고 엔진은 배터리 충전용으로만 사용되는 차량이다. 화석연료차의 충전/주유 병행과 넉넉한 항속거리, 전기차의 주행감과 친환경성 등 장점을 고루 갖췄다. EREV는 주행거리 900km 이상을 주유와 충전으로 병행할 수 있다. 무엇보다 전기차 대비 가격경쟁력을 갖추고 있어 캐즘 시기에 화석연료차에서 전동화 전환의 연결고리가 될 것으로 기대를 모은다. 현대차는 북미 시장에서 D-SUV 8만 대 이상, 중국 시장에서 C-Sedan 3만 대 이상 판매를 목표로 세워놓고 있다.

물론 현대차에게 있어서 EREV는 캐즘 리스크의 대안일 뿐 궁극적으로는 전기차 시장에 초점이 맞춰져 있다. 현대차의 경우 전기차 라인업을 경제형

현대차 중·장기 전기차 판매 목표

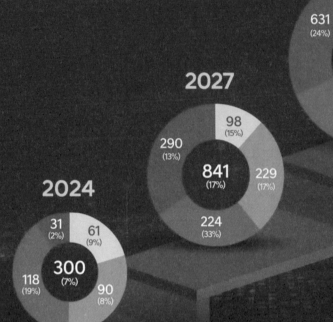
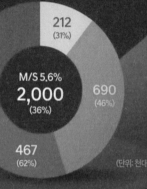

2024
- 300 (7%)
- 31 (2%)
- 61 (9%)
- 118 (19%)
- 90 (8%)

2027
- 841 (17%)
- 98 (15%)
- 290 (13%)
- 229 (17%)
- 224 (33%)

2030
- M/S 5,6% 2,000 (36%)
- 212 (31%)
- 631 (24%)
- 690 (46%)
- 467 (62%)

(단위: 천대)

■ 한국
■ 북미
■ 유럽
■ 기타
( ) EV 판매 비중

자료 : 현대차

기아의 전기차 및 하이브리드차 라인업

New Line-up	2023	2024	2025	2026	2027		Vehicles in Operation(2027)
EV	3	1	4	1	1		13
PBV	–	–	1	–	1		2
EV Total	3	1	5	1	2		15

Flagship EV

Volume EV

PBV

자료 : 기아

(캐스퍼)에서 고성능 럭셔리형(제네시스)에 이르기까지 21개 모델로 확대한다는 방침이다. 이를 기반으로 전기차 판매 목표도 2024년 30만 대(비중 7%)에서 2027년 84만 대(비중 17%), 2030년 200만 대(비중 36%)까지 세워놓고 있다. 2030년 기준 지역별 판매 목표는 북미 69만 대, 유럽 63만 대, 한국 21만 대 순이다.

현대차는 목표 달성을 위해 향후 10년(2024~2033년)에 걸쳐 120조 원을 투자하겠다고 밝혔다(매년 12조 원 규모). 이 가운데 전기차 관련 투자가 92조 원으로 77%를 차지한다. 이는 곧 현대차가 전기차 캐즘 리스크를 말 그대로 '일시적으로' 판단하고 있음을 방증한다.

기아의 전기차 사업 목표 또한 높은 성장성에 방점을 찍고 있다. 전기차 풀라인업 구축을 통해 2024년 30만 대, 2027년 114만 대, 2030년 160만 대(주요 시장 : 137만 대)의 전기차 판매 목표를 발표했다.

기아는 주요 차종 대부분에 하이브리드(HEV) 엔진을 제공해 전기차의 캐즘 리스크에 맞선다는 전략이다. 하이브리드 엔진을 2028년까지 9개 차종으로 늘려 하이브리드차 판매를 2024년 37만 대에서 2028년 80만 대까지 끌어올리는 목표를 세워놓고 있다. 특히 전기차의 대중화 콘셉트에 맞춰 2027년까지 15개의 다양한 전기차 라인업을 론칭할 계획이다. 이 중에서 PBV 중점 모델인 'PV5'와 'PV7'이 돋보인다. PBV(Purpose-Built Vehicle, PBV)는 '목적 기반 모빌리티'로, 설계와 제작 및 운행에 이르기까지 특수한 목적 달성을 위해 제작된 맞춤형 차량을 가리킨다.

기아는 5개년(2024~2028년) 투자규모로 38조 원을 발표했다. 매년 7조 6,000억 원 규모로 현대차의 절반 수준이지만, 기아의 당기순이익(2023년 연결기준 8조7,000억 원)을 감안하면 적지 않은 규모다. 기아차는 38조 원 중에서 15조 원(투자 비중 40%)을 전동화 등 미래 사업 투자에 배정했다.

현대차 · 기아의 주주환원율 상승이 예상되는 이유

현대차 · 기아는 기업가치 제고(Value-Up)를 위한 '2024년 CEO Investor Day' 행사에서 대규모 투자재원 마련과 함께 적극적인 주주환원정책을 발표했다. 주주환원정책은 배당과 자사주 매각으로 이뤄지며, 증시에서 가장 대표적인 주가 상승 모멘텀 중 하나로 읽힌다.

현대차 · 기아 모두 배당성향 25% 이상, 주주환원율 30% 이상을 계획하고 있다. 글로벌 완성차 회사들의 평균 주주환원율이 2022년 35%에서 2023년 52%로 급증한 것과 비교하면 현대차 · 기아의 주주환원율은 여전히 낮은 수준이다. 배당성향 및 주주환원율을 높게 유지하려면 무엇보다 당기순이익을 올려야만 한다. 현대차 · 기아의 지배주주순이익을 살펴보면, 양사 모두 2022년을 기점으로 급증했다. 금융투자 업계는 현대차 · 기아의 견실한 펀더멘털을 감안하건대, 2026년까지 양사 모두 지배주주순이익이 꾸준하게 상승할 것으로 예상한다.

▶ **글로벌 완성차 회사 주주환원율** 2023년 기준(토요타, 닛산, 혼다는 2024년 3월 결산 기준)

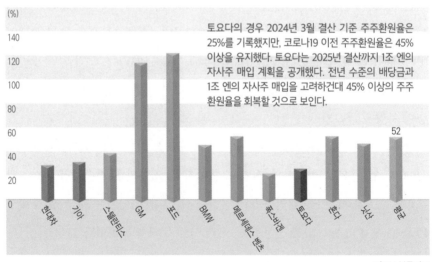

자료 : 블룸버그

▶ 현대차 배당성향 및 주주환원율

구분	2022	2023	2024E	2025F	2026F
보통주 DPS(원)	7,000	11,400	13,000	13,500	14,000
전체 배당금(억원)	1조8,300	2조9,990	3조5,370	3조6,730	3조8,090
지배주주순이익(억원)	7조3,640	11조9,6200	13조1,281	14조3,231	15조1,069
배당성향(%)	24.9	25.1	26.9	25.6	25.2
보통주 배당수익률(%)	4.6	5.6	5.7	5.9	6.2
자사주 매각(억원)	3,150	3,120	5,000	1조3,330	1조3,330
주주환원액(억원)	2조1,460	3조3,110	4조0,370	5조0,061	5조1,421
주주환원율(%)	29.1	27.7	30.7	35.0	34.0

인도법인의 인도 증시 상장 이후 현대차의 기업가치가 급상승할 경우 주주환원율 40%대로 재조정 가능.

자료 : 현대차, IBK투자증권

▶ 기아 배당성향 및 주주환원율

구분	2022	2023	2024E	2025F	2026F
보통주 DPS(원)	3,500	5,600	6,500	6,800	7,100
전체 배당금(억원)	1조4,030	2조1,940	2조6,130	2조7,340	2조8,550
지배주주순이익(억원)	5조4,091	8조7,770	10조5,801	10조4,042	10조7,115
배당성향(%)	25.9	25.0	24.7	26.3	26.7
보통주 배당수익률(%)	5.9	5.6	6.5	6.8	7.1
자사주 매각(억원)	2,500	5,000	5,000	5,000	5,000
주주환원액(억원)	1조6,530	2조6,941	3조1,130	3조2,340	3조3,551
주주환원율(%)	30.6	30.7	29.4	31.1	31.3

자료 : 기아, IBK투자증권

현대차, 인도법인 인도 증시 상장으로 밸류업

현대차 인도법인의 인도 증시 상장은 기업가치 및 주주환원정책을 업그레이드시킬 핵심 카드라 할 수 있다. 현대차 인도법인의 기업공개(IPO)는 신주 발행 없이 구주 매출 방식으로 이뤄졌다. '구주 매출'이란 현대차 본사가 보유한 지분 100% 중 17.5%를 외부 투자자에게 판매하는 것으로, 그 규모가 한화로 환산하면 약 4조5,000억 원에 이른다. 인도 증시 사상 최대 규모다.

현대차 인도법인은 상장을 통해 대략 25조 원의 기업가치를 인정받았다. 현대차의 코스피 시가총액(약 50조 원)을 감안하건대 인도법인 하나가 현대차 전체 시가총액의 절반을 차지하는 셈이다. 금융투자 업계에서는 현대차의 기업가치 상승효과가 16조 원 안팎에 이를 것으로 보고 있다.

현대차의 기업가치가 높아질수록 적극적인 주주환원정책을 주목해야 한다. 인도법인 IPO에 따른 기업가치 재평가 이후 자사주를 2조 원 이상 매입할 경우 주주환원율이 30%대 초반에서 40%까지 상승할 수 있다.

현대차 인도법인의 인도 증시 상장이 현대차 밸류업의 고공행진을 담보하는 이유는 인도 완성차 시장의 엄청난 성장성에 있다. 인도 완성차 시장은 판매량 기준으로 2021년까지 일본에 이어 전 세계 4위에 머물렀지만, 2022년부터 439만 대(+24.2% yoy)로 일본(417만 대, -5.2% yoy)을 제치고 글로벌 시장규모 3위에 올라섰다. 현재 인도의 인구는 대략 14억 명으로 잠재 고객을 놓고 보면 성장성이 무궁무진하다.

2024년 9월 기준으로 인도 완성차 시장 판매순위를 살펴보면, 132만4,000대를 판매한 마루티(스즈키그룹)에 이어 현대차(45만9,000대)가 타타모터스(42만

▶ 인도 완성차 시장 브랜드별 판매 순위

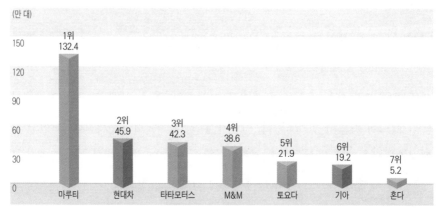

자료 : 인도자동차공업협회

3,000대)를 누르고 2위로 올라
섰다. 2023년까지 2위를 유지
해온 타타모터스가 현대차에
2위 자리를 내준 것이다. 기아
는 19만 2,000대로 6위를 차지했
다. 지난 10년간 성장률(CAGR,
2012~2023년)을 살펴보면, 현대

현대차의 소형 SUV '크레타'. 인도에서 2015년 첫 출시 이후 2025년에 누적 100만 대 판매를 앞두고 있다.

차·기아는 7.4%(양사 합산)로, 스즈키그룹(5.3%) 및 타타모터그룹(5.5%)을 제
쳤다.

현대차·기아의 인도 사업 전망은 매우 밝다. 인도 정부는 4만 달러(한화
약 5,200만 원) 이상의 완성차에 대해 100%의 수입 관세를 부과하고, 4만 달러
미만의 완성차에 대해서는 70%의 수입 관세를 부과하고 있다. 인도 내 현지
공급 체계를 구축하지 못한 OEM 기업들은 인도 완성차 시장 진출이 현실적
으로 불가능하다는 얘기다. 가령 중국 완성차 회사들은 저가형 완성차 라인업
으로 글로벌 시장에서 판매 호조를 이어가고 있지만, 인도 시장에서는 이렇다
할 성과를 내지 못하고 있다. 업계에서는 인도와 중국 간의 외교 문제가 중국
완성차 회사들의 인도 시장 진출을 힘들게 하고 있다고 분석한다. 실제로 인도
정부는 BYD가 추진해온 10억 달러 규모의 인도 현지 전기차 공장 설립을 허
가하지 않았다. 심지어 GMI의 탈레가온 공장 매각에 있어서는 현대차가 중국
의 그레이트월모터스를 제치고 공장의 자산인수 계약을 따내기도 했다.

현대차·기아는 인도 현지에 139만 대 규모의 완성차 조립공장 CAPA를 보
유하고 있다. 현대차 102만 대(첸나이 공장 82만 대, 탈레가온 공장 20만 대), 기아
37만 대(아난타푸르 공장) 규모다. 이 중 탈레가온 공장은 2025년부터 본격 가
동에 들어갈 예정이다.

15 배터리

배터리의 전방산업은 전기차와 IT기기(스마트폰, 태블릿, 노트북PC 등)인데, 시장규모를 따지면 전기차 비중이 절대적이다. 배터리는 후방산업이란 포지션이 무색할 만큼 전방산업인 전기차의 업황을 좌지우지한다. 배터리가 전기차 제조원가에서 가장 높은 비율을 차지하기 때문이다. 전기차는 크게 배터리·부품·모터 등으로 구성되어 있는데, 이 중 배터리가 전기차 가격에서 차지하는 비중은 대략 40~50%로 압도적이다.

성장가도를 달리던 전기차 시장이 느닷없이 캐즘에 빠진 건 배터리 탓이다. 배터리가 차지하는 부담이 쉽게 줄지 않으면서 화석연료차에 비해 전기차의 가격경쟁력이 좀체 개선되지 않았다. 여전히 정부보조금에 의지해 소비자의 구매력을 끌어올려야 했다. 엎친 데 덮친 격으로 배터리 화재사고로 '전기차 포비아'가 확산되면서 캐즘의 골은 한층 깊어졌다.

그럼에도 불구하고 탄소 배출로 인한 기후위기의 심각성을 고려하건대, 미래 자동차 산업이 '화석연료차에서 전기차로의 전환'이라는 방향성 자체가 틀린 건 아니라는 게 업계의 진단이다. 캐즘은 말 그대로 '일시적'일 가능성이 높다는 얘기다.

업계에서는 배터리의 가격이 꾸준히 떨어지면서 전기차와 화석연료차의 가격 동등성(Cost Parity) 달성 시기가 머지않았다고 보고 있다. 실제로 2024년 파리 모터쇼에서는 경제성을 갖춘 저가 전기차 모델들이 눈에 띄게 많이 등장했다. 배터리 폭발 위험과 함께 꾸준히 제기되어온 긴 충전시간 대비 짧은 주행

◤ 배터리 4대 핵심 소재 시장규모

전기차 캐즘 영향으로 2023년에 배터리 4대 핵심 소재 시장의 성장이 잠시 꺾였지만, 2024년을 기점으로 다시 성장세로 돌아설 전망이다. 탄소중립을 위한 전기차로의 방향성 판단이 틀리지 않는 한 배터리 수요는 장기적으로 늘어날 수밖에 없다.

자료 : SNE리서치

거리, 배터리 무게 등 기술적인 문제들도 하나 둘 해결점을 찾고 있다.

전기차 캐즘 영향으로 국내 배터리 3대장인 LG에너지솔루션, 삼성SDI, SK 온의 2024년 매출은 전년 대비 큰 폭으로 하락했다. 배터리 4대 핵심 소재의 대장주인 에코프로비엠(양극재), 포스코퓨처엠(음극재), 엔켐(전해질), SK아이이테크놀로지(분리막)의 실적 역시 마찬가지다. 다만 투자적 관점에서 전기차 캐즘 이슈는 오히려 배터리주에 대한 저가 매수 기회로 작용할 수 있다.

탄소중립 달성을 위한 전기차로의 방향성이 틀리지 않다면 전기차의 핵심 부품인 배터리 수요는 증가할 수밖에 없다. 실제로 국내 거의 모든 증권사들이 발표한 배터리 대장주들의 2025년 실적 컨센서스를 보면 반등하는 것으로 나타났다. 다만 배터리 소재 가격과 기술 동향, 주력 사업, 납품처 등에 따라 실적 및 주가에 차이가 날 수 있다. 가령 배터리의 주 원료인 리튬의 가격이 떨어질 경우, 배터리 완제품을 제조하는 회사에게는 원재료 비용 부담이 줄겠지만, 리튬을 생산하는 소재 회사 입장에서는 당장 매출이 감소할 수 있다.

LFP 배터리로 중국 업체들과 2라운드 경쟁 돌입

배터리가 처한 3대 당면과제는 '가격'과 '주행거리/충전시간' 그리고 '안전성'이다. 현재 삼원계 배터리는 위 세 가지 당면과제를 모두 해결하기엔 미흡한 게 사실이다. 삼원계 배터리는 에너지 밀도가 높아 주행거리는 길고 충전시간은 짧지만, 높은 가격과 낮은 안정성이 단점이다. 삼원계(NCM)란 양극재의 주 원료로 니켈(Ni), 망간(Mn), 코발트(Co)를 사용한 것을 의미한다. 이 가운데 코발트는 가격이 비싸고 수급도 불안정하다.

무엇보다 니켈은 에너지 밀도가 높은 만큼 발화 위험도 올라간다. 국내에서 전기차 화재사고가 잇달아 터진 것도 주행거리 확보를 위해 배터리에 니켈의

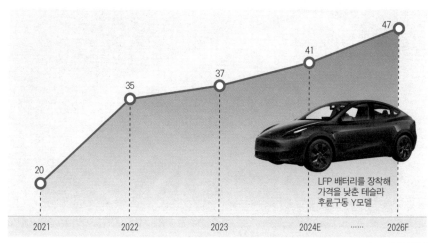

LFP 배터리를 장착해
가격을 낮춘 테슬라
후륜구동 Y모델

자료 : 유안타증권

함량을 늘린 탓이다.

비싸고 위험한 삼원계 배터리의 대안으로 다시 조명을 받게 된 것이 '리튬 인산철(LiFePO4) 배터리(이하 'LFP 배터리')'다. LFP 배터리는 삼원계 배터리에 비해 가격이 최대 30% 저렴하고, 에너지 밀도가 낮아 발화 위험도 적다. 사실 LFP 배터리는 삼원계 배터리보다 먼저 개발됐지만, 낮은 에너지 밀도로 주행 거리가 짧아 전기차 회사에서 선호하지 않았다. 기술력보다는 가격경쟁력을 강조하는 중국 배터리 회사들 위주로 LFP 배터리를 생산해온 까닭이다. 그런 데 최근 몇 년 사이 에너지 밀도가 높은 삼원계 배터리에서 발화사고가 잦아 지면서 다시 LFP 배터리 수요가 급증하는 양상이다.

테슬라는 후륜구동(RWD) Y모델에 LFP 배터리를 장착해 7,000만 원대였던 국내 판매가를 5,000만 원대로 낮췄다. 테슬라 말고도 GM과 폭스바겐 등 LFP 배터리를 채택하려는 완성차 회사들이 증가하고 있다. 글로벌 전기차 배터리 시장에서 LFP 배터리 침투율은 2023년 37%에서 2024년 41% 그리고 2026년 에는 47%까지 상승할 전망이다. CATL과 BYD 등 그동안 계속해서 LFP 배터

LG에너지솔루션은 LFP 배터리 생산에 셀투팩 공정을 도입해 기존 배터리 구성에서 모듈 단계를 제거하고 팩에 직접 배터리셀을 조립해 모듈 공간만큼 더 많은 셀을 탑재함으로써 같은 공간 내 에너지 밀도를 높였다.

리 사업을 영위해온 중국 기업들의 막대한 수혜가 예상되는 이유다. 반면 삼원계 배터리 제조에 치중해온 한국의 배터리 3사(LG에너지솔루션, 삼성SDI, SK온)로서는 불리한 처지에 놓였다.

결국 한국의 배터리 3사는 사업 포트폴리오에 LFP 배터리 비중을 늘려야만 하는 형국이다. 물론 지금 당장 중국 회사들과 가격경쟁력에 맞서는 건 무리다. 이에 한국 배터리 3사는 기술력을 선택했다. 짧은 주행거리와 저온에서 급격히 성능이 떨어지는 LFP 배터리의 단점을 기술력으로 만회하려는 것이다.

가장 먼저 가시적인 성과를 낸 곳은 LG에너지솔루션이다. LG에너지솔루션은 셀투팩(Cell To Pack) 공정을 도입해 기존 방식에서 모듈 단계를 제거하고 팩에 직접 배터리셀을 조립해 무게를 줄이는 대신 모듈 공간만큼 더 많은 셀을 탑재함으로써 같은 공간 내 에너지 밀도를 높였다. 배터리에서 양극재와 음극재, 전해질, 분리막 등 4대 핵심 소재가 포함된 기본 단위를 '셀(Cell)'이라고 하는데, 셀 여러 개를 묶어 모듈(Module)을 만들고 이 모듈 여러 개가 묶여 팩

(Pack)이 된다. 전기차에는 바로 팩 하나가 들어간다. 셀투팩 공정을 통해 모듈로 묶는 과정을 없애고 셀로만 팩을 구성하면 기존 배터리셀의 에너지 효율이 크게 개선된다.

LG에너지솔루션은 2024년 7월에 르노와 2025년 말부터 5년간 LFP 배터리 39GWh를 공급하는 계약을 체결했다. 전기차 59만 대 생산 가능 물량이다. 국내 배터리 회사 중에서 처음으로 전기차용 LFP 배터리 공급계약을 체결한 것이다.

삼성SDI는 보급형 전기차 수요에 대응하기 위해 'NMX · LFP+ 배터리'를 개발 중이다. 삼원계 배터리에서 가격이 비싼 코발트 대신 망간 비중을 높였다. 20분 만에 80%까지 충전이 가능한 급속 충전 기술을 적용해 기존 LFP 배터리의 단점을 보완했다. 2026년 양산을 목표로 하고 있다.

SK온(최대주주 SK이노베이션)은 저온에서 성능을 유지하는 '윈터 프로(Winter Pro)' LFP 배터리를 선보였다. 윈터 프로 LFP 배터리는 에너지 밀도를 19% 높여 저온에서 충전 용량을 16%까지 늘리는 게 핵심으로, 역시 2026년을 양산 목표로 하고 있다.

전고체 배터리의 핵심 소재인 황화리튬

LFP 배터리는 어디까지나 삼원계 배터리의 대안일 뿐이다. LFP 배터리의 핵심 원료인 철에서 삼원계 배터리의 니켈 못지 않은 에너지 밀도를 기대하는 것은 무리가 있다. 셀투팩 기술은 훌륭하지만, 현실적으로 철이 지닌 근본적인 한계를 해결하기엔 역부족이라는 얘기다.

배터리 업계에서 오랫동안 염원해온 '꿈의 배터리'는 전고체(Solid-State)다. 액체가 들어간 기존 배터리는 양극과 음극이 만날 경우 발화 위험이 있지만,

▶ 전고체 vs. 리튬이온 배터리 비교

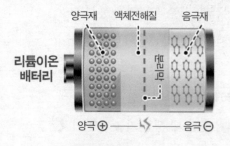

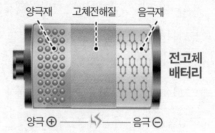

액체전해질 리튬이온이 양극과 음극을 오가는 통로
분리막 양극과 음극이 닿지 않게 하며, 리튬이온만 통과
고체전해질 전해질과 분리막 역할을 동시에 수행

리튬이온 배터리	vs.	전고체 배터리
고체(리튬, 니켈, 망간, 코발트 등)	양극재	고체(리튬, 니켈, 망간, 코발트 등)
고체(흑연, 실리콘 등)	음극재	고체(리튬, 흑연, 실리콘)
액체	전해질	고체(황화리튬)
고체 필름	분리막	불필요

자료: 포스코

전고체는 리튬이온이 이동하는 전해질을 고체로 대체하기 때문에 항상 고정돼 있어 구멍이 뚫려도 폭발하지 않고 정상적으로 작동한다. 또 리튬이온 배터리보다 에너지 밀도가 높아 주행거리 대비 충전시간을 줄일 수 있다. 리튬이온 배터리의 에너지 밀도가 250Wh/kg 수준인데 반해 전고체 배터리는 그 두 배인 500Wh/kg 안팎이다. 심지어 분리막이 필요 없는 만큼 무게도 가볍다.

전고체 배터리가 향후 배터리 산업의 진정한 게임체인저라는 데 이견은 없다. SNE리서치를 비롯한 세계 유수의 시장분석기관에서는 2030년까지 전고체 배터리 시장규모가 400억 달러에 달할 것으로 전망한다. 연평균 성장률이 무려 180%나 된다. 결국 누가 먼저 기술을 선점해 깃발을 꽂느냐가 관건인데, 지금으로선 상용화를 놓고 한국과 중국 기업이 경쟁할 가능성이 높다.

정부도 전고체 배터리 개발에 매우 적극적이다. 산업통상자원부는 2030년까지 전고체 배터리 상용화에 민·관 공동으로 20조 원 투자 계획을 발표했다. 이를 위해 마더팩토리 등 시제품 생산시설 단지를 조성하는 계획을 세워놓고 있다.

전고체 배터리 상용화의 가장 큰 걸림돌은 황화물계 고체전해질의 핵심 원료인 '황화리튬'이 너무 고가라는 점이다. 이로 인해 전고체 배터리는 킬로와트시(KWh)당 기존 삼원계 배터리보다 7배 정도 비싸다. LFP 배터리와는 10배 이상 차이가 난다. 투자적 관점에서는 황화리튬의 대량 생산이 가능한 회사를 찾아야 한다. 미국의 화학 업체 '켈로그 브라운 앤 루트(Kellogg Brown & Root)'가 황화리튬 대량 생산 노하우를 보유한 것으로 알려져 있다. 국내에서는 이수스페셜티케미컬(이수화학에서 인적분할)이 켈로그 브라운 앤 루트와 손잡고 황화리튬 공동 상업 생산을 위한 개발에 나섰다.

배터리를 충전하는 대신 완충된 배터리로 교환

한편 완성차 회사들은 배터리의 가격, 주행거리 같은 본질적인 문제들을 배터리 제조사들에게만 맡겨둘 수 없다는 입장이다. 배터리 제조사들에게 더 이상 끌려 다닐 수만은 없다는 얘기다. 테슬라와 BYD 등을 비롯해 '배터리 내재화'에 뛰어든 완성차 회사들이 적지 않다.

그런데 현대차와 기아는 배터리 스왑(Swap)이라는 방식을 통해 직접 배터리 가격 및 충전문제 해결에 나섰다. 배터리 스왑이란 배터리를 충전하는 대신 전력이 다 소진된 배터리를 충전이 완료된 배터리로 교환(스왑)하는 시스템이다. 2024년 10월에 국토교통부는 제3차 모빌리티 혁신위원회를 개최해 '전기차 배터리 교환식 충전 서비스'가 가능하도록 차량과 배터리의 소유권을 분리해 등록할 수 있게 특례를 제정했다. 이에 따라 현대차·기아는 배터리 탈·부착

이미지 : 로이터

배터리 스왑은 완성차 회사와 배터리 제조사 모두에게 이롭다. 전기차 가격이 떨어져 수요가 늘어나는 만큼 배터리 시장도 커지기 때문이다. 아울러 배터리 리스 같은 새로운 시장도 열릴 수 있다. 시장조사 기관 스트래티스틱스는 전기차 배터리 스왑 시장규모가 2030년에 360억 달러(약 50조 원)에 달할 것으로 전망했다. 이미지는 중국 전기차 회사 '니오'가 운영 중인 전기차 배터리 스왑 스테이션.

식 전기차를 제조할 수 있고, 차량과 배터리의 소유권을 분리해 등록할 수 있게 됐다. 현행 자동차관리법에선 배터리를 차량의 한 부분으로 간주하기 때문에 배터리와 차량의 소유권을 분리할 수 없었다.

현재 전기차를 충전하는 데는 완속충전기를 사용하면 4시간 이상 소요되고, 급속충전기를 사용해도 40분이 걸린다. 반면 배터리를 충전하는 대신 충전소에서 완충된 배터리로 갈아 끼우면 소요시간을 5분 내외로 단축할 수 있다. 무엇보다 전기차 가격이 지금보다 대폭 낮아질 수 있다. 전기차 제조원가의 40~50%를 차지하는 배터리와 차량의 소유권을 분리함으로써 전기차를 구매하는 소비자는 배터리를 제외한 차량 가격만 지불하면 되기 때문이다.

배터리 스왑은 제대로 정착만 되면 완성차 회사와 배터리 제조사 모두에게 이로울 수 있다. 전기차 가격이 떨어져 전기차 수요가 늘어나는 만큼 배터리 시장도 커지기 때문이다. 아울러 배터리 리스(Lease) 같은 새로운 비즈니스 기회도 창출될 수 있다. 현대차와 기아는 배터리 교환 서비스의 첫 대상으로 장거리 운행이 많은 택시나 버스 사업자를 우선 검토하고 있다. 이를 위해 배터리 탈·부착 차량을 개발 중에 있다.

다만 배터리 스왑 서비스는 현대차·기아 등 국내 완성차에만 한정적으로 활용될 가능성이 높다. 배터리 스왑 서비스를 적용하려면 다양한 배터리 규격을 표준화해야 하는데, 당장 테슬라와 GM 등 글로벌 제조사의 규격을 조정하기는 사실상 불가능하기 때문이다.

배터리 스왑 시장에 가장 먼저 뛰어든 곳은 중국이다. 중국 전기차 회사 '니오(Nio)'는 2018년 처음으로 전기차 배터리 스왑 스테이션(교환소)을 설치한 이래로 2024년 4월 기준 2,400개 이상을 운영해 왔다. 니오는 2025년까지 전 세계에 걸쳐 4,000개의 배터리 교환소를 설치한다는 계획이다. 경쟁사인 상하이자동차도 배터리 교체형 전기차 시장에 뛰어들었다. 시장조사기관 스트래티스틱스는 전기차 배터리 스왑 시장규모가 2030년에 360억 달러(약 50조 원)에 달할 것으로 전망했다.

국내 배터리 대장주들의 실적 반등 타이밍

전기차 배터리 업계 최선호주이자 대장주는 LG에너지솔루션이다. 주요 고객사로 현대차그룹, 테슬라, 폭스바겐, 포드, 르노를 두고 있다. 세계 배터리 '톱 3' 답게 중국, 인도네시아, 폴란드, 미국 등 해외 생산라인을 공격적으로 확장해나가고 있다. 미국에는 GM과 합작법인 Ultium Cells(지분율 50%)를 설립했다. 합작 1공장(40GWh)은 2023년부터 가동 중이고, 2공장(40GWh)도 2024년부터 가동에 들어갔다. 인도네시아에는 현대차와 합작법인 PT.HLI Green Power(지분율 50%)를 설립해 2024년부터 가동을 시작했다.

LG에너지솔루션은 2025년에 테슬라와 GM, 르노 등 고객사들의 신형 전기차 출시와 맞물려 가장 높은 실적 반등세가 기대되는 배터리 제조사로 꼽힌다. 캐즘 돌파구간에서 전기차 판매는 테슬라 같은 글로벌 완성차 회사들의 신차 위주로 일어나기 때문이다.

LG에너지솔루션의 실적 반등 모멘텀은 '46파이 배터리'로 모아진다. 46파이 배터리는 기존 원통형 배터리 대비 용량은 5배, 출력은 6배 이상 높은 제품으로, 주행거리를 16% 늘렸다. LG에너지솔루션은 2024년 10월에 메르세데스 벤츠와 2028년까지 46파이 배터리 50.5GWh를 공급하는 계약을 체결했다.

CATL, BYD와 함께 글로벌 배터리 '빅 3'를 형성하는 LG에너지솔루션은 2024년 들어 시장점유율 하락을 감내해야 했다. CATL(37.1%, +1.6% yoy)와 BYD(16.4%, +0.5% yoy)가 작게나마 점유율을 끌어올리는 동안 LG에너지솔루션은 전년 대비 2.3% 하락한 12.1%에 머물렀다. 2025년 이후에는 46파이 배터리의 메르세데스 벤츠향 공급 계약 및 LFP 배터리의 르노향 공급 계약 체결을 기화로 실적 개선에 이은 주가 반등이 예상된다.

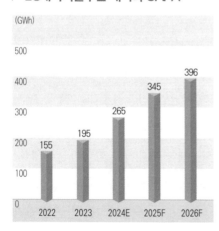

▶ LG에너지솔루션 배터리 CAPA

(GWh)

연도	CAPA
2022	155
2023	195
2024E	265
2025F	345
2026F	396

▶ LG에너지솔루션 소재 납품업체

양극재	LG화학, 엘앤에프, 포스코퓨처엠, Nichia, Umicore
알루미늄박	삼아알미늄, Toyo
흑연음극재	포스코퓨처엠, BTR
실리콘음극재	대주전자재료
CNT도전재	나노신소재, LG화학
동박	SK넥실리스, 솔루스첨단소재, 롯데에너지머티리얼즈 등
분리막	SKIET, Toray, SEMCORP 등
전해액	Capchem, 엔켐, Guotai 등
전해질/첨가제	후성, 천보, Central Glass, Mitsubishi 등

자료 : DB금융투자증권

국내 배터리 2위 삼성SDI는 2021년부터 생산에 들어간 헝가리 1공장(30GWh) 및 2024년 가동을 시작한 헝가리 2공장(15GWh) 등 해외 생산라인을 통해 글로벌 사업 비중을 확대하고 있다. 미국에 소재한 스텔란티스 합작 1공장(33GWh)은 2024년 말부터 조기 가동에 들어갔으며, 그에 앞서 같은 해 8월에 GM과 합작공장(27GWh) 투자를 발표했다. 이밖에도 국내 울산과 천안을 비롯해 말레이시아, 베트남, 중국에 생산라인을 운영 중이다. 주요 고객사는 BMW, 스텔란티스, 폭스바겐, 리비안 등인데, 이들이 출시하는 프리미엄 차량 중심으로 배터리를 공급하고 있다.

삼성SDI는 보수적인 증설 투자 기조, 유럽에 편중된 매출 비중으로 증시에서 경쟁사 대비 저평가를 받아왔다. 삼성SDI는 유럽 국가들의 보조금 폐지 등에 따른 전기차 판매 둔화로 유럽향 매출 비중이 2022년 60%에서 2024년 2분기 기준 47%로 줄어들자 미국 지역으로의 방향 전환에 나섰다. GM과의 미국 합작 투자 및 스텔란티스 JV 조기가동으로 실적 반등이 예상된다.

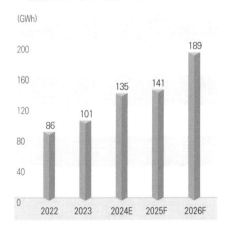

▼ 삼성SDI 배터리 CAPA

(GWh)

2022	2023	2024E	2025F	2026F
86	101	135	141	189

▼ 삼성SDI 소재 납품업체

양극재	에코프로비엠
알루미늄박	롯데알미늄
흑연음극재	BTR, Mitsubishi 등
실리콘음극재	한솔케미칼 등
CNT도전재	나노신소재, 동진쎄미켐, 자체 분산기술 개발
동박	SK넥실리스, 롯데에너지머티리얼즈
분리막	WCP, Asahi Kasei, Toray 등
전해액	동화일렉트로라이트, 솔브레인 등

자료 : DB금융투자증권

▶ 배터리 4대 핵심 소재

[양극재]
- 배터리의 주요 성능은 에너지밀도에 의해 결정.
- 양극재는 에너지밀도 향상에 가장 중요한 소재.
- 배터리 성능은 양극재 개발 수준이 좌우.
- 배터리 소재 원가 비중이 가장 높은 고부가가치 시장.

[음극재]
- 배터리 충전시 리튬이온을 저장하는 역할.
- 배터리 수명과 충전 속도에 관여.
- 고가의 인조흑연이 긴 수명, 고출력에 유리.
- 차세대 소재인 실리콘음극재 성능 탁월.

[전해액]
- 양극과 음극의 리튬이온 이동 통로 제공하는 매개체.
- 전해질(45%)과 첨가제(35%)로 구성.
- 전해질 소재 중 높은 이온전도도와 안정성 갖춘 'LiPF6' 선호.
- 전기차 배터리 화재사고 방지 위해 첨가제 역할 중요.

[분리막]
- 배터리 안전성 위한 핵심 소재.
- 양극과 음극이 만나지 않도록 가로막는 역할.
- 배터리 용량, 출력, 수명, 고속충전에 관여.
- 건식보다는 습식 선호.

배터리 핵심 소재별 주요 종목

▶ 배터리셀

종목	매출액(억 원)		영업이익(억 원)		ROE(%)		PBR(배)	
	2024	2025	2024	2025	2024	2025	2024	2025
LG에너지솔루션	27조6,901	35조9,961	1조6,471	4조2,950	5.0	11.8	3.9	3.6
삼성SDI	20조0,710	24조8,941	1조2,631	2조2,880	6.9	9.6	1.2	1.1
SK이노베이션 (연결기준)	77조3,831	80조7,671	1조8,740	3조4,521	0.6	5.2	0.7	0.7
CATL(중국)	74조4,660	87조8,280	11조2,710	13조2,680	22.9	22.8	3.7	3.1
BYD(중국)	139조8,520	167조9,130	8조0,560	10조2,560	22.6	23.1	4.4	3.6

▶ 양극재

종목	매출액(억 원)		영업이익(억 원)		ROE(%)		PBR(배)	
	2024	2025	2024	2025	2024	2025	2024	2025
에코프로비엠	3조9,730	6조5,221	660	3,361	-0.2	11.8	12.4	10.9
엘앤에프	2조7,490	4조3,761	-2,910	1,910	-23.2	10.6	4.0	3.6
코스모신소재	8,901	2조1,301	380	1,120	6.8	17.5	7.8	6.6
LG화학(연결기준)	51조8,710	62조7,360	2조2,420	4조6,010	3.7	7.3	0.8	0.7
스미토모(일본)	13조2,130	14조6,510	7,190	9,210	3.4	5.0	0.6	0.8
유미코아(벨기에)	5조4,280	5조5,390	6,870	7,010	-12.4	10.7	0.9	1.1

▶ 전해질(액)

종목	매출액(억 원)		영업이익(억 원)		ROE(%)		PBR(배)	
	2024	2025	2024	2025	2024	2025	2024	2025
엔켐	9,830	1조2,290	871	1,080	18.8	23.1	16.2	12.9
솔브레인	8,693	9,657	1,761	1,825	16.2	14.5	1.4	1.2
동화기업	9,570	1조0,853	282	709	2.4	5.7	0.6	0.5
후성	5,171	6,252	−71	410	−3.8	5.8	1.9	1.8
천보	1,867	2,950	−301	213	−15.8	−0.2	2.5	2.4
우베(일본)	4조2,801	4조7,160	2,050	2,481	7.5	7.1	0.6	0.9
캡켐(중국)	1조5,801	2조,0051	2,430	3,371	11.1	13.6	2.3	2.1

▶ 분리막

종목	매출액(억 원)		영업이익(억 원)		ROE(%)		PBR(배)	
	2024	2025	2024	2025	2024	2025	2024	2025
SK 아이이테크놀로지	3,950	7,941	−1,441	600	−5.1	2.2	1.1	1.0
더블유씨피	4,090	4,901	161	492	1.5	4.3	0.8	0.9
창신신소재(중국)	2조2,510	2조7,611	2,611	3,780	3.1	4.5	0.9	0.7
중차이과기(중국)	4조9,271	5조5,730	4,220	5,080	6.3	7.4	0.8	0.7
아사히카세이(일본)	25조4,580	27조9,021	1조2,870	1조7,830	2.5	6.1	0.8	0.9
도레이인더스트리 (일본)	22조5,301	24조5,460	5,270	1조2,321	1.3	4.6	0.7	0.6

▶ 동박 / 전구체

종목	매출액(억 원)		영업이익(억 원)		ROE(%)		PBR(배)	
	2024	2025	2024	2025	2024	2025	2024	2025
SKC(연결기준)	2조0,250	2조9,271	−1,540	1,291	−7.1	−1.3	3.6	3.8
롯데 에너지머티리얼즈	1조0,490	1조2,651	260	831	1.3	3.2	1.3	1.5
솔루스첨단소재	6,030	8,181	−260	411	−2.5	2.1	1.9	1.7
에코프로머티리얼즈	6,002	1조2,911	30	711	0.4	6.0	7.5	7.3

223

16 차부품/자율주행, 타이어

📊 **투자포인트**

- 현대차·기아 주가와 동행하는 차부품 대장주
- 로보택시 상용화에 따른 자율주행 수혜주
- 고인치 및 전기차용 타이어 수요 증가로 국내 타이어 3사 이익 반등

📊 **체크포인트**

- 전기차 캐즘 불확실성 및 차부품 및 타이어 업황에 미칠 효과
- 자율주행의 성장성을 저격하는 롱테일 리스크
- 천연고무 가격 및 해상운임지수 상승에 따른 타이어 3사의 마진률 하락

최선호주 현대위아, 현대모비스, 한국타이어앤테크놀로지

국내 차부품 업체들의 핵심 납품처는 단연 현대차·기아다. 차부품 업체 전체 매출 가운데 대략 70%가 현대차·기아에서 발생한다. 해외 브랜드향 매출 비중은 30% 안팎에 불과하다.

상황이 이러하다 보니 현대차·기아의 매출원가를 포함한 비용 정책은 국내 차부품 업황을 좌우한다. 전·후방 산업 간의 관계가 매우 밀접하다는 얘기다. 다만 현대차·기아의 비용 절감이 무조건 차부품 납품사의 수익성 악화로 이어지는 건 아니다. 일반적으로 현대차·기아가 매출원가를 줄이는 비용 개선책을 강화할 경우, 차부품 납품사들이 공급단가 인하 압력을 받아 이익이 줄어들 거라고 생각하기 쉽다. 현대차·기아의 총매출이익률(GPM)이 올라가면 차부품 납품사들의 영업이익률(OPM)이 떨어질 거라는 판단에서다.

그런데 현대차·기아의 총매출이익률이 상승하는 이유가 반드시 부품단가

하락 때문만은 아니다. 실제로 현대차·기아의 매출원가 절감은 운임비용이나 원재료 부담 완화에 의한 경우가 적지 않다. 아울러 인건비 등 고정비 절감 효과도 상당하다. 수출 비중이 높은 현대차·기아로서는 고환율에 따른 이익률 상승 폭도 무시할 수 없다.

현대차·기아 납품사들의 실적은 어떤 사업을 주력으로 영위하느냐에 따라 차이가 크다. 가령 판매실적이 좋은 차종의 핵심부품 납품사 및 전동화 추세에 맞춰 설비라인을 갖춘 납품사는 실적 개선세가 뚜렷하다. 엔진 및 구동계를 납품하는 현대위아는 현대차·기아의 중·대형 SUV 판매 증가 효과를 톡톡히 누리고 있다. 무엇보다 전기차 수요에 맞춰 통합 열관리 부품을 상용화해 현대차·기아의 전동화 공정 개선에 따른 수혜가 예상된다. 현대차·기아의 전동화 공정 개선은 전기차 및 자율주행을 위해 반드시 갖춰야 할 통과의례다. 현대차·기아의 전동화 공정에 최적화된 납품사일수록 수주 입지가 견고하다.

▶ 현대위아 통합관리 모듈

현대위아는 통합 열관리 라인업에서 2027년 연매출 1조 원 달성이 예상된다. 코나EV, 아이오닉6, EV6, EV9 등으로 적용범위가 확대되고 있기 때문이다. 통합 열관리 모듈 CPV가 100만 원 초·중반 수준인 점을 감안하건대, 화석연료차 엔진 매출 감소분을 충분히 상쇄할 전망이다.

열관리 모듈 배치 　　　　리저버 탱크 중심 부품 통합

현대차·기아 전동화 공정의 최대 수혜 차부품주

궁극적으로 현대차·기아의 매출총이익률과 해당 납품사의 영업이익률은 동행한다. 현대차·기아와 주력 납품사 간의 주가 역시 마찬가지다. 우리나라는 물론 미국과 일본의 자동차 섹터에서도 흔히 나타나는 현상이다. 다만 2024년 들어 현대차·기아의 YTD 수익률이 10%를 웃돈 데 반해 차부품주 수익률은 3% 상승에 그쳤다. 이는 차부품 업황의 문제라기보다는 현대차·기아의 주주 친화정책 및 고환율에 따른 영향이 크다.

일반적으로 차부품 업체의 실적은 완성차 물량(Q)에 밀접한 영향을 받는데, 그 중에서도 특히 신차의 종류 및 전기차 출시가 중요하다. 전체적인 물량보다는 구체적으로 어떤 차종이 증감했는지를 체크해야 하는 이유가 여기에 있다. 가령 SUV 및 전기차 판매가 늘었다면 4륜구동과 전동화 공정에 최적화된 차

▶ 현대차·기아 주가 및 국내 차부품주 동행 추이

현대차·기아와 주력 납품사의 주가는 대체로 동행해 왔다. 이는 미국과 일본의 자동차 섹터에서도 흔히 나타나는 현상이다. 다만 2024년 들어 현대차 기아의 주가 상승에 차부품주가 동행하지 못한 것은 업황의 문제라기보다는 현대차그룹의 인도법인 현지 상장, 주주환원 정책 및 고환율에 따른 현상으로 해석된다.

현대·기아차 주가

차부품사 주가 (차부품주 : 현대모비스, 현대위아, 한온시스템, 에이치엘만도, 에스엘)

자료 : 대신증권

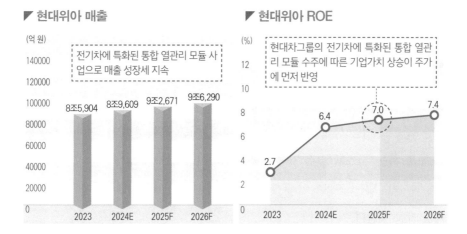

▼ 현대위아 매출

(억 원)

전기차에 특화된 통합 열관리 모듈 사업으로 매출 성장세 지속

8조5,904　8조9,609　9조2,671　9조6,290

2023　2024E　2025F　2026F

▼ 현대위아 ROE

(%)

현대차그룹의 전기차에 특화된 통합 열관리 모듈 수주에 따른 기업가치 상승이 주가에 먼저 반영

2.7　6.4　7.0　7.4

2023　2024E　2025F　2026F

부품 업체의 실적 및 주가 상승이 예상된다.

　이러한 조건을 충족하는 차부품주가 바로 현대위아다. 현대위아의 매출 비중은 엔진 70%, 구동계 30%로 나뉜다. 엔진 매출 비중이 크다보니 현대차·기아의 화석연료차 판매량 둔화에 따른 실적 부담은 불가피하다. 다만 전기차 공정에 특화된 통합 열관리 모듈 사업의 성장성이 향후 화석연료차 엔진 매출 감소분을 충분히 상쇄할 전망이다. 현재 통합 열관리 사업 매출규모는 미미하지만, 앞으로 냉각수 부품에서 통합 열관리 부품으로 수주 범위 확대가 예상된다. 특히 기아 PBV가 출시되는 2025년 하반기부터 통합 열관리 부문 매출 성장세가 뚜렷해질 전망이다.

　전기차 캐즘 영향으로 전동화 관련 투자가 다소 주춤하고 있지만, 2025년 상반기를 전후로 현대차그룹 차세대 전기차 플랫폼(승용 eM 플랫폼)에 대한 통합 열관리 부품 수주가 본격화될 것으로 예상된다. 현대위아의 직접적인 매출 기여는 2027년부터 나타나겠지만, 이로 인한 기업가치 상승 효과가 주가에 먼저 반영될 전망이다.

롱테일에 발목 잡힌 자율주행의 투자가치

차부품 산업의 미래는 자율주행으로 모아진다. 자율주행이란 센서나 GPS 등을 통해 차량 및 주변 상황을 '인식(Perception)'하고, 인식한 정보를 바탕으로 조향·속도·제동 등을 '판단(Decision)'하며, 이를 통해 차량을 '제어 및 구동(Control)'하는 시스템이다. 자율주행을 위해서는 반도체(칩)와 센서(카메라/레이더/라이다) 및 소프트웨어 운영체제(OS)가 차체인 하드웨어와 유기적인 조화를 이뤄야 한다.

자율주행은 단계별로 구분되는데, 일반적으로 '레벨3'부터 진정한 의미에서의 자율주행으로 본다. 레벨3은 포장도로에서 부분적으로 이뤄지는 수준으로 운전자는 특정 상황에서 필요한 경우에만 개입한다. 레벨3부터는 안전사고에 대한 책임 소재가 운전자에서 자율주행 시스템 개발자로 넘어간다. 이어 레벨4부터는 예외적인 경우를 제외하면 운전자가 주행에 개입하지 않는다. 완전

▼ **자율주행 글로벌 시장규모**

자료 : 블룸버그

228

자율주행인 레벨5에서는 운전자가 작동하는 조향 및 페달 장치마저 제거된다.

레벨3 이상의 본격적인 자율주행 시스템에서 가장 의미 있는 기술을 선보인 회사는 구글이다. 2016년 자회사 웨이모(Waymo)를 설립하고 2020년 최초로 자율주행 상용화에 들어갔다.

한편 자율주행으로 증시에서 가장 의미 있는 행보를 보이는 곳은 테슬라다. 테슬라의 CEO 일론 머스크(Elon Musk)는 2025년에 미국 캘리포니아와 텍사스에서 자율주행 기반의 로보택시를 시범운영한 뒤 2026년부터 대량 생산 계획을 선언했다. 이에 앞서 지난 2024년 10월 10일(현지시간)에 로보택시 '사이버캡'(CyberCab) 시제품을 공개했다. 사이버캡 내부에는 운전대(핸들)와 페달이 없다. 레벨5에 해당하는 모델이다. 테슬라는 사이버캡이 2026년부터 대량 생

아래 이미지는 테슬라가 2024년 10월 10일에 공개한 로보택시 '사이버캡'(CyberCab) 시제품이다. 사이버캡은 스포츠카처럼 양쪽에 문이 하나씩만 달린 2도어로 구성됐다. 차량 내부에는 운전대(핸들)와 페달이 없다. 레벨5에 해당하는 모델이다. 테슬라는 사이버캡이 2026년부터 대량 상업생산에 들어가면 차 가격이 대당 3만 달러(한화 약 4,000만 원) 미만으로 낮아질 것으로 보고 있다. 이는 곧 자율주행 섹터가 실적과 주가에서 의미 있는 지표로 나타남을 의미한다.

이미지 : 테슬라

산에 들어가면 차 가격이 대당 3만 달러(약 4,000만 원) 미만으로 낮아질 것으로 보고 있다.

머스크는 로보택시를 통해 무인차량 공유 시장을 열어젖힌다는 계획이다. 로보택시를 구매한 사람은 자신이 차량을 타지 않을 때는 다른 사람에게 공유해 요금을 받을 수 있다. 테슬라와 차량 구매자가 공동으로 수익을 누리며, 로보택시의 유휴시간을 줄여 경제적 효율성을 달성하겠다는 복안이다. 머스크의 사이버캡을 앞세운 자율주행 관련 사업 계획이 미디어에 대대적으로 보도되면서 같은 달 24일(현지시간) 테슬라 주가는 무려 21.92%나 상승했다. 2013년 이래 최대 상승 폭이다.

테슬라의 로보택시가 현실화되려면 무엇보다 자율주행의 안전성이 담보되어야 한다. 자율주행의 안전성과 맞물려 제기되는 게 이른바 '롱테일(Long Tail)'이다. 롱테일이란 발생 가능성이 낮은 다수의 사건들이 통계 지표의 한쪽에 길게 분포된 현상을 가리킨다. 자율주행의 안전사고가 매우 드물게 발생하더라도 이로 인한 리스크가 대단히 클 경우 규제장벽을 넘기가 쉽지 않다.

가령 지금까지 자율주행 안정성을 담보하는 기술적 완성도가 99%까지 도달했는데 정부당국이 나머지 1%를 채울 것을 요구할 경우 그 1% 달성을 위해 그 동안 기술 개발에 소요되었던 비용만큼의 자금이 추가로 필요하다면 투자계의 반응은 차갑게 식을 수 있다. 실제로 미국 도로교통안전국(NHTSA)은 여전히 테슬라의 첨단 주행보조 소프트웨어 'FSD(Full Self Driving)'의 안전성 조사를 진행 중에 있다.

해외 증시에서 자율주행 섹터의 대장주가 테슬라와 구글(웨이모), 엔비디아(차량용 반도체칩)라면, 국내에서는 현대모비스와 카카오가 거론된다. 차부품 업계 1위 현대모비스의 미래 성장동력은 단연 자율주행이다. 현대모비스는 2024년 1월 미국 라스베이거스에서 열린 CES 2024에서 '모비온'을 공개하며 업계는 물론 대중적으로도 뜨거운 주목을 받았다. 콘셉트카가 아닌 실증차로

이미지 : 현대모비스

현대모비스가 지난 2024년 1월 미국 라스베이거스에서 열린 CES 2024에서 공개한 '모비온'. '인휠 (In-Wheel) 시스템'으로 제자리에서 360도 차체를 회전(제로-턴)하거나, 전진 및 후진 없이 가로 방 향으로 즉각 이동하는 크랩 주행이 가능하다. 모비온은 콘셉트카가 아닌 실증카로 개발되었다.

개발된 '모비온'은 차세대 전기차 구동 기술인 'E-코너시스템'을 적용했다. 모 비온은 전기차 4개의 바퀴 안에 각각 구동모터를 장착했다. 모비온은 각각의 모터 출력만큼 차체 거동을 구현하는 '인휠(In-Wheel) 시스템'이 핵심이다. 이 로써 제자리에서 360도 차체를 회전(제로-턴)하거나, 전진 및 후진 없이 가로 방향으로 즉각 이동하는 크랩 주행이 가능하다.

카카오는 비상장 자회사인 카카오모빌리티를 통해 자율주행 기술업체인 에 스더블유엠과 협업해 차량 호출 서비스인 '서울자율차'를 운영하고 있다. 서울 시에서 운영하는 자율주행 서비스 일체를 '카카오T' 앱에서 통합적으로 제공 한다.

타이어 업황을 좌우하는 핵심 키워드

자동차 조립 공정에서 마지막 방점을 찍는 부품은 타이어다. 차체에 타이어가 장착되어 최종 테스트를 마친 뒤 출고 직전 단계까지 이르면 비로소 완성차가 되는 것이다.

타이어 역시 여느 차부품들처럼 완성차와 전·후방 산업 관계를 형성하지만, 차부품 업체들과는 완전히 다른 회사들이 산업군에 포진해 있다. 가령 현대모비스나 현대위아 같은 차부품 회사들은 엔진과 구동계 등 다양한 부품들을 제조하지만 타이어로까지 사업을 확장하진 않는다. 타이어는 고무 등 원재료 수급은 물론 제조 공정 자체가 여타 차부품과 크게 다르다. 유통 채널도 마찬가

▶ **타이어 유통구조**

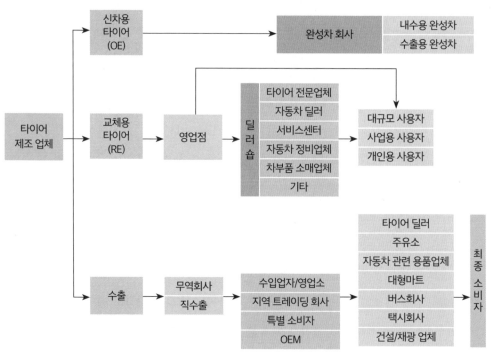

자료 : 현대차증권

232

지다. 가령 최종 소비자인 일반인 입장에서 자동차 정비소와 타이어 숍이 분리되어 있는 것과 같은 맥락이다.

타이어 시장은 크게 OE(Original Equipment, 신차용 타이어)와 RE(Repalcement Equipment, 교체용 타이어)로 나뉘는데, RE가 전체의 70%를 차지한다. OE의 최종 소비군이 완성차 회사인 반면, RE는 일반 소비층이다. OE가 완성차 업황에 영향을 받는다면, RE는 현재 운행 중인 차량의 타이어 교체주기가 중요하게 작용한다.

타이어 업체의 실적을 좌우하는 핵심 요인은, [1] 고부가가치 타이어 수요, [2] 고무 등 원재료 수급 및 가격 동향, [3] 타이어 운임 비용으로 모아진다. 이들은 'P(가격)×Q(물량) − C(비용)'으로 타이어 업체의 수익성을 나타낸다. 대체로 [1]은 P와 Q를, [2]와 [3]은 C를 결정한다.

▶ **타이어 업체 수익성 지표**

$$P \times Q - C$$

- P : 고부가가치 타이어 수요(SUV 등 대형차용 타이어, 전기차용 타이어)
- Q : 완성차 판매량 및 타이어 교체주기
- C : 고무 수급 및 가격, 운임 비용, 환경·지정학적 영향

타이어 업체로서는 일단 전방 산업인 완성차 시장이 관건이지만, 그 못지않게 고부가가치 타이어 수요도 중요하다. 고부가가치 타이어란 일반적으로 18인치 이상 고인치 타이어 및 전기차용 타이어를 가리킨다. 타이어는 규격이 일정 수준 이상이면 가격 차이가 크게 벌어진다. 가령 17인치 이하 타이어와 18인치 이상 타이어의 평균 소매가격 차이는 대략 2.5배를 웃돈다. 고부가

일반 타이어
14만3,501원

고성능 타이어
17만2,670원

전기차용 타이어
17만6,000원

한국타이어 19인치 2024년 10월 판매가 기준

가치 타이어는 비싼 만큼 매출총이익이 높게 나타난다. 매출총이익은 매출액에서 매출원가를 뺀 수치다. 글로벌 타이어 브랜드 '굿이어'의 북미 판매기준 매출총이익을 살펴보면, 17인치 이하가 타이어 1본당 10달러 수준인데 비해 18인치 이상은 타이어 1본당 28달러로 2.8배 이상 차이가 난다.

고인치 타이어만큼 중요한 게 전기차용 타이어 수요다. 전기차는 배터리와 전기모터를 탑재해 화석연료차보다 대략 300킬로그램 무거운 만큼 타이어 마모가 빠르게 진행한다. 화석연료차 타이어 교체주기는 5년 안팎인데 비해, 전기차용 타이어 교체주기는 2~3년으로 짧다. 국내 전기차 신차 등록 누적규모는 2024년 9월 기준 대략 50만 대에 이른다. 이 가운데 40%만 타이어를 교체해도 20만 대만큼의 전기차용 타이어 수요가 발생한다.

이에 따라 한국타이어앤테크놀로지, 금호타이어, 넥센타이어 등 국내 타이어 '빅 3'(이하 '타이어 3사')는 2024년 전기차용 타이어 매출 목표를 전년 대비 2배 이상 높였다. 국내 타이어 업계 1위 한국타이어앤테크놀로지(이하 '한국타이어')는 전기차용 타이어 매출 비중을 2023년 10%에서 2024년 25%로 전년 대비 10% 이상 끌어올렸다. 금호타이어도 같은 기간 9%에서 16% 이상으로 늘렸다.

타이어 업체의 실적을 저해하는 것들

그런데 고부가가치 타이어 수요가 늘었다고 해서 무조건 타이어 업체의 수익이 향상되는 건 아니다. 원재료 및 운임 비용이라는 변수를 체크해야만 한다. 타이어 원재료 비중은 천연고무, 합성고무, 카본블랙이 대부분을 차지한다. 해외에서 전량을 수입하는 천연고무는 현지 원자재 가격에 따라 민감하게 반응한다. 합성고무와 카본블랙은 원유를 통해 제조하기 때문에 유가가 중요하다.

타이어 3사가 2024년 2분기에 사상 최대 분기실적을 기록했다가 갑자기 3분기 들어 성장세가 꺾였던 것도 천연고무 가격이 치솟았기 때문이다. 타이어 무게의 20~40%를 차지하는 천연고무의 수급이 불안정해지는 순간 가격이 급등한다. 한국수입협회 국제원자재가격정보에 따르면, 2024년 8월 기준 천연고무 가격은 1톤당 2,483.75달러로 전년 동기 대비 무려 62.8%나 올랐다. P와 Q가 모두 양호했지만, C가 발목을 잡은 셈이다.

타이어 업황에 원재료만큼 중요한 비용 변수로 해상운송비가 있다. 타이어 3사의 발주처인 현대차·기아의 생산라인 및 판매거점이 전 세계에 포진해 있

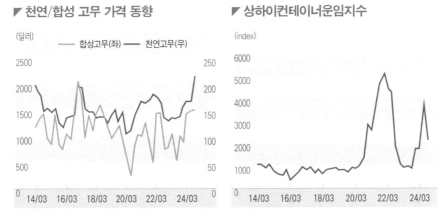

▶ 천연/합성 고무 가격 동향

(달러)　　── 합성고무(좌) ── 천연고무(우)

▶ 상하이컨테이너운임지수

(index)

2024년 3월 이후 급등한 천연/합성 고무 가격 및 해상운송비 상승 부담이 타이어 3사의 3분기 실적에 반영되면서 영업이익이 하락세로 돌아섰다.

자료 : 블룸버그

는 만큼 해상운송비 부담이 적지 않다. 상하이컨테이너운임지수(SCFI) 등 국제 해운지수의 변동 추이를 유심히 살펴야 하는 이유다.

타이어 3사는 해상운송 물류 부담을 줄이기 위해 거점별 생산라인 확충에 적극 나서고 있다. 한국타이어는 중국, 미국, 헝가리, 인도 등 권역별 현지 생산 체계를 구축했고, 금호타이어는 베트남 공장을 증설했다(1,250만 본). 넥센타이어도 체코 2공장 증설(1,100만 본)을 통해 북미/유럽 등 주력 시장 수요에 대응하고 있다.

타이어 업계 최선호주로는 업계 1위 한국타이어가 꼽힌다. 한국타이어는 타이어 섹터의 투자포인트인 [1] 고인치 및 전기차용 타이어 판매 호조 및 [2] 해외 거점 생산라인 확충에 따른 가장 확실한 수혜 종목인 만큼 타이어 업황의 호재를 모두 흡수한다.

다만 한국타이어는 투자포인트 못지않게 체크포인트도 주의 깊게 살펴야 한다. 고인치 및 전기차용 타이어의 매출 비중 증가는 한국타이어의 실적 개선 효과를 분명히 가져다 줄 전망이다. 다만 원자재 및 운임 가격 인상으로 마진 폭이 줄어들 수도 있음을 간과하지 말아야 한다.

무엇보다 한국타이어는 2025년에 3조 원 가까운 지출 계획이 잡혀 있는 데, 경영상 적지 않은 부담으로 작용할 수 있다. 한온시스템 인수 계약이 체결될 경우 약 1조8,000억 원의 인수 대금이 필요하다. 이어서 미국 테네시와 헝가리 공장 증설에 대략 1조 원 이상의 설비투자 비용이 들어갈 예정이다.

업계에서는 해외 설비투자 보다는 한온시스템 인수에 대한 우려의 목소리가 높다. 한국타이어의 자금력과 한온시스템의 기술력이 시너지를 낼 수 있을지에 대한 의구심 탓이다. 한온시스템은 차량용 열관리(공조) 부문에서 일본 덴소에 이어 글로벌 시장점유율 2위를 차지한다. 파워트레인 쿨링, 컴프레서, 열교환기, 전자 유압 등 열관리 제품을 생산한다. 그런데 사업적인 측면에서 한국타이어와 교집합을 찾기가 쉽지 않다. 타이어와 공조 분야 사이에 마땅한 연

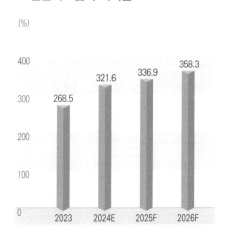

▶ 한온시스템 부채비율

(%)

- 400
- 300
- 200
- 100
- 0

2023	2024E	2025F	2026F
268.5	321.6	336.9	358.3

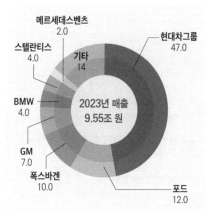

▶ 한온시스템 고객사 매출 비중

단위 : %

메르세데스벤츠 2.0
스텔란티스 4.0
기타 14
현대차그룹 47.0
BMW 4.0
2023년 매출 9.55조 원
GM 7.0
폭스바겐 10.0
포드 12.0

자료 : 한온시스템, 삼성증권

결고리가 떠오르지 않는다는 얘기다.

걱정스런 대목은 더 있다. 2024년에 악화된 한온시스템의 실적이다. 한온시스템의 같은 해 2분기 영업이익은 전년 동기 대비 50%나 감소했다. 한온시스템 부채비율은 같은 해 1분기 기준 282%에 이른다. 이처럼 한온시스템이 실적 부진에 빠진 원인은 전기차 캐즘 탓이다. 전기차 판매가 줄어들면서 주력 사업인 열관리 솔루션 실적에 직격탄을 맞은 것이다.

전기차 캐즘 고비를 넘기면 한온시스템의 실적은 회복국면에 들어가겠지만, 자칫 침체가 길어질 경우 한국타이어 입장에서는 '승자의 저주'에 빠질 수도 있다. 가령 한온시스템 매출에서 현대차그룹 비중이 높은데, 현대차그룹이 열관리 부품 자체 생산(내재화)에 나설 경우 한온시스템의 실적 회복이 더뎌지면서 한국타이어의 기업가치에 악재가 될 가능성을 배제할 수 없다.

17 조선, 해운

조선업은 전방 산업인 해운업과 밀접하다. 조선업은 해운사들의 발주가 늘어날수록 호황을 누리기 때문이다. 그런 까닭에 증시에서 해운과 조선은 종종 함께 다뤄지곤 하지만 둘은 엄연히 다르다. 해운은 다량의 물건이나 가스·원유 혹은 원자재 등을 거대한 선박에 실어 나르는 '운송업'이고, 조선은 그 선박을 건조하는 '중공업'이다. 다만 조선과 해운 업계는 선박이라는 교집합을 통해 서로 적지 않은 영향을 주고받는다.

조선업은 호황과 불황을 주기적으로 반복하는 대표적인 사이클 산업이다. 1980년대 이후 글로벌 조선 업계에는 두 차례의 슈퍼 사이클(초호황)이 있었다. 냉전 시대가 종식되면서 국제 교역이 활발해지던 1986년부터 1990년까지 5년간을 1차 슈퍼 사이클로 본다. 이후 걸프전에서 911 테러까지 대략 10여 년 동안 불안한 국제 정세로 침체를 겪다가 중국이 WTO에 가입한 이듬해인

2002년부터 글로벌 금융위기가 터지기 직전인 2008년까지를 2차 슈퍼 사이클로 본다.

　두 차례의 초호황기에서 특히 중요한 변곡점은 중국이 WTO에 가입한 2001년 전후다. 중국 대륙의 어마무시한 인구가 쓰나미급 수요/공급의 파고를 일으켜 해상 물동량이 급증했다. 전 세계 조선사들의 야드(Yard, 선박건조장)는 몰려든 수주로 빈 곳을 찾아볼 수가 없었다. 그리고 다시 그로부터 25년 가까운 세월이 흘렸다.

　25년은 조선 업계에 의미가 깊다. 바로 선박의 평균 수명이기 때문이다. 지난 25년 전부터 수주받아 건조되었던 선박들이 노후화되면서 2025년을 기점으로 순차적으로 교체시기를 맞게 된 것이다. 조선과 해운 시황을 전문으로 분석하는 시장조사기관 영국의 클락슨이 2025년 이후 글로벌 조선 업황의 '3차 슈퍼 사이클' 도래를 예측하는 이유가 여기에 있다.

▶ 글로벌 조선 업황 사이클

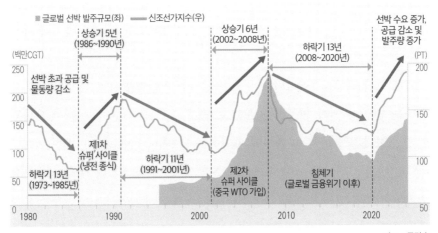

자료 : 클락슨

조선업의 3차 슈퍼 사이클을 이끄는 3가지 포인트

중요한 건 조선 업황의 3차 슈퍼 사이클이 단지 선박 노후화의 교체주기에 따른 것만이 아니라는 사실이다. 탄소중립 과제가 조선과 해운 산업에까지 적지 않은 영향을 미치면서 국제해사기구(이하 'IMO')가 친환경 선박으로의 대대적인 교체를 요구하고 나선 것이다. 기존 상당수 선박들은 벙커C유 계열인 고유황 선박연유(HSFO)를 연료로 사용하는데, HSFO에는 산성비를 유발하는 황산화물 함유량이 매우 높아 탄소중립에 역행한다는 비판을 받아왔다. 이에 따라 IMO는 2023년에 선박에너지효율지수(EEXI) 및 선박탄소집약도지수(CII)를 마련해 탄소배출 규제를 강화하고 나섰다.

EEXI는 화물 1톤을 1마일 운송하는 데 배출되는 이산화탄소량을 지수화한 것이다. 선박의 출력과 중량에 맞춰 계산하는 EEXI를 검증받고, 기준을 충족하면 발급받는 국제에너지효율증서(IEEC)를 선내에 비치해야 운항할 수 있다. 2024년에는 1999~2009년 건조된 선박의 에너지 효율 기준값 대비 이산화탄소 배출량을 20% 감축해야 했는데, 2025년 이후부터는 30%의 감축률이 적용된다.

CII는 5,000GT(총톤수) 이상인 선박을 대상으로 매기는 탄소배출량 등급이다. 1년간의 운항 정보를 바탕으로 배출량을 A~E등급으로 평가하는데, E등급을 받거나 3년 연속 D등급을 받는 선박은 시정계획(CAP)을 승인받기 전까지 운항하지 못한다.

이에 따라 해운사들은 IMO가 요구하는 기준에 부합하는 대체연료를 사용하는 친환경 선박 발주를 서두르고 있다. 2024년 3분기 기준 조선사들이 수주한 선박 246척 중 절반에 해당하는 122척이 LNG(36%), 메탄올(9%), LPG(4%), 암모니아(1%) 등 대체연료 추진 선박으로 집계됐다. 이러한 친환경 선박의 건조비는 기존 선박 대비 10~20% 높게 거래되면서 신조선가 상승을 주도하고 있다. 선종별로는 컨테이너선이 2024년 10월 기준 전년 동월 대비

23% 상승했고, 벌크선은 19%, LPG선은 12% 올랐다.

전 세계 조선소가 2차 슈퍼 사이클이 마무리된 2008년에 비해 절반으로 줄어든 점도 신조선가 상승의 주요 원인으로 꼽힌다. 신조선가가 최고점을 찍었던 2008년에는 전 세계에 조선소가 320여 곳 있었지만, 2024년에는 150여 곳에 불과하다. 이처럼 조선소가 크게 줄어 건조가 더뎌질수록 신조선가는 상승할 수밖에 없다. 가령 2024년 10월에 수주받은 대형 LNG운반선의 인도시점은 빨라야 2028년이다. 글로벌 조선사들의 슬롯은 이미 포화상태에 이르렀다. 조선 업황이 공급자인 조선사 우위 시장으로 돌아선 것이다.

투자적 관점에서 궁금한 건 3차 슈퍼 사이클이 언제까지 이어질 지다. 지금이 조선주 매수시기라면 매도시기 역시 놓치지 말아야 하기 때문이다. 슈퍼 사이클은 국내 커버리지 조선사(HD한국조선해양, 삼성중공업, 한화오션)의 수주잔고(백로그, Backlog)와 연결된다. 대형 상선은 설계부터 인도까지 평균 2년이 소요된다. 조선사가 꾸준히 수주잔고를 쌓아야 하는 이유다. 수주잔고가 2년 이하로 떨어질 경우 다시 수주잔고를 채워놓지 않으면 조선사는 2년 뒤 매출 공백이 생긴다. 업계에서는 지금처럼 야드 쇼티지(Yard Shortage, 선박 건조 부족)가

▼ **국내 조선 3사 수주잔고 vs. 신조선가지수**

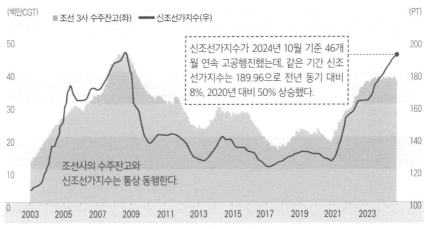

자료 : 클락슨

장기화될 경우 국내 커버리지 조선사 기준으로 3년치 이상의 풍부한 수주잔고를 유지할 것으로 보고 있다.

변수는 후판 가격이다. 후판은 선박 건조에 사용되는 두께 6mm 이상의 두꺼운 철판으로, 선박 자재비의 40%, 원가의 20%를 차지할 만큼 비중이 높다. 후판 가격이 오를수록 조선사의 비용 부담이 커져 마진이 줄어든다. 후판 공급은 철강사 몫이다. 조선 업계와 철강 업계는 후판 가격을 두고 늘 치열하게 대치한다. 유리한 쪽은 조선 업계다. 중국산 후판이 있기 때문이다. 중국산 후판의 수입 가격은 국내산보다 15% 가량 저렴하다. 국내 철강사들이 중국산 철강에 반덤핑 관세 부과를 정부당국에 요구하는 까닭이다. 다만 최근 중국의 경기 부양책으로 중국산 원자재 가격이 전반적으로 상승한 만큼 후판 가격 인상은 불가피하다.

업계에서는 최고치를 경신하는 신조선가가 후판 가격 인상을 충분히 상쇄할 것으로 보고 있다. 클락슨에 따르면 신조선가지수가 2024년 10월 기준 46개월 연속 고공행진 중이다. 같은 기간 신조선가지수는 189.96으로 전년 동기 대비 8%, 2020년 대비 50% 상승했다.

정리하건대 글로벌 조선 업황의 3차 슈퍼 사이클을 이끄는 핵심 포인트는, [1] 선박 평균 수명(25년) 경과에 따른 노후화 교체주기 도래와 신조선가 상승을 이끄는 [2] 친환경 선박으로의 전환 및 [3] 전 세계 조선소 사업장 감소에 따른 수주 포화상태다. 이 세 가지 요인이 조선 업황 사이클의 선행지표인 신조선가를 끌어올리고, 조선사의 수주잔고 기간을 3년치 이상 여유롭게 늘리고 있다.

선박의 친환경 엔진 수혜주를 찾아서

국내 조선 업계 1위는 HD현대중공업과 HD현대미포조선 및 HD삼호중공업

(비상장)을 자회사로 거느린 HD한국조선해양이다. 이 중에서 자회사 HD현대미포조선이 최선호주로 꼽힌다. 2024년 3분기 기준 57억 달러를 수주해 이미 같은 해 수주 목표(31억 달러)의 184%를 달성했다. 주력 선종이자 고선가인 P/C선(Product Carrier, 석유화학제품 운반선)의 높은 수주가 돋보인다. 같은 기간까지 총 62척의 P/C선을 수주

▼ HD한국조선해양 자회사 조선사 수주실적

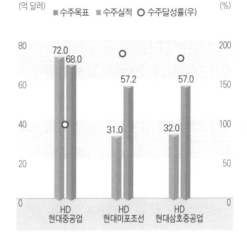
(억 달러) ■ 수주목표 ■ 수주실적 ○ 수주달성률(우) (%)

해 2007년 65척 수주 기록을 넘어설 것이 확실시된다(역대 최고 수주는 2013년 135척).

투자적 관점에서는 선박의 엔진 부문을 주목할 필요가 있다. 엔진은 전체 선박 가격의 15%를 차지할 만큼 핵심 부품이다. 현재 선박의 엔진 시장은 친환경 규제에 대응해 'DF(Dual Fuel) 엔진'을 중심으로 수주가 이뤄지고 있다. DF 엔진은 디젤과 LNG, 또는 LNG와 메탄올, LNG와 암모니아 등 두 가지 연료로 구동이 가능한 엔진이다.

당분간 선박의 연료는 LNG 비중이 높아질 전망이다. LNG는 벙커C유에 비해 황산화물과 이산화탄소 배출량이 저감된다. 다만 LNG 역시 화석연료를 기반으로 하기 때문에 장기적으로는 메탄올이나 암모니아 연료로 대체될 것으로 예상된다. 클락슨에 따르면, 전체 선대 중 LNG DF 엔진으로 교체된 비율은 약 6%에 불과하다(2023년 기준). 하지만 신규 선박의 45%가 LNG DF 엔진으로 교체되고 있어 성장 속도가 빠르다.

엔진 수주는 조선사가 수주 받은 시점부터 6개월 안에 이뤄진다. 이후 약 2년여에 걸쳐 제작이 진행되어 조선사가 선박을 인도하기 57개월 전에 엔진

을 납품한다. 엔진의 가격은 조선사에 납품할 당시의 가격이 반영되는데, 엔진 업체가 수주 받은 뒤 신조선가가 상승할 경우 엔진 업체의 평균 판매단가(ASP)도 올라간다. 따라서 주요 선행지표인 신조선가가 지속적으로 상승할 경우 엔진 업체들의 마진 역시 개선될 가능성이 높다.

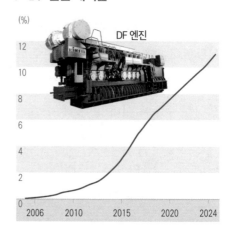

▼ DF 엔진 채택률

국내 엔진 업체 중에서는 대형 선박의 저속 친환경 엔진을 제조 및 납품하는 한화엔진이 돋보인다. 저속 엔진 부문 글로벌 시장점유율 2위를 영위하는 한화엔진은 수주잔고 중 70%가 친환경 LNG DF 엔진이 차지한다. 총 2조6,000억 원의 수주잔고 가운데 1조9,000억 원이 한화오션과 삼성중공업향이다(2024년 2분기 기준). 2024년 3분기 매출액이 전년 동기 대비 56% 이상 오르면서 연간 매출액 1조 원 달성이 예상된다. 2025년에는 단가 인상 효과로 수주 대비 매출액 비율이 1.42를 차지해, 영업이익이 전년 대비 40% 이상 급증할 것으로 예상된다.

선박 엔진 시장에서 한화엔진과 맞불을 놓은 곳은 HD현대마린엔진이다. STX 계열에서 2023년 7월에 HD한국조선해양에 인수돼 최대주주가 바뀌면서 사명도 HD현대마린엔진으로 변경했다. HD현대중공업과 HD현대미포조선, HD삼호중공업을 뒷배로 안정적인 실적 시현이 예상된다.

수년 째 역대급 호황을 누려온 선종

후방 산업인 조선업이 슈퍼 사이클이니 전방 산업인 해운업은 당연히 호황일 거라고 생각하면 오산이다. 조선사와 해운사는 실적에서 이해관계가 엇갈리는 경우가 적지 않다. 가령 선박 노후화에 따른 교체주기가 도래하면 수주사인 조선사의 매출이 증가하는 반면, 발주사인 해운사는 비용 부담이 커진다. IMO의 친환경 규제 이슈도 마찬가지다. 조선사 입장에선 신조선가가 비싼 친환경 선박 수주로 이어지지만, 해운사에게는 역시 비용 상승 요인으로 작용한다.

조선이 사이클 산업이라면 해운은 경기민감 업종이다. 해운 업황의 좋고 나쁨은 물동량과 운임지수로 나타난다. 글로벌 경기가 살아나 국제 교역이 활발해지면 물동량이 늘고 운임도 올라간다.

해운사의 선종은 적재화물에 따라 벌크선, 컨테이너선, 탱크선, 가스선으로 구분된다. 벌크선은 주로 석탄과 철광석, 곡물 등을 적재하고, 컨테이너선은 가전과 섬유, 타이어 등을 싣는다. 탱크선은 원유를, 가스선은 LNG와 LPG를 운송한다. 물동량 비중은 벌크선(47%), 탱크선(28%), 컨테이너선(17%), 가스선(4%) 순이다. 운임지수는 크게 벌크운임지수(BDI)와 상하이컨테이너운임지수(SCFI)로 표시되면서 그때그때 해운 시황을 나타낸다.

벌크운임지수는 코로나19가 창궐하던 2021년 한때 5,600pt를 상회할 정도

▶ 벌크운임지수

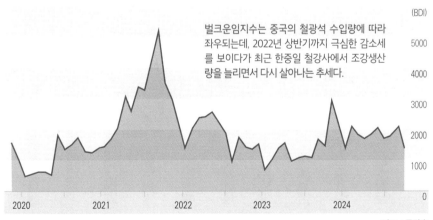

벌크운임지수는 중국의 철광석 수입량에 따라 좌우되는데, 2022년 상반기까지 극심한 감소세를 보이다가 최근 한중일 철강사에서 조강생산량을 늘리면서 다시 살아나는 추세다.

자료 : 클락슨

로 고공행진을 이어간 적도 있지만, 2024년 10월 기준 1,500pt 언저리까지 떨어졌다. 다행히 중국이 과잉 산업 구조조정을 단행했던 2015~2016년만큼 수요가 바닥을 치는 건 아니어서, 반등국면에서는 3,000pt까지 오르다가 비수기에는 1,000pt대 초반까지 떨어지기도 한다. 벌크운임지수는 중국의 철광석 수입량에 따라 좌우되는데, 2022년 상반기까지 극심한 감소세를 보이다가 최근 한중일 철강사에서 조강생산량을 늘리면서 다시 살아나는 추세다.

벌크운임지수의 상승은 벌크선의 공급 부족 때문이다. 즉 조선사의 벌크선 수주잔고가 수요에 미치지 못한다. 2024년 10월 기준 벌크선 선복량(적재화물 총량) 대비 수주잔고는 8%대로 역사상 최저 수준이다. IMO의 CII 등급에서 벌크선의 최저등급 해당 선박 비중은 대략 10%로, 높은 편이다. 현재 건조 중인 벌크선이 모두 인도되더라도 최저등급으로 분류되는 선박의 빈자리를 채울 수는 없다. 벌크선 공급 부족에 따른 벌크운임지수 상승을 기대해 볼 만 하다.

한편 컨테이너선은 앞으로도 해운사에 매우 많이 인도될 예정이다. 해운사들이 팬데믹 당시 번 돈으로 발주한 컨테이너선이 2023년부터 인도되기 시작했다. 2023년에만 350척의 컨테이너선이 인도되었는데, 선복량으로 계산하면

▶ 컨테이너선 인도 선복량 추이

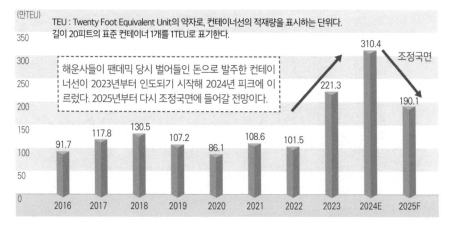

221만TEU 규모다. 지금까지 200만 TEU 규모의 컨테이너선이 인도된 적은 없었다. 2024년에는 473척의 컨테이너선이 인도될 예정인데, 300만TEU가 넘는 규모다. 2025년에는 209척(190만TEU)으로 조정될 전망이다.

국내 해운 업계 1위 HMM의 컨테이너 부문 소석률(화물적재율)을 살펴보면, 2022년 1분기를 고점으로 계속해서 하락하고 있다. 소석률이 60%대에

▼ 자동차운반선 용선료

(달러)
* 6,500CEU급 연평균 하루 용선료 기준 (2024년은 1~2월 평균)

자료 : 클락슨

머무르면 해운사가 할증운임을 부과할 수 없다. 오히려 운임을 낮춰 물동량을 늘려 소석률을 올려야 한다. 심지어 2024년에 컨테이너선 인도량이 더욱 늘어나면 운임을 더 낮춰야 하는 상황에 놓이게 된다.

이처럼 해운 시황은 선종에 따라 제각각이다. 앞으로 인도되는 선박의 공급량을 감안할 경우 컨테이너선보다 벌크선 업황이 좋을 것으로 전망된다. 그런데 벌크선보다 더 호황인 선종이 있다. 많은 투자가들이 지난 팬데믹 기간 내내 컨테이너 선사들의 시황이 역대급으로 좋았다는 건 기억하지만, 바로 그 역대급 호황을 지금까지 유지하는 선종이 존재한다는 사실은 잘 모른다. 주인공은 자동차운반선이다. 자동차운반선 운임은 코로나19 초기인 2020년 상반기 대비 11배가량 상승했다(2023년 기준). 인도와 중국을 중심으로 자동차 생산라인이 크게 늘면서 물동량이 급증한 덕분이다.

반면 자동차운반선 선복량은 여전히 부족한 상황이다. 해운사들이 뒤늦게 발주에 들어가 2024년 기준 전체 선복량의 35% 수주잔고가 있지만, 인도되는 시점이 2025년 이후부터 순차적으로 이어질 전망이다. 당분간은 수요 강세로 인해 공급자 우위 시장이 지속될 수밖에 없는 상황이다.

해운사의 실적은 선박의 투자시점에 달렸다

해운 시황은 글로벌 경기를 가늠하는 잣대가 되곤 한다. 가령 BDI와 SCFI는 글로벌 경기를 예측하는 선행지표로 활용된다. 국제통화기금(IMF)은 2025년 세계 경제가 3.2% 성장할 것으로 전망했다. 보호무역주의와 국지전 등 심화하는 지정학적 리스크는 해운업에 악재로 작용한다. 증권사들이 해운주에 대한 비중을 보수적으로 가져가도록 권고하는 이유가 여기에 있다.

국내 해운 섹터 최선호주는 현대차그룹 계열의 자동차 물류 전문기업인 현대글로비스다. 현대차, 기아, 현대모비스 등의 국내외 생산라인에서 발생하는 해상 물동량이 안정적인 실적을 보장해준다. 무엇보다 자동차운반선 공급 부족에 따른 용선료 상승효과로 해운 사업부문 영업이익이 급증할 것으로 예상된다. 특히 2024년 말을 기준으로 현대차·기아와의 기존 한국공장 생산분의 해상수송 계약이 종료되면서 신계약이 적용될 예정인데, 과거 계약에서 비정상적으로 낮게 적용된 PCTC(Pure Car and Truck Carrier, 자동차운반선) 부문 수익성이 크게 개선될 전망이다.

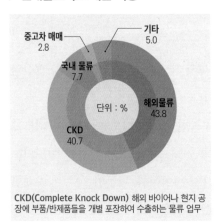

▶ 현대글로비스 매출 비중

중고차 매매 2.8
국내 물류 7.7
기타 5.0
해외물류 43.8
CKD 40.7
단위 : %

CKD(Complete Knock Down) 해외 바이어나 현지 공장에 부품/반제품들을 개별 포장하여 수출하는 물류 업무

▶ 현대글로비스 해운 사업부문 영업이익

(억 원) ( )안은 영업이익률(%)

2023: 2,921 (6.9)
2024E: 3,490 (7.3)
2025F: 8,002 (16.2)

벌크선 시황이 호전될 경우 주목할 해운사는 팬오션이다. 팬오션은 벌크선 화물 운송을 주력 사업으로 영위한다. 벌크선 시황은 중국의 상황이 중요하다. 중국 정부가 경기부양책을 통해 원자재 수요를 크게 늘릴 경우 벌크선 물동량이 급증하면서 벌크운임지수가 상승한다.

중국 정부는 2024년에 잇달아 경기부양책을 발표했지만, 철광석 수급에 대한 불확실성은 좀처럼 개선되지 않고 있다. 중국 정부의 부양책이 실제로 전방 산업의 수요 증가로 연결될지 체크할 필요가 있다. 중국 정부의 경기부양책 발표에도 불구하고 팬오션의 주가가 시큰둥한 이유가 여기에 있다. 다만 팬오션의 기업가치에 비해 주가가 저평가 국면인 건 의심할 여지가 없다. 철광석 수급 개선 등 중국 정부의 부양책 효과가 실제로 확인될 경우 주가 상승이 기대된다.

국내 해운 업계 1위 HMM은 컨테이너 화물 운송을 주력 사업으로 한다(매출 비중 82.9%). 한국산업은행(29.8%), 해양진흥공사(29.3%)가 대주주로 있으며, 2023년에 지분 매각을 시도했지만 결렬됐다. HMM의 영업이익은 2023년 5,848억 원에서 2024년 3조3,074억 원으로 급증했지만, 2025년 이후 다시 급감할 가능성이 있다. 컨테이너선 공급 과잉으로 글로벌 해운사 간 경쟁이 치열해질 수 있기 때문이다. 조선사들의 수주잔량만으로 2025년 글로벌 컨테이너선 선복량이 전년 대비 8% 가량 성장할 경우, 같은 기간 수요증가율(4.0%)을 크게 상회하게 된다.

해운사의 경쟁력은 주로 선박의 투자시점에 따라 갈린다. 선가가 낮은 시기에 선박을 많이 확보한 해운사가 원가경쟁력을 바탕으로 장기간 양호한 실적을 낸다. 그런데 신조선가가 역대 최고 수준에 근접하고 있는 현시점은 해운사에게 불리하다. 홍해 사태 등 지정학적 리스크 및 친환경 선박으로의 교체 부담도 해운사의 어깨를 무겁게 한다. 과거 중동 위기가 종료된 이후 장기 불황이 찾아왔던 사실도 부담스럽다.

18 항공

📈 **투자포인트**

- 대한항공-아시아나항공 인수·합병 이후 대한항공 밸류업
- 대한항공에서 유럽 4개 노선 이관받은 티웨이항공
- 티웨이항공 및 에어프레미아 지분 취득으로 LCC 업계에 진출한 대명소노시즌

📈 **체크포인트**

- 아시아나항공 화물운송 사업부문 인수 우선협상자 에어인천의 영업력
- 실적 개선이 주가 상승으로 이어지지 않는 항공주의 딜레마
- 환율 및 국제유가에 따른 항공사의 영업이익 변동성

최선호주 대한항공, 티웨이항공, 대명소노시즌, 인화정공

2024년 3분기 기준 국제선 여객이 전년 동기 대비 12% 이상 증가해 2,100만 명을 넘겼다. 이는 코로나19가 터지기 직전인 2019년 동기 대비 국제선 여객의 93%에 이르는 수치다. 드디어 항공 업황이 정상궤도에 진입한 걸까?

항공 업계를 들여다보면 항공사의 매출이 올랐는데도 불구하고 영업이익은 떨어진 경우를 종종 보게 된다. 실제로 대한항공은 2분기 매출이 전년 동기 대비 14% 증가한 4조237억 원으로 분기 최대치를 기록했지만, 영업이익은 같은 기간 12% 감소한 4,134억 원에 머물렀다. 당기순이익도 3,591억 원으로 전년 동기 대비 0.3% 줄며 지난 1분기에 이어 감소세를 이어갔다. 아시아나항공도 같은 기간 매출 1조7,355억 원으로 전년 동기 대비 10.6% 증가해 역대 2분기 최대 매출을 기록했지만, 312억 원의 영업손실을 감수해야 했다.

원인은 환율과 유가 상승 탓이다. 항공은 외환과 국제유가에 민감한 업종이

다. 항공기의 유류비와 리스비, 정비비 등 고정비 대부분은 달러로 지급되기 때문에 환율이 오르면 항공사의 비용 부담이 커진다. 대한항공의 경우 환율이 10원 오를 때마다 약 270억 원의 외화 평가손실이 발생한다. 유류비 또한 달러로 지급되기 때문에 환율이 오를수록 기름값 부담이 증가한다. 유류비는 항공사 전체 영업비용의 30%를 차지할 정도로 비중이 크다.

반대로 환율과 국제유가가 떨어지면 비용 부담이 완화되면서 영업이익이 증가한다. 대한항공의 유류비 부담은 환율 효과로만 2024년 상반기에 기존 예상치 대비 800억 원 가량 감소한 것으로 나타났다. 비록 2분기에는 단기적인 어려움을 겪었지만 2024년 연간 영업이익은 2조1,390억 원으로 전년 대비 19% 이상 상승할 것으로 예상된다.

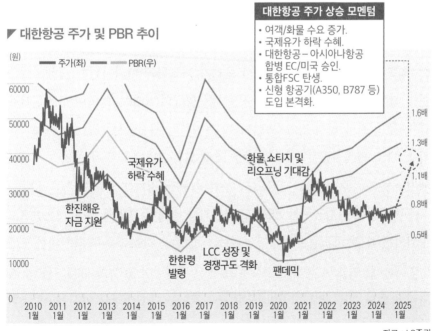

▶ 대한항공 주가 및 PBR 추이

대한항공 주가 상승 모멘텀
• 여객/화물 수요 증가.
• 국제유가 하락 수혜.
• 대한항공 – 아시아나항공 합병 EC/미국 승인.
• 통합 FSC 탄생.
• 신형 항공기(A350, B787 등) 도입 본격화.

자료 : LS증권

국제선 여객 수요가 증가하고 환율과 유가가 떨어지면 항공사 실적이 개선되는 건 당연한 수순이다. 아울러 실적이 호조를 이어가면 기업가치가 올라가면서 주가도 상승 탄력을 받는 게 보통이다. 그런데 국내 항공사의 주가는 실적 개선에 비해 영 시원치 않을 때가 적지 않다. 대장주인 대한항공의 경우 2024년 1분기에 역대급 서프라이즈 실적에도 불구하고 주가는 부진했다.

반면 글로벌 항공 시장을 지배하는 미국의 경우는 사정이 다르다. 미국의 대표적인 FSC(Full Service Carrier, 대형 항공사)인 유나이티드항공 및 델타항공의 주가를 살펴보면, 2024년 3분기 실적 발표 직후 52주 신고가를 경신했다. 업계에서는 미국 항공 대장주들의 고공행진 요인으로 국제유가 하락을 일순위로 꼽았다. 이어 프리미엄 여객운임 수요 증가세 및 적극적인 주주환원정책 등 호재들이 온전히 주가 상승을 견인하는 효과로 작용했다. 그런데 국내 항공 업종 대장주인 대한항공의 경우 실적 개선 호재들이 이어졌지만 주가 상승을 이끌지 못했다. 이유가 뭘까?

대한항공을 비롯한 국내 항공주의 근본적인 문제점은 실적보다는 투자가들의 '무관심'에 있다. 국내에서 항공 산업은 대표적인 시클리컬(Cyclical, 경기민감) 업종인 만큼 경기 둔화에 대한 우려가 과도하게 따라다닌다. 증권사들은 얼마 전까지만 해도 피크아웃 우려로 대한항공의 2024년 영업이익 컨센서스를 1.8조 원으로 낮춰 잡았지만, 3분기를 지나는 시점에서 전년 대비 20% 증가한 2.1조 원에 이르는 것으로 상향 조정했다. 그럼에도 주가는 계속 제자리에 머물렀다. 심지어 2024년 PER(주가수익비율) 추정치는 5배까지 낮아졌다.

국내 증시에서 항공주는 한 번 소외되기 시작하면 본업의 실적 개선만으로 분위기를 바꾸는 게 쉽지 않다. 투자가들의 눈길을 사로잡을 만한 거대한 모멘텀이 필요한 이유다. 2025년은 항공 업계의 변곡점이 될 만한 대형 이슈가 기다리고 있다. 바로 지난 2020년부터 추진되어온 대한항공과 아시아나항공의 인수·합병이다.

▶ 항공 업계 합종연횡

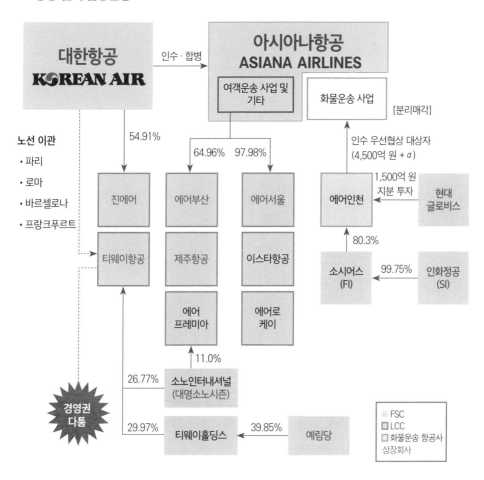

대한항공······승자의 축복 혹은 저주?

글로벌 항공 업계에는 지난 1980년대부터 무수한 인수·합병이 이뤄져왔다. 1978년 미국이 항공자율화정책을 펴면서 항공사가 난립하자 신규 항공사만 100여 곳에 달했다. 수요는 한정적인데 공급이 넘치다보니 다시 공급을 줄여야만 했다. 항공사들 간에 인수·합병을 통한 합종연횡이 시작된 것이다.

글로벌 항공사들의 인수·합병 중 대표적인 성공 사례로는 '델타항공-노스웨스트'가 꼽힌다. 유럽에서는 '에어프랑스-KLM(네덜란드)' 및 루프트한자(독일)-스위스항공 등이 규모의 경제를 실현한 인수·합병으로 회자된다. 당시 인수·합병 과정에서 가장 강조했던 건 '노선 효율화'다. 수요가 적었음에도 경쟁만을 위해 운항했던 노선은 단호하게 없애고 필요한 곳은 과감히 늘렸다. 그 결과 에어프랑스와 KLM은 합병 첫해 수익률이 50% 이상 급등했다. 심지어 유럽 지역 항공 시장점유율을 26%까지 끌어올리며 1위에 올라섰다.

노스웨스트항공과 합병해 살아남은 델타항공은 북미 지역 인수·합병에서 성공한 항공사로 꼽힌다. 델타항공은 대서양 노선에, 노스웨스트항공은 아시아 노선에 '선택과 집중' 경영을 실천하면서 팬데믹 이전인 2019년 한 해 동안 분기당 15조 원 이상을 벌어들였다.

글로벌 항공사들의 인수·합병 성공 사례는 대한항공-아시아나항공에게 매우 중요한 벤치마킹 대상이다. 두 항공사는 오랫동안 미주와 유럽 등 국제선 노선에서 선호하는 지역 및 운항시간을 중심으로 항공기를 띄워온 탓에 중복 노선이 80%에 이른다. 두 항공사의 인수·합병에서 포트폴리오 다양화에 따른 시너지 효과보다는 중복 노선 정리 및 연결 노선 강화 전략이 중요한 이유다.

금융투자 업계에서는 두 항공사의 인수·합병에서 아시아나항공의 재무구조 개선 의지를 주시하고 있다. 지난 2019년경 KDB산업은행은 아시아나항공의 재무구조가 모기업인 금호아시아나그룹의 방만한 경영으로 심각한 적자에 봉착하자 매각을 추진했고, HDC현대산업개발과의 인수·합병이 무산되면서 대한항공으로 순번이 넘어간 것이다. 아시아나항공은 부채비율이 무려 3,000% 안팎에 이른다(2024년 6월 기준).

KDB산업은행을 중심으로 한 아시아나항공 채권단은 3자 배정 유상증자 방식으로 1조5,000억 원을 조달할 방침인데, 대한항공(한진칼)은 유상증자에 참여해 아시아나항공 지분 60% 이상을 확보한다는 계획이다. 유상증자 이후 아시아나항공의 부채비율은 600%대까지 떨어질 것으로 예상된다. 이로써 이자 등 금융비용으로만 연간 1,000억 원 이상을 절감할 수 있게 된다.

인수·합병이 마무리되더라도 대한항공은 당분간 '1사 2브랜드'로 운영할 계획이어서 아시아나항공이라는 브랜드는 존속하게 된다. 따라서 인수 이후 약 2년간 아시아나항공의 실적은 대한항공의 자회사 형태로 연결재무제표에 반영될 예정이다.

투자적 관점에서는 두 FSC의 통합이 그동안 항공주에 만연해온 투자가들의 무관심을 얼마나 해소할 수 있을지가 관건이다. 분명한 건 통합이 시너지 효과를 제대로 내야만 주가 상승으로 이어질 수 있다. 인수·합병에서 우려되는 것은 인수회사에게 닥칠지도 모르는 '승자의 저주'다.

대한항공은 인수 이후 유럽/미주 노선 이관과 합병 비용 등으로 인해서 한 동안 경영상의 곤궁을 각오해야만 한다. 고비를 넘긴다면 항공기 리스료 및 전 세계 공항사용료 협상 등에서 우위에 서는 등 적지 않은 수혜를 누릴 수 있다. 뿐만 아니라 항공기 240대를 보유한 글로벌 10위권 항공사로 등극하면서 기업가치도 크게 향상된다. 대한항공의 밸류에이션은 2024년 기준 PBR(주가순

▶ **아시아나항공 인수를 위한 자금흐름도**

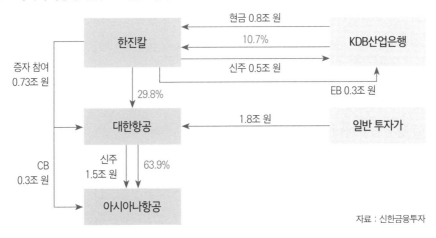

자료 : 신한금융투자

자산비율) 0.8배 수준으로 글로벌 경쟁사 대비 저평가 상태다. 인수·합병이 주가 상승 모멘텀으로 충분히 작용할 수 있다는 계산이다.

| LCC······시장재편 최후의 승자는?

대한항공-아시아나항공 인수·합병은 LCC(Low Cost Carrier, 저비용 항공사) 시장 판도까지 바꿀 가능성이 높다. 현재 국내에는 8개의 LCC가 영업 중이다. 이 가운데 대한항공을 최대주주로 둔 진에어와 아시아나항공을 최대주주로 둔 에어부산 및 에어서울이 인수·합병의 직접적인 영향권에 있다. 이들과 경쟁관계에 있는 LCC 업계 1위 제주항공 및 티웨이항공과 이스타항공, 그리고 후발주자인 에어프레미아와 에어로케이도 영업 환경에 적지 않은 영향을 받게 된다.

우선 두 FSC의 인수·합병으로 이들의 자회사인 진에어와 에어부산 및 에어서울의 통합이 가시화될 전망이다. 3사가 통합되면 연간 매출 3조 원 규모의 LCC가 탄생하는 것이다. 2024년 2분기 누적 3사의 합산 매출액은 1조4,000억 원을 웃돌았다.

3사가 통합될 경우 국내 LCC 업계 순위도 지언스럽게 바뀐다. 3사의 보유 항공기를 합산하면 57대로, 국내 LCC 항공기 보유규모(158대)의 36%를 차지하면서 1위인 제주항공(41대)을 압도하게 된다. 보유 항공기만큼 여객규모도 큰 격차가 날 것은 불 보듯 빤하다. 통합의 궁극적인 목표 역시 규모의 경제 달성이다. 이합집산한 국내 LCC 업계가 통합을 통해 불필요한 노선 및 저가운임 경쟁을 걷어내고 수익성을 살리는 효율화를 이뤄낸다는 것이다.

규모의 경제 달성에 앞서 해결해야 할 선결과제는 통합 이후 대한항공의 지배구조 정비다. 대한항공은 진에어를 자회사로 편입시키면서 이른바 '통합 LCC'의 방향을 설정했다. 대한항공은 내부적으로 아시아나항공의 인수·합병

을 결정하면서 진에어를 지주
회사인 한진칼의 지배에 둘지
아니면 대한항공의 자회사로
옮길지 심사숙고해 왔다. 고심
끝에 대한항공은 한진칼이 보
유해온 진에어의 주식 전량을
취득했다. 향후 경영 효율화를
위해서 '통합FSC → 통합LCC'
의 수직계열화가 중요하다고
판단한 것이다. 문제는 인수·
합병 이후 '독점규제 및 공정거
래에 관한 법률'에 따라 지주회
사인 한진칼의 손자회사가 되

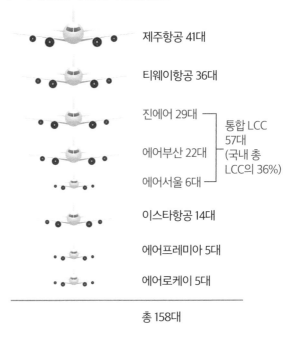

▶ **국내 LCC의 항공기 보유규모**

제주항공 41대

티웨이항공 36대

진에어 29대 ⌉ 통합 LCC
에어부산 22대 │ 57대
             │ (국내 총
에어서울 6대 ⌋ LCC의 36%)

이스타항공 14대

에어프레미아 5대

에어로케이 5대

총 158대

는 아시아나항공은 증손자회사인 에어부산 지분 100%를 의무적으로 보유해
야 한다. 그런데 상장회사인 에어부산의 주식은 부산·경남 지역 기업 등을 포
함한 여러 주주들이 보유하고 있어서 주식 전량을 확보하기가 녹록치 않아 보
인다. '통합FSC → 통합LCC'의 수직계열화를 이루려면 이러한 난제부터 해결
해야만 한다.

　한편 대한항공-아시아나항공 인수·합병은 다른 LCC에게도 기회를 제공했
다. EU집행위원회(이하 'EC')는 통합FSC의 출범에 따른 유럽 노선의 독점화
를 우려해 그동안 대한항공-아시아나항공 인수·합병을 불허해왔다. 대한항
공-아시아나항공 인수·합병은 국내 뿐 아니라 운항 영업권이 미치는 노선 지
역의 정부당국 승인도 받아야 한다. 이에 대한항공은 EC의 독점 우려를 불식
시켜 인수·합병 승인을 받아내려는 의도로 로마·바르셀로나·파리·프랑크
푸르트 노선 일부를 국내 LCC인 티웨이항공에 이관했다.

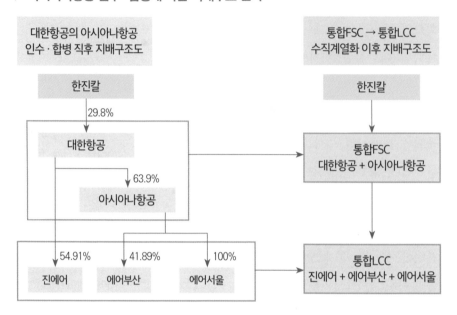

▼ 아시아나항공 인수·합병에 따른 지배구조 변화

대한항공의 아시아나항공
인수·합병 직후 지배구조도

한진칼

29.8%

대한항공

63.9%

아시아나항공

54.91%   41.89%   100%

진에어   에어부산   에어서울

통합FSC → 통합LCC
수직계열화 이후 지배구조도

한진칼

통합FSC
대한항공 + 아시아나항공

통합LCC
진에어 + 에어부산 + 에어서울

국토교통부의 항공정보포털에 따르면, 티웨이항공이 대한항공으로부터 유럽 4개 노선을 이관 받아 출항을 개시한 2024년 8월 8일부터 10월 24일까지 해당 유럽노선 탑승률이 84.5%로 조사됐다. 같은 기간 티웨이항공의 해당 유럽노선 전체 공급좌석 4만6,494석 중에서 3만9,287석에 여객이 탑승한 것이다. 업계에서는 손익분기점을 80%로 보고 있다. 평균 탑승률만 놓고 보면 티웨이항공은 손익분기점을 넘어선 셈이다.

이밖에도 대한항공-아시아나항공 인수·합병은 국내 LCC 시장을 후끈 달아오르게 했다. 리조트 및 호텔 사업을 영위해오던 대명소노시즌이 지주회사인 소노인터내셔널을 앞세워 티웨이항공 지분 26.77%를 확보하면서 LCC 시장에 본격 진출한 것이다. 티웨이항공 대주주는 출판사 예림당이다. 예림당이 티웨이홀딩스 지분 39.85%를 보유 중이고, 티웨이홀딩스는 티웨이항공 지분 29.97%을 가지고 있다. 대명소노시즌과 티웨이홀딩스의 지분 격차는 3.2%p에 불과하다.

대명소노시즌이 LCC 시장에 뛰어든 이유는 숙박업과 항공업 간 시너지 효과를 누리기 위해서다. 대명소노시즌은 지주회사 소노인터내셔널을 통해 한진그룹의 하와이 와이키키 리조트와 프랑스 지역 호텔 등을 인수했다.

티웨이항공을 둘러싼 지분권 경쟁이 치열해지면서 해당 종목의 주가가 급등했다. 티웨이항공 주가는 대명소노시즌의 지분 확보가 이뤄진 2024년 10월 11일에 전일 대비 17% 이상 올랐다. 티웨이홀딩스와 예림당, 대명소노시즌 주가도 가격 제한폭인 30%까지 치솟았다.

하지만 향후 티웨이항공의 최대주주가 대명소노시즌으로 바뀐다 하더라도 투자적 관점에서는 보수적으로 접근할 필요가 있다. 1조2,000억 원이 넘는 티웨이항공의 부채 탓이다(2024년 2분기 기준). 역시 인수·합병에 따라붙는 승자의 저주를 고려하지 않을 수 없다.

대명소노시즌은 중·장거리 LCC 에어프레미아의 경영권까지 넘보고 있다. 소노인터내셔널을 통해 에어프레미아의 2대 주주인 JC파트너스가 보유한 제이씨에비에이션 제1호 유한회사(JC파트너스가 만든 펀드)의 지분 50%를 471억 원에 인수하는 계약을 체결한 것이다. 계약에는 제이씨에비에이션 제1호 유한회사의 잔여 지분 50%를 2025년 6월 이후 매수할 수 있는 콜옵션도 포함됐다. 업계에서는 대명소노시즌이 티웨이항공과 에어프레미아의 최대주주가 되어 경영권을 확보할 경우, 장기적으로 두 항공사를 합병할 가능성도 배제할 수 없다고 보고 있다.

아시아나항공 화물운송 사업부문의 진짜 주인

대한항공이 아시아나항공을 인수하는 데 있어서 독점 혐의를 걷어내려면 유럽 4개 노선을 티웨이항공에 이관하는 것만으론 부족하다. 아시아나항공의 화물운송 사업부문 분리·매각에 나선 것이다. 화물운송은 아시아나항공 전체 매출에서 19.3%를 차지한다(2024년 2분기 기준).

아시아나항공 화물운송 사업부문 인수 우선협상자에는 국내 유일의 화물운송 전문 항공사 에어인천이 선정됐다. 이로써 에어인천은 대한항공에 이어 국내 항공 화물운송 업계 2위에 올라서게 됐다. 업계에서는 에어인천의 실질 소유주인 사모펀드 '소시어스'와 소시어스를 지배하는 선박부품사 '인화정공'을 주목한다. 연매출 700억 원 수준의 에어인천이 매출액만 1조6,000억 원이 넘는 아시아나항공의 화물운송 사업부문을 인수한 뒷배에는 전략적 투자자(SI)인 인화정공과 재무적 투자자(FI)인 소시어스가 있다.

향후 FI가 투자금을 회수하면 인화정공이 에어인천을 통해 아시아나항공 화물운송 사업부문을 실질적으로 지배하는 최대주주로 올라서게 된다. 인화정공은 과거에도 소시어스와 손잡고 선박엔진 전문업체 HSD엔진을 인수한 뒤 소시어스가 보유한 지분을 사들여 HSD엔진의 대주주가 된 적이 있다(이후 인화정공은 HDS엔진을 한화그룹에 되팔았다).

인화정공은 에어인천의 인수를 통해 아시아나항공의 대형화물기 11대를 보유하게 되는데, 자칫 애물단지가 될 수도 있다. 화물운송 사업이 손익분기점을 내지 못할 경우 대형화물기의 유지비용을 감당하는 것조차 버거워지기 때문이다. 중요한 건 아시아나항공의 기존 고객(화주)들이 에어인천과도 거래관계를 이어갈지 여부다. 화주 입장에서는 장거리 노선 취항 경험이 전무한 에어인천이 불안할 수밖에 없다. 에어인천이 그동안 화물운송만 전담해온 탓에 벨리카고(Belly Cargo)가 없는 것도 걸림돌이다. 벨리카고는 여객기에 화물을 싣는 칸을 가리킨다. 벨리카고는 여객기를 활용하기 때문에 운송비용이 저렴하다. 아시아나항공 화물운송 사업부문 매출 절반이 벨리카고에서 발생했다. 결국 에어인천은 아시아나항공 화물운송 사업부문의 절반만 인수한 건 아닌지 따져봐야 한다.

  에어인천이 인수대금으로 아시아나항공에 지불해야 할 금액은 대략 4,500억 원 수준이다. 향후 화물기 교체 등을 위해 2,000억 원 이상의 추가 출자도 감수해야 한다. 인화정공이 에어인천의 아시아나항공 화물운송 사업부문 인수에 참여하는 FI의 지분을 떠안을지를 두고 고심하는 이유가 여기에 있다.

  이 대목에서 종합 물류회사 현대글로비스가 에어인천에 1,500억 원의 지분 투자와 함께 잔여지분에 대한 우선매수권까지 확보한 점을 주목하지 않을 수 없다. 현대글로비스는 고객사들의 긴급수송 요청이 늘면서 2023년에만 약 7만 톤의 항공운송을 부담했다. 핵심 고객사인 현대차그룹은 고가의 첨단 차 부품을 납품할 때 선박보다는 항공 운송을 선호한다. 다만 현대글로비스는 이러한 니즈만으로 항공 화물운송 시장에 뛰어드는 게 조심스럽다. 단순 지분투자를 넘어 에어인천을 자회사로 편입시키려면 회사 스스로 화물운송 시장에서 살아남을 수 있는 영업력이 필요하다고 보는 것이다.

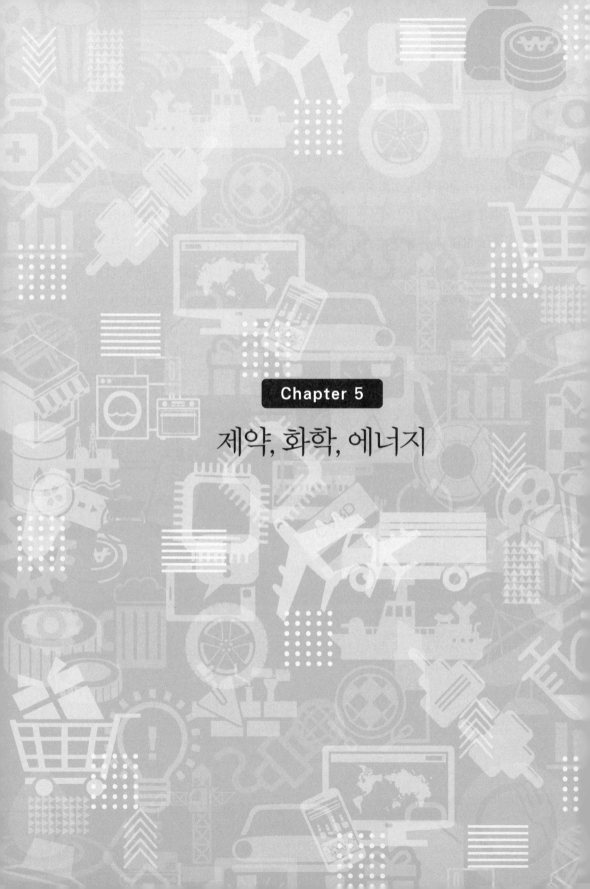

Chapter 5

제약, 화학, 에너지

19 제약, 바이오

제약·바이오 산업의 호황세가 예사롭지 않다. 2024년에는 '생물보안법'이 미국 의회 본회의를 통과하면서 삼성바이오로직스 등 중국 기업들과 경쟁 중인 국내 CDMO 기업들의 시장지배력을 한층 끌어올렸다. 그리고 알테오젠, 리가켐바이오, ABL바이오 등 뛰어난 기술경쟁력을 보유한 국내 바이오텍들의 기술수출 기대감이 주가 상승 모멘텀으로 작용했다. 이처럼 굵직한 호재들이 연거푸 터지면서 코스피 및 코스닥 의약품지수의 연초 대비 상대수익률이 20% 이상 상승하기도 했다.

제약·바이오 업황은 2025년에도 여러 긍정적인 이벤트들이 이어질 전망이다. 2024년에는 실적보다는 지속가능한 성장 기대감이 제약사 및 바이오텍들의 주가를 끌어올리며 거품에 대한 우려가 제기되기도 했다. 2025년 하반기부터는 해당 기업들의 실적이 개선되면서 기업가치가 상승하는 리레이팅 국

자료 : 바이오빅파마보드룸

▶ 미국 '생물보안법'에 명시된 중국 기업

기업명	주요 사업	주요 실적 등
우시바이오로직스	CDMO	전체 매출 중 북미향 48% 차지
우시앱텍	CRO(임상시험 대행)	전체 매출 중 북미향 66% 차지
BGI그룹	유전체 분석	세계 최대 유전자 은행 보유
MGI텍	유전자 서열 분석	유전자 R&D 씽크탱크 보유
컴플리트 제노믹스	유전체 분석	중국 다수 빅테크와 거래관계 형성

자료 : 블룸버그

미국 국민의 유전자 정보 등 바이오 데이터가 중국으로 넘어가 부당하게 악용되는 것을 방지하기 위해 마련된 '생물보안법'은 2025년 이후 글로벌 바이오 업계의 판도를 크게 뒤바꿀 전망이다. 법이 통과되면 우시바이오로직스 등 중국 CDMO들은 실적에 적지 않은 타격을 받게 된다. 반면 삼성바이오로직스 등 한국 CDMO에게는 중·장기적인 수혜가 예상된다. 이미지는 글로벌 바이오의약품 전문 미디어 '바이오빅파마보드룸'이 미국을 향한 중국 빅파마들의 바이오 데이터 침투를 경고한 인포그래픽.

면이 본격화될 전망이다. 증권사들은 제약·바이오 산업에 대해서 2025년 상반기까지는 성장성에 대한 기대감이 선반영되면서 밸류에이션 부담으로 주가변동성이 높을 것으로 보고 있다. 하지만 2025년 하반기부터는 매출과 영업이익 등 수익성 지표가 눈에 띄게 향상되면서 투자가들로부터 높은 신뢰를 받아전반적인 주가 레벨이 한 단계 올라갈 것으로 예상된다.

글로벌 CDMO 시장 장악에 나선 K-빅파마

제약·바이오 산업에서 투자가들에게 가장 주목을 끄는 섹터는 'CDMO'다. CMO가 바이오의약품 위탁생산에 머무른다면, CDMO는 연구개발(Development) 및 생산(Manufacturing)까지 함께 위탁받는 사업이다. 즉 위탁생산(CMO)과 위탁개발(CDO)이 결합된 개념으로, 제약사와의 계약으로 의약품 개발부터 대량 생산까지 포괄적으로 대행하는 원스톱 비즈니스 모델이다. 가령 항체 바이오의약품의 경우 세포주를 받아서 생산하면 CMO가 되고, DNA를 받아서

▼ 글로벌 바이오 CDMO 시장규모

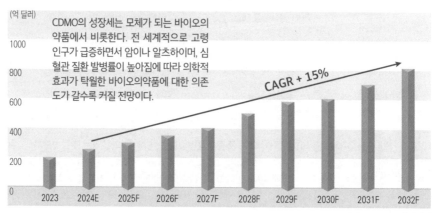

자료 : 프로스트앤설리번

266

세포주를 만든 다음 생산까지 하면 CDMO가 된다.

CDMO의 호조세가 높게 전망되는 근거는 모체가 되는 바이오의약품의 성장성에서 비롯한다. 의약품은 크게 화학합성의약품과 바이오의약품으로 나뉘는데, 전자는 말 그대로 화학합성 반응을 통해 제조하는 저분자량의 의약품을 가리킨다. 후자는 사람이나 다른 생물의 세포 등을 원료로 유전

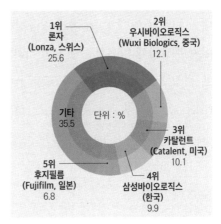

▼ 글로벌 CDMO 시장점유율

1위
론자
(Lonza, 스위스)
25.6

2위
우시바이오로직스
(Wuxi Biologics, 중국)
12.1

기타
35.5

단위 : %

3위
카탈런트
(Catalent, 미국)
10.1

5위
후지필름
(Fujifilm, 일본)
6.8

4위
삼성바이오로직스
(한국)
9.9

자료 : 프로스트앤설리번

자를 재조합하는 공정을 통해 생산하는 고분자량의 의약품을 말한다. 항암세포치료제 등이 대표적인 바이오의약품이다. 아직까지는 화학합성의약품이 글로벌 제약·바이오 시장의 절반 이상을 차지하지만, 머지않아 바이오의약품이 대세가 될 전망이다.

바이오의약품 시장의 성장동력은 고령화 및 만성질환 증가다. 전 세계적으로 고령 인구가 급증하면서 암이나 알츠하이머, 심혈관 질환 발병률이 높아짐에 따라 임상적 효과가 탁월한 바이오의약품에 대한 의존도가 갈수록 커지고 있다. 다만 바이오의약품은 생물에서 원료를 추출하기 때문에 고도의 기술력을 요하는 만큼 생산비용이 많이 든다. 따라서 글로벌 빅파마들은 바이오의약품의 연구개발(R&D)과 생산을 전문으로 담당하는 CDMO를 적극 활용한다. 즉 CDMO를 통한 사업구조가 바이오 신약(복제약 포함)을 자체 생산하는 것보다 비용 및 효율성 측면에서 훨씬 경제적이라는 얘기다. CDMO 시장이 성장할 수밖에 없는 이유가 여기에 있다.

최근 글로벌 CDMO 선두 업체들이 가장 주목하는 이슈는 단연 미국의 '생물보안법(Biosecure Act)'이다. '생물보안법'은 미국 정부와 산하기관 및 정부 예

산을 지원받는 기업이 중국의 제약·바이오 기업과 거래하는 것을 금지하는 내용을 담고 있다. 미국 국민의 유전자 정보 등 바이오 데이터가 중국으로 넘어가 부당하게 악용되는 것을 방지하기 위해 마련되었다. '생물보안법'에서 규제 대상으로 명시한 중국의 제약·바이오 기업으로는 우시바이오로직스(Wuxi Biologics), 우시앱텍(Wuxi AppTec), BGI, MGI텍, 컴플리트 제노믹스(Complete Genomics) 등 5개 업체다. '생물보안법'이 의회를 통과해 시행에 들어가면, 이들 기업은 2032년 1월 1일부터는 미국에서 기업활동을 하는 게 거의 불가능해질 수 있다.

우시바이오로직스의 2023년 기준 매출이 170억 위안(한화 약 3조1,556억 원)인데, 이 중 47.4%가 북미 지역에서 발생한 점을 감안하면 기업의 존립이 우려될 정도로 심각한 타격이 예상된다. 반면 '생물보안법'이 시행되면 중국과 경쟁관계에 있는 국내 바이오텍들은 미국을 비롯한 전 세계 CDMO 시장에서 반사이익을 누릴 수 있다.

'생물보안법'의 시행 초기에는 우시바이오로직스가 수행해온 전 임상 단계 프로젝트를 대체할 중소형 CDMO 위주로 수혜가 예상된다. 다만 중·장기적

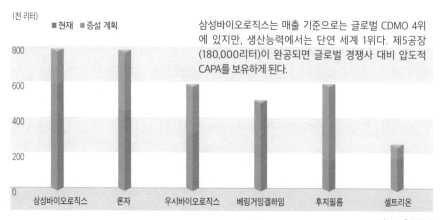

▋ 글로벌 CDMO들의 CAPA 비교

(천 리터)
■ 현재 ■ 증설 계획

삼성바이오로직스는 매출 기준으로는 글로벌 CDMO 4위에 있지만, 생산능력에서는 단연 세계 1위다. 제5공장(180,000리터)이 완공되면 글로벌 경쟁사 대비 압도적 CAPA를 보유하게 된다.

자료 : 흥국증권

으로는 '생물보안법'의 원래 취지대로 미국 및 동맹국 중심의 바이오 산업 공급망 재편에 힘입어 글로벌 제약사들과의 탄탄한 거래실적 및 대규모 생산능력과 GMP(의약품 제조·품질 관리기준) 역량을 갖춘 국내 빅파마들의 수주 확대로 이어질 전망이다.

'생물보안법' 최대 수혜 기업은 삼성바이오로직스다. 2024년 3분기 기준 이미 글로벌 1위 CDMO 생산능력(제1~4공장, 604,000리터)을 갖췄다. 여기에 제5공장(180,000리터)이 완공되면 글로벌 경쟁사 대비 압도적인 CAPA를 보유하게 된다. 삼성바이오로직스는 CDMO 수요 부족과 공급 과잉 우려에도 불구하고 2024년 10월경 1조7,000억 원 규모의 대형 수주에 성공했다. 2030년까지 평균 영업이익률이 31%로 추산될 정도로 실적 예상치가 탄탄한 만큼 향후 주가 상승여력이 충분하다.

삼성바이오로직스가 CDMO에서 가장 적극적인 투자에 나선 분야는 'ADC(Antibody-Drug Conjugate, 항체-약물 접합체)'다. ADC는 표적 항원만을 선택적으로 공격해 정상세포의 손상을 최소화하는 치료제로, 항암 부작용이 적다. 삼성바이오로직스는 ADC에 들어가는 전체 원료 기술을 순차적으로 도입

▼ **글로벌 ADC 시장규모**

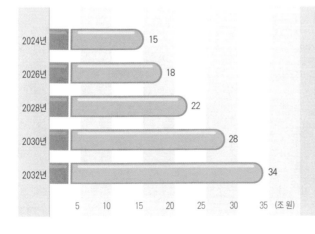

ADC는 표적 항원만을 선택적으로 공격해 정상세포의 손상을 최소화하는 치료제로, 항암 부작용이 적다. 글로벌 빅파마들의 ADC 개발은 매우 활발하다. 지난 2000년경 화이자의 급성 골수성 치료제 '마일로탁(Mylotarg)'이 ADC로는 최초로 미국 FDA로부터 승인을 받은 뒤 현재까지 승인된 ADC는 모두 15개다(2024년 기준).

자료 : 프리시던스 리서치

해, ADC의 원스톱 개발·생산 공정을 준비하고 있다. 현재 인천 송도에 최대 500리터 규모의 ADC 생산공장 준공을 앞두고 있다.

▎K-바이오시밀러……2기 트럼프 정부 약가인하정책 수혜

CDMO와 함께 제약·바이오 호황에 올라탄 섹터는 바이오시밀러다. 바이오시밀러(Biosimilar)는 바이오의약품을 복제한 약으로, 화학합성의약품을 복제한 제네릭(Generic)과 구별된다. 바이오시밀러의 경우 동·식물의 세포를 원료로 생산하기 때문에 오리지널인 바이오의약품과 똑같은 약을 복제할 순 없다. 명칭에 '비슷한'을 뜻하는 'similar'가 붙은 까닭이다.

바이오시밀러 역시 제네릭과 마찬가지로 오리지널의 특허기간이 만료되어야 생산할 수 있다. 다만 제네릭은 임상시험이 생략되지만, 바이오시밀러는 복제약임에도 불구하고 임상시험을 거쳐야 한다. 바이오시밀러의 생산비용 및 진입장벽이 높은 이유다.

▼ **글로벌 바이오시밀러 시장규모**

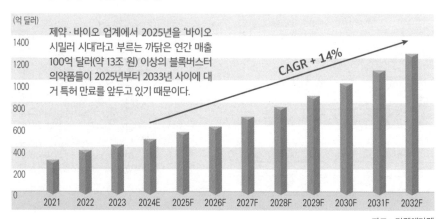

(억 달러)

제약·바이오 업계에서 2025년을 '바이오시밀러 시대'라고 부르는 까닭은 연간 매출 100억 달러(약 13조 원) 이상의 블록버스터 의약품들이 2025년부터 2033년 사이에 대거 특허 만료를 앞두고 있기 때문이다.

CAGR + 14%

2021 2022 2023 2024E 2025F 2026F 2027F 2028F 2029F 2030F 2031F 2032F

자료 : 마켓앤마켓

제약·바이오 업계에서 2025년을 '바이오시밀러 시대'라고 부르는 까닭은 연간 매출 100억 달러(약 13조 원) 이상의 블록버스터 의약품들이 2025년부터 2033년 사이에 대거 특허 만료를 앞두고 있기 때문이다. 알레르기 치료제 '졸레어'와 골다공증 치료제 '프롤리아'의 특허가 2025년 만료될 예정이며, 2028년 면역항암제 '키트루다'와 항암제 '옵디보' 및 자궁경부암 백신 '가다실', 2029년 다발성골수종 치료제 '잘렉스' 등도 특허 만료가 예정되어 있다.

바이오시밀러는 2기 트럼프 정부의 약가인하정책과도 맞닿아 있다. 바이오시밀러는 새로운 제품이 시장에 출시되면 오리지널뿐만 아니라 같은 계열 의 의약품 단가(ASP)를 떨어트리는 효과가 있기 때문이다. 트럼프 정부가 추진하는 약가인하정책은 시장 경쟁을 통해 자발적으로 가격을 조정하는 방식이다. 가격이 하락할수록 수요가 크게 늘어나기 때문에 미국에서 활발한 영업 활동을 펼치고 있는 한국 기업들로선 시장지배력을 키울 수 있는 기회가 된다. 현재 미국 내 허가를 취득한 한국 바이오시밀러는 모두 12종으로, 개별 국가 기

▼ 셀트리온 바이오시밀러 미국 출시 현황

셀트리온은 2024년 초에 미국 FDA로부터 '짐펜트라'의 류머티즘 관절염을 대상으로 임상3상 시험계획을 승인받았다. '짐펜트라'는 현재 미국에서 신약 지위로 염증성 장질환 적응증에 대해서만 처방되고 있는데, 향후 임상 결과를 바탕으로 류머티즘 관절염 적응증까지 추가될 경우 셀트리온의 높은 이익 실현이 예상된다.

자료 : 셀트리온

준으로는 자국인 미국에 이어 두 번째로 많다.

바이오시밀러 호황기의 최선호주는 셀트리온이다. 셀트리온은 세계 최초 바이오시밀러인 '램시마'로 유럽의약품청(EMA)과 미국 FDA로부터 품목허가를 취득했다. 램시마는 류머티즘 관절염 및 염증성 장질환 치료제로, 존슨앤존슨의 자가면역질환 오리지널 의약품인 '레미케이드'의 바이오시밀러다. 램시마는 레미케이드와 효능·효과(적응증)는 같으면서 가격은 30~40% 가량 저렴하다.

셀트리온은 2024년 초에 미국 FDA로부터 '짐펜트라'('램시마SC'의 미국 출시명)의 류머티즘 관절염을 대상으로 임상3상 시험계획을 승인받았다. '짐펜트라'는 정맥주사 형태의 자가면역질환 치료제 '인플릭시맙'을 셀트리온이 세계 최초로 피하주사(SC) 제형으로 자체 개발한 제품이다. '짐펜트라'는 현재 미국에서 염증성 장질환 적응증에 대해서만 처방되고 있는데, 향후 임상 결과를 바탕으로 류머티즘 관절염 적응증까지 추가될 경우 셀트리온의 높은 이익 실현이 예상된다.

'램시마SC'가 2020년 유럽 시장에 출시되었을 때 '램시마IV'(정맥주사 제형)의 점유율이 줄어들 것이란 예상과 달리 두 제품 모두 꾸준한 판매를 이어가고 있다. 실제로 유럽 주요 5개국에서 두 제품의 합산 점유율은 70%를 상회한

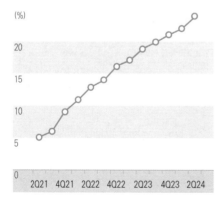

▶ 램시마SC 유럽 시장점유율

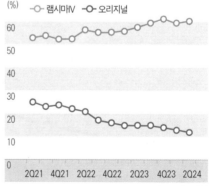

▶ 램시마IV 유럽 시장점유율

자료 : 셀트리온

셀트리온홀딩스는 셀트리온헬스케어에서 인적분할되어 설립된 투자목적 지주회사다. 2020년 '셀트리온-셀트리온헬스케어'의 합병을 위해 단발적으로 설립된 셀트리온헬스케어홀딩스와 합병되면서 단일 지배구조가 확립되었다(화살표 우측).

자료 : 셀트리온

다(2024년 3분기 기준). 이러한 경험을 바탕으로 '짐펜트라(램시마SC)' 역시 향후 미국에서 안정적인 론칭이 예상된다.

한편 셀트리온은 2023년 12월 셀트리온헬스케어와 합병을 마치면서 재고 관련 비용 및 PPA(기업인수가격배분) 상각비용이 반영된 탓에 영업이익률이 8%를 넘지 못했다. 이후 합병 관련 비용 소진이 마무리 단계로 접어들면서 2024년 3분기에 영업이익률이 20%대로 반등했다. 2025년에는 바이오시밀러 덕분에 영업이익률이 좀더 상승할 것으로 예상된다.

중소 바이오텍을 코스닥 시총 1위로 이끈 기술수출 매직

증시에서 바이오 종목의 주가가 가장 많이 상승하는 이벤트는 크게 두 가지가 있다. '기술수출'과 '임상시험'이다. 특히 기술수출은 규모와 업력이 작은 바이오텍들에게도 기회가 주어지는 성공신화의 첫 관문이다.

업계에서 흔히 '라이선스아웃(License-Out, LO)'으로 불리는 기술수출은 말 그대로 바이오텍이 연구개발해 보유하게 된 신약기술(노하우) 관련 지식재산

▼ 알테오젠 시가총액 및 기술수출 퍼포먼스

(조 원)

2024.11.08. 다이이찌산쿄와 엔허투 SC 제형 개발 계약
체결(선급금 2,000만 달러, 마일스톤 2억8,000만 달러)

2023.04. 머크로부터 마일스톤
수령(총액 1,600만 달러)

2023.09. 머크, 오리온
의 인수설 제기, 머크와
계약 변경 기대감

2020.06. 머크와 비독점적 기술이전
계약 추가 체결(계약금 1,600만 달러,
총액 38.65억 달러)

2024.02. 머크와
추가계약 발표

• 2024.11.20.
할로자임과의
특허소송
가능성 제기

2019.11 글로벌 빅파마와 비독점적
기술이전 계약 체결(계약금 1,300만
달러, 총액 13.73억 달러)

2022.12.
산도즈와 히알루로니다제
원천기술이전 계약 체결
(총액 1억4,500만 달러)

• 2024.11.21.
상환전환우선주
발행 추진 공시

2018.7 피하주사용 항체 치료제
원천기술 하이브로자임 기술
세계에서 두 번째 개발

2024.07. 산도즈와
바이오시밀러 SC 제형
개발 신규 계약 체결

2016　2017　2018　2019　2020　2021　2022　2023　2024E　2025F

자료 : 유진투자증권

권을 다른 회사에 비용을 받고 이전하는 계약을 가리킨다. 기술수입을 뜻하는 라이선스인(License-In)에 대응하는 개념이다. 바이오텍이 기술수출을 선택하는 궁극적인 이유는, 막대한 자금 및 생산시설 등이 필요한 신약 제조 부담에서 자유롭기 때문이다. 기술수출에 성공한 바이오텍의 실적은 대체로 매출 대비 영업이익률이 높아 알토란 비즈니스 모델로 통한다.

기술수출로 가장 주목을 받는 바이오텍은 알테오젠이다. 2008년 설립되어 2014년 기술특례로 코스닥 시장에 상장한 알테오젠은 기술수출 성공신화의 대표적인 사례다. 알테오젠은 2024년 2월에 미국 빅파마 MSD(머크)와 맺은 '키트루다 SC 제형' 기술수출 계약으로만 4~5년 뒤부터 매년 1조 원 가까운 로열티 수익을 거둘 것으로 예상된다.

알테오젠이 개발한 가장 대표적인 기술은 2019년에 개발한 '재조합 인간 히알루로니다제(ALT-B4)'이다. ALT-B4는 인간의 피부층에 있는 히알루론산을 분해해 약물이 흡수되도록 하는 기술이다. 이를 통해 혈관에 주사를 꽂는 기존 정맥주사(IV)를 피하주사(SC)로 바꿀 수 있다. ALT-B4는 2043년까지 특허로 보호되기 때문에, 알테오젠은 히알루로니다제를 적용한 SC 제형 시장을 한동안 독점할 것으로 예상된다. 알테오젠은 머크에 이어 산도즈, 다이이찌산쿄 등 글로벌 빅파마들과 기술수출 계약을 체결하면서 기업가치가 급상승했다.

알테오젠의 기술수출은 주가에 그대로 반영되었다. 알테오젠은 연간 매출이 1,000억 원에도 미치지 못하지만(2023년 기준), 기술수출 퍼포먼스만으로 한때 시가총액이 20조 원대를 웃돌며 코스닥 시총 1위에 오르기도 했다. 또한 2024년 11월에는 글로벌 제약·바이오 기업 순위에서 시총 45위에 랭크되기도 했다.

알테오젠의 기술력은 세계적으로 충분히 인정받았고, 이에 따라 주가와 기업가치도 급상승시켰음은 분명한 사실이다. 하지만 글로벌 바이오텍 선두권 시총 지위를 계속해서 유지하려면 기술력뿐 아니라 우수한 연구인력 다수 확보 및 글로벌 빅파마들과의 탄탄한 거래관계가 형성되어야 한다. 투자적 관점에서 기술수출 퍼포먼스만 봐서는 곤란하다.

국산 항암제로는 처음으로 미국 FDA 허가받은 제약사

제약·바이오 업종 투자에서 기술수출과 함께 주목해야 할 키워드는 '임상시험'이다. 임상시험이란 새로운 약을 시중에서 공식적으로 사용하기 전에 안전성과 약효를 검증하기 위해 실험 단계에서 사람에게 적용하는 절차로, 모두 3단계로 진행된다. 1상에서는 소수의 건강한 사람을 대상으로 안전성과 내약성을 검사하고, 2상에서는 소수의 환자를 대상으로 보다 정교하게 용법과 용량 등을 평가한다. 2상까지 통과하면 신약 개발의 마지막 관문이라 할 수 있는 3상이 기다린다. 3상에서는 다수의 환자를 대상으로 안전성과 유효성을 종합적으로 점검한다.

임상시험은 대단히 복잡하고 변수가 많다. 또 나라마다 기준과 조건도 제각 각이다. 글로벌 제약·바이오 업계에서 가장 큰 시장인 미국의 임상시험은 까 다롭기로 유명하지만, 마지막 단계까지 통과하면 엄청난 수혜가 주어진다. 당 장 해당 제약사의 주가가 천정부지로 치솟는다.

반대로 임상을 통과하지 못하면 해당 제약사는 물론이고 자칫 제약 업계 전 체에 악재로 작용할 수 있다. 가령 과거 신라젠의 임상3상 중단 소식은 국내 제약주 전체의 가치를 떨어트렸다는 평가를 받았다. 당시 신라젠은 임상3상 중단으로 인해 3일 연속 하한가를 기록하며 임상 결과 발표 전 대비 3일 만에 주가가 무려 70%나 하락하는 참변을 겪었다. 당시 코스닥 제약지수는 12%, 코스피 의약품지수는 16% 동반 하락했다. 신라젠의 임상 중단은 해당 회사만 의 문제로 끝나지 않았다. 제약·바이오 종목 전체의 신뢰를 추락시키는 결과 를 가져온 것이다.

국내 전통 제약사 중에서 임상시험으로 가장 주목 받는 곳은 유한양행이다. 유한양행은 2024년 8월 레이저티닙(신약명 : 렉라자)이 미국 FDA 허가를 받 으며 미국 시장으로 진출한 신약을 보유하게 되었다. 글로벌 시장점유율 확대 까지는 시간이 좀더 필요하겠지만, 향후 레이저티닙으로부터 발생되는 로열 티 수익으로 후속 파이프라인 개발을 위한 실탄을 마련할 수 있게 됐다. 무엇 보다 유한양행의 기업가치 향상에 적지 않은 기여를 할 것이 분명하다. 또한 2028년까지 원개발사에 지급하는 로열티를 제하고도 유한양행이 취하게 될 누적 라이선스 수익은 1조 원 이상일 것으로 업계는 추정한다.

레이저티닙은 기존 치료제에 내성이 생긴 비소세포폐암을 치료하는 신약 후 보물질이다. 레이저티닙은 임상 과정에서 내성이 생긴 비소세포폐암 환자에 게 뇌전이 여부와 상관없이 확실한 효능을 나타냈다. 유한양행은 레이저티닙 기술을 2015년 7월 바이오벤처 오스코텍으로부터 15억 원에 사들여 특허권을 이전받고 전임상(동물임상)을 추진했다. 이듬해인 2016년 8월 글로벌 임상을

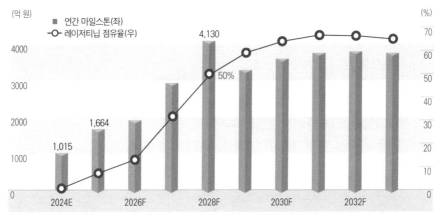

■ 레이저티닙 글로벌 시장점유율 및 유한양행 기술료 수익

(억 원)
■ 연간 마일스톤(좌)
○ 레이저티닙 점유율(우)

4,130

1,664

1,015

50%

2024E   2026F   2028F   2030F   2032F

자료 : 상상인증권

위해 오스코텍의 미국 자회사 제노스코에 670만 달러(약 75억 원)를 투자하기도 했다. 2018년에는 글로벌 제약사 존슨앤드존슨의 자회사 얀센과 레이저티닙(프로젝트명 YH25448)의 기술수출 계약을 맺었다고 공시한 바 있다. 계약규모는 무려 1조4,000억 원 수준이다. 유한양행은 국산 항암제로는 처음으로 미국 FDA 허가를 받으면서 얀센으로부터 마일스톤(단계별 기술료)을 받게 된 것이다.

유한양행은 레이저티닙의 미국 FDA 허가로 인해 유럽 시장 진출 가능성에도 긍정적인 시그널이 감지되고 있다. 2024년 11월에 유럽의약품청(EMA) 산하 약물사용자문위원회(CHMP)는 렉라자의 병용요법에 대한 품목허가를 권고한 바 있다. CHMP는 신약의 품목허가에 중대한 영향을 미치는 의견서를 내며, 이를 유럽연합 집행위원회(EC)가 검토한 뒤 승인 여부를 최종 결정한다. 렉라자의 유럽 허가가 승인될 경우 유한양행의 기술료 매출은 매년 꾸준하게 증가하게 된다. 미국과 유럽 이외에도 중국, 일본 등에서 허가 절차가 진행 중인 만큼 향후 추가적인 기술료 매출이 기대된다.

석유화학은 원유(Crude Oil)를 가지고 플라스틱이나 섬유, 고무를 만드는 데 필요한 기초원료를 생산하는 중간재 산업이다. 석유화학의 밸류체인을 살펴보면 납사 혹은 나프타(Naphtha)라 불리는 탄화수소계 혼합물에서 에틸렌, 프로필렌, 부타디엔 등의 기초유분을 추출하여 합성수지, 화학섬유, 합성고무 등을 제조한다. 국제유가 및 나프타 수급이 석유화학 업황을 좌우하는 이유가 여기에 있다. 가령 전쟁이나 외교마찰 등 지정학적 이유로 원유 공급이 줄면 국제유가가 오르는 동시에 나프타 수급이 불안정한 상태에 놓인다. 국제유가가 상승하면 정유사들의 실적에는 긍정적인 반면, 석유화학 업체들은 나프타 가격이 오르면서 원가 부담이 상승해 수익 저하로 이어질 수 있다.

화학 산업의 밸류체인에서 정유 업계는 원유를 정제하여 휘발유와 경유, 나프타 등을 생산하는 과정까지를 담당한다. 이어 에틸렌 등 기초유분을 통해 합

성수지 및 합성고무 등을 제조하는 단계는 석유화학 업계가 맡는다. 석유화학 업계는 정유사로부터 공급받은 나프타를 분해해 기초유분을 생산하는 업스트림(Upstream, 상공정)과 기초유분을 가지고 합성수지·화학섬유·합성고무 등을 가공하는 다운스트림(Downstream, 하공정)으로 나뉜다.

SK이노베이션은 정유업에서 석유화학의 업스트림과 다운스트림에 이르기까지 거의 모든 영역의 화학 산업을 영위한다. 자회사 SK에너지(비상장)가 정유 사업을, SK지오센트릭(비상장)이 석유화학의 업스트림에 해당하는 에틸렌을 생산한다. 석유화학 업계 1위 LG화학은 업스트림에 속한 에틸렌과 프로필렌 뿐 아니라 다운스트림에 해당하는 ABS도 생산한다. ABS는 내열성과 내충

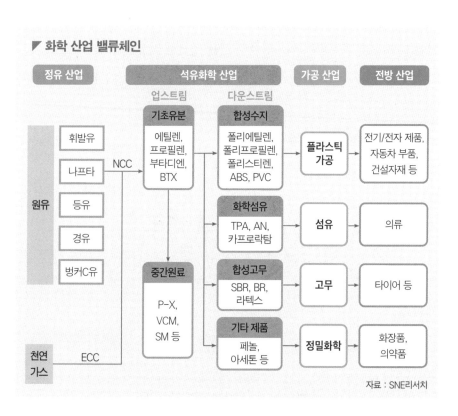

▶ 화학 산업 밸류체인

| 정유 산업 | 석유화학 산업 | | 가공 산업 | 전방 산업 |

업스트림 / 다운스트림

원유	휘발유		NCC	기초유분 에틸렌, 프로필렌, 부타디엔, BTX	합성수지 폴리에틸렌, 폴리프로필렌, 폴리스티렌, ABS, PVC	플라스틱 가공	전기/전자 제품, 자동차 부품, 건설자재 등
	나프타				화학섬유 TPA, AN, 카프로락탐	섬유	의류
	등유				합성고무 SBR, BR, 라텍스	고무	타이어 등
	경유			중간원료 P-X, VCM, SM 등			
	벙커C유				기타 제품 페놀, 아세톤 등	정밀화학	화장품, 의약품
천연 가스		ECC					

자료 : SNE리서치

격성 등이 우수한 고기능성 플라스틱으로, 자동차·가전·IT기기·완구류 등 다양한 제품의 소재로 활용되는데, LG화학이 글로벌 시장점유율 1위에 올라 있다.

고유가와 나프타 가격 부담에 눈물짓는 국내 업스트림 업체들

석유화학 업황에서 자주 등장하는 말이 스프레드(Spread)다. 금융에서 스프레드는 가산금리로 통용되는 데, 석유화학 산업에서는 제품과 원료의 가격 차이, 즉 마진폭을 가리킨다. 가령 에틸렌의 스프레드는 석유화학 제품인 에틸렌의 가격에서 원료인 나프타의 가격을 뺀 값이 된다. 따라서 에틸렌의 스프레드가 저조하다는 얘기는 에틸렌의 마진폭이 작다는 의미다. 고유가로 인해 생산원가인 나프타 가격 부담이 커지면 에틸렌을 비롯한 석유화학 제품의 스프레드가 줄어들게 된다. 스프레드가 떨어지면 당장 석유화학 업체들의 실적 악화로

▶ **롯데케미칼 영업이익률과 국제유가 관계**

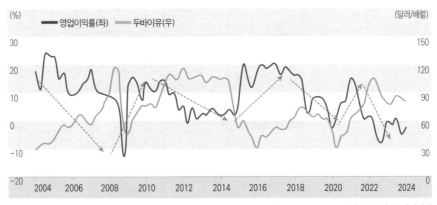

자료 : Quantiwise, 신한금융투자, 롯데케미칼

국내 대표적인 석유화학 업체인 롯데케미칼의 영업이익률과 국제유가(두바이유) 추이는 서로 역행한다. 이처럼 나프타를 기초원료로 하는 NCC를 생산거점으로 삼는 국내 석유화학 업체의 이익은 고유가에 취약하다.

이어질 수 있다.

석유화학 업체로서는 고유가로 나프타 가격이 오른다고 해서 그 부담을 석유화학 제품 가격에 전가시키기가 쉽지 않다. 석유화학 제품의 기초원료에는 나프타만 있는 게 아니기 때문이다. 천연가스인 에탄을 통해 석유화학 제품을 생산할 수도 있다. 여기서 NCC와 ECC라는 개념이 등장한다. 나프타를 기초원료로 하는 생산시설을 NCC(Naphtha Cracking Center)라 하고, 에탄을 기초원료로 하는 생산시설을 ECC(Ethane Cracking Center)라 한다. 아시아와 유럽의 석유화학 업체들이 NCC를 생산거점으로 삼는데 반해, 셰일가스가 풍부한 미국의 석유화학 업체들은 ECC를 갖추고 있다. 따라서 다운스트림 이하 공정 업체 입장에서는 NCC에서 생산되는 석유화학 제품 가격이 오르면 ECC 계열 제품을 대체 선택할 수 있다. NCC를 기반으로 하는 업스트림 석유화학 업체들이 시장에서 공급자 우위에 서기가 어려운 까닭이다.

실제로 고유가가 이어지면서 대표적인 업스트림 제품인 에틸렌의 스프레드가 2024년 10월 기준 톤당 136달러로 손익분기점 레벨(250~300달러/톤)을 계

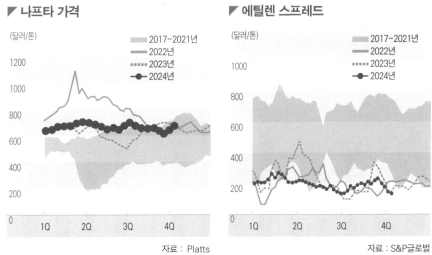

자료 : Platts

자료 : S&P글로벌

고유가로 2024년 나프타 가격이 2017~2021년 가격 범위보다도 높게 형성되어 있다. 나프타 가격이 상승하자 2024년 에틸렌 스프레드는 2017~2021년 가격 범위 하단에도 미치지 못하는 추세를 이어갔다.

속 하회했음에도 불구하고 NCC를 생산거점으로 삼는 국내 석유화학 업체들은 제품 가격을 인상하지 못했다.

중국의 석유화학 제품 자급률이 중요한 이유

에틸렌 스프레드가 저조하자 다운스트림 제품인 합성수지 계열의 폴리에틸렌(PE), 폴리프로필렌(PP), ABS, PVC 등의 스프레드도 떨어지면서 석유화학 업황을 더욱 어둡게 하고 있다. 다운스트림 제품들의 스프레드 하락 요인은 수급 밸런스 측면에서 접근할 필요가 있다. 글로벌 경기 침체로 전방 산업에서의 수요가 부진해지자 공급 과잉이 찾아왔고, 이는 다시 스프레드 악화로 이어졌다. 업계에서는 드라마틱한 수요 상승이 일어나지 않는 한 누적 공급량을 단기간에 해소하기가 쉽지 않다고 전망한다.

문제는 2020년부터 시작된 에틸렌 생산라인 증설이 2025년에도 이어질 수밖에 없는 상황이다. 에틸렌은 폴리에틸렌, 에탄올, 폴리염화비닐(PVC) 등 다

▼ 글로벌 에틸렌 신규 증설규모

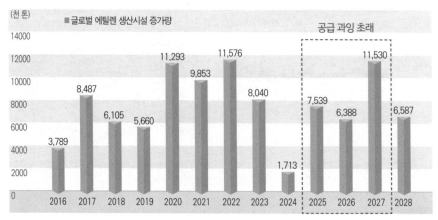

자료 : S&P글로벌

양한 합성수지 제품의 원료로 사용되는 만큼 석유화학 업황 전반에 적지 않은 영향을 미친다. 2023년에 석유화학 업황 침체가 깊어지면서 고육지책으로 2024년에 에틸렌 생산라인 증설을 잠시 미뤘지만, 2025년에는 계획대로 다시 재개된다. 2025년에 예정된 에틸렌 생산라인 증설규모는 무려 750만 톤 이상으로, 2024년 170만 톤의 4배를 훌쩍 넘어선다. 문제는 2027년에 증설규모가 1,100만 톤을 넘길 것이란 예상이다.

석유화학 산업은 거의 모든 제조업을 전방에 두고 있다. '산업의 단백질'이라 불릴 만큼 스펙트럼이 넓고 다양해 경기에 민감하게 반응한다. 소비 시장이 살아나지 않는 한 침체된 석유화학 제품의 수요를 끌어올리는 건 불가능하다. IMF는 2025년 전 세계 GDP 성장률이 3% 초반에 그칠 것으로 전망했다. 세계에서 가장 큰 소비 블록을 형성한 중국과 미국의 성장률이 특히 중요한데, 두 나라 모두 전년 대비 둔화할 것이란 관측이 우세하다.

국내 석유화학 업체들 입장에서는 중국의 상황이 좀더 중요하다. 중국의 석유화학 산업은 CTO(Coal To Olefin)라 하여 석탄을 기초원료로 해서 석유화학 제품을 생산한다. 석탄은 나프타나 천연가스보다 저렴하다. CTO가 NCC나

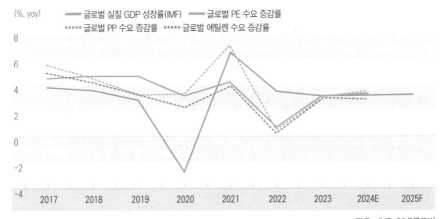

▼ 글로벌 GDP 성장률 및 주요 석유화학 제품 수요 추이

자료 : IMF, S&P글로벌

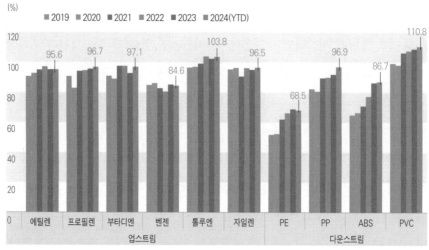

▼ 중국 석유화학 제품 자급률

(%)
■ 2019 ■ 2020 ■ 2021 ■ 2022 ■ 2023 ■ 2024(YTD)

에틸렌 95.6 / 프로필렌 96.7 / 부타디엔 97.1 / 벤젠 84.6 / 톨루엔 103.8 / 자일렌 96.5 / PE 68.5 / PP 96.9 / ABS 86.7 / PVC 110.8

업스트림 / 다운스트림

자료 : 마이스틸 데이터

ECC에 비해 원가경쟁력이 우수한 까닭이다. 이에 따라 중국은 석유화학 제품의 자급률을 높여왔다. 기초유분인 에틸렌과 프로필렌, 부타디엔의 자급률이 각각 95.6%, 96.7%, 97.1%에 이른다(2024년 추정치). 국내 석유화학 업체들의 중국향 수출이 저조한 이유가 여기에 있다. 다만 CTO는 생산할 수 있는 품목이 제한적이고, 무엇보다 석탄을 원재료로 사용하는 만큼 대기환경에 취약하다. 중국 석유화학 산업이 NCC나 ECC로 전환하는 시기는 국내 석유화학 업체들의 중국향 수출 실적을 올릴 수 있는 기회가 된다.

불황의 시그널……고유가, 과잉 공급, 더딘 수요 회복

정리하면 글로벌 경기 침체가 계속되면서 당분간 석유화학 업황은 녹록치 않을 것으로 전망된다. 앞서 살펴봤듯이 석유화학 업황 부진의 핵심 요인은 [1] 고유가 [2] 과잉 공급 [3] 더딘 수요 회복으로 모아진다.

▼ 국제유가와 나프타 스프레드 관계

(달러/톤) · 두바이유 가격(좌) · 나프타 스프레드(우) · (달러/톤)

국제유가가 배럴당 30달러 안팎까지 떨어져야
나프타 스프레드 회복을 기대해 볼 수 있다.

자료 : S&P글로벌

  석유화학 업황이 반등하기 위한 선결조건은 국제유가 하락이다. 국제유가가 배럴당 30달러 안팎으로 떨어져야 나프타 스프레드의 상승을 어느 정도 기대해 볼 수 있다. 그나마 국제유가가 조금씩 내려가는 추세를 보이고 있는 것은 다행스럽지만, 석유화학 업황이 반등하려면 국제유가의 점진적인 하락만으로는 부족하다. 과거 석유화학 사이클을 살펴보면, 국제유가가 바닥까지 내려와야 비로소 나프타 스프레드의 개선이 일어났음을 확인할 수 있다. 즉 국제유가 하락세가 확연하게 나타나면서 석유화학 제품들이 원가경쟁력을 회복했을 때 비로소 석유화학 업체들의 이익이 반등했다.

  석유화학 산업의 불황은 석유화학 업체들의 주가흐름에도 적지 않은 영향을 미칠 수밖에 없다. 2024년 10월 YTD(연초 대비 증감률) 기준 석유화학 섹터의 주가 수익률은 -27%까지 떨어졌다. 주가흐름이 부진한 석유화학 업체들의 실적을 살펴보면 공통적으로 이익 실현이 저조하게 나타났다. 아울러 매출 대비 시설 투자 비중이 큰 탓에 현금흐름이 원활하지 못했다. 석유화학 업체들의 이익이 반등하려면 일단 국제유가가 큰 폭으로 떨어져 원가경쟁력을 키워야 한다. 이어서 공급 과잉이 해소되어 수급 밸런스를 회복해야 한다. 그런데 이 문

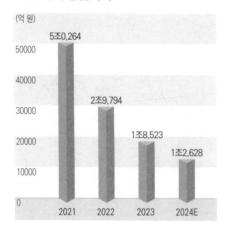

▼ LG화학 영업이익

(억 원)

- 5조0,264 (2021)
- 2조9,794 (2022)
- 1조8,523 (2023)
- 1조2,628 (2024E)

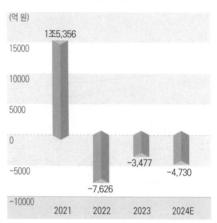

▼ 롯데케미칼 영업이익

(억 원)

- 1조5,356 (2021)
- -7,626 (2022)
- -3,477 (2023)
- -4,730 (2024E)

제는 단기간에 인위적으로 해결할 수 있는 게 아니다. 에틸렌 등 업스트림을 주력으로 하는 석유화학 업체일수록 고유가 및 공급 과잉에 따른 수익성 악화가 우려된다. 특히 LG화학이나 롯데케미칼처럼 대규모 NCC를 운영하는 업체일수록 2024년에 이어 2025년까지도 영업이익 하락(혹은 영업손실)을 각오해야 한다.

LG화학의 매출 비중은 배터리 소재 51.4%, 석유화학 38.3%, 첨단소재 5.5%, 생명과학 2.8% 순이다. 매출의 절반 이상을 차지하는 배터리 사업 2020년 12월에 물적분할한 종속회사 LG에너지솔루션을 통해서 영위한다. LG화학의 기업가치 및 주가가 석유화학 사업만으로 좌우되는 건 아니지만, 상당한 비중을 차지하는 건 분명하다. LG화학은 2025년에도 석유화학 관련 대규모 설비투자가 이어진다. 무엇보다 석유화학 제품의 스프레드가 저조해 현금흐름 및 재무구조가 순탄치 않아 보인다. 배터리의 전방 산업인 전기차 업황이 회복되더라도 석유화학 사업 부진으로 기업가치 개선에 어려움을 겪을 수 있다는 얘기다.

다운스트림, 특히 합성고무와 화학섬유 주목

투자적 관점에서는 스프레드가 저조한 업스트림보다는 다운스트림 쪽으로 시선을 돌릴 필요가 있다. 다운스트림 안에서도 합성수지보다는 합성고무 업황을 눈여겨봐야 한다. 합성고무 산업은 이미 2016년부터 보릿고개(구조조정)를 넘겨온 덕분에 지금은 비교적 수급 밸런스가 양호한 편이다. 공급 과잉으로 구조조정에 직면한 합성수지와 다르다. 한때 합성고무 업계도 중국 중심의 대규모 증설로 인해 극심한 공급 과잉에 몸살을 앓았지만, 지난 2016년부터 신규 증설규모를 과감히 줄이는 한편 설비 폐쇄까지 단행했다. 팬데믹 이후 타이어 수요가 회복하면서 현재는 가동률이 80% 수준까지 올라왔다.

합성고무 업황 회복의 최고 수혜 기업은 금호석유다. 금호석유는 1970년 한국합성고무공업 주식회사로 설립해 국내 최초로 합성고무 사업을 영위해 왔다. 금호석유가 생산하는 제품 중에서 가장 돋보이는 품목은 '라텍스(Latex)'다. 라텍스는 고무나무에서 채취한 원료에 황을 섞어 생산한 고무제품으로, 인장

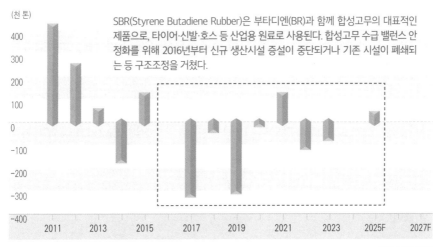

▼ 글로벌 SBR 생산시설 증설/폐쇄 추이

SBR(Styrene Butadiene Rubber)은 부타디엔(BR)과 함께 합성고무의 대표적인 제품으로, 타이어·신발·호스 등 산업용 원료로 사용된다. 합성고무 수급 밸런스 안정화를 위해 2016년부터 신규 생산시설 증설이 중단되거나 기존 시설이 폐쇄되는 등 구조조정을 거쳤다.

(천 톤)

자료 : 블룸버그

강도 및 내화학성이 우수해 의료/수술용 장갑 소재로 쓰인다. 금호석유는 라텍스 장갑 원료로 사용되는 'NB 라텍스' 글로벌 시장점유율 30%를 영위하며 1위에 올라있다. 연간 생산 규모가 100만 톤에 육박한다.

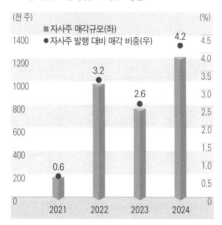

▼ 금호석유 발행주식 수 대비 자사주 매각규모 및 비중

■ 자사주 매각규모(좌)
● 자사주 발행 대비 매각 비중(우)

자료 : 금호석유

금호석유는 기초유분을 주원료로 사용하는 다운스트림 밸류체인의 특성상 고유가로 원가경쟁력이 취약한 업스트림 업체들에 비해 수익성에서 유리하다. 설비투자 부담으로 순차입금이 늘어가는 경쟁사에 견줘 부채비율이 낮아 안정적인 재무구조를 유지하는 점도 돋보인다.

금호석유의 견조한 수익성과 재무구조는 적극적인 주주환원정책으로 이어져 주가 상승을 견인할 전망이다. 당기순이익의 25%를 배당금으로 지급하고 있고, 자사주 매입·소각에도 적극적으로 나서고 있다. 금호석유의 보통주 발행주식 수는 2020년 말 30,467,691주에서 2024년 3분기 말 27,334,587주로 약 10% 감소했다.

석유화학 업황에서 합성고무에 이어 화학섬유도 주목할 만 하다. 화학섬유는 의류(패션)를 전방 산업으로 두고 있다. 화학섬유 중에서 가장 성장성이 기대되는 제품은 스판덱스(Spandex)다. 스판덱스는 폴리우레탄계 섬유의 일종으로, 다양한 의류 소재로 폭넓게 쓰인다. 1959년 미국 화학 기업 듀폰(DuPont)이 처음 개발한 스판덱스의 핵심은 고무보다 3배 이상 뛰어난 탄성이다. 원래 크기에서 최대 7배까지 늘어난다. 높은 부가가치 창출 효과로 '화학섬유 산업의 반도체'라 불린다.

스판덱스 업황은 지난 2022년경 대규모 생산라인 증설 및 수요 감소로 가

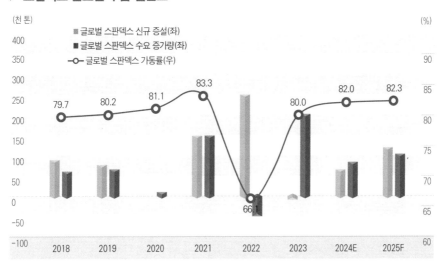

동률이 60%대까지 떨어졌다가 중국에서 스판덱스 가격이 최저점을 찍으면서 회복세로 돌아섰다. 실제로 2024년 10월 기준 중국 내 재고일수가 연초 90일에서 50일까지 줄었다. 수요가 살아나면서 가동률이 80%대까지 회복했고, 생산라인의 신규 증설이 미뤄지면서 스프레드 반등이 예상된다. 2025년 일부 생산라인 증설이 예정되어 있지만, 수요 증가량을 하회하는 수준이다.

스판덱스 업황 회복의 최선호주는 글로벌 시장점유율 30%로 무려 13년 동안 세계 1위에 올라있는 효성티앤씨다. 효성티앤씨는 스판덱스와 PTA, 나일론 원사 등을 생산하는 화학섬유 및 무역을 주력 사업으로 영위한다. 매출 비중은 무역(52%)과 화학섬유(48%)가 비슷하지만, 영업이익은 화학섬유가 94%로 절대적인 비중을 차지한다.

우리가 흔히 부르는 석유(Petroleum)는 정제되지 않은 상태의 원유를 가리킨다. 정제되지 않은 원유는 자동차는 물론 항공기나 선박의 연료로 사용할 수 없고, 반드시 정제과정을 거쳐야 제 기능을 할 수 있다. 석유의 주성분인 탄화수소는 증류에 의한 끓는점의 차이에 따라 LPG(끓는점~25℃), 휘발유(40℃~75℃), 나프타(75℃~150℃), 등유(150℃~240℃), 경유(220℃~250℃), 중유(350℃ 이상) 등의 정유제품(Product Of Oil Refining)으로 추출된다. 정유사는 산유국으로부터 원유를 수입해 정제시설에서 정유제품을 가공·생산하여 시중에 판매하는 사업을 영위한다.

정유 업황은 '원유수입 → 정제처리 → 유통·판매'라는 단순한 프로세스 같지만, 세부적으로 살펴보면 국제정세와 에너지정책, 기후위기 등 여러 요인이 얽히고설켜 있다. 국내 정유 업계는 SK에너지와 GS칼텍스, 에쓰오일, HD

현대오일뱅크 등 4개 업체가 과점 시장을 형성하고 있는데, 에쓰오일을 제외하면 모두 비상장사다. 따라서 나머지 정유 3사에 대한 투자는 상장사인 지배회사에 해야 한다. SK에너지는 SK이노베이션, GS칼텍스는 GS에너지를 지배하는 지주회사 GS, HD현대오일뱅크는 지주회사 HD현대가 여기에 해당한다.

정유 산업은 원유의 정제규모가 수요를 크게 압도한다. 이러한 공급 과잉 상태는 새로운 경쟁사의 시장 진출을 막는 높은 진입장벽으로 작용한다. 항상 공급이 넘쳐나는 까닭에 신규 공급자가 들어올 여지가 없는 것이다. 국내 정유업계가 오랫동안 4개 사를 중심으로 과점 체제를 형성해온 까닭이다.

▶ 원유의 분별증류*에 따른 석유제품

* 분별증류(Fractional Distillation, 分別蒸溜) : 서로 잘 섞여 있는 액체혼합물을 끓는점 차이를 이용해 분리하는 방법

자료 : SK이노베이션

국제유가의 하방 압력에 맞선 OPEC의 감산 기조

국내 정유 업계가 과점 체제를 형성한다고 해서 대외적으로도 시장 우위에 있는 건 아니다. 오히려 국내 정유사들은 OPEC+* 회원국 등 산유국에서 원유를 전량 수입하기 때문에 거래관계에서 열위에 놓여 있다.

정유사들의 실적은 국제유가에 따라 크게 출렁거린다. 정유 업황을 파악하는 데 있어서 가장 중요한 요인으로 국제유가가 꼽히는 까닭이다. 국제유가는 정유사들이 가공·생산하는 정유제품의 생산비용을 좌우한다. 따라서 정유제품의 가격은 국제유가에 따라 변동성이 심하다. 주유소에서 휘발유와 경유의 리터당 가격이 매일 변하는 건 이 때문이다. 국제유가는 2~3주의 시차를 두고 국내 정유제품의 가격에 반영된다. 국제유가는 내렸는데 휘발유나 경유 등 국내 주유소에서 판매되는 정유제품 가격이 오르고 있다면 국제유가가 정유제품 가격에 전가되는 2~3주 간의 시차에서 발생하는 환율 탓일 가능성이 높다.

업계에서는 국제유가가 오르면 정유사들의 매출이 오른다고 이해한다. 정유사들은 국제유가가 오른 만큼 시중의 정유제품 판매가격에 전가시키기 때문이다. 가령 국제유가가 상승하는 경우, 정유사들은 과거에 저가로 매입한 뒤 비축해놓은 원유로 정유제품을 생산하여 마진폭을 높인다.

이처럼 국내 정유사들의 실적을 좌우하는 국제유가는 대체로 수요와 공급의 원리에 따라 변동한다. 정유제품의 수요가 늘고 공급이 줄면 국제유가는 올라가고, 그 반대이면 국제유가는 내려간다. 다만 국제유가는 다른 공산품 가격에 비하면 그다지 탄력적이지 않은 편이다. 기름 값이 아무리 올라도 교통이나 난

---

* 석유수출국기구(OPEC)에 미국과 러시아 등 기타 주요 산유국들이 더해져(+) 구성된 기구. OPEC 회원국은 이라크, 이란, 쿠웨이트, 사우디아라비아, 베네수엘라, 리비아, 아랍에미리트, 알제리, 나이지리아, 에콰도르, 앙골라까지 모두 14개국이다. 여기에 기타 주요 산유국(Non-OPEC)으로 미국, 러시아, 멕시코, 카자흐스탄, 아제르바이잔, 노르웨이 등을 합쳐 OPEC+가 됐다.

방 등 필수 소비를 아예 거부할 순 없다. 반대로 기름 값이 내렸다고 해서 필요 이상으로 교통수단 및 난방을 이용하는 것도 아니다. 공급도 비탄력적이긴 마찬가지다. 유전은 탐사 자체도 어렵지만, 유전이 발견되어 시추 및 생산에 이르기까지는 보통 10년 가까이 소요된다. 수요가 증가했다고 갑자기 없던 유전에서 석유를 퍼올려 공급량을 늘리는 것은 현실적으로 불가능하다.

최근 석유 시장은 대체로 공급량을 줄이는 방향으로 가격을 조정한다. 가령 OPEC+는 종종 국제유가 하락을 막기 위해서 인위적으로 감산에 합의한다. 지난 2024년 11월에 OPEC+가 하루 220만 배럴 추가 감산을 발표하자 국제유가는 완만한 단기 반등세를 이어갔다. OPEC+가 감산 기조에 무게중심을 두는 이유는 갈수록 국제유가가 하향세를 그릴 것이라는 불안감 때문이다. 국제에너지기구(IEA)는 정기보고서에서 "글로벌 석유(원유) 재고가 2017년 이후 가장 줄어든 반면 휘발유와 경유 등 정유제품 재고는 3년 만에 최대로 급증했다"고 발표했다. 경기 침체로 정유제품 판매가 감소하자 각국 정부와 기업이 국제유가 하락을 대비해 재고를 줄였다는 분석이다.

▼ OPEC+ 주요국 감산에 따른 국제유가 추이

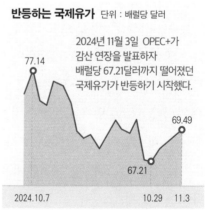

OPEC+ 주요국 감산 현황

(만 배럴/일)

■ 원유생산량 ■ 최대 생산능력

사우디아라비아: 904 / 1,211
러시아: 911 / 976
이라크: 426 / 487
UAE: 326 / 428

* 2024년 9월 기준
자료 : IEA

반등하는 국제유가 단위 : 배럴당 달러

2024년 11월 3일 OPEC+가 감산 연장을 발표하자 배럴당 67.21달러까지 떨어졌던 국제유가가 반등하기 시작했다.

77.14
67.21
69.49

2024.10.7   10.29   11.3

*미국 서부텍사스원유(WTI) 기준
자료 : 오일프라이스닷컴

OPEC+의 석유 생산량만큼 중요한 게 OECD 국가들의 석유 비축량이다. 석유 소비량이 많은 OECD 국가들은 1970년대 오일 쇼크 이후 IEA의 권고에 따라 최소 90일분의 순수입량에 해당하는 원유를 비축해왔다. 하지만 최근 몇 년 동안 OECD 국가들의 석유 비축량은 탄소중립 등을 이유로 크게 줄었다. 무엇보다 OECD 전체 석유 비축량의 40%를 차지하는 미국의 석유 재고가 급감했다. 미국은 석유를 대체할 셰일가스를 생산하기 시작하면서 석유 비축의 필요성이 사라졌다. 이처럼 탄소중립 및 셰일가스로 인한 OECD 국가들의 석유 비축량 감소 및 OPEC+의 감산 기조는 장기적으로 석유 공급을 줄여 국제 유가를 일정 수준 유지시킬 것으로 전망된다.

중국의 정제설비 폐쇄와 국내 정유사의 반사이익

석유 생산량이 감소하면 휘발유나 경유 등 정유제품을 가공하는 정제설비 가동률도 줄어들기 마련이다. 정제설비 가동률은 정유사의 생산능력과 직결된다. 정유사는 일정 수준의 생산능력을 유지해야 하지만, 전 세계적인 탈탄소 국면에서는 공급 과잉에 따른 역효과를 감안하지 않을 수 없다.

정제설비 생산능력 글로벌 1위에 올라 있는 중국은 정유제품을 수출할 수 있는 잉여 정제능력을 보유한 몇 안 되는 국가 가운데 하나다. 그런데 최근 페트로차이나(PetroChina)를 비롯한 중국의 거대 정유사들이 정제시설 폐쇄에 나서고 있다. 탄소중립이 세계적인 정제설비 강국인 중국마저 변화시키고 있는 것이다. 페트로차이나는 2025년 안에 중국 최대 규모의 정제설비 시설을 폐쇄하기로 결정했다. 대련에 위치한 페트로차이나의 생산능력은 41만 B/D(1일당 배럴)에 이른다.

정제설비는 수명이 길고 막대한 투자비용이 들어가기 때문에 정유사 입장에서는 통상 10년 이상의 수요치를 예상하고 운영된다. 그런데 최근 탄소중립 여파로 수소·전기차 시장이 열리면서, 정유사들은 정제설비의 운영에 적지 않은 부담을 느끼고 있다. 이는 비단 중국 뿐 아니라 전 세계 정유사들이 겪는 현실이다. 2025년에 폐쇄가 예정된 정제설비 규모는 글로벌 기준 78.9만 B/D인데, 전년 대비 무려 118% 증가한 수치다.

국내 정유사들은 당장 정제설비 폐쇄 계획이 없다. 국내 정유사들의 정제설비 규모는 중국, 미국, 러시아, 인도에 이어 세계 5위권 수준이다. 글로벌 선두권 정유사들이 정제설비 폐쇄에 나서면서 당분간 국내 정유사들의 수출물량은 늘어날 전망이다. 이러한 시그널은 2024년부터 나타났다. 실제로 2024년 3분기까지 국내 정유사들의 정유제품 연간 누적 수출량은 3억7,300만 배럴로 전년 동기 대비 10% 증가했고, 2018년 이후 최대치를 경신했다.

▶ **국내 정유사 수출규모 추이**

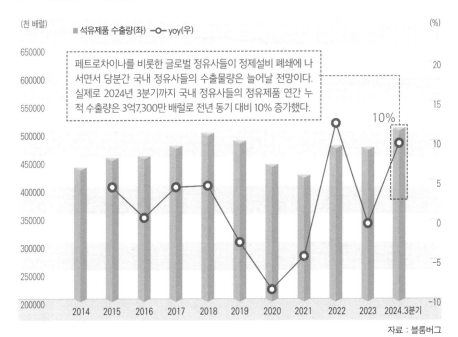

자료 : 블룸버그

정제마진으로 번 이익을 갉아먹는 재고자산평가손실

국제유가가 오르고 석유 및 정유제품 공급이 감소하면 정유제품 가격이 상승해 정유사들의 이익이 개선된다. 정유사들의 이익은 정제마진으로 결정된다. 정제마진은 석유제품 가격에서 석유가격과 정제비용을 차감해서 구한다. 업계에서는 통상 배럴당 4~5달러의 정제마진을 손익분기점으로 본다.

$$정제마진 = \frac{정유제품\ 가격 - (석유가격 + 정제비용)}{정제량}$$

국내 정유 업계는 싱가포르 정제마진을 지표로 삼는다. 2025년에 싱가포르 복합 정제마진은 11.1D/B(배럴당 달러)로 2024년 대비 32.0% 증가할 전망이다. 중국의 경우 경기부양책 확대로 정유제품 수요가 늘고 있고, 인도에서도 승용차 소유가 대중화되면서 정유제품 소비가 꾸준히 증가하는 추세다. OPEC

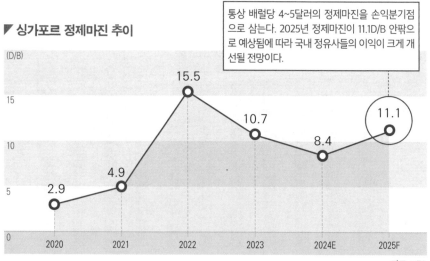

▶ **싱가포르 정제마진 추이**

통상 배럴당 4~5달러의 정제마진을 손익분기점으로 삼는다. 2025년 정제마진이 11.1D/B 안팎으로 예상됨에 따라 국내 정유사들의 이익이 크게 개선될 전망이다.

(D/B)

- 2020: 2.9
- 2021: 4.9
- 2022: 15.5
- 2023: 10.7
- 2024E: 8.4
- 2025F: 11.1

자료 : IEA

발표에 따르면, 2025년 글로벌 석유 수요가 1억578만 배럴(일 기준)에 이를 것으로 전망했다. 이는 전년 대비 1.58% 증가한 수치다. 같은 기간 석유 최대 소비국인 중국의 경우 1,736만 배럴(일 기준)로, 전년 대비 2.44% 증가할 것으로 분석했다.

반면 앞서 밝혔듯이 중국과 미국 등을 중심으로 정제설비 폐쇄 물량이 전년 대비 118% 증가할 것으로 예상되기 때문에 석유 수급이 타이트해 질 전망이다. 다만 2024년에 가동한 신규 정제설비들의 온기 가동으로 2025년 정제마진은 상반기보다는 하반기에 높게 형성될 가능성이 짙다. 정제마진은 중·장기적으로도 양호할 것으로 보인다. IEA는 2030년까지 친환경 에너지 증가 및 수소·전기차 시장 성장의 영향으로 정제설비 폐쇄가 이어지면서 정제마진이 견고한 수준을 유지할 것으로 분석했다. 2024부터 2030년까지 글로벌 기준 정제설비 폐쇄 물량은 3백만 B/D를 상회할 전망이다.

정제마진과 함께 알아둬야 할 것으로 정유사의 재무제표상 '재고자산평가손실'이 있다. 가령 국제유가가 상승할 경우 정유사는 과거에 저가로 구매한 석유로 정유제품을 가공·판매하여 정제마진을 끌어올려 이익을 개선한다. 반면 국제유가가 하락하면 정유제품 가격도 덩달아 떨어지는데, 이 경우 저가의 원유를 보유한 재고만큼 손실을 평가하여 재무제표에 반영한다. 이를 가리켜 재고자산평가손실이라 부른다.

정유사는 대게 다량의 석유를 재고로 보유한다. 산유국으로부터 석유를 수송하는 비용이 적지 않을 뿐만 아니라, 정제과정을 통해 정유제품을 생산해 판매하는 데까지 상당한 기간이 소요되기 때문이다. 이에 따라 해당 기간 사이에 국제유가가 떨어질 경우 재고자산평가손실이 발생할 수밖에 없는 것이다. 재고자산평가손실은 어닝시즌에 정유사의 당기순이익을 차감하기 때문에 주가 상승을 저해하는 요인으로 작용한다.

탄소중립 위기와 미래 먹거리 '액침냉각유'

정유사는 정제마진을 올리려면 정제설비의 '고도화'에 힘써야 한다. 고도화란 저가의 중질유를 고가의 경질유로 가공하는 처리과정을 가리킨다. 석유는 API 라는 성분 측정에 따라 탄소 함유가 많은 중질유와 탄소 함유가 낮은 경질유로 나뉜다. 휘발유와 경유가 경질유에 속하고, 등유와 아스팔트유는 중질유에 속한다. 국내 정유사들은 대부분 중동산 중질유를 수입한다. 이때 중동산 중질유를 두바이유라고 하여 따로 가격을 매긴다. 미국산과 유럽산(영국 북해)은 경질유로 각각 서부텍사스유(WTI)와 브렌트유라는 명칭으로 가격이 표시된다.

고도화 처리의 꽃은 '윤활유'다. 윤활유란 기계 작동에서 생기는 열을 식히는 용도로 사용된다. 자동차의 엔진오일은 대표적인 윤활유다. 일반 휘발유나 경유에 비해 엔진오일 가격이 훨씬 비싸듯이, 윤활유는 정유사의 고부가가치 품목이다. 국내 정유사의 매출에서 윤활유가 차지하는 비중은 7% 내외이지만, 영업이익 비중은 30%대까지 올라간다.

정유 업계가 고부가가치 사업에서 한걸음 더 나아가 미래 성장동력으로 삼는 품목은 '액침냉각유(Immersion Cooling Fluid)'다. 액침냉각유는 전기가 통하지 않는 특수 냉각 플루이드를 활용해 기업 혹은 기관 등에서 운영하는 데이터센터 내 서버의 열을 직접 흡수하는 제품을 말한다. 공기로 열을 식히는 공랭식보다 전력 소모를 90% 이상 절감하고 전체 데이터센터 전력 소비량을 30% 이상 줄여주는 만큼 비용 절감과 탄소 감축 면에서 탁월하다.

액침냉각유의 쓰임은 데이터센터에 국한하지 않는다. ESS(에너지저장장치)는 물론 전기차 배터리에 이르기까지 활용도가 넓고 다양하다. 전기차 캐즘의 주범으로 꼽히는 배터리 발화 위험을 줄이는 용도로도 제격이다. 2050년 탄소중립으로 화석연료차 시장이 쇠퇴하면서 존립 자체가 위태로웠던 정유사로서는 전기차 배터리의 열을 식히는 액침냉각유야말로 새로운 대안 먹거리 가운

데 하나가 될 수 있다. 업계에서는 글
로벌 액침냉각유 시장이 (데이터센터
에 한해서만) 2022년 15조 원 안팎에서
2030년 41조 원을 넘어설 것으로 보
고 있다.

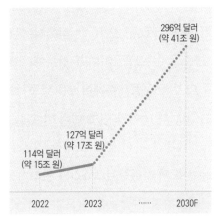

▼ 데이터센터용 액침냉각 시스템
글로벌 시장규모

296억 달러
(약 41조 원)

127억 달러
(약 17조 원)

114억 달러
(약 15조 원)

2022   2023   ......   2030F

자료 : 블룸버그

국내 정유사들은 모두 액침냉각유
시장에 진출해 있다. 액침냉각유는
시장이 본격적으로 열리면 기존 윤활
유 중에서 가장 높은 영업이익률이
기대된다. SK이노베이션의 윤활유
자회사인 SK엔무브는 2022년 국내 최초로 냉각 플루이드 개발에 뛰어들었다.
2024년 2월에는 영국 기업 아이소톱 및 SK텔레콤과 공동으로 AI 서버 환경에
맞는 액체냉각 기술 개발에 나섰다. 한화에어로스페이스와 함께 개발한 '발화
위험이 없는 ESS용 액침냉각 기술'도 돋보인다.

GS칼텍스는 자체 개발한 액침냉각유 '킥스 이머전 플루이드 S'를 이미 출시
했다. 미국보건재단(NSF) 식품등급 인증을 받은 합성원료를 사용해 인체와 환
경에 무해하다. 데이터센터뿐 아니라 전기차 배터리, ESS 등으로까지 제품 라
인업을 다양화하고 있다.

에쓰오일은 인화점 섭씨 250℃ 이상의 고인화점 액침냉각유 '에쓰오일 e-쿨
링 솔루션'을 출시했다. 고인화점 제품은 특히 위험물 안전 규제가 엄격한 한
국 및 일본 등지에서 수요가 클 것으로 관측된다. 국내에서 대규모 데이터센터
에 액침냉각 기술을 도입하려면 '위험물안전관리법' 및 '소방법' 등의 실정법
규 요건을 충족해야 한다는 점에서 에쓰오일이 출시한 고인화점 제품은 높은
공신력을 갖는다.

엔비디아 최고경영자(CEO) 젠슨 황이 차세대 AI 그래픽처리장치(GPU)인

'블랙웰'에 액체냉각 시스템을 도입하겠다고 밝히면서 뉴욕 증시에서 관련 기업들이 크게 주목받고 있다. 젠슨 황은, "통상 데이터센터 전력 소모의 약 45%가 발열 억제에 쓰인다는 점에서 액침냉각 시스템은 전력 사용량을 획기적으로 줄일 수 있을 것"이라 강조했다. 미국의 기가바이트에 액침냉각 시스템의 주요 부품인 콜드플레이트를 납품하는 대만 기업 아시아바이탈컴포넌트(AVC)는 2024년 주가가 연초 대비 81.49% 뛰었다.

액침냉각 관련 국내 소부장 기업으로는 케이엔솔과 GST가 있다. 케이엔솔은 반도체 클린룸과 2차전지 드라이룸 구축을 주력 사업으로 하면서 액침냉각 분야로까지 진출했다. 글로벌 1위 액침냉각 업체인 서브머(Submer)와 기술 협력에 나서며 주목받고 있다. GST는 반도체와 디스플레이 제조 공정에서 발생하는 배출가스를 정화하는 장비인 스크러버와 공정 장비의 작업 온도를 제어하는 칠러를 주력으로 생산하는 업체로, 검증된 칠러 기술력을 바탕으로 액침냉각 시스템의 국산화 및 양산에서 두각을 나타내고 있다.

트럼프 트레이드와 정유주의 현실

트럼프 재선 이후 정유주는 이른바 트럼프 트레이드의 대표 업종으로 꼽힌다. 트럼프는 지난 2017년 대통령에 취임한 뒤 "기후위기는 사기!"라고 외치며 파리협약을 탈퇴했다. 〈뉴욕타임스〉는 재선에 성공한 트럼프 정권 인수팀에서 취임 즉시 시행할 행정명령에 미국의 파리협정 탈퇴가 포함됐다고 보도했다. 이를 주도하는 인물은 석유 시장 로비스트 출신인 데이비드 번하트(David Bernhardt)다. 심지어 2기 트럼프 정권에서는 화석에너지 생산 확대를 주도할 '에너지 책임자' 직책을 신설했고, 환경보호청을 워싱턴DC 밖으로 내쫓는 방안도 논의 중이다. 기후분석 사이트 '카본 브리프'는 트럼프 재선으로 2030년까지 미국 온실

가스 배출량이 추가로 40억 톤 가량 늘어날 것으로 분석하기도 했다.

하지만 트럼프 1기 당시에도 정유주가 수혜를 입을 것으로 예상됐지만, 트럼프 대통령 취임 직후인 2017년 2월경 미국 정유주를 대표하는 엑손모빌과 쉐브론은 오히려 주가가 각각 9%, 5% 넘게 하락했다. 당시 업계에서는 국제유가 하락과 셰일가스 생산 증가 등 시장 내재적 요인이 트럼프의 화석연료 친화 기조를 돌려세웠다고 분석했다. 미국에서 대통령의 에너지정책은 증시에서 과대평가되곤 한다. 바이든 대통령도 2020년 대선 당시 화석연료 에너지를 청정에너지로 전환하겠다고 선언했지만, 임기 동안 미국 원유 생산량은 사상 최고치를 기록했다.

국내 증시 역시 트럼프 트레이드와 상관없이 정유주를 바라봐야 한다. 최선호주로는 에쓰오일이 꼽힌다. 에쓰오일은 사우디아라비아의 국영 석유회사인 아람코(Aramco)의 자회사(지분율 63.41%)로, 안정적으로 원유를 조달받고 있는 점은 경쟁사 대비 가장 강력한 무기다. 국내 정유주가 대체로 저평가되어 있지만, 에쓰오일을 제외한 경쟁사들이 지배회사를 통해 상장되어 있는 탓에 저평가 매력을 온전히 누리는 종목은 에쓰오일이 유일하다. 12개월 선행 PBR(주가순자산비율)은 0.7배로 2004년 이후 최저 수준이다.

투자포인트

- 생성형AI, 암호화폐, 데이터센터로 인한 전력 수요 급증
- AI로 인해 전력난 심화 → 원전에 대한 재평가
- 에너지 '전환'에 따른 원전 및 LNG 시장 급성장

체크포인트

- 지정학적 요인에 따른 원전 및 천연가스 시장 변동성 리스크
- SMR의 본격적인 상업화 시기 지연
- 유틸리티 산업의 성장성 한계에 따른 주가 상승 모멘텀 부재

최선호주 두산에너빌리티, 우진, SK가스, 한국가스공사

"AI의 미래는 전력에 달렸다!"

시장 조사기관 가트너가 2024년 연례 보고서에서 다룬 주제 중 하나다. 보고서에는 생성형AI의 원활한 가동을 위해서 기존 데이터센터의 전력 소비량이 향후 2년 동안 160%까지 급증할 것이란 분석이 담겼다. AI에 최적화된 서버를 운영하기 위해선 연간 500테라와트시(TWh)의 전력이 소요된다(2024년 기준). 2022년 74테라와트시에 비해 무려 7배가량 폭증한 수치다.

가령 생성형AI 애플리케이션에 사용되는 LLM(대규모 언어 모델)을 원활히 처리하려면 거대한 데이터센터는 필수다. 데이터센터를 가동하면 섭씨 30도가 넘는 열이 발생한다. 데이터센터 서버는 온도와 습도에 민감한데, 과열로 인한 시스템 장애를 막으려면 온도를 25도 이내로 낮춰야 한다. AI 시장의 주도권 경쟁이 데이터센터의 열을 식히는 '액침냉각 기술'(299쪽)에 달렸다는 말

AI와 암호화폐를 위해 대규모 데이터센터를 가동하는데 엄청난 양의 전력이 소모된다. 향후 AI와 암호화폐, 빅데이터는 심각한 에너지 부족 문제를 초래할 가능성이 짙다.

은 과장이 아니다.

실제로 데이터센터에서 전력 소모는 냉각기 가동(Cooling and Ventilation)이 약 40%를 차지한다. 데이터센터의 에너지 효율이 냉각에 소모되는 전력을 줄이는 것에 초점이 맞춰진 까닭이다. 구글과 애플, 메타 등 글로벌 빅테크들이 냉대기후 지대인 북유럽에 데이터센터를 건설하려는 의도도 냉방 에너지 효율을 위해서다. 냉대기후란 가장 추운 달의 평균 기온이 영하

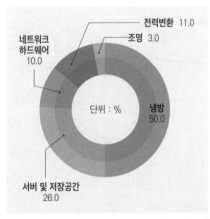

▶ 데이터센터 전력 사용 비중

전력변환 11.0

조명 3.0

네트워크
하드웨어
10.0

단위 : %

냉방
50.0

서버 및 저장공간
26.0

자료 : 가트너

3도 아래이고, 가장 따뜻한 달의 평균 기온이 영상 10도 이하를 가리킨다. 공기 순환과 냉각을 전력 사용이 아닌 차가운 외부 대기온도를 활용하면 서버실의 에너지 소비를 줄이는 데 유리하다.

▶ 글로벌 데이터센터 시장규모

(억 달러)

생성형AI 애플리케이션에 사용되는 LLM(대규모 언어 모델)을 원활히 처리하려면 거대한 데이터센터는 필수다.

- 2017: 2,730
- 2022: 3,210
- 2023: 3,420
- 2027F: 4,100

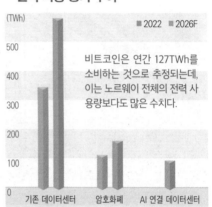

▶ 데이터센터, 암호화폐, AI로 인한 전력 사용 증가 추이

(TWh)

■ 2022 ■ 2026F

비트코인은 연간 127TWh를 소비하는 것으로 추정되는데, 이는 노르웨이 전체의 전력 사용량보다도 많은 수치다.

- 기존 데이터센터
- 암호화폐
- AI 연결 데이터센터

자료 : 스태티스타

AI 못지않게 데이터센터를 뜨겁게 달구는 주범은 암호화폐다. 비트코인 등의 암호화폐를 '채굴'한다는 것은 본질적으로 복잡한 암호학적 퍼즐을 풀어 블록체인에 새로운 토큰을 추가하는 것이다. 이러한 작업은 거대한 데이터센터를 필요로 한다.

암호화폐를 채굴하는 데 드는 전력 양은 화폐의 종류, 가격, 난이도, 채굴 방식, 채굴 장비, 채굴 지역 등에 따라 다르지만, 비트코인 채굴에 가장 많은 전력이 소모된다. 비트코인은 연간 127TWh를 소비하는 것으로 추정되는데, 이는 노르웨이 같은 나라 전체의 전력 사용량보다도 많은 수치다.

미국에서는 암호화폐 채굴로 인한 전력 소모만으로 매년 2,500만~5,000만 톤의 이산화탄소가 배출된다. 이는 미국 철도가 사용하는 디젤 연료의 연간 배출량과 맞먹는 수준이다. 무엇보다 암호화폐 채굴을 위한 전력 수요는 불규칙하고 예측하기 어려운 까닭에 전력 수급 균형을 깨뜨려 에너지 시장의 안정성을 저해할 우려가 있다.

데이터센터 없이 사업을 이어갈 수 없는 빅테크들로선 막대한 전력비용에 이산화탄소 배출 문제까지 그야말로 딜레마가 아닐 수 없다. RE100을 강조해

온 빅테크들의 ESG 경영기조가
송두리째 위협받고 있는 것이다.
빅테크들은 태양광과 풍력 등 재
생에너지에서 생산한 전력으로
데이터센터를 운영한다고 공언
하지만 현실은 녹록치 않다.

태양광과 풍력은 전력 생산이
불가능한 시간대가 존재(간헐성)
하기 때문에 '항시' 전력 공급이

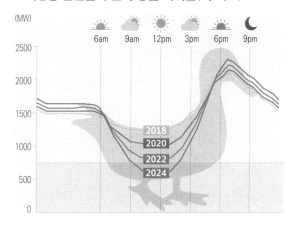
▶ 태양광 발전원의 전력 공급 사이클(덕 커브)

필요한 데이터센터에는 적합하지 않다. 가령 일출과 일몰 사이에 태양광 발전
이 급증하면 태양광을 제외한 발전원의 전력 수요가 낮은 상태를 유지하다 일
몰 후 전력 수요가 급상승한다. 이러한 현상을 나타낸 그래프가 오리를 닮았다
고 해서 덕 커브(Duck Curve)라고 부른다. 태양광 발전으로 조달하던 전력이 날
씨나 시간(일몰)으로 끊어지면 결국 원자력이나 천연가스로 대체해야 한다. 하
지만 원자력 같은 발전원은 전력 생산을 멈췄다가 재개하는 것이 거의 불가능
하다. 한때 탈원전을 외쳤던 유럽의 여러 국가에서 다시 원전 비중 복원에 나
선 이유가 여기에 있다. AI 시대에 맞춰 데이터센터 가동은 늘려야 하는데 재
생에너지만으로는 급증한 전력 수요를 감당할 수가 없게 된 것이다.

원전······데이터센터가 쏘아올린 전력난의 해법

EU는 2020년 '그린 택소노미(Green Taxonomy)'라 하여 환경적으로 지속가능한
경제 활동의 범위를 발표했는데, 여기에 원전과 천연가스를 포함시키지 않았
었다. 하지만 재생에너지만으로 에너지 수급이 불가능하다는 사실을 깨닫는

데는 그리 오랜 시간이 걸리지 않았다. EU는 2022년 2월에 원전과 천연가스를 그린 택소노미에 포함시켰다. 2050년 탄소중립 달성을 위한 에너지 '전환' 과정에서 원전과 천연가스를 과도기적 에너지로 인정한 것이다. 우리 정부 역시 'K-택소노미' 안에 원전과 천연가스를 포함시켰다.

원전은 특히 구글 같은 빅테크들에게 더 없이 매력적인 에너지원이다. 원전은 저탄소가 아닌 '무탄소' 발전원으로 이산화탄소 배출에서 완벽하게(!) 자유롭다. 아울러 지속가능한 가동으로 데이터센터의 전력 공급에도 안성맞춤이다. 마크롱 프랑스 대통령은 2024년 다보스 포럼에서 AI시대에 안정적인 전력 공급을 확보하려면 원전을 늘려야 한다고 공개적으로 그 중요성을 선언했다. 프랑스 뿐 아니라 미국과 영국, 일본 등도 탈원전 속도를 늦추는 방향으로 에너지정책을 수정했거나 아예 친(親)원전 기조로 돌아선 태도를 취하고 있다.

IEA는 2024년에 세계 각국이 원전을 늘리고 있다는 사실을 공식적으로 인정했다. IEA는 원전을 통한 전력 생산량이 2025년에 3% 증가해 2,915TWh에 이를 것으로 전망했다. 지금까지 최대 기록이었던 2021년 2,809TWh를 넘어서는 수준이다.

▶ **글로벌 원전 수요 추이**

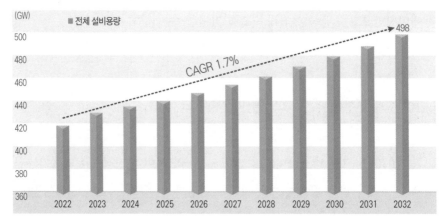

자료 : IEA

원전 건설에 가장 적극적인 나라는 중국이다. 중국 정부는 2023년에 원전 10기 건설을 승인하면서 세계에서 가장 많은 원전을 건설 중인 국가가 됐다. 전 세계에서 짓고 있는 원전 총 59기 가운데 중국 원전이 28기로 절반가량을 차지한다. 전 세계에서 가장 많은 이산화탄소를 배출하는 중국은 탄소중립 달성을 위한 해법으로 이른바 '원전 르네상스'를 선포했다. 2024년 기준 원전

▼ 주요국 원전정책 동향

기존 계획 유지 및 점진적 확대	중국	• 전 세계에서 짓고 있는 원전 총 59기 가운데 중국 원전이 28기로 절반가량 차지. • 2035년까지 전체 전력 생산에서 원전 설비 용량을 10%까지 끌어올린다는 계획.
	미국	• 원전을 CFE(Carbon Pollution Free Electricity)에 포함하고 상업원전 지원 확대. • SMR 등 차세대 원전 집중 개발 및 우방국들과 원전동맹 강화.
	프랑스	• 2050년까지 신규 6기 건설 및 추가 8기 검토(현재 원전 비중 66%).
	폴란드	• 2043년까지 6기 건설(원전 비중 약 10%).
	체코	• 2040년까지 최대 4기 추가 건설 추진(원전 비중 36% → 46~58%).
	핀란드	• 신규 1기 가동 개시, 가동원전 2기 계속운전 추진.
	일본	• 안전 검증 후 점차적으로 이용 확대(현재 10기 가동 재개 완료).
추가 확대 발표	영국	• 2050년까지 최대 8기 추가 건설(2021년 6.8GW → 2050년 24GW). • 총 전력 생산 중 원전 비중을 현재 15% 수준에서 25% 확대.
제로계획 연기	벨기에	• 원전 2기에 대한 계속운전 기한을 기존 2025년에서 2035년으로 연장.
	독일	• 남은 원전 3기 모두 2022년 제로화 예정에서 2023년 4월로 연기.

자료 : 산업통상자원부

▼ 전 세계 주요국 원전 운영

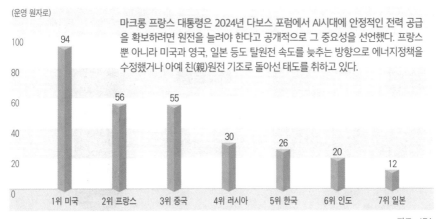

(운영 원자로)

마크롱 프랑스 대통령은 2024년 다보스 포럼에서 AI시대에 안정적인 전력 공급을 확보하려면 원전을 늘려야 한다고 공개적으로 그 중요성을 선언했다. 프랑스뿐 아니라 미국과 영국, 일본 등도 탈원전 속도를 늦추는 방향으로 에너지정책을 수정했거나 아예 친(親)원전 기조로 돌아선 태도를 취하고 있다.

	1위 미국	2위 프랑스	3위 중국	4위 러시아	5위 한국	6위 인도	7위 일본
	94	56	55	30	26	20	12

자료 : IEA

55기를 가동 중인 중국은 미국(93기)과 프랑스(56기)에 이어 세계 3위 원전 가동국이다. 중국은 현재 90%가 넘는 원전 기술 자급률을 확보한 상태다. 중국은 2035년까지 전체 전력 생산에서 원전 설비 용량을 10%까지 끌어올린다는 계획이다.

글로벌 빅테크들이 주목한 SMR의 투자가치

원전은 재선에 성공한 미국 트럼프 대통령이 선호하는 에너지 산업이다. 지난 2017년 1기 트럼프 정부 때부터 '중국-러시아 원전 동맹'에 맞서 한국을 미국의 파트너로 점찍어 두었다는 후문이다. 트럼프 당선과 함께 한·미 양국의 원전 팀플레이는 본격화 국면에 들어갔다. 실제로 현대건설은 미국 웨스팅하우스와의 컨소시엄으로 불가리아 원자력공사(KNPP NB)가 발주한 총 사업비 20조 원 규모의 코즐로두이(Kozloduy) 신규 원전 설계 계약을 따냈다.

원전 산업에서는 대형 원전이 절대적 비중을 차지하지만, 안전성과 경제성을 감안하면 장기적으로는 소형모듈원자로(SMR, Small Modular Reactor)의 성장

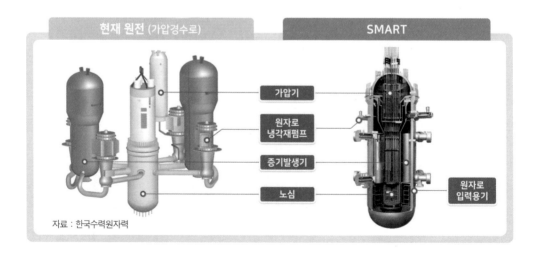

자료 : 한국수력원자력

성이 높게 점쳐진다. SMR은 하나의 모듈로 제작해 부지로 수송한 뒤 바로 설치할 수 있는 출력 300MWe 이하의 원자로를 말한다. SMR은 핵심 기기들이 하나의 모듈에 들어있어 원전 사고에서 가장 흔한 파이프 균열로 인한 방사능 오염물질 유출 위험이 없다.

대형 원전은 기초 공사부터 안전시설을 설치하는 마무리 단계까지 완료하는 데 오랜 기간이 걸리지만, SMR은 공장에서 모듈을 만들기 때문에 제작일수가 짧고 설치도 비교적 간단하다. 한 번에 많은 비용을 들여 크게 지을 필요가 없고, 하나씩 짓고 나서 발전 사업에서 얻은 수익으로 추가 설치가 가능한 만큼 경제성이 높다.

원전 최선호주로는 두산에너빌리티(두산중공업)가 꼽힌다. 핵심 설비인 원자로, 증기발생기, 냉각펌프 등과 핵연료 취급 설비, 핵연료 운반 용기(Cask) 및 원자로 계통 보조기기 등을 모두 제작한다. 체코 두코바니 2기(5/6호기) 원전 건설에서 현지 자회사인 두산스코다파워를 통해 증기터빈 등 핵심 설비 수주가 예상된다. 미국 웨스팅하우스의 AP1000 원자로 대부분에 증기발생기를 공급하기도 했다. 웨스팅하우스는 현재 전 세계에 걸쳐 6기의 AP1000을 운영하고 있으며, 8기를 추가로 건설 중에 있다. 2030년에는 AP1000 기반의 원전 18기 운영을 목표로 하고 있다.

두산에너빌리티는 미국 SMR 전문기업 뉴스케일파워에 지분투자를 통해 핵심 기자재를 공급할 예정이다. 뉴스케일파워는 다수의 빅테크 기업과 데이터센터 전력 공급사업을 해나가고 있다. 뉴스케일파워는 SMR 개발사인 엑스에너지와 지분투자 및 핵심 기자재 공급을 위한 협약을 체결했다. 아마존은 엑스에너지에 5억 달러를 투자했는데, 2039년까지 5GW 이상의 엑스에너지 SMR을 도입할 예정이다.

원전용 국산 계측기 독점 공급업체인 우진도 K-원전 수출 및 SMR 수혜주에서 빼놓을 수 없다. 우진은 정부의 탈원전정책 폐기로 원전가동률이 2018년

65%대에서 2023년 81%대로 상승하면서 흑자전환했다. 우진의 원전용 계측기(매출 비중 35%) 사업은 영업이익률이 30%에 달한다. 계측기는 원자로 개발 시점부터 공동 개발되기 때문에 경쟁업체의 신규 진입이 거의 불가능하다. 우진은 SMR용 핵심 계측기기를 개발해 한국형 소형원전 i-SMR 사업에 참여하고 있는데, 경쟁업체가 없는 상태다.

천연가스 시장 급성장……원전만으론 에너지 부족을 막을 수 없다

그런데 원전만으로 데이터센터가 쏘아올린 전력난을 해소하는 데는 한계가 있다. 무엇보다 원전은 건설에 착수해 상업가동까지 적어도 8년 이상 걸린다. 심지어 차세대 원전인 SMR이 대형 원전을 대체하려면 최소한 2030년 이후는 되어야 가능하다. 원전 및 재생에너지만으로는 여전히 부족한 전력을 보완해줄 발전원이 필요하다는 얘기다. 글로벌 에너지 업계에서는 그 적임자로 천연가스를 꼽는다. 천연가스는 다른 에너지원에 비해 열효율이 높다. 특히 LNG는 액화 과정에서 분진과 황이 제거되어 환경오염이 적다. 무엇보다 전 세계 곳곳에 매장되어 있어 수급 밸런스가 양호하다.

천연가스는 크게 업스트림(탐사·개발·생산), 미드스트림(액화·운송), 다운스트림(판매 등)으로 생산·가공·유통 된다. 업스트림 단계는 긴 시간과 막대한 투자금이 필요할 뿐만 아니라 탐사 후 생산까지 이뤄지는 확률이 10% 미만에 불과하다. 탐사를 통해 천연가스를 발견한 뒤에도 구조, 매장량, 판매처를 비롯한 경제성 문제로 생산에 이르지 못하는 경우가 다반사다.

천연가스는 채굴된 뒤 지상 또는 해상 플랫폼에서 질소, 황화수소, 이산화탄소 등의 불순물을 제거하는 과정을 거친다. 정제된 천연가스는 기체 그대로 운송되거나 압축 및 액화되어 운반되는데, 이러한 가공·운송 단계를 미드스트림

이라 한다.

천연가스는 운송 및 저장 방법에 따라 PNG(배관천연가스), CNG(압축천연가스), LNG(액화천연가스)로 구분된다. 국토의 삼면이 바다인 우리나라는 PNG로 공급받을 수 없어 천연가스를 액화시킨 다음 선박을 통해 운송 받는 LNG가 주를 이룬다. 이어 천연가스를 최종 소비자에게 전달하는 과정 전반을 다운스트림이라 한다.

신규 가스발전소를 건설하는 데는 평균 2~3년 정도가 소요된다. 실제로 미국 듀크에너지(Duke Energy)가 추진 중인 2GW 규모의 천연가스 발전소는 2026년에 착공을 시작해 2028년이면 상업가동이 가능하다. 신규 건설이 8년 이상 소요되는 원전과 비교되는 대목이다.

연료비가 없는 재생에너지와 달리 가스발전은 변동비에서 원료비 비중이 높아 가격에 민감하다. 따라서 가스가격이 떨어질수록 가스발전 업체에겐 유리하다. 가스가격 하락이 가스발전소 가동률을 상향시키고 신규 발전소 건설을 유인하는 요인으로 작용하는 이유가 여기에 있다.

글로벌 LNG 시장규모는 2023년에 비해 2025년 12%, 2026년 23%, 2028년 37% 증가할 전망이다(액화설비 용량 기준). 호주와 카타르를 제치고 LNG 1위 수출국이 된 미국은 데이터센터 가동으로 급증하는 전력 수요의 대응 수단으로

자료 : SK이노베이션

가스발전 설비 건설에 집중하고 있다. 미국에서 건설 중이거나, 착공 혹은 투자를 검토하고 있는 가스설비 규모는 모두 107GW에 이른다(2024년 상반기 기준). 이는 미국 내 상업가동 중인 전체 가스발전(560GW)의 20%에 달하는 규모다.

천연가스 시장의 성장은 한때 최대 원유 생산국이었던 사우디아라비아의 에너지정책 변화에서도 읽힌다. 사우디아라비아는 불과 몇 년 전까지만 해도 천연가스에는 별 관심이 없었다. 사우디아라비아는 글로벌 천연가스 생산량 비중이 2.8% 불과하다. 그런데 2024년 들어 원유 생산시설 투자를 대폭 줄이는 대신 2030년까지 천연가스 생산량을 60% 이상 늘리기로 했다. 탄소중립으로 줄어드는 글로벌 원유 수요에 맞춰 천연가스로 대체하려는 복안이 읽힌다.

천연가스 투자 기조는 글로벌 에너지 기업들의 행보에서도 드러난다. 그 가운데 가장 적극적인 곳은 사우디아라비아의 아람코(Aramco)다. 아람코는 창사 이래 최초의 LNG 부문 투자인 미드오션 에너지(MidOcean Energy) 지분 인수를 시작으로 넥스트데케이드(NextDecade)와 셈프라(Sempra) 등 미국 에너지 기업으로부터 향후 20년 동안 연간 600만 톤 이상의 LNG를 장기구매한다는 계약

▶ 글로벌 원유 및 천연가스 생산국 순위

순위	원유		순위	천연가스	
	국가	생산 비중		국가	생산 비중
1	미국	20.1%	1	미국	25.5%
2	사우디아라비아	11.8%	2	러시아	14.4%
3	러시아	11.5%	3	이란	6.2%
4	캐나다	5.9%	4	중국	5.8%
5	이란	4.8%	5	캐나다	4.7%
6	이라크	4.5%	6	카타르	4.5%
7	UAE	4.1%	7	호주	3.7%
8	브라질	3.6%	8	노르웨이	2.9%
9	쿠웨이트	3.0%	9	사우디아라비아	2.8%
10	멕시코	2.1%	10	알제리	2.5%

자료 : BP

을 체결했다. 글로벌 최대 원유 생산업체인 아람코의 천연가스 사업 확장 행보는 향후 글로벌 에너지 산업의 무게중심이 원유에서 천연가스로 옮겨갈 것임을 시사한다.

천연가스 업황 호조에 따른 최선호주는 국내 LPG 시장점유율 1위 SK가스다. 2025년부터 상업가동에 들어가는 LNG 밸류체인이 본격적으로 운영될 경우 해당 사업에서 연간 2,000억 원 안팎의 추가 이익을 거둘 것으로 예상된다. SK가스의 주가 상승 모멘텀은 신사업인 ESS(에너지저장장치) 부문에서도 감지된다. SK가스는 미국 파트너사인 에이펙스(Apex)와 공동으로 ESS사업을 위한 합작법인 SA Grid Solution을 설립했다. SA Grid Solution은 텍사스 지역에 200MWh 규모의 ESS를 설치해 상업운전에 들어갔다. 재생에너지의 간헐성 문제로 시간대별 전기요금의 격차가 커질수록 ESS를 통한 수익이 기대된다.

국내 도시가스 시장을 독점하는 한국가스공사도 천연가스 수혜주로 꼽힌다. 국내 도시가스의 99%는 LNG이기 때문이다. 한국가스공사는 영업이익률보다는 미수금회수율이 더 중요하다. 미수금은 한국가스공사가 원가에 못 미치는 가격으로 가스를 공급해 쌓인 이른바 '외상값'이다. 천연가스 수입 대금 중 가스요금으로 회수되지 않은 금액으로, 가스의 구매가격보다 판매가격이 쌀 경우 적자분을 외상값과 같은 '자산'으로 분류한 뒤 가스요금 인상을 통해 회수한다.

한국가스공사와 같은 유틸리티 종목은 사업의 성장성에 따른 주가 상승보다는 배당성향을 주목해야 한다. 한국가스공사의 배당성향은 연간 실적이 확정된 이후 정부와 협의를 통해 정해진다. 전기와 가스 등 필수재를 다루는 사업의 특성상 경기 침체의 영향을 덜 받아 주가 폭락기에 방어주로서 안전한 피난처를 제공한다. 다만 금리 상승에 취약한 점은 아킬레스건이다. 금리가 오르면 자금이 채권 투자로 옮겨가 유틸리티 주식의 매력이 떨어진다. 아울러 유틸리티 회사는 부채율이 높아 금리가 오르면 이자 부담이 커진다. 한국가스공사의 부채율은 480%를 웃도는 수준이다(2023년 기준).

Chapter 6

건설, 철강, 기계

23 건설

건설주는 크게 네 가지 이슈에 따라 희비가 갈린다. 금리, 분양률, 원가율, 해외 사업이다. 이 가운데 금리는 대출과 함께 부동산 경기를 쥐락펴락 한다. 지난 2024년 7월 기준 서울 평균 집값이 12억 원을 넘어섰다. 통장에 쌓아둔 현금으로 12억 원이 넘는 집을 구입하는 경우는 드물다. 금융권으로부터 대출을 일으켜 구입자금의 상당 부분을 커버한다. 결국 금리가 오를 때 주택 시장이 꽁꽁 얼어붙는 이유는 대출 탓이다. 대형 부동산 개발에 동원되는 PF(Project Financing)도 마찬가지다. 시행사가 건물을 지을 토지를 매입하고 시공비를 조달하려면 금융기관으로부터 대출을 받아야 한다. 금융기관은 시행사의 신용이나 물적담보 뿐 아니라 개발 프로젝트 자체의 수익성을 평가하여 대출을 결정한다. 이때 금리가 상승하면 대출이자가 올라 개발 프로젝트의 수익성이 떨어지면서 자금 조달에 어려움을 겪는다.

2024년 9월에 미국 연준이 빅컷(Big Cut, 0.5%p 금리 인하)을 단행하자 국내에서는 선제적으로 대출금리가 하락하기 시작했고, 곧이어 주택경기가 회복세로 진입했다. 주가는 그보다 먼저 반응했다. KRX 건설업 지수가 같은 해 7월과 8월에 걸쳐 6% 올랐다(같은 기간 코스피는 4% 하락했다). 대표적인 아파트주인 HDC현대산업개발과 GS건설의 주가수익률은 각각 32%, 16% 급등했다(YTD 11월 12일 기준).

건설주의 상승곡선은 오래가지 못했다. 빅컷 시그널로 서울·수도권 집값이 빠르게 오르며 주택담보대출 증가세가 가파르게 상승하자 정부가 대출 규제 카드를 꺼내든 것이다. 당시 기준금리가 한 차례 인하되었지만, 은행권은 스트레스 DSR을 통해 오히려 주택담보대출 금리를 올리며 주택 매수심리를 옥죘다. 스트레스 DSR(총부채 원리금 상환비율)이란 변동금리 대출을 받은 차주가 대출 이용기간 중 금리 인상으로 원리금 상환 부담이 늘어날 것을 감안해 일

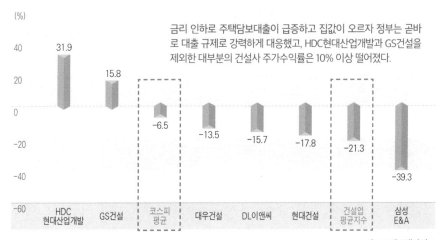

▼ **주요 건설주 주가수익률** YTD 2024년 11월 12일 종가기준

금리 인하로 주택담보대출이 급증하고 집값이 오르자 정부는 곧바로 대출 규제로 강력하게 대응했고, HDC현대산업개발과 GS건설을 제외한 대부분의 건설사 주가수익률은 10% 이상 떨어졌다.

자료 : 에프앤가이드

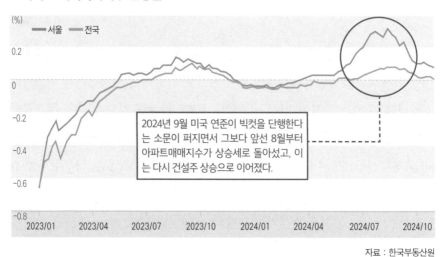

자료 : 한국부동산원

정 수준의 가산금리(스트레스 금리)를 추가로 적용하는 제도다.

결국 궁극적으로는 금리 인하가 주택 시장을 상승국면으로 이끌지만, 그럴 때마다 정부가 집값을 잡기 위해서 단기적으로 대출 규제 카드를 꺼내드는 패턴이 반복된다. 다만 2025년부터 금리 인하가 본격화될 경우, 정부가 집값을 잡기 위해 단기적으로 내놓을 대출 규제를 위한 처방은 효과가 시들해질 수 있다. 이 경우 주택 시장은 2025년 하반기로 갈수록 상승 기조로 돌아설 가능성이 높다. 시나리오대로 흘러간다면 건설주는 이보다 2~3개월 앞서 반등할 수 있다.

양호한 실적에도 불구하고 워크아웃에 들어간 건설사

건설업은 크게 건축, 토목, 플랜트 사업부문으로 나뉜다. 대게 교량(다리)이나 댐 같은 토목 사업 발주는 국가나 지자체를 중심으로 이뤄지며, 발전이나 공장

설비는 국내보다는 해외에서 발주가 활발한 편이다. 건축 부문은 주로 국내에서 공동주택(아파트, 빌라)이나 빌딩(오피스) 위주로 진행되는데, 아파트가 대부분을 차지한다.

아파트 사업에서 중요한 것은 '분양'이다. 재개발과 재건축 사업도 결국 성공적인 분양에 방점이 찍힌다. 대량 미분양 사태는 건설사 실적 악화의 주범이 된다. 특히 '준공 후 미분양'이 불러오는 후폭풍은 건설사에게 치명적이다. 준공 후 미분양은 입주 시작 이후에도 주인을 찾지 못한 주택을 말한다. 일반적으로 분양 시점부터 완공까지 2~3년이 소요된다는 점을 감안하면 시간이 흐를수록 주인을 찾기가 더욱 어려워진다.

대표적인 수주 산업인 주택 건설업의 회계처리 구조를 들여다보면 준공 시점까지 미분양으로 남은 사업 현장들이 회사를 송두리째 집어삼키는 괴물로

▼ **전국 아파트 미분양 현황**

2024년 7월 말 기준

수도권
13,989호

인천 2,849호
서울 953호
강원 5,172호
경기 10,187호
세종 85호
충북 3,078호
경북 7,674호
충남 5,025호
대전 2,718호
울산 2,428호
전북 3,053호
대구 10,070호
광주 1,370호
경남 5,078호
부산 5,862호
전남 3,738호
지방 57,833호
제주 2,482호

▼ **규모별 미분양 현황**

40m² 이하 소형 주택	40~60m² 소형 주택
2,172호	7,930호
60~85m² 중형 주택	85m² 대형 주택
52,257호	9,463호

▼ **준공 후 미분양 주택 추이**

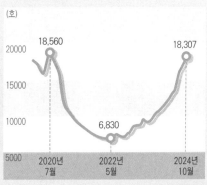

(호)

18,560 | 18,307
6,830

20000
15000
10000
5000

2020년 7월 | 2022년 5월 | 2024년 10월

자료 : 국토교통부

돌변하는 경우가 적지 않다. 착공 후 준공까지 수년이 소요되는 도급공사는 공정 진행률에 따라 매출과 투입 원가, 공사 이익을 손익계산서에 반영한다. 이 과정에서 미분양이 많건 적건 공사비 미회수에 관한 내용은 분기/반기/연간 손익계산서에는 거의 드러나지 않는다.

건설사의 실적 악화는 현금흐름표, 재무상태표, 손익계산서의 순서로 나타난다. 이 중에서 손익계산서상의 매출에는 미분양까지 포함된다. 결국 매출이 감소하기 시작하는 시점부터 미분양에 따른 건설사 실적의 바닥이 드러나게 된다. 분양 성과와 상관없이 공사 진행에 따라 매출로 인식하는 건설업 회계처리의 민낯이다. 건설사들은 여전히 매출·영업이익·당기순이익 위주로 실적을 공시하는 동안 미분양으로 발생한 우발채무를 감추는 데 급급하다.

지난 2023년 말에 돌연 워크아웃을 신청했던 태영건설의 경우 불과 두 달 전인 3분기까지 누적 매출 2조3,891억 원, 영업이익 977억 원, 당기순익 763억 원 등 전년보다 개선된 실적을 내놓은 바 있다. 하지만 당시 시공능력평가 순위 16위였던 태영건설이 워크아웃을 신청한 주된 이유는 미분양에 따른 자금 회수의 곤란이었다.

▶ **주요 건설사별 분양 실적**

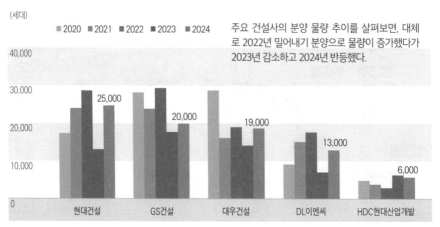

자료 : REPS 114

국토교통부에 따르면 2023년 11월 기준 전국 미분양 주택이 5만7,925가구로 집계됐다. 미분양 주택은 같은 해 2월 정점을 찍은 뒤 9개월 연속 줄었지만, 악성으로 분류되는 준공 후 미분양 주택은 2024년 10월 기준 1만8,307가구나 된다.

건설사 입장에서는 준공 후 미분양이 장기화 될 경우 자금 유동성 위기를 겪을 수 있다. 주택 분양사업을 하는 대부분의 건설사는 시공 전에 은행으로부터 대규모 PF 대출을 받고, 이후 수분양자들이 지급한 계약금 및 중도금으로 원금과 이자를 갚는 방식으로 사업을 진행한다. 따라서 PF를 실행한 단지에서 미분양이 날 경우 자금 회수가 어려워지면서 대출이자 부담이 불어난다.

다행히 2024년 분양 시장은 반등한 주택 시세를 바탕으로 전년 대비 소폭으로 회복했다. 전국 분양 물량은 2023년에 21.2만 세대(-42.1% yoy)로 2012년 이래 최저 수준을 기록했다. 2024년에는 약 25.8만 세대(+21.7%, yoy)로 추산된다. 2025년에는 집값이 추세적으로 떨어질 가능성은 낮아 보인다. 금리 인하 기조를 감안하건대, 2025년 예상 분양 물량은 대략 27.9만 세대(+8.1%, yoy)로 예상된다.

▶ **전국 아파트 분양 물량**

(천 세대)

> 2025년에는 집값이 추세적으로 떨어질 가능성은 낮아 보인다. 금리 인하 기조를 감안하건대, 2025년 예상 분양 물량은 대략 27.9만 세대(+8.1%, yoy)로 예상된다.

자료 : 부동산114

아파트를 지을수록 손해 보는 건설사

아파트 분양 시장이 회복된다고 해서 곧바로 건설사의 실적이 개선되는 건 아니다. 건설사의 경영실적 가운데 특히 이익구조가 나아지지 않고 있다면 그건 높은 원가율 때문이다. 작은 건물을 하나 짓는데도 적지 않은 돈과 시간이 들어가는데, 고층 아파트가 많게는 수십 동에 이르는 대형 단지 건설에 들어가는 비용은 그야말로 천문학적이다.

원가율은 건설사의 수익성을 가늠하는 지표다. 원가율이 높으면 매출총이익률(GPM)이 감소한다. '매출총이익'이란 매출액에서 매출원가를 차감한 금액이다. 매출원가는 판관비 · 영업비 등을 제외하고 제품 생산에 투입된 비용으로, 건설사의 경우 토지와 자재비 및 인건비 등 공사비 일체가 포함된다.

2021년경 평균 80% 후반대에 머물렀던 건설사 원가율이 지금은 어느새 90%를 웃돌고 있다. 2024년 상반기 주요 중견 건설사 10곳의 평균 원가율은 94%에 달했다. 시공능력평가 순위 35위권 내 주요 중견 건설사 10곳 가운데

◤ 주요 건설사 주택 사업 GPM

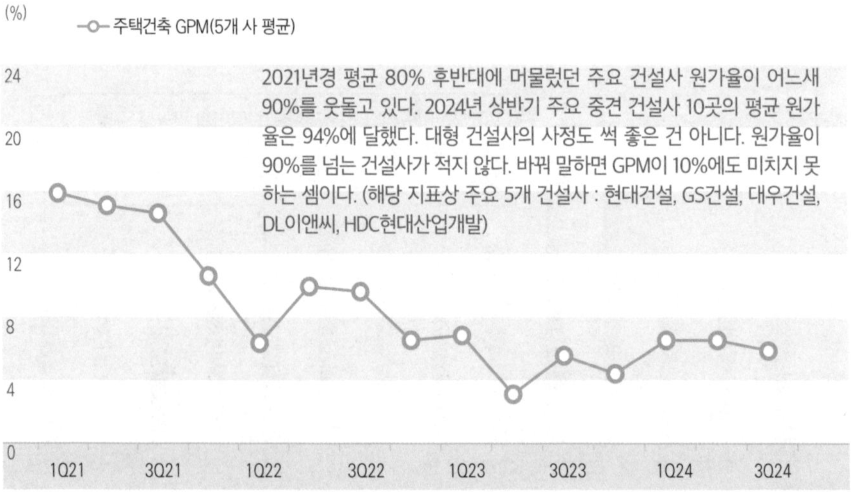

(%)
주택건축 GPM(5개 사 평균)
24
20
16
12
8
4
0
2021년경 평균 80% 후반대에 머물렀던 주요 건설사 원가율이 어느새 90%를 웃돌고 있다. 2024년 상반기 주요 중견 건설사 10곳의 평균 원가율은 94%에 달했다. 대형 건설사의 사정도 썩 좋은 건 아니다. 원가율이 90%를 넘는 건설사가 적지 않다. 바꿔 말하면 GPM이 10%에도 미치지 못하는 셈이다. (해당 지표상 주요 5개 건설사 : 현대건설, GS건설, 대우건설, DL이앤씨, HDC현대산업개발)
1Q21
3Q21
1Q22
3Q22
1Q23
3Q23
1Q24
3Q24

자료 : 각사

원가율 90%를 넘긴 곳도 8개 업체나 된다.

원가율 부담은 대형 건설사보다 중견 건설사가 더 크다. 중견 건설사는 아무래도 대형 건설사에 비해 브랜드 가치가 떨어져 저가 수주를 받는 경우가 빈번하다. 서울·수도권보다는 지방에 아파트를 짓는 경우도 적지 않다. 물론 지방은 서울·수도권에 비해 땅값은 싸지만, 인건비나 시멘트·철근 등의 자재비는 똑같다. 아파트 신축사업에서 지방 비중이 큰 중견 건설사들의 원가율이 높은 이유가 여기에 있다.

실제로 원가율이 100%를 넘는 중견 건설사도 있다. 동부건설의 원가율은 2023년 상반기 94%에서 2024년 상반기 100%로 뛰었다. 같은 기간 금호건설도 96%에서 100%로 상승했다. 심지어 신세계건설은 101%에서 103%까지 치솟았다. 원가율이 높은 건설사에서는 내부적으로 "아파트를 지을수록 손해"라는 말까지 돌곤 한다. 대형 건설사의 사정도 썩 좋은 건 아니다. 역시 원가율이 90%를 넘는 건설사가 여럿 있다. 바꿔 말하면 GPM이 10%에도 미치지 못하는 셈이다.

매출이 상승해도 원가율이 높으면 영업이익이 줄거나 심할 경우 적자전환하기도 한다. GS건설은 2022년에 매출이 12조2,992억 원에서 2023년 13조4,367억 원으로 상승했지만, 같은 해 영업이익은 5,548억 원에서 -3,879억 원으로 적자전환했다. 건설사는 원가율이 올라갈수록 공사비 부담으로 유동성에 경고등이 켜지면서 부채비율이 상승한다. 원가율이 103%까지 높아진 신세계건설의 경우 2022년 부채비율이 265.0%에서 2023년 무려 951.7%까지 치솟았다.

업계에서는 원가 상승의 직격탄을 맞은 2021년부터 2022년 상반기에 걸쳐 착공된 사업의 경우 준공시점인 2024년부터 2025년 상반기까지는 마진 개선이 어렵다고 보고 있다. 계엄 사태 이후 달러-원 환율이 급등하면서 건설 자재비 부담이 커진 탓이다. 건설공사비의 약 40%를 차지하는 자재비는 운송비 및 원자재 수입 비용에서 환율의 영향이 크다.

전체 업종 통틀어 해외 수주액의 40%를 혼자 달성한 건설사

국내 대형 건설사들의 매출에서 해외 사업이 차지하는 비중은 30~40% 수준이다. 여전히 국내 주택 사업 비중이 높지만, 해외 사업 또한 무시할 수 없다. 해외 사업의 대부분은 중동 국가들이 발주한 발전 설비용 플랜트가 차지한다.

중동에서의 합산 수주액이 151억9,246만 달러(53.3%)로 가장 규모가 크고, 이어서 아시아 50억8,810만 달러(17.8%), 북미·태평양 39억9,055만 달러(14.0%) 순이다. 중동 지역의 경우 전년 동기(80억611만 달러) 대비 수주액이 89.8% 급증했다(2024년 10월 기준 YTD). 연말에 수주가 몰린다는 점을 고려하면 연간 수주액은 더 늘어날 것으로 추산된다. 같은 기간 전체 수주액은 285억2,586만 달러(약 40조360억 원)로, 전년 동기(256억4,603만 달러) 대비 11.2% 증가했다. 지난 5년 평균치(213억4,000만 달러)보다 무려 33.7% 늘었다.

2025년 이후에는 특히 천연가스 발전시설 공사가 주를 이룰 전망이다. 천연가스는 에너지 전환 과정에서 과도기적 보완재로, 당분간 전 세계적으로 수요가 크게 늘어날 것으로 예상된다. 2040년까지 천연가스 수요는 2023년 대비 약 13% 증가할 것으로 추산되는 바, 증가 폭의 대부분은 LNG 형태로 조달된다.

이에 발맞춰 중동 지역의 주요 발주처들도 천연가스 개발 프로젝트에 적극 나서고 있다. 대표적으로 사우디아라비아의 국영 에너지 기업 아람코(Aramco)는 2023년 422억 달러에서 2024년 507억 달러(+20.1% yoy), 2025년 540억 달러(+6.5% yoy)로 천연가스 설비 투자규모를 늘려나가는 계획을 발표했다. 이는 하루 1,200만 배럴의 석유 생산능력을 유지함과 동시에 2030년 가스 생산량을 2021년 대비 60% 늘리기 위한 조치다.

2024년에 국내 기업 중 해외 수주를 가장 많이 한 기업은 모든 업종을 통틀어 삼성E&A(옛 삼성엔지니어링)이다. 국내 기업 309개 사의 해외 수주 총액 중에서 40% 가량을 삼성E&A가 달성했다. 사우디아라비아에서 받은 대형 천연

국내 기업 해외 건설 수주규모 2024년 기준

	기업	수주규모
1	삼성E&A	106억3,822만 달러
2	삼성물산	47억7,236만 달러
3	현대ENG	42억2,227만 달러
4	GS건설	23억5,066만 달러
5	SGC E&C	13억204만 달러
6	HD현대중공업	11억4,721만 달러
7	대한전선	6억3,577만 달러
8	인천공항공사	3억3,394만 달러
9	한국서부발전	3억2,145만 달러
10	KIND	2억8,657만 달러
	기타	25억1538만 달러
	총 309개 건설사 합산	… 285억2,586만 달러

삼성E&A와 GS건설은 아람코가 발주한 천연가스 증설 시설을 수주했다. 사우디아라비아 수도 리야드 북동쪽으로 350킬로미터 떨어진 파딜리 가스 플랜트를 증설하는 사업이다. 삼성E&A는 수주액 60억 달러 규모의 가스 처리 시설을 건설한다. GS건설은 12억 달러 규모의 황회수 처리시설 공사를 따냈다. 황회수 처리시설은 가스 정제 과정에서 발생하는 황을 포집하고 재활용하는 설비다. 두 회사의 수주합산액(72억 달러)은 한국 기업이 사우디아라비아에서 따낸 건설 사업 중 최대 규모다. 전체 해외 건설 수주를 놓고 보면 역대 세 번째다.

이미지 : 파딜리 가스 플랜트 조감도

가스 플랜트 설비 수주 덕분이다. 아람코가 발주한 사우디아라비아의 수도 리야드 북동쪽 350킬로미터에 있는 파딜리(Fadhili) 가스 플랜트 증설 프로젝트가 대표적이다.

삼성E&A는 중동 지역에서 대형 프로젝트를 진행해 본 경험이 풍부하다. 특히 가스처리 분야에서 탁월한 모듈 공법 노하우를 갖추고 있다. 모듈 공법은 플랜트를 만들 때 별도의 야드나 공장에서 사전에 모듈을 제작·조립한 후 현장으로 옮겨 설치만 하는 방식으로, 공사기간 단축과 공사비 절감에 효과적이다. 삼성E&A는 2003년 사우디아라비아에 처음 진출한 이후 하위야 우나이자(Hawiyah Unayzah) 가스 저장 프로젝트, 자푸라(Jafurah) 가스 처리 패키지 프로젝트에 이르기까지 40건 가까운 개발 사업을 진행해왔다.

천문학적 수주 실적에도 주가가 부진한 이유

투자적 관점에서 건설 업종 최선호주는 해외 수주에서 가장 돋보이는 삼성E&A가 꼽힌다. 삼성E&A의 2017~2023년 연평균 신규 수주규모는 8.6조 원이었다. 2024년에는 15조 원 이상의 신규 수주가 추산되지만 투자가 입장에서는 2025년 이후 삼성E&A의 경상적인 수주 레벨이 8.6조 원과 15조 원 사이 어디에 좌표를 찍을 지가 궁금하다. 업계에서는 삼성E&A가 2025~2027년에 걸쳐 연평균 12.5조 원 안팎의 신규 수주를 달성할 것으로 보고 있다.

그런데 삼성E&A는 서프라이징한 수주 실적에도 불가하고 주가흐름이 영 시원치 않다. 영업이익이 기대만큼 상승하지 않는 게 원인이다. 향후 2040년까지 이어지는 천연가스 수요 상승 기조를 고려하건대 삼성E&A에 대한 주가는 10년 이상 장기적으로 바라볼 필요가 있다.

국내 사업 중심의 건설 최선호주로는 GS건설이 꼽힌다. GS건설은 주택 사업에서 '자이'가 국내 아파트 최고 브랜드 파워를 자랑한다. 2023년에는 높은 원가율로 인해 적자전환하는 아픔을 겪었지만, 2024년에 다시 흑자전환했다. 2024년 3분기 기준 GS건설의 전체 GPM은 8.3%로 경쟁사 대비 양호하다. 모든 사업부문 수익성이 적자 없이 고르게 상향 안정세를 이어가고 있다. 사업부문별 GPM을 살펴보면, 건축/주택 7.3%, 신사업 10.5%, 플랜트 8.7%, 인프라 10.5%, 그린 18.4% 등이다. GS건설의 취약점인 현금흐름도 눈에 띄게 개선됐다. 같은 기간 순차입금은 2.5조 원으로 전분기 대비 약 6,000억 원 감소했다. 대형 단지 입주가 이어지면서 자금 유입이 계속해서 증가한 덕분이다. 신규 수주도 국내외 모두 상승세. 같은 기간 총 신규 수주는 전년 동기 대비 69.0% 증가한 12조9,610억 원을 기록했다.

주택 사업(매출 비중 64.5%)에 특화된 HDC현대산업개발은 2024년 4분기부터 자체 사업에서 실적 개선이 일어났다. 다만 투자적 관점에서는 단기 실적보다는 기업가치에 주목해야 한다. HDC현대산업개발은 서울·수도권 대규모 개발사업이 주가 상승을 위한 호재로 삼을 만하다. 특히 광운대 역세권 사업 착공이 가장 기대된다. 2025년 하반기에 용산 철도병원부지, 공릉 역세권 사업이 순차적으로 진행될 전망이다. 이 사업들이 모두 2028년 말까지 종료된다고 가정하면 취득가 기준 1.25조 원 가치의 토지가 1조 원의 현금 및 4.2조 원의 자산가치(민간 임대 아파트+오피스)로 상승하게 된다. 이는 유례없는 서울 부동산 폭등기의 초입이었던 2017~2019년에 토지를 매입했기에 가능한 일이다. HDC현대산업개발은 순수 아파트주로서 주택 시장 회복기에는 건설 업종 내 가장 뚜렷한 선호 종목으로 평가받는다. 따라서 단기 주택지표 위축에 따른 주가 조정 시기는 오히려 HDC현대산업개발 주식의 매수 타이밍이 될 수 있다.

투자포인트

- 인도 철강 산업 급성장 → 인도 생산시설 확대에 따른 국내 철강사 기업가치 상승
- 전기차 시장침투율 증가로 리튬 시장 중·장기 성장모드
- 철강 업황 침체기 → 철강 대장주 저가 매수 타이밍

체크포인트

- 2기 트럼프 정부의 '무역확장법 232조' 발동에 의한 고관세 리스크
- 미·중 철강 무역전쟁에 따른 중국산 저가 철강 공급 과잉
- 중국 건설 경기 부진으로 철강 수요 감소

최선호주 포스코홀딩스, 현대제철

탄소중립이 일관제철소들의 존립을 위협하고 있지만, 철강은 여전히 기간산업의 중심축을 이룬다. 정밀기계를 조립하는 작은 나사에서 마천루의 뼈대를 이루는 에이치빔 형강에 이르기까지 철강의 활용범위를 일일이 나열하는 건 무의미하다. 건설업과 조선업, 항공기 제조업에서 방산에 이르기까지 전방의 굵직한 산업들이 철강의 거대 수요군을 형성한다.

철강 역시 수요와 공급에 의해 시장이 작동하지만, 가격을 결정하는 무게중심이 공급보다는 수요 쪽으로 기운다. 그 이유는 철강제품의 원자재인 철광석이 미국, 러시아, 중국, 인도, 스웨덴, 프랑스, 호주, 브라질 등 전 세계 곳곳에 광범위하게 분포되어 있어 다른 산업소재에 비해 공급이 원활하기 때문이다. 뿐만 아니라 철광석을 제련하여 강철을 만드는 철강사들이 워낙 많아 철강가격을 올리기 위한 공급사들의 담합이 거의 불가능하다.

　반면 경기 침체로 부동산 시장이 얼어붙어 신규 주택 수요가 끊기거나 자동차 구입이 저조해지면 철강 소진이 훅 줄고 공급 과잉이 일어나 철강사들의 실적에 경고등이 켜진다. 철강은 제조시설에 막대한 설비 투자가 요구되는 장치산업이라 불황기에 가동을 줄이거나 시설을 폐쇄할 경우 적지 않은 손실로 이어진다.

　2024년에 철강 시장의 공급 과잉으로 생산시설 일부를 폐쇄하는 상황이 국내에서 발생했다. 조강 생산량 3,864만 톤(2023년 기준)으로 글로벌 7위이자 국내 1위 철강사인 포스코가 해외 저가 철강 수입에 따른 수익성 악화를 견디지 못하고 1979년부터 가동을 시작해 지금까지 운영해온 포항제철소 1선재공장을 45년 만에 폐쇄했다. 그동안 1선재공장에서 누적 생산된 2,800만 톤의 선재 제품은 나사못과 타이어코드 등에 활용되며 다양한 산업에서 쓰였다. 하지만 2023년 들어 전 세계 철강 수요가 급감하면서 넘쳐나는 재고 부담을 이기지 못하고 2024년 11월에 공장 폐쇄를 결정한 것이다.

▶ **글로벌 주요 경제 블록별 철강 수요** * 신흥국에서 중국과 인도 제외

자료 : 세계철강협회

다시 점화된 트럼프와 중국의 철강전쟁

세계철강협회(WSA)에 따르면, 2024년 글로벌 철강 수요는 지난 2023년 10월 예상치(18.5억 톤, +1.9% yoy)와 달리 17.5억 톤으로 전년 대비 0.9% 줄어들면서 3년 연속 감소세를 기록했다. 역사적으로 글로벌 철강 수요가 3년 연속 역성장한 경우는 매우 드물다.

수요 급감의 가장 큰 원인은 중국의 경기 침체에 있다. 특히 중국 부동산 시장의 위축은 건설 업황을 악화시켜 글로벌 철강 수요를 더욱 떨어트렸다. 2024년 중국 철강 수요는 2023년 10월 예상치(9.4억 톤)보다 낮은 8.7억 톤으로 전년 대비 3% 감소했다. 중국은 세계 최대 철강 소비국이자 생산국이다. 중국산 철강이 자국 내에서 원활하게 소화되지 못한 채 가까운 한국에 저가로 유입되면 공급 과잉이 일어나 국내 철강사들의 타격이 불가피하다.

이처럼 철강 업계 보릿고개의 가장 큰 원인은 중국발 공급 과잉이다. 한국 철강협회에 따르면, 2024년 9월 기준 중국에서 수입된 철강은 673만 톤으로

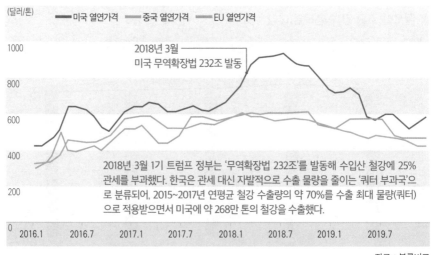

▼ 미국 '무역확장법 232조' 발동 당시 철강가격

(달러/톤)   ━ 미국 열연가격   ┅ 중국 열연가격   ━ EU 열연가격

2018년 3월
미국 무역확장법 232조 발동

2018년 3월 1기 트럼프 정부는 '무역확장법 232조'를 발동해 수입산 철강에 25% 관세를 부과했다. 한국은 관세 대신 자발적으로 수출 물량을 줄이는 '쿼터 부과국'으로 분류되어, 2015~2017년 연평균 철강 수출량의 약 70%를 수출 최대 물량(쿼터)으로 적용받으면서 미국에 약 268만 톤의 철강을 수출했다.

자료 : 블룸버그

2년 전인 2022년(494만 톤)과 비교하면 36%나 증가했다. 국내 철강 '빅 2(포스코, 현대제철)'의 공장가동률이 하락한 이유가 여기에 있다. 2024년 3분기 기준 공장가동률이 포스코 85%, 현대제철 84.2%로, 최근 3년 동안 최저 수준을 기록했다. 이는 두 회사의 실적 악화로 이어졌다. 같은 기간 포스코는 매출 9조 4,790억 원, 영업이익 4,380억 원으로 각각 전년 동기 대비 2.0%, 39.8% 감소했다. 해외 사업부문 영업이익은 70억 원에 그쳐 전년 동기 대비 무려 90% 줄었다. 현대제철도 같은 기간 영업이익(515억 원)이 전년 동기 대비 77% 감소했다.

중국산 저가 철강의 글로벌 과잉 공급은 2기 트럼프 정부가 재추진할 것으로 예상되는 '무역확장법 232조'와도 연결된다. 해당 법조항은 외국산 제품이 미국의 국익을 위협한다고 판단되면 긴급하게 수입을 제한하거나 고율의 관세를 매길 수 있도록 한 규정으로, 1962년 도입된 뒤 거의 사문화되었다가 2017년 1기 트럼프 정부가 보호무역정책을 펴면서 부활했다. 당시 미국 정부는 수입 철강과 알루미늄에 각각 25%와 10%의 관세를 부과하는 행정명령을

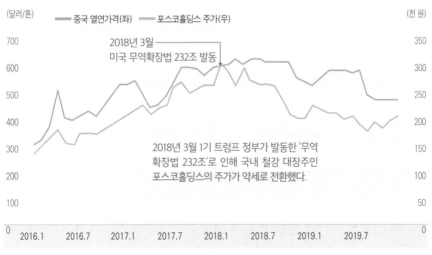

▶ 미국 '무역확장법 232조' 발동 당시 포스코홀딩스 주가

자료 : 블룸버그

발동했지만, 한국과 EU 등 일부 국가에 한해 적용하지 않았다. 재선에 성공한 2기 트럼프 정부는 미국 철강 산업의 핵심인 '러스트벨트' 북부 경합 주 3곳(펜실베이니아 · 미시간 · 위스콘신)에서 높은 지지를 받았고, 그 보답으로 철강 무역장벽을 더욱 굳건하게 쌓을 것으로 예상된다.

과거 트럼프 집권 내내 중국과의 무역전쟁이 끊이지 않았던 터라 이번에도 중국을 향한 압박은 더욱 거세질 전망이다. 특히 중국을 타깃으로 철강에 대한 고관세를 강화할 경우, 미국을 향하던 철강 물량이 전 세계로 쏟아져 나오면서 공급 과잉은 더욱 심화될 수 있다.

결국 2025년 철강 업황 역시 중국의 상황이 중요하다. 글로벌 철강 업계에서는 당분간 중국의 철강 수요가 반등을 하기가 쉽지 않을 것으로 보고 있다. 중국 철강 수요의 60% 이상을 차지하는 건설 업황이 단기간 내에 회복할 가능성이 낮기 때문이다. 중국 정부는 부동산 경기 회복을 위해 대규모 부양책을 마련하고 있지만, 부동산 개발업체들은 여전히 자금 조달에 어려움을 겪고 있다. 중국 중소도시에 누적된 대규모 미분양 아파트 물량이 해소되지 않는 이상 신규 건설 프로젝트를 대대적으로 일으키는 것은 현실적으로 불가능하다.

내수 침체가 장기화 되면서 중국 철강사들은 공급 과잉 문제를 해결하기 위해 시선을 해외로 돌리고 있다. 이미 2024년 후반에 중국의 철강 수출량이 역대 최고치를 기록하면서 국제 철강가격을 하락시키는 요인으로 작용했다. 이러한 상황이 계속될 경우 전 세계 철강사들의 실적 악화는 좀처럼 회복되기 어려울 것으로 전망된다.

국내 철강 시장은 중국산 저가 철강 유입으로 철강가격의 추가적인 하락을 우려하지 않을 수 없다. 국내 철강 수요의 약 35%를 수입 철강으로 충당하고 있는데, 특히 후판(두께 6mm 이상)의 경우 조선 업황의 회복에도 불구하고 중국산 수입량 증가로 인해 국내산 수요가 감소하고 있다.

인디아 아이언 인베이전의 승자는?

철강과 같은 기간산업일수록 업황이 저조할 경우에는 좀더 장기적인 투자 안목을 가져야 한다. 철강 없이는 건설과 조선, 자동차 등 전방 산업이 제대로 작동할 수가 없는 점을 감안하건대, 결국 철강 수요는 다시 제자리를 찾게 된다는 얘기다. 보다 긴 호흡으로 철강 산업을 바라볼 경우 인도 시장을 주목할 필요가 있다. 인도는 글로벌 철강 수요의 회복을 견인하는 핵심 지역으로 꼽힌다. 글로벌 철강 분석기관 월드스틸다이내믹스에 따르면, 인도의 철강 수요는 연평균 7%씩 성장해 2030년에 1억9,000만 톤에 이를 것으로 예상된다. 연평균 5,000만 톤인 국내 철강 수요의 4배에 가까운 규모다.

인도의 철강 수요는 2024년 8% 성장에 이어 2025년에도 8.5%의 꾸준한 상승세가 예상되는데, 이는 대규모 인프라 투자에서 비롯한다. 인도 정부는 도로, 철도, 항만, 전력망 등의 대대적인 확충을 위해 2040년까지 4조5,000억 달러(한화 6,300조 원)의 예산 집행 계획을 발표했다. 인도 정부가 중국산 저가 철강 수입을 제한하기 위해 관세 인상을 고려하고 있는 것도 포스코와 현대제철 등 한국 철강사에겐 호재가 아닐 수 없다. 인도는 중국산 철강 제품에 7.5% 관세를 부과하고 있는데, 이를 15%까지 올릴 계획인 것으로 알려졌다. 인도는 미국만큼 무역장벽이 높은 나라여서 수입 물품에 대한 모니터링이 까다롭다. 품질이 떨어지는 중국산 철강제품을 감안하건대 인도 내 철강 수요 대부분을 한국 철강사가 차지하는 여건이 마련되는 셈이다.

▶ 인도의 중·장기 철강 수요

(억 톤)

자료 : 월드스틸다이내믹스

333

포스코와 현대제철은 중국을 대신할 새로운 생산거점으로 인도 시장 진출에 적극 나서고 있다. 포스코는 인도 1위 철강사 JSW그룹과 손잡고 인도 오디샤에 연 500만 톤 규모의 일관제철소 건설에 나섰다. 일관제철소란 고로에서 철광석과 유연탄을 녹여 쇳물을 만들어 철강을 생산하는 제선-제강-압연 등 거의 모든 공정이 이뤄지는 종합제철소를 말한다. 일관제철소를 건설한다는 것은 상당한 수요를 예측해 중요 생산거점으로 삼겠다는 뜻이다.

현대제철은 새로운 자동차 강대국으로 떠오른 인도 시장에서 현대차·기아향 철강 물량을 소화하는 데 초점을 맞추고 있다. 현대차그룹 인도법인(HMIL)은 2024년 10월경 인도 증시 역사상 최대인 33억 달러(4조5,000억 원) 규모

▶ **포스코의 인도 생산시설 진출 현황**

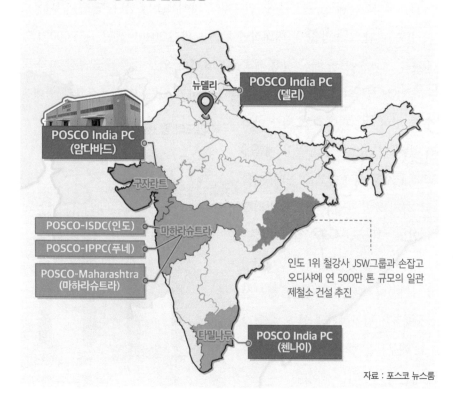

자료 : 포스코 뉴스룸

의 기업공개(IPO)를 성황리에 마쳤다(207쪽). 이에 발맞춰 현대제철은 2024년 3분기에 인도 푸네에서 연간 23만 톤을 생산하는 스틸서비스센터(SSC)를 착공했다. 이곳에서 생산된 철강은 현대차가 미국 제너럴모터스로부터 인수한 푸네 완성차 공장에 납품된다.

철강주에 대한 투자적 관점에서는 불황으로 바닥을 찍었을 때가 오히려 저가 매수 타이밍이다. 포스코홀딩스와 현대제철의 경우 이익 개선 기대감이 반영되지 않은 상황에서 시장 예상치를 상회하는 실적이 발표될 때 주가가 크게 상승할 수 있다는 애기다.

업황 침체가 이어지는 시기에는 영업활동 현금흐름 확대에 집중한 포스코의 재무전략을 눈여겨 볼 필요가 있다. 포스코는 2024년 3분기 영업이익이 직전 분기 대비 36% 줄었지만 영업활동 현금흐름은 오히려 소폭 상승했다. 매출채권 축소 및 재고자산 감축으로 현금 유입을 유지한 덕분이다. 철강 업황 회복이 더딘 상황에서 현금을 효율적으로 관리하는 방어적 재무경영이 돋보인다.

철강사의 수익은 철강가격에서 원재료 비용을 뺀 밀마진(제강소 마진)으로 구성된다. 따라서 현금흐름을 개선하려면 철강가격이 상승하거나 비용 지출을 줄여야 하지만, 중국산 저가 철강 수입으로 국산 철강가격 상승은 현실적으로 어렵다. 이에 포스코는 매출채권 축소로 들어올 자금 유입을 촉진하는 한편, 매입채무 및 미지급금 등 지출될 자금은 최대한 줄였다. 이로써 3분기 당기순이익이 7,551억 원으로 전년 동기(1조1,627억 원) 대비 크게 줄었음에도 지난해보다 개선된 영업활동 현금흐름을 유지할 수 있었다.

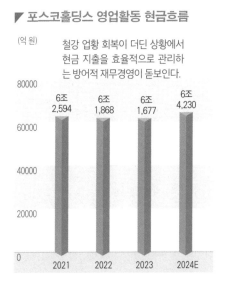

▶ 포스코홀딩스 영업활동 현금흐름

(억 원)

철강 업황 회복이 더딘 상황에서 현금 지출을 효율적으로 관리하는 방어적 재무경영이 돋보인다.

2021	2022	2023	2024E
6조 2,594	6조 1,868	6조 1,677	6조 4,230

'닥터 코퍼'의 반등이 예상되는 이유

과잉 공급으로 침체 터널에서 벗어나지 못하는 철강과 달리 비철금속은 공급 부족에 따른 가격 상승이 예상된다. 비철금속은 개념에서 알 수 있듯이 '철이 아닌(非鐵)' 모든 금속을 가리킨다. 산업적으로 가장 많이 쓰이는 구리, 알루미늄, 아연, 납, 주석, 니켈을 '6대 비철'로 분류한다. 이 중에서 구리(동)는 전기 및 열 전도성이 뛰어나 전선이나 전자부품을 비롯해 가장 많은 산업군에 쓰이기 때문에 경기에 민감하게 가격 변동이 일어난다. 구리가격은 향후 경기를 예측할 수 있다는 의미에서 '닥터 코퍼(Dr. Copper)'란 별칭으로 경기선행지표로 활용되기도 한다. 이에 따라 시장조사기관마다 구리가격 예측이 제각각인 경우가 적지 않다.

글로벌 투자은행 UBS와 골드만삭스는 2025년부터 2026년에 걸쳐 구리가격이 상승할 것으로 예측했다. 구리 공급이 부족해지면서 가격 상승이 이어질 것

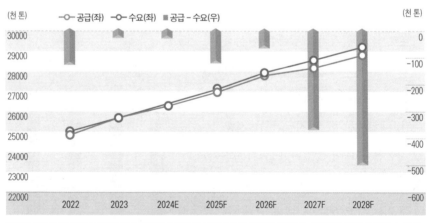

▌ 글로벌 구리 공급 부족 추이

전기차 및 데이터센터 등 전력 관련 산업의 성장으로 구리 수요가 꾸준히 성장하는 데 반해, 구리 제련에 소요되는 낮은 처리비용으로 제련소 가동률이 갈수록 하락해 공급 부족 현상이 나타날 것으로 전망된다. 이로서 공급자 우위 시장으로 바뀌어 비철금속 업체들의 실적이 개선될 것으로 예상된다.

자료 : UBS

이란 전망이다. 특히 원자재 가격 분석에 밝은 UBS는 런던금속거래소(LME)의 구리가격이 2025년 톤당 평균 1만500달러에서 2026년 1만1,000달러까지 상승할 것으로 예측했다. 글로벌 구리 수요가 꾸준히 증가하면서 2025년에 20만 톤 이상의 구리 공급이 부족할 것으로 판단한 것이다. 단기적으로는 구리가격이 하방 압력을 받을 수도 있지만, 향후 2년 동안 연평균 가격은 상승세를 탈 것이란 주장이다. 특히 전기차 및 데이터센터 산업의 성장이 구리 수요를 끌어올릴 것으로 봤다.

공급 측면에서 구리제련소 가동률이 낮아지는 점도 구리가격 상승 요인으로 꼽힌다. 역사적으로 낮은 처리비용(TC) 때문에 많은 제련소가 손실을 겪고 있는 구조적인 문제 탓이다. 구리를 포함한 비철금속은 광산에서 캐낸 금속 함량이 50% 안팎인 정광을 제련처리 과정을 통해 금속 함량 99.99%의 순수한 비철금속으로 가공해 판매한다. 처리비용이 줄어들면 공급 부족이 심화되고 잠재적인 정제 공급 감소를 초래하게 된다. 실제로 앵글로 아메리칸(Anglo American) 및 퍼스트 퀀텀 미네랄스(First Quantum Minerals) 등 글로벌 광산업체들은 앞서 생산량 가이던스를 하향 조정하면서 공급 부족을 시사한 바 있다.

'하얀 석유' 리튬에 투자하라

글로벌 원자재 시장에서 주목하는 비철금속 광물은 리튬(Lithium)이다. 리튬은 전기차 배터리의 핵심소재인 양극재에 없어서는 안 되는 원재료다. 양극재는 리튬이온 배터리 생산원가의 40%를 차지할 정도로 비중이 크다(222쪽). 검은색인 석유를 대체할 원료라는 의미에서 은백색인 리튬을 가리켜 '하얀 석유(White Petroleum)'라고 부르기도 한다.

리튬은 국내 배터리 업계가 주도하는 NCM(니켈·코발트·망간) 삼원계 배터

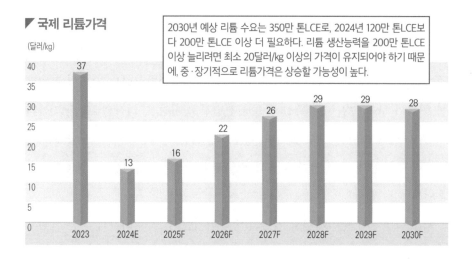

■ 국제 리튬가격

(달러/kg)

> 2030년 예상 리튬 수요는 350만 톤LCE로, 2024년 120만 톤LCE보다 200만 톤LCE 이상 더 필요하다. 리튬 생산능력을 200만 톤LCE 이상 늘리려면 최소 20달러/kg 이상의 가격이 유지되어야 하기 때문에, 중·장기적으로 리튬가격은 상승할 가능성이 높다.

리 및 중국 업체들이 주력 생산하는 LFP(리튬·인산·철) 배터리에 모두 활용되는데, 다행히 다른 희소 광물들에 비해 상대적으로 매장량이 풍부하다. 문제는 배터리에 쓰이는 화합물로 정제·가공하려면 상당한 시간과 비용이 소요된다는 점이다. 가공 과정에서 환경 파괴 우려가 크고 대규모 인력 투입이 요구되는 까닭에 주로 중국에서 리튬 정제작업이 이뤄진다. 국제 리튬가격이 US달러가 아닌 위안(중국 화폐)으로 책정되는 이유다.

2024년에 리튬을 비롯한 전기차 배터리 소재가격은 약세를 나타냈다. 2024년까지 글로벌 전기차 판매량 증가율이 3년 연속 둔화했지만, 공급 측면에서는 전기차 시장의 높은 성장을 예상해 투자를 늘려온 생산자들의 물량이 증가한 탓이다. 2025년에 리튬가격은 반등이 예상된다. 생산원가를 감안하면 현재 수준의 리튬가격은 지속되기 어렵다. 향후 생산자들의 공급 제한으로 단기적인 수요 개선이 늦어지더라도 가격이 상승하는 건 시간문제다.

장기적으로 전기차 시장침투율이 올라갈수록 리튬 수요 역시 꾸준히 증가할 수밖에 없다. 2030년 전기차 글로벌 시장침투율은 45%, 4,600만 대로 추산된다. 이를 감안하면 2030년 예상 리튬 수요는 350만 톤LCE(Lithium Carbonate

Equivalent, 탄산리튬환산기준)로, 2024년 120만 톤LCE보다 200만 톤LCE 이상이 더 필요하다. 리튬 생산능력을 200만 톤LCE 이상 증가시키려면 최소 20달러/kg 이상의 가격이 유지되어야 하기 때문에, 결국 중·장기적으로 리튬가격은 상승할 가능성이 높다.

철강 및 비철금속 최선호주는 대장주인 포스코홀딩스와 현대제철 및 풍산이 꼽힌다. 해당 종목의 주가는 철강 및 비철금속 가격 인상에 앞서 선제적으로 상승할 수 있다. 업계는 2025년에 철강 및 비철금속 가격 반등을 예상하고 있다. 업황 침체로 인해 주가가 바닥일 때가 매수 타이밍 적기임은 두말할 필요가 없다.

특히 국내 유일한 전기차용 배터리 수산화리튬 생산업체인 포스코필바라리튬솔루션(PPLS)을 자회사로 둔 포스코홀딩스는 리튬 시장 성장에 따른 수혜 종목으로 꼽힌다. PPLS는 아르헨티나에 염호 및 수산화리튬 가공설비를 갖추고 시운전 중에 있다. PPLS는 2018년에 호주 광산업체 필바라의 리튬 광산 지분과 아르헨티나 리튬 염호 개발권을 인수해 안정적인 리튬 원료 공급처를 확보해놓았다. 아르헨티나 염호에서는 2024년 상반기에 2만5,000톤 규모의 염수리튬 상용화공장 1단계를 건설했고, 이어 2만5,000톤 규모의 2단계 공장도 착공했다. 이를 기반으로 2030년 리튬 생산능력 42만3,000톤을 확보해 글로벌 '톱 3' 리튬기업으로 도약한다는 계획이다. 램프업 기간인 2025년에는 손실이 불가피하지만, 리튬가격 상승은 PPLS의 지배회사인 포스코홀딩스의 주가 상승 모멘텀으로 작용할 수 있다.

25 건설기계, 전력기계

📈 투자포인트

- 인도, 철도와 도로 등 인프라 투자 확대 → 건설기계 수요 급증
- 러시아 - 우크라이나 종전 이후 건설기계 재건 수요 및 유럽 시장 재개
- 글로벌 전력기계 슈퍼 사이클에 따른 수요 부족, 가격 인상

📈 체크포인트

- 2기 트럼프 정부의 자국 우선주의 이해득실 → 건설기계 호재, 전력기계 악재
- 중국 건설경기 둔화 → 글로벌 건설기계 수요 감소
- 데이터센터 시장 성장 → 국내 전력기계 업체들, 관련 비즈니스 모델 부재

최선호주 두산밥캣, HD현대건설기계, HD현대일렉트릭, LS일렉트릭

기계 산업은 매우 광범위하다. 제조업에서 기계 없이 제품을 만들 순 없다. 통계청의 '한국표준 산업분류'에 따르면, 기계 산업은 일반기계, 전기기계, 정밀기계, 수송기계, 금속 제품(조립금속)으로 구분되지만, 투자적 관점에서는 달리 봐야 한다. 증시에서는 기계 산업의 투자 섹터를 건설기계, 전력기계, 운송기계, 공작기계로 나눠 접근한다. 이 중에서 '기계를 만드는 기계'를 제조하는 공작기계는 해당 업체들의 수주 및 실적이 상대적으로 소규모라 증시에서 존재감이 떨어진다. 투자가들의 시선은 아무래도 다수 상장사들이 포진한 건설기계와 전력기계로 모아진다.

　건설기계부터 살펴보면, 2024년에는 고금리 강달러 영향으로 글로벌 경기 침체가 길어져 건설 경기가 위축되면서 건설기계 업황도 전반적으로 어두웠다. 국내 건설기계 커버리지 3사(두산밥캣, HD현대건설기계, HD현대인프라코어)

의 2024년 3분기 누적 매출과 영업이익이 전년 동기 대비 각각 13%, 41% 감소했다(3사 합산 기준). 실적 부진이 이어지면서 커버리지 3사의 평균 시가총액도 연초 대비 20% 가까이 줄었다. 글로벌 건설 중장비 1위 회사인 캐터필러(Caterpillar)의 PBR(주가순자산비율)이 10.6인데 비해, 국내 커버리지 3사의 PBR은 1.0 이하 수준이다. 글로벌 선두 업체에 비해 대단히 저평가되어 있음을 알수 있다.

건설기계……인도의 인프라 투자 및 트럼프의 자국 우선주의 수혜

건설기계 업황은 2025년 이후부터 회복세로 접어들 전망이다. 전 세계 주요지역별로 살펴보면, 북미 지역은 2025년에 금리 인하 사이클이 본격화될 경우

▶ 글로벌 건설기계 판매 추이

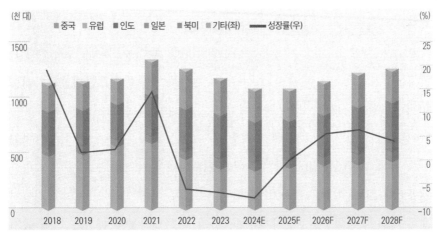

2024년을 기점으로 미국과 중국에서 설비 투자규모가 반등하면서 건설기계 수요가 회복될 가능성이 높다. 전 세계 주요 증시에서 건설기계 종목이 다시 부각될 경우 저평가된 국내 커버리지 건설기계 3사의 주가 상승을 기대해 볼 수 있다.

자료 : 오프-하이웨이 리서치

부동산 시장이 살아나면서 건설 경기 개선과 함께 건설기계 수요도 전반적으로 반등할 것으로 예상된다. 무엇보다 2기 트럼프 정부가 들어서면서 자국 우선주의정책에 힘입어 글로벌 기업들의 미국 내 설비 투자가 탄력을 받을 가능성이 높다. 이 경우 증시에서 건설기계 종목들이 다시 주목을 받게 될 것으로 업계는 관측한다.

북미와 함께 글로벌 건설기계 양대 시장인 중국 역시 부동산 경기와 맞닿아 있다. 다만 중국 정부의 주택 부양책이 건설 시장 개선에 실질적으로 도움을 줄 지에 대해서는 면밀히 살펴봐야 한다. 중국 내 주요 도시의 미분양 주택 재고는 여전히 부담스러운 수준이다. 경제 성장 둔화에 따른 가계소득 감소가 주택 구매 심리를 크게 위축시킨 탓이다.

그나마 중국의 건설기계 수요는 2024년 3분기를 기점으로 턴어라운드 조짐을 보이고 있다. 대표적인 건설 중장비 가운데 하나인 굴착기 판매량이 2024년 3분기 기준 20만 대를 넘어서며 전년 동기 대비 20% 증가했다. 중국 정부당국이 배기가스 규제를 강화하면서 앞으로 2~3년 이내에 노후된 건설 중장비 교체 수요가 크게 늘어날 것으로 예상된다. 업계에서는 2026년부터 본격적인 교체주기가 도래할 것으로 보고 있다.

2024년 초 중국 신장 지역에서 발견된 100만 톤 규모의 리튬 광산은 HD현대건설기계의 125톤 굴착기 신규 수주로 이어졌다. HD현대건설기계는 2024년 9월에 신장의 리튬 광산에 125톤급 대형 굴착기 16대를 납품했다. 125톤 굴착기는 광산 개발에 특화된 중장비로, 건설 현장에 쓰이는 굴착기(15톤)보다 5배 비싼 10억 원 수준이다. HD현대인프라코어도 내몽고의 광산 개발업체로부터 100톤 굴착기 20대를 수주했다. 이에 힘입어 HD현대건설기계 중국법인 현대강소공정기계유한공사의 2024년 3분기 매출은 전년 동기(339억 원) 대비 45% 오른 492억 원으로 집계됐다.

중·장기적인 관점에서는 인도 시장을 주목해야 한다. 인도는 나렌드라 모디

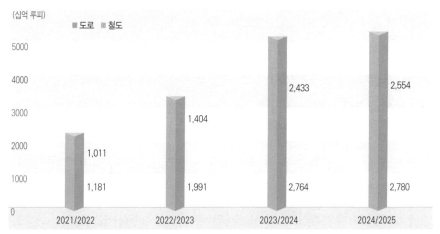

▶ 인도의 도로 및 철도 인프라 예산 추이

(십억 루피)　■도로　■철도

- 5000
- 4000
- 3000
- 2000
- 1000
- 0

	2021/2022	2022/2023	2023/2024	2024/2025
도로	1,011	1,404	2,433	2,554
철도	1,181	1,991	2,764	2,780

건설기계 업종은 투자적 관점에서 인도 시장을 주목해야 한다. 인도는 나렌드라 모디 총리가 3연임에 성공하면서 정부 차원의 인프라 투자가 지속될 전망이다. 실제로 도로와 철도 부문 예산이 5조4,000억 루피(한화 89조 원)에 이른다. 이에 힘입어 인도의 건설기계 시장이 2030년까지 18조 원 규모로 성장할 전망이다.

자료 : 인도 재무부

(Narendra Modi) 총리가 3연임하면서 정부 차원의 인프라 투자가 지속될 것으로 예상되는데, 도로와 철도 부문 투자 예산이 5조4,000억 루피(한화 89조 원)다. 인도의 건설기계 시장규모는 2030년까지 18조 원에 이를 것으로 전망된다. 2024년에도 전년 대비 22% 이상 성장했다. 실제로 국내 건설기계 대표 기업들은 인도향 사업에 무게중심을 싣고 있다. 두산밥캣은 인도법인 판매량 증가를 위한 투자를 늘리고 있다. 두산밥캣은 인도 시장 성장에 발맞춰 인도법인 판매량을 전년 대비 2배 이상 늘릴 계획이다. 이를 위해 인도 첸나이 공장에 1만1,300제곱미터 규모의 미니 굴착기 생산동 준공을 마쳤다. 자회사 밥캣코리아는 인도법인에 234억 원 규모의 자금 대여를 결정했다.

HD현대건설기계도 인도 내 현지 판매 제품군 확대에 적극 나서고 있다. 특히 2023년 말 출시한 50톤급 굴착기 'HX520L'을 비롯해 8톤 · 14톤 · 15톤급 스마트 플러스 굴착기 시리즈 등이 흥행에 주요 역할을 하고 있다. HD현대건설기계는 2024년 1분기 기준 인도에서의 굴착기 시장점유율을 17.4%로 끌어올려 1위인 히타치(20.8%)와의 격차를 3.4%포인트까지 좁혔다.

건설기계 최선호주로는 두산밥캣이 꼽힌다. 두산밥캣은 최대 매출처인 북미 시장에서 트럼프 2기 정부 출범에 맞춰 턴어라운드가 예상된다. 이는 지난 2016년 하반기 상황과 닮았다. 당시 트럼프 1기 정부 집권 직전에 북미 지역 건설기계 중장비 딜러들이 정권교체 불확실성을 이유로 장비 구매를 미루면서 2017년 2분기까지 북미향 매출이 크게 저조했었다. 하지만 2017년 3분기 들어 트럼프 정부의 자국 우선주의정책으로 미국 내 인프라 설비 투자가 활발해지면서 건설기계 중장비 수요가 큰 폭으로 증가하자 그로부터 2019년 4분기까지 무려 10개 분기 동안 두산밥캣의 매출이 상승했다. 업계에서는 2기 트럼프 정부가 추진하는 정책적 수혜주로 북미 지역에서 영업이 활발한 두산밥캣을 최우선 순위로 지목한다. 두산밥캣은 2024년에 전방 산업의 불확실성으로 인해 실적 둔화를 겪었다. 전년 대비 매출액은 10%대, 영업이익과 당기순이익은 30%대까지 감소했지만, 2025년 이후에는 북미향 투자 활성화에 따라 실적 회복이 예상된다. 특히 LA 지역 대형 산불에 따른 건설기계 수요 증가는 호재의 신호탄으로 읽힌다.

HD현대건설기계가 건설기계 차선호주로 꼽히는 이유는 2기 트럼프 정부가 강력하게 추진하는 러시아-우크라이나 종전(終戰) 영향이 크다. HD현대건설기계는 전쟁 발발 전인 2022년에 1,500대 규모의 우크라이나 건설기계 시장에서 15% 가량의 점유율을 차지했다. 따라서 종전 이후 우크라이나 재건 수요가 HD현대건설기계의 해외 매출에 '어느 정도(!)' 온기를 반영할 전망이다. 다만 '어느 정도'라고 쓴 이유는 우크라이나 재건규모가 복구 수요를 반영해 과거 대비 2배 이상 늘더라도 대당 단가가 1억5,000만 원 안팎의 중장비 판매를 통해 기대가능한 매출이 최대 1,000억 원에 불과하기 때문이다. 재건 이슈보다는 전쟁의 장기화로 위축되었던 유럽 주요국의 인프라 투자 예산 증액 및 러시아향 영업 재개에 따른 실적 상승을 기대하는 것이 설득력 있다.

기계 업종에서 건설기계 못지않게 중요한 투자 섹터가 전력기계다. 전력기계는 '발전 → 송전 → 배전 → 소비(부하)'에 이르는 전력 공급 과정에 필요한 다양한 전기·전자 기기 및 에너지 솔루션 장치를 말한다. 전력 공급 단계에 따라 크게 전력기기, 배전기기, 회전기기 등으로 나뉘는데, 전압의 세기에 따라 중·저압기기 및 초고압기기로 구분해 이해하기도 한다.

  일반적으로 중·저압기기 수요는 아파트 및 오피스 빌딩, 중소형 산업단지를 중심으로 형성되며, 주로 배전 분야에서 사용된다. 반면 송전 단계에서 사용되는 초고압기기 수요는 대규모 발전소나 대형 산업단지 및 전력의 원거리 수송을 중심으로 이뤄진다. 국내 전력기계 커버리지 3사 가운데 HD현대일렉트릭과 효성중공업이 송전용 초고압 전력기기 사업에서 독보적이라면, LS일렉트릭은 배전기기에 강점이 있다.

  이들 전력기계 '빅 3'의 주가가 2023년에 이어 2024년에도 높은 상승세를 이어갔다. 실제로 2023년 YTD(연초 대비 증감률) 70% 안팎에서 2024년에는 상

▼ 국내 전력기계 '빅 3' 주가상승률

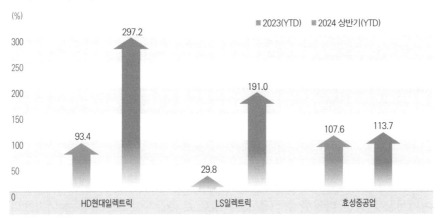

반기 기준 YTD 200% 넘게 치솟았다. 특히 대장주인 HD현대일렉트릭의 기업가치가 급상승하면서 주변 경쟁 업체들의 주가도 동반 상승했다. HD현대일렉트릭의 주가상승률은 2022년 110%, 2023년 93%에 이어 2024년 상반기 YTD 기준 297%를 기록했다.

이처럼 전력기계 '빅 3'의 주가가 급등한 이유는 글로벌 전력기계 업황 호조에서 비롯했다. 일반적으로 호황은 수요가 공급을 초과하는 경우에 발생한다. 즉 선두 업체들이 밀려드는 수요를 모두 감당할 수 없는 경우에 일어난다. 따라서 호황기가 도래하면 후발 주자는 선두 업체가 독점해온 분야에 진출할 수 있는 기회를 얻는다.

호황기는 선두 업체와 후발 주자가 생산한 제품의 가격격차가 줄어드는 시기이기도 하다. 수요가 공급을 초과하는 상황에서는 제품을 '제때' 납품할 수 있는지 여부가 관건이다. 이때 기술이나 품질은 뒷전으로 밀리게 된다.

과거 글로벌 전력기계 시장은 불황의 늪에서 빠져나오지 못했다. 불황이 깊어질수록 설비 투자는 줄어들기 마련이고, 증시에서도 투자가들의 차가운 외면 속에 주가가 곤두박질친다. 하지만 전력을 근본적으로 대체할 에너지원이 등장하지 않는 한 전력 수요는 줄지 않는다. 투자적 관점에서 전력이 필수재란 사실을 잊지 말아야 한다. 수요는 줄지 않으면서 설비 투자가 끊겨 공급이 늘지 않는 상황이 지속되면 드디어 불황의 끝이 보이기 시작한다. 전력기계의 경우에는 노후한 설비에 대한 교체 수요 사이클이 도래하면서 공급자 우위 시장으로 전환된다. 불황이 호황으로 바뀌는 것이다. 2024년은 글로벌 전력기계 산업이 호황 사이클로 올라탄 해였다.

전력기계 호황 사이클은 2025년 이후에도 당분간 계속될 전망이다. 기후위기 및 전쟁 등 지정학적 요인으로 에너지 전환에 따른 '전기화'의 중요성이 강조되면서 전력기계에 대한 수요가 상승세를 이어갈 것으로 업계는 관측한다. 여기서 전기화란 다양한 동력을 전기 형태로 공급하고 소비하는 에너지계의

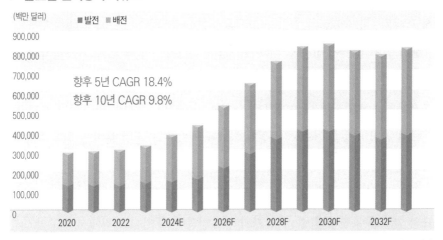

▼ 글로벌 전력망 투자규모

(백만 달러) ■발전 ■배전

향후 5년 CAGR 18.4%
향후 10년 CAGR 9.8%

전기화는 등잔불이 전깃불로 바뀌던 순간에서 시작해 화석연료차가 전기차로 교체되는 진화를 거듭하고 있다. 무엇보다 태양광과 풍력 등 미래 에너지원으로 주목 받는 신재생에너지 산업의 최종 생산물도 전기다. 전기가 대체불가한 필수재라면, 전력기계는 전기와 동행하는 필수산업재다.

자료 : BNEF

패러다임 전환을 의미한다. 세계 최초의 중앙집중식 상업용 발전소라 할 수 있는 에디슨(Thomas Edison)의 맨해튼 발전소에서 최초로 전기를 생산한 1882년이 전기화의 원년이라면, 전기화의 역사가 140년 동안 진화해온 셈이다. 전기화는 19세기에 등잔불이 전깃불로 바뀌던 순간에서 시작해, 화석연료차가 전기차로 교체되는 21세기로 이어지고 있다.

태양광과 풍력 등 미래 에너지원으로 주목 받는 신재생에너지 산업의 최종 생산물도 '전기'다. 전기를 에너지원으로 만드는 데 사용되는 전력기계는, 발전에서 송·배전 등 전력 인프라의 밸류체인을 형성하는 중요한 연결고리 역할을 한다. 전력기계 없이 전기화를 얘기할 수 없다.

투자적 관점에서는 중·저압 관련 배전기기 섹터를 주목할 필요가 있다. 중·저압기기 수요는 신재생에너지 산업과 동행한다. 탄소중립의 일환으로 대형화력발전소가 태양광과 풍력 등을 이용한 소규모 발전소로 대체되면서 중·저압 전력기기 수요가 점차 증가하고 있다. 아울러 전기차 배터리 충전 설비 및 데이터센터 급증 역시 배전기기 제조에 강점이 있는 중·저압기기 전문업체에게 호재로 작용한다.

한편 송전 분야에서 주로 사용되는 초고압기기는 전력 인프라 자체에 커다란 변화가 일어났을 때 호재가 찾아온다. 가령 원자력 같은 대규모 발전 설비 프로젝트가 많아지면 초고압기기 수요가 늘어난다. 정권이 바뀌면서 정부 차원에서 원전 비중을 늘리는 경우가 여기에 해당된다. 송전 분야는 수요의 등락과 업황의 진폭이 클 수밖에 없는 셈이다.

중·저압기기는 초고압기기에 비해 수요가 광범위하고 교체주기도 짧다. 수요의 안정성 측면에서 중·저압기기가 유리하다. 투자적 관점에서 초고압기기보다는 중·저압기기 위주의 사업 포트폴리오를 지닌 전력기계 업체들의 매출과 이익이 꾸준하게 발생한다는 사실을 기억하고 있어야 한다.

국내 전력기계 업종이 데이터센터 호재를 누리지 못하는 이유

국내 전력기계 '빅 3'가 데이터센터 및 트럼프 트레이드의 수혜에 힘입어 2024년에 '매출액 10조 원, 영업이익 1조 원'(3사 합산 기준)을 달성할 것이라는 업계의 분석은 팩트체크가 필요하다. 데이터센터와 트럼프 트레이드 이슈는 단기적인 주가 상승 모멘텀이 될 수는 있지만, 이로 인해 실적 개선 효과를 거둘지는 꼼꼼히 따져봐야 한다.

AI 및 가상화폐가 촉발한 데이터센터 시장의 성장이 글로벌 전력기계 종목의 주가 상승을 이끌었음은 분명한 사실이다. 글로벌 전력기계 선두 업체들은 데이터센터 수주에 특화된 하드웨어 및 소프트웨어를 제공할 수 있는 생산능력을 갖추고 있다. 실제로 글로벌 전력기계 선두 업체들은 데이터센터 관련 매출 비중이 상대적으로 높은 편이다. 미국을 대표하는 전력기계 회사 이튼(Eaton)의 실적을 살펴보면, 데이터센터 관련 매출 비중이 20%에 이른다 (2023년 기준). 프랑스에서 출범한 전력기계 다국적 기업 슈나이더(Schneider) 역시 데이터센터 매출 비중이 19%를 차지한다(2023년 기준).

국내 전력기계 '빅 3'의 사업구조를 살펴보면, 데이터센터 시장 성장에 따른 직접적인 수혜를 기대하기가 애매하다. 국내 전력기계 '빅 3'의 경우, 데이터센터에 특화된 비즈니스 모델이 취약하기 때문이다. 국내 '빅 3'는 대체로 범용 전력기계 제조를 주력 사업으로 영위한다. 데이터센터 구축에 사용되는 범용 전력기계 제품의 상당 부분이 배전기기라는 점을 감안하면, 송전기기 생산 위주로 사업을 영위하는 국내 전력기계 업체들의 주가가 데이터센터를 모멘텀으로 상승한다는 분석은 맞지 않다.

따라서 2기 트럼프 정부가 AI 관련 데이터센터 투자를 촉진하는 공약을 내세웠다는 이슈를 들어 국내 전력기계 '빅 3'의 실적 호조 및 주가 상승을 전망하는 주장은 설득력이 떨어진다. 오히려 2기 트럼프 정부의 자국 보호무역주의 강화 가능성에 따른 국내 전력기계 '빅 3'의 해외 사업 위축이 우려된다. 과거 트럼프 집권기 당시 미국 정부가 한국산 고압변압기(60mVA 이상)에 대해 고율의 관세를 부과한 전례가 있다. 실제로 HD현대일렉트릭의 경우, 1기 트럼프 집권기인 2016~2018년 동안 통관 물량에 대해 무려 60.81%의 관세율을 적용받아 해외 매출에 적지 않은 타격을 받았던 적이 있다.

북미향 변압기 수요 급증 ⋯⋯ 고관세 리스크는 돌발변수

국내 전력기계 '빅 3'는 (비록 데이터센터 시장 성장의 직접적인 수혜 종목이라고 하기에는 무리가 있지만) 전반적인 전력기계 업황 호조에 따른 실적 개선 및 주가 상승이 예상된다.

HD현대일렉트릭은 HD현대의 비조선 계열사로, 지난 2017년 현대중공업의 전기전자 시스템 사업본부가 인적분할되면서 출범했다. 변압기·회전기·배전반 등 전력 공급을 위한 거의 모든 단계에 필요한 제품을 생산하는데, 특히 신재생에너지 발전에 필수적인 초고압용 변압기 제조에 강점이 있다. 최근 주요 매출처인 북미 지역의 전력망 노후화로 인한 전력기기 교체 수요에 전기차 공장 증설에 따른 수요까지 겹치면서 변압기 공급이 수요를 따라가지 못하는 실정이다. HD현대일렉트릭이 미국 앨라배마 공장 및 국내 울산 공장 증설에 나선 이유가 여기에 있다. 해당 시설 증설에 따른 매출 증대 효과는 대략 2,200억 원으로 추산된다. 향후 5년간 수주잔고를 확보한 점도 긍정적인 포인트다.

국내 배전기기 부문 1위 업체인 LS일렉트릭은 2009년 말 뒤늦게 초고압 변압기 시장에 뛰어든 후발주자다. 그럼에도 불구하고 배전기기 사업부문과의 시너지를 통해 경쟁사를 따라잡았다. 특히 LS일렉트릭은 국내에서 유일하게

▶ **미국의 변압기 수입 추이**

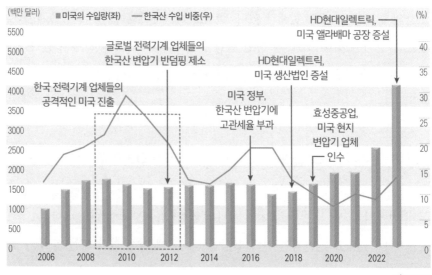

자료 : ITC

HVDC 초고압 변압기를 생산하는 것이 강점이다. HVDC는 발전소에서 발생되는 교류전력을 직류전력으로 변환시켜 송전한 후, 다시 교류전력으로 재변환시켜 전력을 공급하는 초고압 직류 송전시스템이다. '동해안·수도권 HVDC 송전선로 건설' 프로젝트를 맡은 한국전력과 HVDC 초고압 변압 설비 공급계약 체결이 성사단계에 있다. 계약규모는 5,000억 원 안팎이다. LS일렉트릭의 초고압 변압기 매출은 2026년까지 연평균 30~40% 이상의 고성장이 예상된다.

효성중공업 역시 주력 사업인 초고압 변압기 부문에서 높은 실적이 예상된다. 초고압 변압기의 리드타임이 약 2년 정도임을 고려하면 현재 2022년 하반기에 수주한 물량이 매출로 반영(인도 기준 매출 인식)되는 중이다. 글로벌 초고압 변압기 공급 부족으로 가격이 인상됨에 따라 2023년과 2024년 수주 건이 매출화되는 2025년 이후 영업마진율 상승이 예상된다. 2024년 6월 미국 공장을 증설하면서, 2027년에 생산능력이 4억 달러로 기존의 2배가 될 전망이다. 효성중공업은 영국과 노르웨이 등 유럽 국가들의 신재생에너지정책에 따른 전력망 투자 확대 수혜로 2024년 기준 유럽향 수주 금액이 1조 원을 넘어서기도 했다.

다만 효성중공업의 매출 비중은 중공업(전력기계) 60%, 건설 40%로 나뉜다. 건설은 전력기계 사업과의 연관성이 모호하다. 투자가들은 이질적인 사업을 영위하는 회사보다는 서로 연관된 사업으로 시너지 효과를 내는 회사를 선호한다. 투자적 관점에서 효성중공업의 딜레마가 아닐 수 없다.

Chapter 7

유통, 생활

26 이커머스, 물류

📈 투자포인트

- 쿠팡 vs. 네이버, 쿠팡 vs. CJ대한통운 점유율 경쟁 → 시장가치 상승효과
- 씨커머스 침투율 상승 → 이커머스 택배 물동량 증가 → 물류 업체 수혜
- 라이브커머스, 유튜브쇼핑 GMV 급증 → 대표 종목 밸류업

📈 체크포인트

- 씨커머스 침투율 상승 → 이커머스 경쟁 심화 → 이커머스 업체 판관비 증가
- 풀필먼트 서비스 비용 증가 → 이커머스 업체 부담 가중
- 경기 불확실성 지속 → 소비 침체 → 유통 시장 위축

최선호주 CJ대한통운, 네이버, 카페24

이커머스(E-Commerce) 업종의 핵심 키워드는 '가격'과 '배송'이다. 누가 더 '싸게' '빨리' 유통하느냐가 관건이다. 상품의 종류나 질은 제조사의 몫이다. 가격은 유통 업체들이 오랫동안 짊어져온 딜레마임이 분명하지만, 배송은 얼마 전까지만 해도 택배 서비스를 담당하는 물류 업체들의 고유 영역이었다. 그런데 어느 순간 온라인 유통과 물류의 경계가 무너졌다. '업계지도'에서 이커머스와 물류를 한 단원에서 다루는 건 이 때문이다.

온라인 유통은 크게 '소싱 – 판매 – 배송'의 단계를 거친다. 이커머스 업체는 상품을 직접 매입하거나 중개 계약을 체결하는 소싱(Sourcing) 과정을 거쳐 플랫폼에서 프로모션(홍보)과 판매를 진행한다. 판매가 이뤄지면 소비자에게 배송한다. 대체로 소싱과 판매까지 이커머스 업체가 담당하고 배송은 택배 업체에게 의뢰한다. 이때 배송의 신속성과 비용이 갈수록 중요해지면서 소싱에서

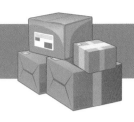

배송 업무까지 유통의 모든 과정을 일괄처리하는 이커머스 업체(아마존, 쿠팡)가 등장한 것이다.

유통과 물류의 경계를 허문 주인공은 미국 이커머스 업계 리더 '아마존'이다. 아마존은 풀필먼트(Fulfillment, 통합 물류) 시스템을 고안해 주문 받은 상품을 선택하고(Picking) 포장한(Packing) 뒤 배송까지 마무리한다. 국내에서 풀필먼트 시스템을 적극적으로 도입한 곳은 이커머스 플랫폼인 쿠팡과 물류 업체인 CJ대한통운이다. CJ대한통운은 판매 영역까지 담당하지 않는 반면, 쿠팡은 자체 배송 인력을 운영해 이른바 '로켓배송 서비스'를 통해 상품을 직접 배송한다. 일본 소프트뱅크는 로켓배송이 이커머스 시장에서 강력한 경쟁모델이라 판단하고 쿠팡에 10억 달러를 투자했다. 소프트뱅크의 예상은 틀리지 않았다. 쿠팡이 로켓배송으로 서비스 차별화에 성공하자 네이버 등 이커머스 경쟁사들도 저마다 '빠른 배송'을 도입했다. '빠른 배송'은 택배 시장에서 엄청난 성

▼ '빠른 배송' 글로벌 시장규모

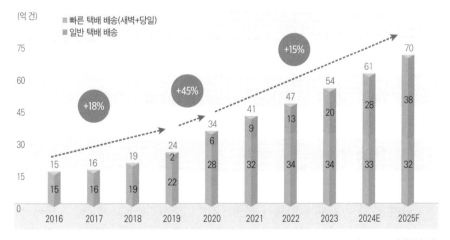

자료 : 보스턴컨설팅그룹

355

장성을 이어가는 중이다.

　유통과 물류 업계에 '빠른 배송' 전쟁을 일으킨 쿠팡은 풀필먼트 투자에 좀더 적극적으로 나서고 있다. 쿠팡은 전국에 46개의 풀필먼트센터와 200여 개의 서브 터미널을 운영 중이다. 상품 대부분이 쿠팡 '직매입'이라는 점도 '빠른 배송'에 유리하다. 미리 사놓은 상품을 각 지역 물류센터에 고루 보관하는 방식으로 이른바 '전진 배치'가 가능하다. '판매자 → 대리점 → 서브 터미널 → 허브 터미널' 등의 과정이 불필요한 셈이다. 쿠팡은 2026년까지 3조 원을 투자해 전국을 로켓배송 가능 지역으로 만들겠다는 계획을 밝혔다.

　한편 쿠팡과 함께 국내 이커머스 업계 투톱인 네이버는 직접 운영하는 물류센터가 없을뿐더러 직매입 사업구조도 아니다. 상품 중개만 담당하기 때문에 상품을 미리 분산·확보해놓고 빠르게 뿌리는 전략이 현실적으로 불가능하다. 이에 대한 네이버쇼핑의 선택은 이른바 '네이버 풀필먼트 얼라이언스(Naver Fullfillment Alliance, 이하 'NFA')'라 불리는 물류 연합이다. 택배 업체들과 제휴해 '빠른 배송'을 실현하는 전략이다. 네이버는 국내 택배 업계 1,2위인 CJ대한통운 및 한진을 비롯해 '품고', '아르고', '파스토' 등과 NFA를 구성했다. 이 과정에서 파스토, 아르고 등 다수 물류 스타트업에 전략적 투자를 했고, CJ대한통운과는 지분 맞교환으로 파트너십을 구축했다.

　업계에서는 NFA가 네이버 이커머스 사업의 구원투수 역할을 톡톡히 했다고 평가한다. 실제로 2024년 3분기 기준 네이버 이커머스의 '빠른 배송' 서비스인 '도착보장' 거래액이 전년 동기 대비 50% 급증했다. 덕분에 같은 기간 네이버의 이커머스 사업부문 매출이 전년 동기 대비 12% 증가하면서 네이버 전체 실적 개선을 견인했다는 분석이다.

　다만 NFA는 물류와 이커머스 업계 양쪽 모두에서 쿠팡의 질주를 막는 데는 역부족이다. 쿠팡의 택배 자회사 쿠팡로지스틱스서비스(CLS)의 국내 택배 시장점유율은 2022년 초 12.7%에서 2024년 상반기 기준 28.3%로 2배 이상 증

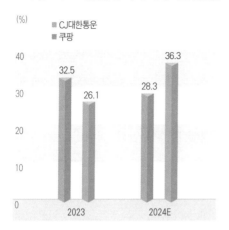

▼ 쿠팡 vs. CJ대한통운 국내 택배 시장점유율

(%)
- ■ CJ대한통운
- ■ 쿠팡

2023: 32.5 / 26.1
2024E: 28.3 / 36.3

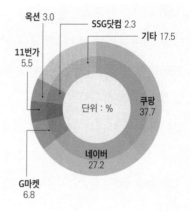

▼ 국내 이커머스 시장점유율

- 옥션 3.0
- SSG닷컴 2.3
- 기타 17.5
- 11번가 5.5
- 쿠팡 37.7
- 네이버 27.2
- G마켓 6.8

단위 : %

가했다. 반면 국내 택배 업계 1위 CJ대한통운은 같은 기간 41.6%에서 36.3%로 역성장했다.

실제로 2024년 8월에 쿠팡이 유료 멤버십 요금을 60% 가량 인상했음에도 월간 앱 활성 이용자 수(MAU)는 전월보다 0.5% 상승한 3,183만4,746명으로 집계됐다. 같은 기간 쿠팡의 결제 추정금액도 4조9,054억 원으로 역대 최고치를 기록했다. 이커머스도 마찬가지다. 쿠팡은 국내 이커머스 시장점유율 37.7%로 2위 네이버(27.2%)와의 격차를 10% 이상 벌렸다.

쿠팡의 독주를 막기 위한 이커머스 플랫폼들의 전략

네이버를 비롯한 국내 이커머스 플레이어들은 쿠팡의 독주를 지켜보고 있을 수만은 없다. 업계에서는 당장 2025년에 시장 판도가 뒤바뀔 가능성을 제기한다. 흥미로운 점은 변화의 중심에 CJ대한통운이라는 물류 업체가 있다는 사실이다. CJ대한통운은 2025년부터 '매일오네'라는 이름으로 주7일 배송 서비스를 론칭했다. CJ대한통운은 서비스 일수를 늘리는 만큼 배송 물류 확보를 위해 네이버 및 신세계그룹(SSG닷컴·G마켓·옥션)과 사업 제휴를 체결해 물류 협업을 이어나가고 있다. 업계에서는 네이버와 신세계그룹의 배송능력이 CJ 대한통운과의 협업으로 한층 강화될 경우 국내 이커머스 시장 판도가 크게 뒤바뀔 것으로 분석한다.

네이버와 신세계그룹의 자체 전략도 주목할 필요가 있다. 네이버는 거대 플랫폼을 활용해 과거 시장 1위로서의 회복에 나섰다. 네이버는 쇼핑 검색과 AI, 개인화 추천 기술을 결합한 'AI 쇼핑 앱' 출시를 앞두고 있다. 이와 함께 2024년 10월에 베타 오픈한 '네이버플러스 스토어'를 AI 앱 형태로 선보였다. '네이버배송'에서는 주문 이후 1시간 이내 배송이 가능한 '지금배송', 다음날 오전 도착하는 '새벽배송', 가구·가전 카테고리 대상 설치일을 지정할 수 있는 '희망일 배송' 등 서비스 다각화 전략에 나섰다. 업계에서는 네이버가 검색 및 전자결제(네이버페이) 서비스를 통해 확보한 거대 충성고객을 기반으로 AI 주문 앱과 새로운 배송 서비스까지 강화할 경우 쿠팡에 내줬던 시장점유율을 상당 부분 되찾아올 것으로 보고 있다.

신세계그룹은 온라인쇼핑 플랫폼들의 인수·합병 시너지 효과에 기대를 걸고 있다. 신세계그룹은 지난 2021년에 G마켓과 옥션을 지배하는 이베이코리아를 인수했다. 이커머스 업계 안팎에선 신세계가 SSG닷컴과 G마켓을 통합 운영할 것이란 분석을 내놨지만, G마켓은 신세계에 인수된 이후에도 줄곧 적자에서 벗어나지 못하고 있다. 실제로 G마켓의 2024년 3분기 영업손실은 341억 원이다. 같은 기간 SSG닷컴도 영업손실 474억 원을 기록했다. 양사는 전년 대비 손실 폭을 줄이고 있지만, 당장 흑자전환은 쉽지 않다.

SSG닷컴과 G마켓은 실적 개선을 위해서 연동 서비스에 들어갔다. G마켓에 입점한 거래처는 SSG닷컴을 통해 추가 수익을 낼 수 있고, SSG닷컴은 검증된 상품 구색 및 매출 확대를 기대할 수 있다. 고객 입장에서도 한 플랫폼에서

(억 원)　■ 매출　■ 영업이익

	1조4,942	1조7,447	1조6,784	1조7,382
	-1,079	-1,112	-1,030	-564
	2021	2022	2023	2024E

▶ SSG닷컴 지분

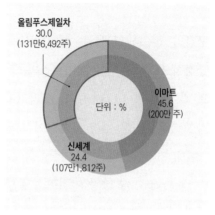

올림푸스제일차
30.0
(131만6,492주)

이마트
45.6
(200만 주)

단위 : %

신세계
24.4
(107만1,812주)

2024년 SSG닷컴 매출 추정치는 1조7,382억 원으로 전년 대비 3.6% 증가할 전망이다. 영업이익은 -564억 원으로 전년 대비 절반 수준으로 축소될 것으로 예상된다. SSG닷컴의 영업손실이 1,000억 원대를 벗어나는 건 2020년 이후 4년만이다.

자료 : 이마트 공시 및 에프앤가이드

SSG닷컴과 G마켓 서비스를 모두 이용할 수 있다.

　신세계그룹 입장에서는 SSG닷컴과 G마켓의 시너지가 단순히 영업적자 탈출을 위한 조치만은 아니다. 향후 SSG닷컴의 기업공개(IPO)를 고려했을 때 밸류업을 위해서도 실적 개선은 중요하다. 신세계그룹이 2024년 11월 14일에 재무적투자자(FI)를 전격 교체한 것도 같은 맥락이다.

　SSG닷컴의 대주주인 이마트(45.6%)와 신세계(24.4%)는 '올림푸스제일차'를 새로운 FI로 주주 간 계약을 체결했다. 올림푸스제일차는 KDB산업은행, 신한은행, NH투자증권 등 은행권 6곳과 증권사 4곳이 참여한 특수목적법인(SPC)이다. SSG닷컴은 기존 FI가 보유한 지분 30%(보통주 131만6,492주)를 올림푸스제일차에 양수했다. 계약 금액은 1조1,500억 원이다. 올림푸스제일차가 기업실사와 외부기관의 평가 결과를 토대로 산정한 SSG닷컴의 기업가치는 3조 원 이상이다. SSG닷컴은 신규 FI 유치를 통해 누적된 영업적자로 인한 잠재적 재무 리스크를 털어냈다.

씨커머스 인베이전······ 물류는 환영, 이커머스는 경계

쿠팡의 독주를 견제하는 이커머스의 시장판도 변화는 투자적 관점에서 매우 긍정적으로 작용한다. 이커머스와 물류의 대장주인 네이버(네이버쇼핑)와 이마트 및 신세계(이하 SSG닷컴) 그리고 CJ대한통운의 시장점유율 회복이야 말로 가장 중요한 주가 상승 모멘텀이기 때문이다.

국내 이커머스와 물류 대장주들에게 매우 중요한 또 다른 변수는 씨커머스 (C-Commerce), 즉 중국 이커머스 플랫폼들의 국내 시장 침투다. 씨커머스들의 국내 시장침투율이 상승할수록 국내 이커머스 업체들에게는 시장 경쟁 부담이 커지는 반면, 물류 업체들에게는 택배 물동량 증가에 따른 수혜가 예상된다.

2023년부터 알리익스프레스와 테무 등 씨커머스 플랫폼들의 MAU가 급증하고 있다. 쿠팡이 1위 자리를 견고하게 유지하고 있는 가운데, 11번가와 G마켓 등 국내 이커머스 플랫폼들을 밀어내고 알리익스프레스와 테무가 각각 2위

▼ **씨커머스 국내 시장침투율**

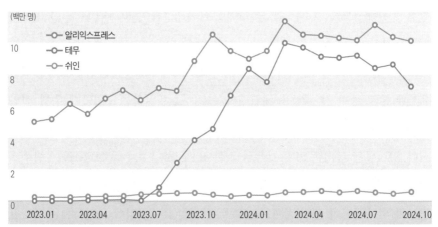

국내 이커머스와 물류 업체들의 실적에 중요한 변수는 씨커머스, 즉 중국 이커머스 플랫폼들의 국내 시장 진출이다. 씨커머스의 시장침투율이 상승할수록 국내 이커머스 업체들에게는 경쟁 부담이 커지는 반면, 물류 업체들에게는 택배 물량 증가에 따른 수혜가 예상된다.

자료 : 코리안클릭

와 3위를 차지했다. 업계에서는 씨커머스들의 시장침투율이 국내에 거대 물류센터가 개설되면 더욱 급속도로 올라갈 것으로 보고 있다.

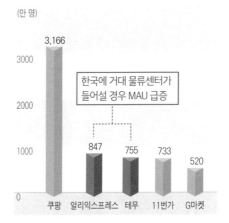

▼ **국내 이커머스 플랫폼 MAU '톱 5'**

(만 명)

한국에 거대 물류센터가 들어설 경우 MAU 급증

쿠팡	알리익스프레스	테무	11번가	G마켓
3,166	847	755	733	520

씨커머스 플랫폼들은 물류센터만 확보된다면 5일에서 길게는 1개월까지 소요되는 배송기간을 크게 줄일 수 있다. 현재 알리익스프레스의 한국 내 배송 절차는 '중국 집화 → 중국 물류센터 입고 → 중국 출발 통관 → 선박/비행기 선적 → 한국 도착 → 한국 통관 → 한국 물류센터 입고 → 배송'의 긴 과정을 거친다. 하지만 알리익스프레스가 한국에 물류센터를 확보할 경우 '익일 배송'도 가능해진다. 재구매율이 높은 상품들을 한국 물류센터에 대거 입고시킨 다음 CJ대한통운 등 한국 택배 업체를 통해 배송시키면 된다.

중국 기업들은 무한 성장을 위해서는 내수의 한계를 넘어 해외 진출만이 답이라는 사실을 깨달았다. 이를 위해 수출규모를 키우려면 현지 생산기지 및 물류 인프라를 구축해야 한다. 이커머스 등 유통 산업에서 물류기지 현지 확보는 필수적이다. 외화 반출을 규제하는 중국 정부가 유독 유통 업체에게는 해외 물류센터 투자에 지원을 아끼지 않는 이유가 여기에 있다.

알리익스프레스는 2024년 3월에 향후 3년간 11억 달러(한화 약 1.5조 원)를 한국 내 물류센터 설립에 투자할 것이라고 밝힌 바 있다. 업계에서는 미국과 긴밀한 관계에 있는 한국에 대대적인 물류센터를 투자한다는 방침이 미국 정부당국의 경계심을 유발할 수 있는 탓에, 알리익스프레스가 한국 현지 기업과 컨소시엄 형태의 투자 혹은 펀드를 구성해 물류센터 매수를 진행할 가능성이 클 것으로 보고 있다.

이커머스 택배 물동량 증가에 따른 최대 수혜주

씨커머스 침투율이 커진 배경에는 해외직구가 있다. 2023년부터 씨커머스를 통한 해외직구 시장이 가파르게 상승하고 있다. 통계청에 따르면 2023년 해외직구액은 전년 대비 12.4% 증가한 6조6,819억 원으로 급증했는데, 이 가운데 씨커머스 직구액이 전년 대비 53.1% 증가한 3조2,273억 원을 기록하며 전체 해외직구액의 절반가량을 차지했다.

씨커머스의 높은 침투율은 국내 물류 업체들의 택배 물동량 증가에 따른 수혜로 이어지고 있다. 또한 배송 경쟁력이 이커머스 플랫폼의 영업 포인트가 되면서 온라인 유통에서 물류 업체들의 비중이 커지고 있다. 쿠팡처럼 자체 물류 체계를 갖추지 못한 이커머스 플랫폼의 경우 풀필먼트 서비스가 가능한 물류 업체와의 협업관계가 매우 중요하다.

CJ대한통운은 고객 주문에 따른 출고에서 배송과 재고관리까지 제공하는 풀필먼트 시스템의 선두 주자다. 2022년에 이커머스 이용 고객사가 400곳 수준에 불과했지만, 2024년 1분기 말에는 풀필먼트 효과에 힘입어 고객사가 1,200곳을 돌파했다. 자체 배송 시스템이 없는 이커머스 업체들의 배송 경쟁이 심화될수록 CJ대한통운처럼 대형 물류 체계와 풀필먼트 서비스가 가능한 물류 업체들의 수혜가 지속될 전망이다.

이커머스 택배는 물량 증가에 따른 영업이익 기여분이 일반 택배에 비해 매우 큰 편이다. 일반 택배의 박스당 공헌이익이 350원 수준으로 평가되는 반면, 이커머스 택배의 공헌이익은 2,000원을 상회한다. 이러한 공헌이익을 실현하려면 풀필먼트 시스템 구축이 필수다. 대형 이커머스 업체를 여럿 유치해 상품 재고를 풀필먼트 센터에 쌓아두었다가 주문이 들어오면 주문자 인근에 위치한 센터에서 즉시 배송하는 것이다. 최종 배송 단계가 짧기 때문에 당일 배송이 가능한 대신 이커머스 업체는 풀필먼트를 운영하는 물류 업체에게 보관료 및 배송시간 단축에 대한 추가운임을 지불한다. CJ대한통운은 풀필먼트 운영 및 관리에 적지 않은 고정비를 부담해야 하지만, 배송 단계에서 발생하는 변동비는 비교적 적은 편이다. 이커머스 택배 물량이 증가할 경우 CJ대한통운의 이익이 빠르게 증가하는 이유가 여기에 있다.

공헌이익 실현에 유리한 이커머스 택배 물량 증가는 물류 업체의 주가 상승 모멘텀으로 작용한다. CJ대한통운의 주가가 이를 방증한다. CJ대한통운의 주가는 2023년 초에 쿠팡의 택배 시장점유율 확대 영향으로 이커머스 택배 물동량이 감소하자 동반 하락했다. 당시 PBR(주가순자산비율)도 0.4배 수준까지 하락했다. 같은 해 4분기부터 씨커머스 해외 직구 물량이 급증하자 다시 이커머스 택배 물동량이 반등하면서 PBR이 0.95배까지 회복했다. 알리익스프레스 등의 한국 내 물류센터 건립이 마무리되는 2025년 이후에는 이커머스 택배 물량의 폭증이 예상되는 바, CJ대한통운의 실적 고공행진이 전망된다. 주가는 그보다 앞서 반영될 것으로 예상된다.

▶ CJ대한통운 주가와 택배 물동량 추이

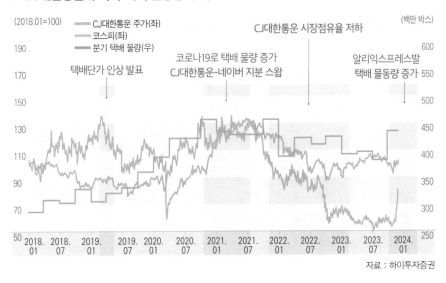

자료 : 하이투자증권

라이브커머스와 유튜브쇼핑의 가파른 성장세

이커머스 시장에서 성장세가 돋보이는 비즈니스 모델은 라이브커머스다. 라이브커머스는 말 그대로 모바일을 포함한 인터넷 환경에서 '실시간(Live)'으로 상품을 판매하는 채널을 가리킨다. 라이브커머스 업체는 송출수수료, 콜센터 및 물류 비용을 부담하지 않아도 되기 때문에 높은 수수료를 부과하는 TV홈쇼핑에 비해 높은 판매마진이 보장된다. 또 스마트폰만 있으면 누구나 판매방송을 할 수 있고, 취급하는 상품군도 다양하다.

라이브커머스에서 가장 주목을 끄는 분야는 유튜브 영상을 상품 판매 채널로 활용하는 스트리밍 방송이다. TV홈쇼핑에 빗대어 '유튜브쇼핑'으로 불리기도 한다. 유튜브 채널 〈1분요리 뚝딱이형〉은 단시간에 요리할 수 있는 쉬운 레시피 영상으로 300만 명 가까운 구독자를 두고 있다. 일부 레시피 영상에는 소개된 요리를 만들 수 있도록 크리에이터가 만든 밀키트 상품을 구매할 수 있는 '쇼핑' 창이 붙어 있다. 영상을 보다가 바로 쇼핑하도록 한 것인데, 대표 상품인 '뚝딱 도가니탕'은 출시 3개월 만에 5만 팩이 판매됐다.

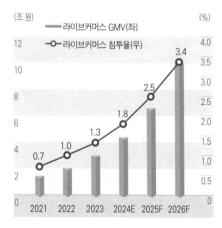

▶ 국내 라이브커머스 GMV 및 침투율

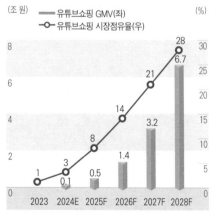

▶ 국내 유튜브쇼핑 GMV 및 점유율

자료 : 미래에셋증권

유튜브 영상과 쇼핑을 결합한 크리에이터 채널이 활발해지면서 해당 기술을 지원하는 이커머스 솔루션 기업 '카페24'가 라이브커머스의 최선호주로 꼽힌다. 카페24는 총 거래액(GMV)이 급증하면서 3년 만에 연간 영업이익이 흑자전환했다(2024년 기준). 카페24의 2024년 3분기 기준 GMV는 3조400억 원으로 전년 대비

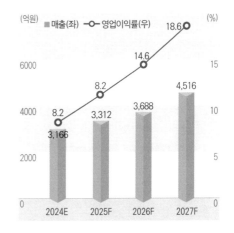

▼ **카페24 매출 및 영업이익률**

10.5% 상승했다. 이는 전체 이커머스 시장 성장률 4.1%를 웃도는 수치다. 티몬·위메프 사태로 국내 오픈마켓이 위축된 가운데, 카페24가 운영하는 자사몰들은 안정적인 성장을 이어가고 있다.

카페24의 밸류업 효과는 구글로부터 260억 원 규모의 투자 유치를 기반으로 선보인 유튜브쇼핑 전용 스토어 영향이 컸다. 이전에는 유튜브와 쇼핑몰 링크를 단순히 연결했다면, 전용 스토어에서는 판매자(셀러)가 별도 쇼핑몰을 구축할 필요 없이 유튜브 내에서 판매할 수 있다. 유튜브쇼핑의 장점은 구매전환율이다. 이커머스 구매전환율이 통상 1% 미만이지만, 유튜브 '노빠꾸탁재훈' 채널에서 단일 브랜드 상품의 구매전환율은 12%를 웃돈다.

국내 라이브커머스 시장은 2026년까지 연평균 50% 성장해 7조 원 규모에 이를 전망이다. 특히 유튜브쇼핑 시장은 2025년부터 본격적으로 규모를 키워 2028년에 국내 GMV 기준 6조7,000억 원에 이를 것으로 예상된다. 같은 기간 카페24의 GMV가 5조 원 가량을 차지할 것으로 전망된다.

백화점, 대형마트, 편의점

📊 **투자포인트**

- 백화점 업계의 리뉴얼 전략 및 기준금리 인하 속도가 주가에 미치는 효과
- 편의점 업계의 '본부임차형 출점' 확산으로 점포당 안정적 매출 달성
- GS리테일의 성공적인 인적분할에 따른 밸류업

📊 **체크포인트**

- 롯데그룹의 유동성 위기 극복 불확실성
- 신세계와 이마트의 계열 분리 이후 기업가치
- 내란 등 시장 불확실성을 키우는 이슈들로 인한 소비 심리 위축

최선호주 현대백화점, BGF리테일, GS리테일

도·소매 유통의 출발은 우리가 흔히 생각하는 장터, 즉 시장이다. 역사적으로 시장은 물화교역(物貨交易)의 장소이자 물건의 가격을 결정하는 곳이었다. 근대 이후 시장은 대량 생산 체제와 만나 유통의 산업화가 일어나면서 백화점과 상점 등 다양한 형태들로 변모했다. 특히 21세기에 인터넷 시대가 열리면서 유통 환경은 크게 오프라인과 온라인으로 나뉘어졌다.

시장의 추세가 오프라인에서 온라인으로 옮겨가고 있음은 움직일 수 없는 사실이다. 실제로 지난 10년간 소매 시장이 연평균 3.2% 성장한 가운데 유통 업태별 희비가 극명하게 갈렸다. 대한상공회의소는 통계청의 소매판매액 데이터를 바탕으로 지난 10년간(2014~2023년) 유통 시장 변화를 분석했는데, 온라인 유통(무점포 소매)의 연평균성장률은 12.6%로, 전체 유통 시장 평균성장률(3.2%)을 크게 웃돈 것으로 나타났다. 반면 같은 기간 대형마트의 성장률은

* 2014~2023년간 업태별 판매액 기준 연평균성장률
* 무점포소매 : 이커머스, 홈쇼핑 등
* 전문소매점 : 특정 상품 전문매장(예 : 롯데하이마트)

▶ **유통 업태별 성장률 및 비중** 단위 : %

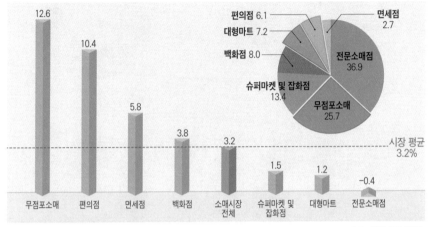

편의점 6.1
대형마트 7.2
백화점 8.0
슈퍼마켓 및 잡화점 13.4
면세점 2.7
전문소매점 36.9
무점포소매 25.7

12.6 무점포소매
10.4 편의점
5.8 면세점
3.8 백화점
3.2 소매시장 전체
1.5 슈퍼마켓 및 잡화점
1.2 대형마트
-0.4 전문소매점

시장 평균 3.2%

자료 : 대한상공회의소

1.2%로 평균에도 미치지 못했다.

물론 성장률만으로 증시에서 투자처를 찾아서는 곤란하다. 가령 1인가구가 늘어나면서 대형마트 성장률이 저조하다는 지표만으로 대형마트 대장주인 이마트를 투자목록에서 지우는 선택은 바람직하지 않다. 이마트는 대형마트 말고도 SSG닷컴, 스타벅스, 신세계건설 등 다양한 사업을 영위하기 때문이다. 업황 분석과 함께 해당 기업이 전개하는 여러 사업가치를 꼼꼼히 따져봐야 한다.

증시에서는 오프라인 유통 업종을 백화점과 면세점, 대형마트와 편의점으로 나눈다. 증시에 상장된 섹터별 대장주를 살펴보면, 백화점의 경우 롯데쇼핑(롯데백화점)과 신세계, 현대백화점이 '빅 3'를 형성하고, 이어 한화갤러리아(갤러리아백화점)와 AK홀딩스(AK플라자), 광주신세계 등이 포진해 있다.

면세점은 호텔 및 백화점 사업자가 양분하고 있는데, 전자는 호텔롯데(롯데면세점)와 호텔신라(HDC신라면세점), 후자는 신세계(신세계디에프)와 현대백화점(현대면세점)이다. 업계 1위인 롯데면세점을 제외한 3개 회사가 모기업을 통

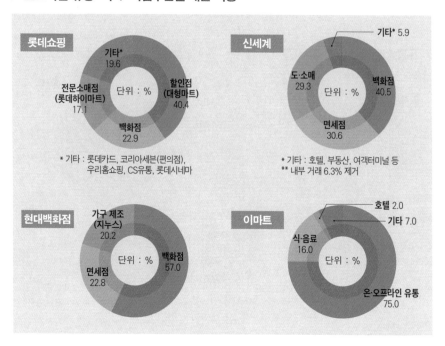

해 상장되어 있다.

대형마트는 이마트와 롯데하이마트(전문소매점)만이 직접 상장되어 있고, 롯데마트는 모회사인 롯데쇼핑을 통해 상장되어 있다. 홈플러스는 사모펀드 MBK파트너스를 대주주로 둔 비상장사이다.

편의점은 BGF리테일(CU)과 GS리테일이 매출 및 점포 수에서 월등하게 '빅 2'를 형성하며, 그 아래에 코리아세븐(롯데쇼핑)과 이마트24(이마트)가 있다.

'백화점'을 버려야 산다?!

오프라인 유통에서 백화점이 차지하는 시장 비중은 2023년 기준 8.0%로 10%

미만이다. 10년 전인 2013년에도 7.6%로 크게 다르지 않았다. 백화점은 주로 패션·잡화를 중심으로 고가의 고마진 상품을 취급하는 탓에 규모를 키우는 데 한계가 있다. 시장의 생리는 성장을 멈추면 도태되고 만다. 백화점마다 생존을 건 리뉴얼을 이어가는 까닭이다. 리뉴얼 중 하나는 '백화점'이란 명칭과의 작별이다. 기존 백화점 이미지로는 젊은 세대와 중산층으로까지 고객을 확산시키킬 수 없다는 판단에서다. 영업 전략도 문화공간을 포함한 복합쇼핑몰 스타일로 바뀌고 있다.

리뉴얼의 대표적인 성공사례는 현대백화점이 2021년경 여의도에 개장한 '더현대 서울'이다. '더현대 서울'은 기존 백화점과 달리 트렌디한 브랜드와 명품을 조화롭게 배치하고 체험형 콘텐츠 및 다양한 전시시설로 매장을 채워 새로운 복합쇼핑 공간을 제시해 실적 호조를 이뤘다. 신세계백화점은 2024년 8월 용인 죽전에 소재한 매장을 '신세계 사우스시티'로 바꿨다. 명칭에서 '백화점'과 '○○점' 대신 감각적인 영문명과 신세계 브랜드를 조합해 백화점이라는 인상을 지웠다. 롯데백화점은 '롯데'라는 브랜드조차 아예 삭제했다. 2024년 5월에 수원점 명칭을 개장 10년 만에 '타임빌라스 수원'으로 변경하며 인근의 '스타필드 수원'과 본격적인 경쟁에 뛰어들었다.

백화점이 리뉴얼에 적극 나서는 건 실적 회복 때문이지만, 증시에서 백화점 섹터는 실적보다는 대외 환경에 좀더 영향을 받는다. 실제로 2024년 11월경 한국은행이 기준금리를 2회 연속 인하하면서, 백화점 '빅 3'(롯데쇼핑·신세계·현대백화점)의 주가가 모두 상승했다. 금융투자 업계에서 예상한 것보다 금리 인하 속도가 빨라지면서 내수 소비 반등에 대한 기대감이 백화점주에 긍정적으로 작용했다. 그동안 백화점 대장주들의 기업가치는 대외적으로는 내수 소비 침체와 대내적으로는 재무구조 악화로 하락세를 면치 못했다. 2024년 3분기 기준 신세계와 현대백화점의 FW12M PER은 4~5배까지 추락했고, 롯데쇼핑의 기대 배당수익률은 기준금리를 조금 상회하는 수준에 그쳤다.

다만 주가는 실적에 선행하는 경향이 있다는 점을 인지할 필요가 있다. 내수 소비 증진을 위한 정부의 정책 강도가 올라갈수록 백화점 대장주들의 실적 추정치가 상향될 가능성이 높다. 과거 2012년 하반기에도 기준금리 인하 속도가 빨라지면서 백화점 대장주들의 기업가치가 '선제적으로' 반등한 경험이 있다.

백화점 대장주 중에서 최선호주는 현대백화점이다. 적극적인 리뉴얼 및 주주환원정책이 돋보인다. 백화점 사업부문에서는 '현대 광주' 및 '부산 프리미엄 아울렛' 등 신규 출점이 예정되어 있고, 기존 점포의 리뉴얼을 통한 수익성 향상도 기대된다. 면세점 사업부문은 공항점의 임대료 증액 부담이 줄어들면서 이익이 개선될 전망이다. 다만 자회사 지누스(가구 제조·판매)의 실적은 좀 더 지켜봐야 할 대목이다.

현대백화점은 주주환원 측면에서 자사주 3.3%를 소각하고, 기존 결산 배당을 점진적으로 상향 조정해 2025년부터 최소 100억 원 이상의 반기 배당을 실시하고, 2027년까지 연간 배당지급총액을 500억 원으로 확대한다는 방침이다. 이를 통해 ROE 6%, PBR 0.4배 이상을 목표로 삼고 있다. 현대백화점의 2024년 말 기준 ROE는 0.23%, PBR은 0.24배로 바닥을 찍었다는 분석이 지배적이다.

롯데쇼핑은 백화점 사업부문만 떼어 볼 게 아니라 그룹 전체로 퍼진 유동성 위기를 전반적으로 검토해야 한다. 롯데의 유동성 위기는 오랫동안 그룹 전체를 지탱해온 유통(롯데쇼핑)과 화학(롯데케미칼)의 실적 부진에서 비롯했다고 봐도 지나치지 않다. 롯데는 위기 탈출을 위해 적극적인 자산 매각에 돌입했다. 국내 렌터카 1위 롯데렌탈은 외국계 사모펀드(PEF) '어피니티에쿼티파트너스(어피니티)'에 팔렸다. 호텔롯데와 부산롯데호텔이 보유한 롯데렌탈 지분 56.2%를 1조6,000억 원에 매각하는 양해각서를 공식 체결했다.

유통사업군은 롯데쇼핑 자산의 재무구조 개선을 위해 15년 만에 자산재평가를 진행하고 있다. 롯데쇼핑은 2024년 3분기 연결기준 자산총계 31조 원, 부채총계 20조 원으로 부채 비율이 190%에 이른다. 재평가 대상은 7조 6,000억 원 규모의 토지자산이다. 지난 15년간 부동산 가격 상승을 고려했을 때 상당한 재무 개선 효과가 기대된다. 롯데쇼핑은 롯데백화점 '부산 센텀시티점' 매각에도 적극 나섰다. 글로벌 상업용 부동산서비스 회사인 '쿠시먼앤드웨이크필드'를 자문사로 선정해 매각 절차를 진행 중이다.

▼ 롯데그룹 유동성 확보를 위한 자산재평가 시나리오

롯데그룹 재무 현황

총 자산	139조 원
보유 주식 가치	37.5조 원
가용예금	15.4조 원

* 2024년 10월 기준. 자료 : 롯데지주

롯데그룹
단기차입금   **6.5조 원**

* 상장사 10곳, 호텔롯데, 롯데물산, 롯데캐피탈 총합,
3분기 기준, 1년 내 상환 단기차입금. 만기 연장 가능.

가용예금 상세 내역 (단위 : 원)

롯데케미칼	4조
롯데쇼핑	2.5조
롯데지주	1.9조
롯데캐피탈	1.9조
호텔롯데	1.5조
롯데건설	0.9조
기타(롯데물산 등)	2.7조

자료 : 〈매일경제 2024년 12월 20일자〉

그동안 '부산 센텀시티점'은 '신세계 센텀시티점'에 영업에서 밀려 고전을 면치 못했다. 업계에서는 매각에 따른 예상 평가가치를 3,000억 원대로 추산한다.

롯데의 유동성 위기와 관련해 업계에서 가장 화제가 됐던 건 롯데케미칼이다. 실적 악화로 2조 원대 회사채의 재무 약정 위반을 발생하게 한 특약을 조정해 급한 불을 껐다. 이 과정에서 롯데그룹의 핵심 자산인 롯데월드타워를 은행권 담보로 제공하는 강수를 뒀다. 이로써 롯데케미칼은 보유예금 2조 원을 포함해 가용 유동성 총액 4조 원을 확보했다(2024년 10월 기준).

유통 남매전쟁에서 유리한 고지를 선점한 이마트

백화점 및 대형마트의 대장주인 신세계와 이마트는 계열 분리 이슈를 주목해야 한다. 신세계는 본격적으로 백화점과 이마트의 계열 분리에 들어갔다. 이마트와 신세계는 이명희 총괄회장의 자녀인 정용진 신세계그룹 회장과 정유경 신세계 총괄사장이 지분을 양분해 이른바 '남매 간 2세 경영'을 해오다 2025년 정기 임원인사를 통해 본격적으로 계열 분리에 착수했다. 이번 인사의 핵심은 정유경 신세계 총괄사장의 회장 승진이다. 이로써 신세계그룹은 2인 회장 체제가 됐다.

지난 2011년 이명희 신세계그룹 총괄회장은 이마트와 백화점을 분할하고 정용진 회장에게 이마트를, 정유경 총괄사장에게 백화점 사업을 맡겼다. 이후 증여와 주식 교환을 거쳐 정용진 회장과 정유경 총괄사장은 각각 이마트 지분 18.56%, 신세계 지분 18.56%를 보유한 최대주주가 됐다. 그리고 2019년부터는 신세계와 이마트가 각각 실질적인 지주회사 역할을 하도록 계열 분리 작업을 진행해왔다. 신세계의 정유경 총괄사장은 패션과 뷰티, 면세점 및 아울렛으로 사업 영역을 확장하고 있다. 정용진 회장은 이마트를 중심으로 스타필

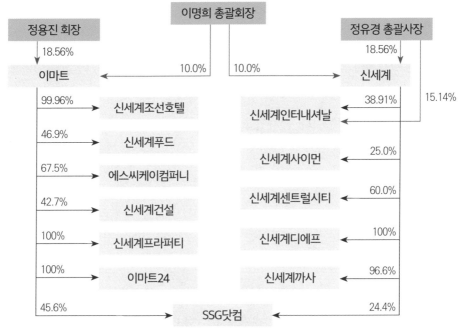

▶ 신세계/이마트 계열 분리 지배구조도 2024년 상반기 기준

이명희 총괄회장

정용진 회장

18.56%

이마트

10.0%

10.0%

정유경 총괄사장

18.56%

신세계

15.14%

99.96% 신세계조선호텔

신세계인터내셔날 38.91%

46.9% 신세계푸드

신세계사이먼 25.0%

67.5% 에스씨케이컴퍼니

신세계센트럴시티 60.0%

42.7% 신세계건설

신세계디에프 100%

100% 신세계프라퍼티

신세계까사 96.6%

100% 이마트24

45.6% SSG닷컴 24.4%

자료 : 금융감독원

드, 스타벅스, 편의점, 슈퍼마켓에서 호텔과 건설까지 아우른다. 한편 이마트 (45.6%)와 신세계(24.4%)가 대주주로 있는 이커머스 브랜드 SSG닷컴 지분은 계열 분리 과정에서 신세계 지분을 이마트에 양도하는 방식으로 진행될 것으로 예상된다.

신세계와 이마트는 계열 분리를 공식화한 뒤 나온 2024년 3분기 실적에서 희비가 엇갈렸다. 신세계는 주력인 백화점과 면세점 부문에서 영업적자를 면치 못했다. 백화점과 패션 부문 실적 부진과 면세점 적자 등으로 수익성이 악화됐다. 재무제표 연결기준 3분기 영업이익이 930억 원으로 전년 동기 대비 29.5% 감소한 것이다. 별도기준으로도 백화점 및 패션 자회사인 신세계인터내셔날 모두 영업이익이 크게 줄었다.

반면 이마트는 같은 기간 영업이익이 1,117억 원으로 3년 만에 분기 최대 성적을 냈다. 전년 동기 대비 43.4% 증가한 수치다. 이마트는 스타필드로 대표되는 공간 혁신 리뉴얼 작업이 신규 고객들의 발길을 이끌어냈다는 평가다.

다만 두 회사의 주가에 대한 전망은 그리 밝지 않다. 백화점과 면세점이 주력인 신세계의 경우 주가를 끌어올릴만한 신성장 모멘텀이 부족하다. 이마트의 경우 자회사들의 실적 부진 및 신사업 확장을 위한 대규모 투자로 늘어난 부채 비중이 걸림돌이다. 순차입금 규모가 지난 2013년 3조 원대에서 2024년에 9조 원대로 3배 이상 증가했다.

증시에서 골목상권 지배자들을 주목해야 하는 이유

유통 섹터별 대장주들이 대체적으로 과점 체제를 형성하고 있는 것처럼 편의점 업계도 다르지 않다. BGF리테일의 'CU'와 GS리테일의 'GS25'가 시장점유율 1, 2위를 다투며 '이마트24'와 '세븐일레븐' 등과 격차를 크게 벌리고 있다.

편의점 업황은 점포 수 증가율이 둔화되는 만큼 점포당 매출 회복이 관건이다. 상장 종목 브랜드인 'CU'와 'GS25'를 중심으로 과점 체제가 강화되는 점은 투자적 관점에서 오히려 고무적이다. 다만 산업 전체의 성장률이 부진하면 과점 등의 시장 집중 효과가 주가에 제대로 반영되지 않을 수도 있다.

불황 장기화로 소비 침체가 깊어지는 상황에서, 이커머스의 공세에 그나마 실적 개선이 기대되는 유통 업태는 편의점이다. 낮은 객단가, 지근거리 쇼핑채널, 24시간 영업 등을 기반으로 가격 민감도가 낮아 불황 속에서도 비교적 알토란 사업 모델을 유지하고 있다. GS리테일과 BGF리테일의 매출 성장률은 2~3% 수준에 그칠 것으로 예상되지만 영업이익은 전년 대비 7% 상승세가 기대된다(2025년 양사 평균).

편의점 섹터 최선호주는 BGF리테일로, 전체 유통 업종에서 가장 안정적인

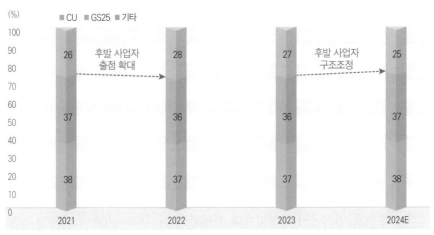

▼ 편의점 시장점유율 추이

	2021		2022		2023		2024E
기타	26	후발 사업자 출점 확대 →	28		27	후발 사업자 구조조정 →	25
GS25	37		36		36		37
CU	38		37		37		38

상장 종목인 BGF리테일(CU)과 GS리테일(GS25) 중심으로 과점 체제가 강화되는 점은 투자적 관점에서 오히려 고무적이다. 다만 산업 전체의 성장률이 부진하면 과점 등의 시장 집중 효과가 주가에 제대로 반영되지 않을 수도 있다.

자료 : 각사 및 언론보도 종합

실적을 유지하고 있다. 2024년 4분기 영업이익 성장률은 yoy 8%, 2025년 연간 영업이익 성장률은 9%가 예상된다. 2024년 12월 기준 주가 FW12MF PER 9배로 밸류에이션 부담은 없지만, 산업 성장률이 둔화된 만큼 주가 상승률은 다소 보수적으로 접근해야 한다.

BGF리테일은 연결 자회사들의 실적도 함께 살펴봐야 한다. BGF푸드(도시락 등 간편식 사업)와 BGF휴먼넷(점포 운영 솔루션 서비스)의 영업이익은 원가 및 고정비(인건비 등) 증가에 따라 감소했으나, BGF로지스(물류)는 물동량 증가 및 물류 이익 반등이 예상된다.

BGF리테일은 2024년 3분기를 기점으로 우량 신규점 개점 및 비용 안정화를 통한 손익구조 개선 효과로 5개 분기 만에 증익 전환이 가능했다. 연간 신규 개점 목표치(800개)를 달성하면서 안정적인 외형 성장을 유지하고 있는 부문도 눈여겨 볼 대목이다.

BGF리테일은 2025년부터 본격적으로 수익성 개선 구간에 진입할 것으로 예상된다. 2023년부터 2024년 상반기까지는 본부임차형 출점에 따라 임차료 및 감가상각비가 큰 폭으로 증가하며 이익률이 하락했지만, 2024년 하반기를 기점으로 본부임차형 출점 방식이 규모의 경제를 달성하는 등 어느 정도 자리를 잡으면서 비용 부담이 크게 줄어들었다.

'본부임차형'이라 함은 본사가 직접 건물주와 임대차 계약을 맺고 점주에게 전대하는 방식이다. 임차료를 본사가 부담하는 대신 가맹수수료율은 '점주임차형'보다 높다. 아울러 가맹 계약기간 만료 후 연장 여부와 브랜드 전환 권리도 본사가 갖는다.

최근 편의점 업계에서 본부임차형 가맹점이 차지하는 비중이 빠르게 늘고 있다. CU와 GS25 모두 전체 점포의 절반 이상이 본부임차형 점포다. 기존 점주임차형에서 본부임차형으로 전환하거나 신규 출점의 70% 이상이 본부임차형 방식을 채택하고 있다. 이처럼 편의점 본사가 점주임차형 대신 본부임차형 점포 확장에 적극적인 이유는, 시장 경쟁 심화로 재계약 점포 쟁탈전 비용 출혈이 커졌기 때문이다. 점주임차형은 계약 만료 후 위약금 없이 경쟁 브랜드로 간판을 갈아탈 수 있다. 반면 본부임차형은 본부가 직접 임차권을 소유하는 조건으로 가맹점의 경쟁사 이탈을 막고 안정적으로 점포를 유지할 수 있다.

편의점 섹터의 또 다른 대장주 GS리테일은 GS피앤엘과의 성공적인 인적분할이 매우 중요하다. 분할비율은 존속 GS리테일 0.81 : 신설 GS피앤엘 0.19다. 기존 GS리테일의 주주들은 존속회사와 신설회사의 주식을 분할 비율대로 보유하게 된다. GS피앤엘은 파르나스호텔과 식자재 가공업 전문업체인 후레쉬미트를 자회사로 둔 중간지주사 역할을 하게 된다.

GS리테일은 복잡한 사업구조를 정리하고 유통 및 호텔 사업부문의 가치를 각각 인정받기 위해 인적분할을 결정했다. 여러 사업을 보유한 탓에 편의점이나 호텔처럼 단일 업종인 상장사보다 증시에서 시가총액이 저평가됐다고 판단했기 때문이다. 그동안 업계에서는 GS리테일의 기업가치를 평가할 때 각

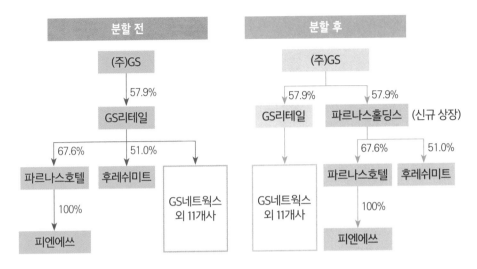

▶ GS리테일 인적분할 전후 지배구조도

분할 전

(주)GS
↓ 57.9%
GS리테일
├ 67.6% → 파르나스호텔
│   ↓ 100%
│   피엔에쓰
├ 51.0% → 후레쉬미트
└ → GS네트웍스 외 11개사

분할 후

(주)GS
├ 57.9% → GS리테일
│   ↓
│   GS네트웍스 외 11개사
└ 57.9% → 파르나스홀딩스 (신규 상장)
                 ├ 67.6% → 파르나스호텔
                 │   ↓ 100%
                 │   피엔에쓰
                 └ 51.0% → 후레쉬미트

각의 사업부문을 평가한 이후 더하는 'SOTP(사업별 평가가치 합산, Sum Of The Parts)' 방식을 적용해왔다.

GS리테일의 핵심 사업부문은 영업이익이 높은 편의점이지만, 단일 사업부문만으로 평가할 수 없기 때문에 적정가치가 저평가되는 요인으로 꼽혔다. 호텔 사업부문 역시 PER로 평가된 이후 합산돼 호텔 사업 자체의 특징이나 자산가치를 고려하기 어려웠다. 실제로 GS리테일의 주가는 2만 원대인 반면, 경쟁사 BGF리테일의 주가는 10만 원대다(2024년 12월 말 기준).

인적분할로 GS리테일과 GS피앤엘의 역할이 명확해지면서 기업가치에 대한 재평가가 긍정적으로 이뤄질 것으로 예상된다. GS리테일은 편의점과 슈퍼마켓 등 본업 경쟁력을 살릴 수 있고, GS피앤엘은 호텔과 식자재 사업의 시너지 효과를 누릴 수 있기 때문이다.

28 식·음료, 주류·담배

식품과 음료, 주류에서 담배에 이르기까지 광범위한 영역이 먹거리 산업으로 묶인다. 이처럼 카테고리가 다양할수록 시장을 분석하여 최선호주를 찾기가 쉽지 않다. 마치 울창한 숲에서 산삼을 캐는 것이랄까. 하지만 값 비싼 산삼일수록 깊은 숲에서 서식하기 마련이다. 형형한 눈으로 산업의 곳곳을 파고들다 보면 우량주를 찾을 수 있다.

산에 오르기 전 기상 상황을 체크하듯이 먹거리 숲을 탐사하기에 앞서 시장의 환경 변화부터 살펴봐야 한다. 무엇보다 먹고 마시는 소비 주체의 성향 변화를 주목해야 한다. 한국사회는 갈수록 인구가 줄고 고령자는 늘어나면서 전체 국민의 평균 음식섭취량이 감소하는 것으로 나타났다. 문제는 전체 인구 수가 줄어드는 속도보다 섭취하는 칼로리 수치가 좀더 빠르게 하향곡선을 그린다는 사실이다. 먹거리 수요가 양적으로 줄어들면서 시장 전반이 위축될 수 있

▼ **K-푸드 전 세계 주요 시장별 수출 실적**

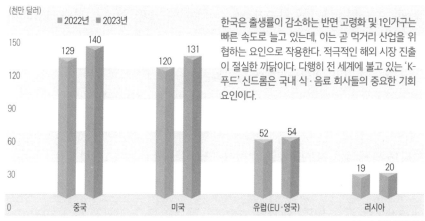

(천만 달러)

■2022년 ■2023년

한국은 출생률이 감소하는 반면 고령화 및 1인가구는 빠른 속도로 늘고 있는데, 이는 곧 먹거리 산업을 위협하는 요인으로 작용한다. 적극적인 해외 시장 진출이 절실한 까닭이다. 다행히 전 세계에 불고 있는 'K-푸드' 신드롬은 국내 식·음료 회사들의 중요한 기회 요인이다.

	중국	미국	유럽(EU·영국)	러시아
2022년	129	120	52	19
2023년	140	131	54	20

자료 : 농림축산식품부

다는 주장이 여기저기서 제기되는 까닭이다.

　식·음료 회사들이 고부가가치를 올리기 위해 해외 시장 진출에 적극 나서는 이유가 여기에 있다. 국내 식·음료 시장규모는 89.2조 원으로 수년 간 90조 원대를 넘지 못하고 있는 반면, 글로벌 식·음료 시장규모는 무려 9,000조 원대를 웃돈다(2024년 상반기 기준). 한국은 가구 구성 측면에서도 1인가구 비중이 2050년까지 40%대에 이를 만큼 글로벌 대비 빠르게 증가하고 있다. 1인가구 증가는 출산율 저하 및 인구 감소로 이어져 먹거리 산업의 전반적인 시장규모를 위축시키는 요인으로 작용한다.

　다행히 전 세계적으로 'K-푸드' 신드롬이 일어나면서 국내 식·음료 회사들은 해외 매출을 통해 줄어든 내수 시장을 상쇄하고 있다. 가장 돋보이는 'K-푸드'로는 라면을 비롯한 HMR(Home Meal Replacement, 간편가정식) 그리고 초코파이를 포함한 제과류가 꼽힌다.

K-푸드 신드롬 최선호주

음료를 제외한 식품 산업은 크게 종합가공식품과 육계가공, 참치를 포함한 수산식품으로 나뉜다. 종합가공식품은 '비비고'와 '햇반' 등으로 국내 HMR 시장에서 독보적인 CJ제일제당을 필두로, 대상과 풀무원, 롯데푸드, 신세계푸드 등이 상장해 있다. 육계가공에서는 하림이 시장을 주도하고 있고, 참치를 포함한 수산식품은 동원계열과 사조계열이 양강구도를 형성한다.

식품 산업에서 가장 주목을 끄는 섹터는 단연 HMR이다. HMR 시장은 코로나19가 터지기 전부터 꾸준한 성장세를 이어왔다. 특히 1인당 GDP가 높은 선진국일수록 HMR 소비가 많다. 그 이유는 HMR 시장이 성장하기 위한 전제조건으로, IT·모바일 기기의 대중화, 1인가구 증가, 편의점 확산, 맞벌이가구 보편화 그리고 1인당 GDP 3만 달러를 갖춰야 한다. 한국사회는 이러한 조건들을 모두 충족한다.

HMR의 최선호주는 단연 CJ제일제당이다. CJ제일제당은 다양한 HMR 품목이 전 세계에서 판매 호조를 보이면서 K-푸드 열풍의 최선호주로 꼽힌다. '비비고'로 대표되는 세계적인 흥행 HMR 출시 경험이 있는 점도 CJ제일제당의 해외 사업 성장세를 뒷받침 한다. 2024년 2분기 기준 '비비고'는 미주 그로서리 시장점유율 1위에 올라있다. CJ제일제당의 2023~2026년 해외 식품 사업 연평균 매출성장률은 7.0%로 전체 매출성장률(2.6%)을 크게 웃돌면서 안정적인 실적 유지를 견인할 전망이다.

CJ제일제당은 특히 전 세계 거점 지역마다 생산시설을 보유해 높은 수요에 맞춰 제품을 빠르게 공급할 수 있다는 것이 장점이다. CJ제일제당은 식품 사업을 위한 현지 생산시설 61개를 운영 중인데, 이 가운데 절반 이상인 37개가 해외 생산시설이다. 현지 상황에 유연한 대응이 가능하다는 얘기다. 현지 생산으로 관세 영향이 제한적인 점도 긍정적이다. 헝가리와 미국에 추가로 생산시

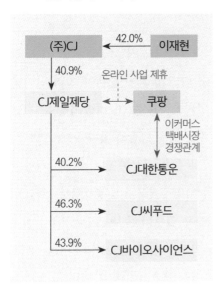

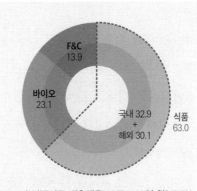

2025년 연결기준 매출액은 30조4,150억 원(+3.6% yoy), 영업이익은 1조7,040억 원(+8.2% yoy, 영업이익률 5.6%)이다. K-푸드 열풍으로 해외 매출이 실적을 견인할 전망이다. 바이오와 F&C는 전년 수준을 유지할 것으로 예상된다.

설을 건설 중에 있는데, 2023년 기준 전체 생산시설 가동률이 79%에 육박했던 만큼 이번 증설을 통해 높아진 수요를 충분히 흡수할 수 있게 된다.

CJ제일제당은 내수에서는 온라인 채널에 집중하고 있다. 국내 시장의 경우 전체 식품 소비는 둔화하는 반면, 온라인 식·음료 거래액은 2023년 1분기를 저점으로 반등에 성공했다. 1인가구 증가로 온라인 채널 성장세는 당분간 지속될 전망이다.

국내 이커머스 업계에서 GMV(총거래액) 기준 1위 브랜드인 쿠팡과의 직거래 재개도 온라인 채널 확대에 힘을 실어줄 것으로 보인다. CJ제일제당은 2022년 11월에 중단했던 쿠팡과의 직거래를 2024년 8월부터 재개했다. 쿠팡으로의 재입점은 B2C 위주 가공식품과 B2B 위주 식자재 매출 증가에 모두 기여할 것으로 판단된다. 다만 CJ제일제당의 자회사인 CJ대한통운이 이커머스 택배 사업에서 쿠팡과 치열한 경쟁관계에 있는 만큼 두 회사의 전략적 제휴는 유동적일 수밖에 없다.

황제주의 탄생을 예고한 라면주

라면은 해외 수출 상위 품목 가운데 가장 대표적인 효자 상품으로 꼽힌다. 농림축산식품부에 따르면, 2024년 11월 기준 라면 누적 수출액이 10억 달러를 넘어서면서 역대 최고치인 11억3,800만 달러를 기록했다. 라면 수출은 지난 2014년에 2억1,000만 달러를 달성한 이후 9년 연속 성장해 왔다.

라면은 한때 미국 내에서도 한정된 소비자 층을 형성한 니치 카테고리였지만, 지금은 히스패닉을 넘어 백인들까지 즐겨먹는 식품으로 성장했다. '까르보불닭볶음면(삼양식품)'이 미국에서 품귀현상을 일으켜 〈뉴욕타임스〉에 소개되었고, 래퍼 카디비(Cardi B)의 리뷰 영상이 엄청난 조회 수를 기록하기도 했다. 덕분에 삼양식품은 2023년에 창사 이래 최초로 매출 1조 원을 넘어서더니(1조 1,929억 원), 2024년에는 1조5,000억 원을 웃돌 것으로 추산된다. 심지어 영업이익률도 20%를 넘길 것으로 예상된다. 농심은 신제품인 '신라면 툼바'가 출시 두 달 만에 1,100만 개 넘게 판매되면서, 글로벌 시장에서 '불닭볶음면'의 대항마로 자리매김 했다.

라면 시장은 국내에서 유독 진입장벽이 높다. 소비 시장에서 브랜드 인지도가 크게 작용하기 때문이다. 또 소비자의 기호가 신상품에 대한 호기심보다는 한 번 길들여진 맛을 고수하는 성향 때문에 제품에 대한 충성도가 높다. 국내 1위 종합식품 회사인 CJ제일제당도 라면 사업에 쉽게 진출하지 못하는 이유가 여기에 있다.

라면 업계의 독보적인 대장주는 국내 시장점유율 55%가 넘는 농심이지

▶ **라면 시장점유율**

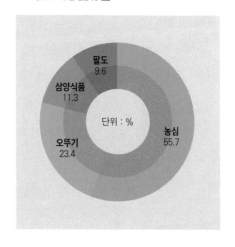

단위 : %

팔도 9.6
삼양식품 11.3
오뚜기 23.4
농심 55.7

▶ 삼양식품 국내외 매출 비중

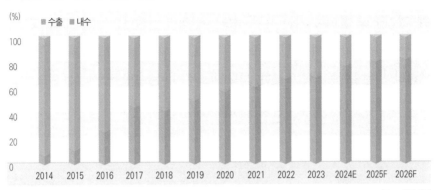

자료 : 삼양식품

만, 최선호주는 업계 3위 삼양식품이다. 다수의 증권사들이 삼양식품의 목표 주가를 상향 조정한 이유는, 매출증가율 급등과 높은 수익성, 해외 실적 호조 덕분이다. 특히 미국 수출 성적이 눈부시다. 미국 수출액이 2022년 558억 원에서 2024년 2,467억 원으로 3년 사이 4배 이상 급증했다. 폭발적인 미국 매출 성장에는 2021년 8월 설립된 현지법인의 역할이 컸다. 삼양식품의 2024년 기준 미국 인스턴트 라면 시장점유율은 8.1%로 월마트와 코스트코 등 대형마트를 중심으로 입점 매장을 늘리는 동시에 품목 수를 확대해 나가고 있다.

라면 세계 최대 소비국 중국에서의 성장세도 돋보인다. 사실 삼양식품의 첫 해외 생산공장은 미국이 아닌 중국이다. 2027년 1월에 증설 완공을 앞둔 생산시설에는 1차적으로 모두 6개 라인이 투입될 예정이다. 중국 공장 증설분이 실적에 반영될 경우 삼양식품의 2027년 연결매출액은 2조8,000억 원까지 급증할 것으로 예상된다(2023년 연결매출액 1조1,929억 원). 삼양식품은 현재 원주, 익산, 밀양(1공장)에 생산시설을 두고 있다. 3곳의 합산 생산능력은 1조 3,000억 원인데, 2024년 삼양식품의 연결매출액 추정치는 1조6,000억 원이다. 공급이 해외 수요 증가를 따라잡기 어려운 상황이다.

목표주가를 25% 상향해서 100만 원까지 올린 증권사가 있을 정도로 삼양식품의 투자가치는 고공행진이 예상된다. 국내 증시에서 주가 100만 원은 소위 '황제주'로 불리는 기준이 될 정도로 상징적인 의미를 지닌다. 2023년과 2024년까지 100만 원을 넘긴 종목은 에코프로와 삼성바이오로직스 등으로, 배터리와 바이오 등 기술주였다. 2014년 오뚜기 이후 10년 만에 식·음료 업종에서 황제주가 탄생할지 귀추가 주목된다.

제과주 상승을 이끄는 K-디저트

제과 업종은 크게 스낵, 초콜릿, 캔디 등을 포괄하는 건과류와 아이스크림으로 대표되는 빙과류로 나뉜다. 오리온과 롯데웰푸드(옛 롯데제과)가 1등 자리를 놓고 경쟁관계에 있고, 그 아래에 해태제과가 있다. 해태제과는 2020년에 '브라보콘'과 '누가바' 등으로 유명한 빙과 사업부문을 빙그레에 매각했다.

제과 업종을 통틀어 단 하나의 최선호주를 꼽는다면, 'K-디저트' 신드롬을 일으킨 오리온이다. 오리온의 페르소나라 불리는 '초코파이'가 중국, 러시아, 베트남, 인도 등 인구밀도가 높은 시장에서 밀리언셀러를 이어가고 있다. 오리온의 해외 매출에서 가장 중요한 지역은 단연 중국이다. 오리온은 중국향 매출 비중이 높기 때문에 중국의 내수 소비가 반등하면 실적이 빠르게 성장한다. 오리온은 이미 중국 대도시를 중심으로 할인점 채널 재정비를 완료하면서 성장 기반을 마무리 했다. 2025년 이후 중국의 경기 회복 여부에 따라 오리온의 실적과 주가가 좌우될 전망이다.

오리온의 해외 실적 상승의 트리거가 된 곳은 러시아법인이다. 2023~2026년 러시아법인의 연평균 매출성장률이 16%를 상회할 전망이다. 현지 통화기준 성장률은 무려 27%에 이른다. 시장조사기관 유로모니터는 2023~2029년 러시아 제과 시장 연평균성장률이 8.4%로 같은 기간 전 세계 제과 시장 연평균

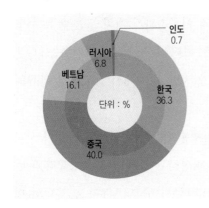

▼ 오리온 글로벌 매출 비중

인도 0.7
러시아 6.8
베트남 16.1
단위 : %
한국 36.3
중국 40.0

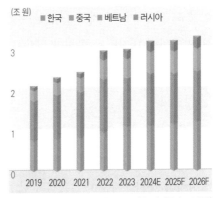

▼ 오리온 주요 지역별 매출 추이

(조 원) ■한국 ■중국 ■베트남 ■러시아

자료 : 오리온 전자공시, KB증권

성장률(5.4%)을 크게 웃도는 것으로 분석했다. 러시아법인은 2023년 말에 생산라인을 추가로 증설했는데도 불구하고 2024년 3분기 기준 공장가동률이 100%에 달할 정도다. 오리온의 초코파이는 열량이 높아 러시아처럼 추운 환경에서 간식은 물론 식사대용으로까지 인기가 높다. 러시아-우크라이나 전쟁의 장기화에 따른 경쟁사들의 시장 이탈로 오리온이 독점적 지위를 누리는 점도 눈여겨 볼 대목이다.

초코파이는 러시아에 이어 베트남에서의 높은 인기도 간과할 수 없다. 베트남 역시 식사대용 과자에 대한 인기가 높아 오리온의 초코파이와 쌀스낵이 수요를 흡수하고 있다. 2023년 오리온 베트남법인의 공장 가동률은 81.28%를 기록했다.

주식 시장에 등장한 '봉이 김선달'

음료 역시 제과 못지않게 다양한 사업군이 포진해 있다. 탄산음료와 주스, 우유, 생수, 커피 등이 대표적인 카테고리를 형성하며 수많은 회사들이 속해 있

385

지만 증시에서 유의미한 상장사는 손에 꼽을 정도로 적다. 롯데칠성음료는 탄산음료('칠성사이다')에서 생수('아이리스')에 이르기까지 거의 모든 음료 사업을 망라하며 대장주로 꼽힌다. '코카콜라'와 '환타' 등을 제조·판매하는 LG생활건강(리프레싱 사업부, 매출 비중 19%)도 있지만, 증시에서 음료주로 분류되진 않는다.

우유 및 유제품 업계에서는 서울우유(협동조합)와 남양유업, 매일유업이 시장점유율 70% 이상을 차지하며 과점 체제를 형성하고 있다. 맏형 서울우유가 비상장사라 증시에서는 매일유업과 남양유업 그리고 '바나나맛우유'로 유명한 빙그레가 회자된다. 농림축산식품부가 공개한 '2023년 우유 및 유제품 생산소비 현황'에 따르면, '흰 우유'라고 불리는 백색시유 및 가공시유 소비량은 2021년부터 하락세를 면치 못하고 있다. 출산율 저하 영향을 무시할 수 없다. 백색시유 소비량은 2021년 137만 톤에서 2023년 132만 톤으로, 가공시유는 같은 기간 28만 톤에서 25만 톤으로 감소했다.

우유와는 정반대로 생수의 성장은 무서울 정도다. 국내 생수 시장이 5년 사이 2배로 불어났다. 소비자들은 더 이상 2L 페트병 6개가 묶인 무거운 생수를 사서 집으로 들고 오지 않는다. 대신 문 앞까지 편하게 생수를 배송해 주는 서비스를 이용한다. 이커머스의 무료배송, 대형마트의 당일배송 서비스가 생수 시장 성장에 불을 지폈다. 1개월 간 정수기 렌털 비용은 2만 원 안팎이지만, 1만 원 중반대로 생수 24병(2L 기준)을 배송시킬 수 있다. 필수재에 해당하는 생수는 이미 소비할 만한 사람은 모두 소비하고 있기 때문에 수요가 급격히 늘어나긴 어렵다. 하지만 최근 이커머스 간 서비스 경쟁이 치열해지면서 생수 매출을 끌어올리고 있다. 쿠팡은 생수만 전문으로 배송하는 외주 시스템 '워터 플렉스' 서비스를 도입해 2021년부터 시행 중인데, 해마다 10%대의 성장률을 기록하고 있다.

유로모니터에 따르면, 국내 생수 시장규모는 2019년 1조6,900억 원에서

2021년 2조1,200억 원, 2023년 2조7,400억 원으로 늘더니, 2024년에는 3조 원을 훌쩍 넘긴 것으로 추산된다. 심지어 학교나 단체 등에 대규모 납품되는 생수를 제외하고, 일반 소비자가 마트나 편의점, 이커머스 등에서 구매한 것만 집계한 수치다.

생수 대장주인 광동제약('제주삼다수' 유통사, 시장점유율 40.3%)과 롯데칠성음료('아이시스', 시장점유율 13.1%), 농심('백산수' 시장점유율 8.3%)이 최선호주로 꼽힌다. 상위 세 브랜드가 전체 생수 시장의 60% 이상을 차지하고 있다. 그리고 나머지 40%를 차지하기 위해 식품 대장주들이 생수 사업에 뛰어들고 있다. 풀무원은 경남 밀양에 제2생수공장을 가동하기 시작했다. 경기도 포천 이동공장에 이은 두 번째 생수공장으로, 연면적 3,547제곱미터 규모. 신공장 가동으로 생수 생산능력이 기존 연간 4억 병에서 6억 병으로 늘었다. 동원F&B은 충북 음성에 네 번째 생수공장을 증설했다. LG생활건강도 생수 브랜드 '울릉샘물'을 론칭해 생수 시장에 진출했다.

일부 생수 브랜드는 수출도 한다. 그동안 생수는 무겁고 자국에서 조달하는 경우가 많아 수출경쟁력이 낮다고 평가돼 왔다. 하지만 자국 수질에 대한 신뢰도가 낮은 중국이나 동남아에서 한국산 생수 수요가 늘고 있다. 오리온은 초코파이 등 식품으로 중국에서 다진 사업 경험을 기반으로 중국 생수 시장 공략에 나섰다. 농심은 이미 2015년 중국에 2,000억 원을 투자해 공장을 세우고 '백산수'를 현지에서 생산·판매하고 있다.

K-Liquor ······ 소주의 진격

한국 애주가들의 주종은 대게 소주와 맥주로 수렴된다. 와인, 위스키, 하이볼까지 주류 소비가 다양해지고 있긴 하지만, 소주와 맥주에는 한참 미치지 못한

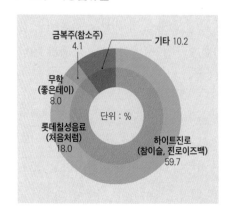

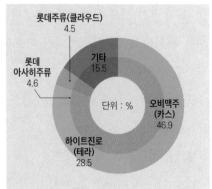

다. 주류 업계 대표 기업들 역시 소주와 맥주 사업을 중심으로 전략을 짠다.

업계에서는 'K-컬처'의 영향으로 맥주보다는 소주의 존재감이 좀더 도드라진다. 드라마나 예능을 통해 한국의 음주문화가 소개되면서 아시아권은 물론 서구에서도 소주에 대한 관심이 증가하고 있다. 관세청에 따르면 2024년 1월부터 11월까지 소주 수출액이 9,600만 달러(1,346억 원)를 기록해 전년 같은 기간 대비 3.7% 증가했다. 맥주 역시 수출액(7,600만 달러)이 다소 늘었지만 소주에 미치지 못했다.

주류 업종 최선호주는 하이트진로다. '참이슬'+'진로이즈백'이 국내 소주 시장점유율 59.7%로 1위 자리를 굳건히 지키며, '처음처럼'(롯데칠성음료)의 18.0%를 압도한다. 하이트진로는 '테라'로 국내 맥주 시장점유율(28.5%)에서도 2위에 올라있다. '카스'(오비맥주)가 시장점유율 46.9%로 1위를 수성하고 있지만, 국내 증시에 상장되지 않은 외국계 회사 AB인베브가 대주주다.

하이트진로의 2025년 연결기준 매출은 2조6,810억 원(+1.9% yoy), 영업이익은 2,377억 원(+6.0% yoy, 영업이익률 8.9%)으로 예상된다. 소주는 수출이 내수 둔화를 상쇄하고, 맥주는 시장 경쟁이 완화되면서 이익이 증가할 전망이다. 하이트진로의 소주 해외 매출액은 2023년부터 2026년까지 연평균 13.0% 성장

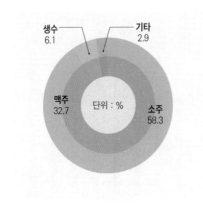

▼ 하이트진로 매출 비중

생수
6.1

기타
2.9

맥주
32.7

단위 : %

소주
58.3

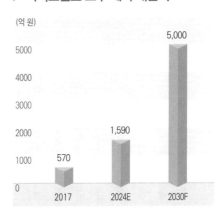

▼ 하이트진로 소주 해외 매출액

(억 원)

5,000

5000

4000

3000

2000

1,590

1000

570

0

2017   2024E   2030F

할 것으로 전망된다.

　오비맥주와 롯데칠성음료의 과감한 선택도 눈여겨 볼 대목이다. 오비맥주의 모회사 AB인베브는 2024년 9월 신세계그룹 주류 계열사인 신세계엘앤비의 제주소주를 인수했다. 브랜드의 핵심은 맥주이지만, 해외 시장 공략을 위해 소주 제품이 필요하다는 판단으로 풀이된다. 오비맥주의 2023년 매출액은 1조 5,500억 원으로 전년 대비 0.6% 가량 소폭 감소했다.

　롯데칠성음료 역시 소주의 해외 시장 공략에 힘을 쏟고 있다. 미국 현지 주류 업체와 파트너십을 맺고 공급망을 강화한 뒤 다양한 마케팅 전략을 펴고 있다. 필리핀펩시(PCPPI) 지분을 추가 인수하며 종속회사로 편입한 것도 해외 사업 비중을 키우기 위한 일환이다. 롯데칠성음료는 '클라우드 라이트' 등 일부 제품을 단종시키고 수제맥주 주문자상표부착생산(OEM)도 중단했다.

KT&G의 탄탄한 재무구조 속내

KT&G는 국내 담배 시장에서 50%가 넘는 점유율로 독점적 지위를 영위한다.

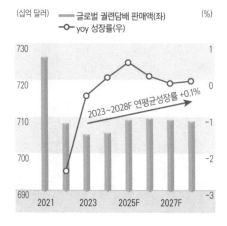

▼ 글로벌 궐련담배 시장규모

(십억 달러)
━━ 글로벌 궐련담배 판매액(좌)
━○━ yoy 성장률(우)
(%)

2023~2028F 연평균성장률 +0.1%

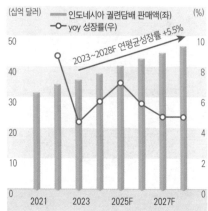

▼ 인도네시아 궐련담배 시장규모

(십억 달러)
━━ 인도네시아 궐련담배 판매액(좌)
━○━ yoy 성장률(우)
(%)

2023~2028F 연평균성장률 +5.5%

자료 : 유로모니터

꾸준히 20% 안팎의 높은 영업이익률을 유지하는 알토란 회사다. 부채비율도 30%를 넘지 않는다. KT&G가 이처럼 탄탄한 재무구조를 유지할 수 있는 비결은 담배의 제조원가가 워낙 낮기 때문이다. 담배는 한번 생산라인을 갖춰놓으면 설비 투자에 별다른 추가 비용이 발생하지 않는다. 아울러 담배 사업의 영업이익률이 높은 이유는 '역설적이게도' 규제 강도가 높기 때문이다. KT&G는 〈담배사업법〉과 〈국민건강증진법〉에 적용을 받아 광고집행이 금지되기 때문에 판촉 및 홍보비 부담에서 자유롭다.

투자적 관점에서 담배를 미래성장 산업으로 보기에는 한계가 있지만, KT&G는 나름 수익 모델 발굴에 적극적이다. KT&G의 실적 상승 모멘텀은 해외 사업과 전자담배로 모아진다. 내수에서는 높은 세금 구조로 인해 가격 인상 말고는 매출 성장을 기대하기가 쉽지 않다.

KT&G가 주목하는 시장은 인도네시아다. 인도네시아는 중국에 이어 세계 2위 담배소비국이다. 유로모니터에 따르면 인도네시아의 궐련담배 시장은 2023년부터 2028년까지 연평균 5.5% 성장할 전망이다. 같은 기간 글로벌 궐련담배 시장의 연평균성장률(0.1%)을 훨씬 웃돈다. KT&G의 인도네시아 궐련

▶ 국내 HNB 시장규모

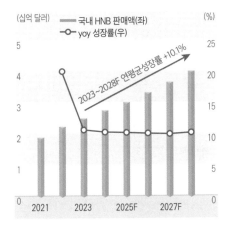

(십억 달러)
■ 국내 HNB 판매액(좌)
-○- yoy 성장률(우)
(%)

2023~2028F 연평균성장률 +10.1%

2021   2023   2025F   2027F

▶ 글로벌 HNB 시장규모

(십억 달러)
■ 글로벌 HNB 판매액(좌)
-○- yoy 성장률(우)
(%)

2023~2028F 연평균성장률 +10.8%

2021   2023   2025F   2027F

자료 : 유로모니터

담배 시장점유율은 4위에 불과하지만, 성장률이 높은 편의점 채널에서 판매량이 높다. 인도네시아 흡연자가 선호하는 '가향담배'를 중심으로 KT&G의 점유율 상승이 기대되는 이유다.

KT&G는 인도네시아 현지 생산라인 증설을 통해 높은 수요에 대응하고 있다. 2024년 4월 인도네시아 동부자바주 수라바야에 2, 3공장을 착공해 2025년 말 완공 및 2026년 가동을 목표로 하고 있다. 연간 담배생산량은 350억 개비로, 기존 1공장 140억 개비에 비해 2.5배 증가하는 규모다.

HNB(Heat-Not-Burn, 궐련형 전자담배)의 시장 확대에 따른 매출 상승도 기대해볼 만 하다. PMI(Philip Morris International)와의 파트너십을 통해 해외 시장 진출도 긍정적이다. PMI는 2023년 1월에 KT&G와 체결한 장기계약(15년)으로 한국을 제외한 전 세계 시장에서 KT&G의 '릴' 제품을 유통·판매한다. 현재 KT&G가 진출한 34개 국가는 글로벌 HNB 수요의 대부분을 차지한다.

HNB의 국내 시장점유율은 KT&G의 '릴' 45%, PMI의 '아이코스' 40%로 독과점 체제다. 전자담배의 특성상 디바이스를 선점한 회사가 락인(lock-in) 효과를 누린다.

29 뷰티 : 화장품, 패션

📈 **투자포인트**

- 수출주 반열에 오른 K-화장품 및 해외 매출 비중이 높은 회사
- 중국 사업을 줄이고 미국과 일본, 동남아 시장에 적극 나선 뷰티 회사
- 글로벌 화장품 유통에서 직매입 사업구조에 특화된 회사

📈 **체크포인트**

- 고환율에 따른 화장품 ODM/OEM 업체의 이해득실
- 소비 둔화에서 쉽게 벗어나지 못하는 중국의 뷰티 시장
- 계절과 유행에 민감해 불확실성 리스크가 큰 패션 업종의 딜레마

최선호주 아모레퍼시픽, 코스맥스, 실리콘투, F&F, 휠라홀딩스, 화승엔터프라이즈

증시에는 '수출주'라 불리는 섹터가 있다. 반도체와 조선, 자동차 같은 업종에 속한 기업들은 대체로 해외 매출 비중이 높다. 수출량이 증가할수록 실적이 호조세를 이어가는 만큼 주가에도 긍정적인 건 두 말할 나위 없다.

4~5년 전만 해도 국내 증시에서 화장품이 수출주에 포함될 거라고는 상상할 수 없었다. 그런데 한국산 화장품들이 글로벌 시장에 해외 유명 브랜드들과 견줘 뒤지지 않고 수익을 창출하고 있다. K-팝과 K-드라마가 전 세계 곳곳에서 폭발적인 인기를 끌자 화장품 회사들이 한류 스타들을 광고 모델로 세우면서 해외 매출이 크게 오른 것이다.

2024년 한 해 동안(12월 말 기준, 잠정) 화장품 수출규모는 전년 대비 20.6% 증가한 102억 달러를 기록했다. 이는 역대 최대 수출액인 2021년 92억 달러보다 10.9% 증가한 수치로 화장품 수출 사상 최대 실적이다. 화장품 수출은

▼ 한국산 화장품 수출규모

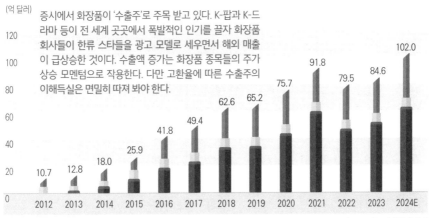

(억 달러)

증시에서 화장품이 '수출주'로 주목 받고 있다. K-팝과 K-드라마 등이 전 세계 곳곳에서 폭발적인 인기를 끌자 화장품 회사들이 한류 스타들을 광고 모델로 세우면서 해외 매출이 급상승한 것이다. 수출액 증가는 화장품 종목들의 주가 상승 모멘텀으로 작용한다. 다만 고환율에 따른 수출주의 이해득실은 면밀히 따져 봐야 한다.

연도	수출액
2012	10.7
2013	12.8
2014	18.0
2015	25.9
2016	41.8
2017	49.4
2018	62.6
2019	65.2
2020	75.7
2021	91.8
2022	79.5
2023	84.6
2024E	102.0

자료 : 식품의약품안전처

2012년 처음으로 10억 달러를 넘긴 이후 2015년 25억9,000만 달러, 2018년 62억6,000만 달러, 2021년 91억8,000만 달러 등 지속적인 성장세를 이어왔다. 특히 2024년 10월 한 달 동안 10억 달러 이상의 수출 실적을 기록했다.

수출동향을 국가별로 살펴보면, 중국이 25억 달러로 가장 많았고, 그 뒤를 미국(19억 달러)과 일본(10억 달러)이 따랐다. 상위 10개국이 전체 수출액의 77%를 차지했다. 중국은 2023년에 이어 2024년에도 화장품 수출국 1위를 유지했지만 수출액이 감소하면서 수출 비중이 20%대로 급락했다. 중국향 화장품 수출 비중은 2021년 53.2%에서 2022년 45.4%, 2023년 32.8%, 2024년 24.5%로 크게 줄고 있다. 내년 중국판 블랙 프라이데이인 11월 11일 광군제 시즌에 맞춰 국내 화장품주가 상승해오던 추세도 최근 들어 주춤하는 형국이다. 위축된 소비 심리가 좀체 살아나지 않는 여파다.

반면 2024년 미국향 수출액은 전년 대비 6억9,000만 달러(+57.0%) 오르면서 증가폭이 가장 컸다. 일본향은 2억3,000만 달러 증가(+29.2%)하며 처음으

▶ 한국산 화장품 주요 수출국 (단위 : 백만 달러, %)

순위	2023년			2024년			
	국가	수출액	점유율	국가	수출액	점유율	전년 대비 증감률
		8,462	100.0`		10,203	100.0	20.6
1위	중국	2,777	32.8	중국	2,498	24.5	10.0▽
2위	미국	1,214	14.3	미국	1,906	18.7	57.0
3위	일본	802	9.5	일본	1,036	10.2	29.2
4위	홍콩	502	5.9	홍콩	580	5.7	15.5
5위	베트남	498	5.9	베트남	538	5.3	8.0
6위	러시아	408	4.8	러시아	406	4.0	0.5▽
7위	대만	222	2.6	대만	289	2.8	30.2
8위	태국	193	2.3	태국	226	2.2	17.1
9위	싱가포르	129	1.5	UAE	172	1.7	33.3
10위	말레이시아	121	1.4	싱가포르	155	1.5	28.1

한국산 화장품 수출동향을 국가별로 살펴보면, 중국(25억 달러)과 미국(19억 달러), 일본(10억 달러)을 비롯해 상위 10개국이 전체 수출액의 77%를 차지한다. 중국은 2023년에 이어 화장품 수출국 1위를 유지하고 있지만 수출액이 감소하면서 수출 비중이 20%대로 낮아졌다.

자료 : 식품의약품안전처

로 10억 달러를 돌파했다. 주목할 만한 점은 한국산 화장품이 미국과 일본에서 화장품대국 프랑스산 제품마저 제쳤다는 사실이다. 미국국제무역위원회의 수입 통계에 따르면, 2024년 1월~10월 미국의 한국산 화장품 수입액이 14억 517만 달러(2조633억 원)로 그동안 1위 자리를 지키던 프랑스(10억3,215만 달러)를 압도했다. 국가별 점유율을 살펴보면, 한국이 22.2%로 프랑스(16.3%)보다 5.9%포인트나 높았다. 한국산 화장품은 일본에서도 견고하다. 일본 수입화장품협회가 2024년 3분기까지 국가별 수입 실적을 집계한 결과, 한국산 화장품이 941억9,000만 엔(8,787억 원)으로 선두를 지켰고, 프랑스가 822억8,000만 엔으로 그 뒤를 이었다. 일본에서의 수입산 화장품 점유율은 한국이 28.8%, 프랑스가 25.1%를 차지했다.

환율과 화장품 ODM/OEM의 함수관계

환율이 오를수록 수출 업종의 주가는 민감하게 반응한다. 일반적으로 수출 업종은 달러-원 환율이 상승하면 수출대금의 원화 환산 가치가 높아져 수익성에 유리하다고 알려져 있다. 최근 수출액이 급증한 화장품 업종을 가리켜 고환율 수혜주로 평가하기도 한다. 실제로 금융투자 업계에서는 달러-원 환율이 10% 상승할 때 주요 화장품 기업의 연결 영업이익이 기존 추정치 대비 평균 3% 오르는 효과가 있다는 분석을 내놓기도 했다.

하지만 환율은 동전의 양면과 같다. 수출 과정에서 달러가치가 올라 환차익이 증가하는 대신 수입에 의존하는 원재료 가격도 덩달아 상승한다. 화장품 산업 안에서 고환율에 울고 웃는 기업들이 갈리는 이유가 여기에 있다. 위탁 개발/생산을 전문으로 하는 ODM/OEM 업체의 경우가 유독 그렇다. ODM(Original Development Manufacturing)이 '연구개발을 통한 생산 방식'이라면, OEM(Original Equipment Manufacturing)은 '단순 주문자 생산 방식'이다.

ODM/OEM 업체는 고객사로부터 수주를 받고 화장품 용기와 원자재 등을 매입한 뒤 제품을 만들어 납품한다. 제품에 대한 별도의 마케팅과 홍보가 필요하지 않기에 판매관리비는 거의 들지 않는다. 매출원가율을 낮출수록 영업이익의 증가로 이어지는 사업구조다. 화장품의 원재료인 정제수와 글리세린, 팜유, 히알루론산 등은 대부분 수입에 의존한다. 환율이 상승하면 원재료 값이 올라 매출원가율이 치솟는 만큼 ODM/OEM 업체들의 영업이익은 줄어들 수 있다.

화장품 ODM/OEM 업체들은 원재료를 미리 수급하기보다는 수주 받은 제품의 생산일정이 정해질 경우 그에 맞춰 원재료를 조달한다. 고환율에 대응해 사전에 원재료를 구입하는 건 현실적으로 불가능하다는 얘기다. 여러 고객사의 다양한 제품에 맞는 다품종을 소량 생산하는 ODM/OEM 사업구조 탓에

어쩔 수 없는 노릇이다.

화장품은 유행에 민감해 수명이 짧기 때문에 자주 신제품을 출시해야 하지만, 아모레퍼시픽이나 LG생활건강 같은 종합 화장품 브랜드가 신제품 개발/생산의 모든 과정을 아우르는 건 불가능하다. 화장품 업계에서 ODM/OEM 방식이 통용될 수 밖에 없는 까닭이다.

물론 고환율이 화장품 ODM/OEM 업체들에게 무조건 불리하게 작용하는 건 아니다. 고객사가 해외 브랜드 위주로 포진해 있다면 고환율에 따른 환차익을 기대할 수 있다. 해외 고객사와 납품계약을 맺을 경우 달러로 거래하기 때문에 해외 고객사 비중을 늘릴수록 고환율로 인한 수혜를 받을 수 있다.

해외 고객사 비중은 ODM/OEM 업체들마다 천차만별이다. 국내 대표적인 화장품 ODM/OEM 업체인 한국콜마와 코스맥스도 서로 입장이 갈린다. 한국콜마의 경우 국내 브랜드들을 위주로 영업망을 구축하고 있어서 환차익하고는 거리가 멀다. 오히려 환율이 오를수록 수입 원재료 부담이 커지는 탓에 영업이익이 줄어들 수 있다. 반면 코스맥스는 해외 고객사와 국내 고객사 비중이 55대45다. 따라서 환율이 오르면 환차익으로 수입 원재료 부담을 어느 정도 상쇄할 수 있다.

코스맥스는 국내외 3,000여 개 고객사를 보유한 글로벌 화장품 ODM 1위 회사다. 현재 가장 많은 인디 브랜드 고객사를 보유하고 있으며, 국내에서 가장 큰 R&D 조직을 운영하고 있다. 뿐만 아니라 글로벌 최대 화장품 카테고리 레시피를 기반으로 세계에서 가장 많은 신제품을 출시한다. 코스맥스의 해외 사업에서 주목해야 할 지역은 8분기 이상 고성장세를 이어가는 동남아 시장이다. 특히 인도네시아와 태국은 마진율이 높아 수익성 측면에서 유리하다. 동남아 화장품 시장이 커질수록 코스맥스의 실적과 주가를 주시해야 한다.

중국에서 벗어나 전 세계로 진출 중인 K-코스메틱

화장품 업종 최선호주로는 아모레퍼시픽이 꼽힌다. 2006년에 태평양의 화장품, 생활용품, 식품 사업부문을 인적분할하여 설립됐다. 전체 사업에서 화장품의 매출 비중이 89.6%로 대부분을 차지한다. 연결대상 종속회사로 해외 지주회사 'AGO'를 비롯해 중국, 싱가포르, 일본, 프랑스, 태국, 인도네시아 등지에 현지법인을 운영한다. 주요 브랜드로는 화장품으로 '설화수', '헤라', '아이오페', '한율' 등이 있고, 생활용품으로 '려', '미쟝센', '해피바스'를 론칭했다. 기능성화장품에 특화된 코스알엑스를 종속회사로 편입했고(지분율 90.2%), 미국 브랜드 'Tata Harper'도 인수하며 외형 확장에 적극적이다.

아모레퍼시픽의 2025년 연결기준 매출액은 4조3,011억 원(+12% yoy), 영업이익은 4,133억 원(+86% yoy)으로 예상된다. 영업이익이 크게 반등하는 주요 원인은 중국 사업규모를 대폭 줄이는 만큼 고정비와 광고비 부담이 경감되기 때문이다. 할인율 폭이 줄어드는 효과도 무시할 수 없다. 반면 중국향 매출 감소는 미국과 일본, EMEA 등 글로벌 시장 확대로 어느 정도 상쇄될 전망이다.

▶ **아모레퍼시픽 손익 변동** 단위 : 억 원

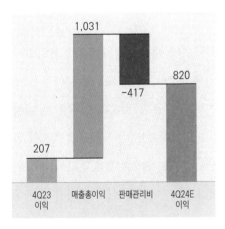

▶ **아모레퍼시픽 지역별 영업이익** 단위 : 억 원

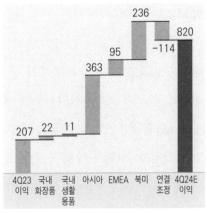

자료 : 하나증권

영업이익 반등이 예상되는 아모레 퍼시픽과 달리 경쟁사 LG생활건강의 실적은 보수적으로 접근할 필요가 있다. LG생활건강은 화장품과 생활용품에서 음료에 이르기까지 다양한 사업을 영위한다. 2001년 LG화학에서 분할 설립한 이후 '코카콜라'를 비롯한 음료 시장에 진출했는데, 최근 화장품 사업 비중(2022년 44.7% → 2024년 3분기 기준 41.3%)을 줄이는 대신 음료 사업 비중을 늘리고 있다(같은 기간 24.6% → 27.2%).

▌ **LG생활건강 매출 비중**

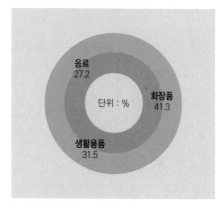

'K-뷰티'의 열풍으로 연간 수출액이 100억 달러를 돌파하고 있지만, LG생활건강은 오히려 화장품 매출 비중이 줄어들고 있다. 중국향 사업 부진이 주된 원인으로 꼽히는데, 딱히 이를 대체할 만한 신사업 모멘텀이 눈에 띄지 않는다.

LG생활건강은 화장품과 생활용품 사업으로 '후', '숨', '엘라스틴', '페리오치약' 등을 통해 전 세계 57개국에 진출해 있다. 2018년에 '후'의 해외 매출액이 처음으로 2조 원을 돌파했고, 2019년에는 'Avon'을 인수하며 글로벌 사업을 확장했다. 이어 2020년 'Physiogel' 아시아/북미 사업권 및 'Euthimol' 글로벌 사업권 확보, 2021년 'Boinca', 2022년 'The Creme Shop' 지분투자 등 다수의 M&A를 통해 외형 확장에 성공했다.

LG생활건강은 최근 들어 비중이 큰 중국 사업에서 수익을 내지 못하면서 어려움을 겪고 있다. 중국 정부가 경기부양을 위한 대규모 유동성 공급을 발표했지만, 중국의 소비자신뢰지수는 여전히 예년 수준을 회복하지 못하는 실정이다. LG생활건강 역시 중국 사업 부진의 고육지책으로 미국에서 적극적인 영업을 펼치고 있다. 이에 대한 성과로 2023년 미국 아마존 블랙프라이데이 역대 최대 실적(+156% yoy)을 기록하기도 했다. 다만 미국향 실적이 당장 중국향 부진을 만회하기에는 역부족이다.

K-뷰티 글로벌 유통 채널의 새로운 강자

종합 화장품 대장주 아모레퍼시픽과 화장품 ODM 세계 1위 코스맥스에 이어 화장품 업계 최선호주를 하나 더 추가한다면 그 자리는 실리콘투의 몫이다. 실리콘투는 대규모 물류 인프라를 기반으로 국내외 430개의 화장품 브랜드를 직매입해서 자사 플랫폼인 'Stylekorean.com'을 통해 전 세계 180개국에서 온라인 채널을 운영하는 유통 업체다. 독보적인 직매입 구조와 물류 인프라로 높은 진입장벽을 형성하고 있다. 실리콘투는 주목을 끌만한 국내 인디화장품 업체들의 제품을 전량 사들인 다음 해외에서 판매하는 비즈니스 모델을 구축하고 있다. 이를 위해 경기도 광주에 거대한 물류센터를 보유하고 있다.

실리콘투의 높은 성장세가 예상되는 이유는 기존 온라인 중심에서 오프라인으로 사세를 확장하고 나섰기 때문이다. 한국과 달리 해외에서는 오프라인 소비 비중이 90%를 차지한다. 반면 실리콘투의 매출은 70%가 온라인 채널에서 발생한다. 그만큼 오프라인에서의 성장여력이 무궁무진하다는 얘기다.

실리콘투의 현금흐름을 들여다보면, 2024년 연결 재무제표 기준 영업활동

▼ **실리콘투 유통 사업구조도**

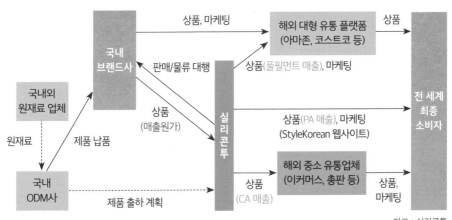

자료 : 실리콘투

399

현금흐름이 382억 원이다. 전년 -185억 원 대비 567억 원이 증가했다. 실적 고공행진이 안정적인 현금흐름으로 이어진 것이다. 실리콘투의 매출은 2023년 3,429억 원에서 2024년 7,099억 원(추정치)으로 2배 이상 증가했다. 같은 기간 영업이익도 478억 원에서 1,505억 원으로 3배 이상 가파르게 상승했다. 순이익 역시 380억 원에서 1,178억 원으로 급증했다.

실리콘투의 호실적은 높은 밸류업으로 이어졌다. ROE가 2023년 32.9%에서 60.7%로 크게 상승했다. 같은 기간 PBR도 3.5배에서 5.7배로 뛰었다. 2022년 10월 14일에 1,695원이었던 주가는 2024년 6월 21일 5만4,200원으로 상장 이래 최고가를 경신했다. 2025년 1월 6일 종가기준 시가총액이 2조727억 원으로 코스닥 19위를 기록했다.

K-뷰티 타깃 시장이 중국에서 북미로 옮겨가는 시점에서 실리콘투의 실적 전망은 매우 밝다. 실리콘투 매출의 25%가 미국 시장에서 나오기 때문이다. 실리콘투는 2024년에 1,000억 원 넘는 금융권 차입을 통해 미국 현지에 대형 물류창고를 사들였다. 금융투자 업계에서는 실리콘투의 이러한 행보를 두고 성장기 기업의 전형적인 모습이라 평가한다.

▶ **실리콘투 매출**

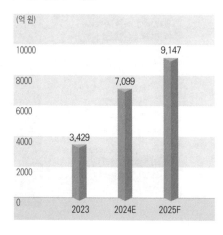

▶ **실리콘투 영업이익**

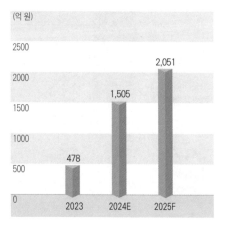

패션 업종의 키워드······ 수출, 주주환원, 재고관리

패션(의류)은 화장품과 함께 K-뷰티의 양대 축을 형성한다. 다만 국내 패션 업황은 화장품과 달리 녹록치 않은 상황에 직면했다. 2023년에 이어 2024년에도 국내 패션 상장사들의 실적은 저조한 반면, 판관비는 오히려 상승했다. 패션 상장사들의 평균 주가수익률 역시 코스피 대비 하락했다.

증시에서 패션 업종은 투자 추천을 꺼리는 섹터 가운데 하나다. 계절과 유행에 민감한 불확실성 탓에 업황을 전망하는 게 쉽지 않고, 상장사도 다른 업종에 비해 상대적으로 적은 편이다. 가까운 미래에 패션 업종에서의 투자 키워드는 '해외 시장'과 '밸류업'으로 모아진다. 내수 소비 침체가 깊어지면서 해외 매출 비중이 큰 업체일수록 실적 개선 가능성이 높다. 특히 수익을 내는 상장사 중에서는 적극적인 주주환원정책을 통해 주가 상승 모멘텀을 갖춘 종목을 눈여겨봐야 한다.

'MLB'와 '디스커버리' 브랜드로 유명한 F&F(에프앤에프)는 해외 시장, 특히 중국 사업 비중이 큰 회사다. 2021년에 F&F홀딩스의 패션 사업부문을 인적분

▼ F&F 매출 추이

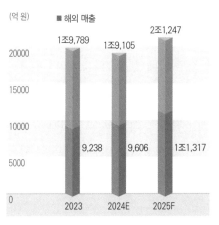

▼ F&F 'MLB' 브랜드 중국 매출 추이

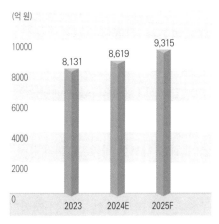

할하여 설립됐다. 대표 브랜드인 'MLB'로 2017년에 홍콩을 시작으로, 마카오와 대만에 이어 2019년 중국으로 해외 유통 채널을 확장했다. F&F는 'MLB'에 이어 2024년 말부터 '디스커버리'를 중국 시장에 본격적으로 전개하고 있다. '디스커버리'가 국내에서 거둔 브랜드 파워를 감안하건대 중국 내 출점 매장 100개 달성이 그리 어렵지 않을 것으로 보인다.

국내 패션 브랜드 업체들이 해외 사업을 전개하는 경우 현지 유통을 전담하는 파트너사를 두는 경우가 일반적이다. 매출 인식은 한국에서 해당 국가로 수출하는 방식으로 이뤄지며, 공급율은 평균 40~60% 사이다. 해외 사업 비중이 큰 F&F의 경우 공급율이 평균을 하회하는 것으로 알려져 있는데, 그만큼 공격적으로 시장 선점에 나서고 있다는 의미다. 공급율을 낮춰 공급하는 대신 재고 부담을 중국 현지 유통사가 지는 것으로 알려져 있다. F&F 입장에서는 공급율이 낮다고 해서 손해 보는 거래가 아닌 셈이다.

한편 수출 말고도 기업가치를 끌어올리는 밸류업 방식은 얼마든지 있다. 가령 실적 부진에 따른 주가 하락을 배당이나 자사주 매입/소각으로 기업가치 회복에 나서는 경우가 대표적이다. 휠라홀딩스는 국내 소비재 종목 전체를 통틀어 가장 높은 수준의 주주환원정책을 펼친다. 2005년 FILA Global Group에서 독립한 뒤 2007년에 FILA의 글로벌 상표권 및 사업권을 인수했다. 2016년 미국의 대표적인 골프웨어 업체 아쿠쉬네트 홀딩스(Acushnet Holdings)를 자회사로 편입했고, 2020년 물적분할을 통해 지주회사로 전환했다.

휠라홀딩스는 2023년에 [1] 아쿠쉬네트 홀딩스 배당수익 약 1,000억 원, [2] 조인트 벤처 Full Prospects 배당수익 약 160억 원, [3] 디자인 수수료(DSF) 수익 약 700억 원, [4] 글로벌 로열티 수익 약 780억 원을 통해 안정적인 현금흐름 재원을 확보한 바 있다. 마케팅에 경상적으로 사용되는 비용 약 600억 원을 감안해도 연간 2,000억 원의 현금흐름 재원을 확보해 자사주 매입과 배당 등 주주환원에 적극 나설 수 있는 것이다.

패션 산업은 크게 [1] 주문자(브랜드사)가 요구하는 제품과 상표명으로 완제품을 생산하는 OEM 방식의 의류제조업, [2] 마케팅/홍보/유통을 담당하는 의류판매업으로 구분된다. F&F, 휠라홀딩스, 신세계인터내셔널이 [2]에 해당하는 패션 브랜드 대장주라면, 영원무역과 한세실업, 화승엔터프라이즈는 [1]에 해당하는 대표적인 패션 OEM 종목이다.

최근 들어 패션 산업에서 OEM 업황은 바닥을 다지는 중이다. 2022년 3분기까지만 해도 국내 OEM 상장사들은 바이어(브랜드사)들이 증가한 수요에 대비해 재고 확보에 적극 나서면서 흑자를 냈지만, 2023년 이후부터 글로벌 경기침체에 따른 소비 둔화로 바이어들이 지갑을 닫으면서 어려움을 겪고 있다. 그나마 OEM 상장사 중에서 주목할 만한 종목은 화승엔터프라이즈다.

화승엔터프라이즈는 아디다스그룹 내 점유율 2위(20% 이상)를 영위한다. 아디다스그룹의 주문 수요에 따라 전체 실적이 적지 않은 영향을 받는다. 최근 아디다스그룹이 누적재고를 모두 소진하고 새로운 재고 확보에 나서면서 화승엔터프라이즈의 실적이 반등하고 있다. 2024년 영업이익이 전년 대비 400% 이상 급증했는데, 상승 추세는 당분간 이어질 전망이다.

▼ 화승엔터프라이즈 매출

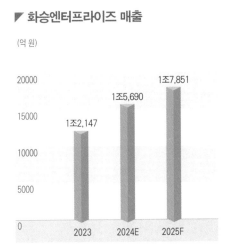

▼ 화승엔터프라이즈 영업이익

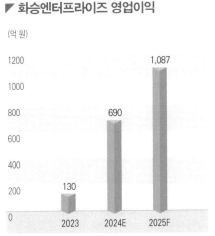

AI가 바꾼 산업의 투자 지형도
업계지도

초판 1쇄 발행 | 2025년 2월 27일

지은이 | 한국비즈니스정보
펴낸이 | 이원범
기획 · 편집 | 김은숙
교정 | 강철호
마케팅 | 안오영
본문 및 표지 디자인 | 강선욱

펴낸곳 | 어바웃어북 about a book
출판등록 | 2010년 12월 24일 제313-2010-377호
주소 | 서울시 강서구 마곡중앙로 161-8 C동 808호 (마곡동, 두산더랜드파크)
전화 | (편집팀) 070-4232-6071 (영업팀) 070-4233-6070
팩스 | 02-335-6078

ⓒ 한국비즈니스정보, 2025

ISBN | 979-11-92229-52-2 03320